KURZLEHRBÜCHER
FÜR DAS JURISTISCHE STUDIUM

———

Zippelius
Rechtsphilosophie

Rechtsphilosophie

EIN STUDIENBUCH

von

Dr. Dr. h. c. Reinhold Zippelius

em. o. Professor an der Universität
Erlangen-Nürnberg

6., neubearbeitete Auflage

Verlag C. H. Beck München 2011

Übersetzungen
ins Ukrainische (2000)
ins Koreanische (2001)
ins Portugiesische (2010)

Verlag C. H. Beck im Internet:
beck.de

ISBN 978 3 406 61191 9

© 2011 Verlag C. H. Beck oHG
Wilhelmstraße 9, 80801 München
Druck und Bindung: Nomos Verlagsgesellschaft
In den Lissen 12, 76547 Sinzheim

Satz: Reemers Publishing Services GmbH, Krefeld

Gedruckt auf säurefreiem, alterungsbeständigem Papier
(hergestellt aus chlorfrei gebleichtem Zellstoff)

Vorwort

Von ihren Anfängen an versucht die Rechtsphilosophie, die Fragen nach dem Begriff des Rechts und nach der Gerechtigkeit mit rationalen Mitteln zu erschließen, und erfährt dabei immer wieder, daß dieses Bemühen an Grenzen stößt und am Ende ein Rest bleibt, der so unberechenbar ist, wie das Leben selbst.

Die folgenden Erörterungen dieser Fragen sind in ihrer methodischen Grundkonzeption der Wissenschaftstheorie Karl Poppers verbunden und erweitern deren Anwendungsfeld auf das Gebiet des Rechts. Sie gehen davon aus, daß die Suche nach dem Begriff des Rechts, nach seinen Bezügen zur Wirklichkeit und nach der Gerechtigkeit experimentierend voranschreitet, indem wir Problemlösungen entwerfen, überprüfen und verbessern (§ 11 III).

In ihren Legitimitätsvorstellungen folgt diese „Rechtsphilosophie" dem Gedanken Kants, daß letzte, unhintergehbare Instanz unserer moralischen Einsichten und damit auch unserer Gerechtigkeitvorstellungen das vernunftgeleitete Gewissen der Einzelnen ist (§ 18).

Die Neuauflage wurde in wichtigen Punkten überarbeitet. Das gilt insbesondere für die Begriffe der Normgeltung (§ 5 I), die Frage nach der Verteilung der Entfaltungschancen in der Gemeinschaft (§ 26 II), das Übermaß an Verrechtlichung (§§ 23 III, 30 III), den Begriff der organisierten Rechtsgemeinschaft – am Modell staatlicher und überstaatlicher Gemeinschaften – (§ 28 I und II) und die Anfälligkeiten der demokratischen Repräsentation (§ 32 II).

Unverändert wichtig bleibt die Frage nach Wegen aus der bürokratisierten Welt und ihren paternalistischen Bevormundungen. Insbesondere geht es darum, überschaubare Lebensbereiche wieder stärker einer selbstverantwortlichen Gestaltung durch die Bürger zu überlassen und die Privatautonomie zu beleben. Mit anderen Worten: Es geht darum, die weitgehenden zentralen Steuerungen, insbesondere die Versuche, das Gemeinwohl umfassend zu verwalten, durch eine auf das Notwendige beschränkte „Steuerung der Selbststeuerung" zu ersetzen (§ 31 II 4).

Zur Methode des juristischen Denkens beschränkt sich die folgende Darstellung auf das Grundsätzliche. Ausführlicher werden Fragen der Hermeneutik und der Rechtslogik in meiner „Juristischen Methodenlehre" behandelt; auch einige Überlegungen zur Rechtsinformatik finden sich dort.

Auf die Ideengeschichte wird im folgenden nur insoweit zurückgegriffen, als sie in der jeweiligen Gedankenführung eine Rolle spielt. Eine zusammenhängende kurze Geschichte der Rechts- und Staatsphilosophie liegt als gesonderte Schrift vor (R. Zippelius, „Geschichte der Staatsideen").

Frau Brigitte Schulze habe ich wieder für ihre Hilfe beim Korrekturenlesen sehr zu danken.

Erlangen, im November 2010   *Reinhold Zippelius*

V

Inhaltsverzeichnis

Kapitel V. Die Rechtssicherheit

Kapitel VI. Die Freiheit

Kapitel VII. Die Gemeinschaft

Kapitel VIII. Rechtsphilosophische Aspekte spezifischer Problembereiche

Inhaltsverzeichnis

Abkürzungsverzeichnis und Literaturauswahl

Aristoteles NE... Aristoteles, Nikomachische Ethik
ARSP .... Archiv für Rechts- und Sozialphilosophie

Binder RPh .... J. Binder, Philosophie des Rechts, 1925, ²1937; zit.: 1. Aufl. 1925
Bodenheimer...... E. Bodenheimer, Jurisprudence, 1962, ²1974
Braun .... J. Braun, Rechtsphilosophie im 20. Jahrhundert, 2001
– .... ders., Einführung in die Rechtsphilosophie, 2006
Bydlinski ML..... F. Bydlinski, Juristische Methodenlehre und Rechtsbegriff, 1982, ²1991
– RG .... ders., Fundamentale Rechtsgrundsätze, 1988

Coing RPh .... H. Coing, Grundzüge der Rechtsphilosophie, 1950, ⁵1993

Dig. .... Corpus Juris Civilis, Digesten
Dreier................. R. Dreier, Recht-Moral-Ideologie, 1981

Engisch Ger .... K. Engisch, Auf der Suche nach der Gerechtigkeit, 1971

F. .... Festgabe, Festschrift
Fechner RPh ...... E. Fechner, Rechtsphilospohie 1956, ²1962
Fikentscher MR. W. Fikentscher, Methoden des Rechts, Bd. I 1975, Bd. II 1975, Bd. III 1976, Bd. IV 1977, Bd. V 1977
Friedrich .... C. J. Friedrich, Die Philosophie des Rechts in historischer Perspektive, 1955

Geiger RS .... Th. Geiger, Vorstudien zu einer Soziologie des Rechts, 1947, ⁴1987
GGb................... Geschichtliche Grundbegriffe, Histor. Lexikon zur polit.-sozialen Sprache, 1972 ff.
Gröschner .... R. Gröschner u. a., Rechts- und Staatsphilosphie, 2000

Hart .... H. L. A. Hart, Der Begriff des Rechts, (engl. 1961) dt. 1973
Hegel RPh........... G. W. F. Hegel, Grundlinien der Philosophie des Rechts, 1821
Henke RuSt .... W. Henke, Recht und Staat, 1988
Henkel RPh .... H. Henkel, Einführung in die Rechtsphilosophie, 1964, ²1977
Hilgendorf.......... E. Hilgendorf, Renaissance der Rechtstheorie zwischen 1965 und 1985, 2005
Hoerster .... N. Hoerster, Was ist Recht?, 2006
Hösle .... V. Hösle, Moral und Politik, 1997
Hofmann .... H. Hofmann, Einführung in die Rechts- und Staatsphilosophie, 2000, ²2003
Horn................... N. Horn, Einführung in die Rechtswissenschaft und Rechts-philosophie, 1996, ⁴2007

Kant MS	I. Kant, Die Metaphysik der Sitten, I. Teil Rechtslehre, 1797, ²1798
Kaufmann RPh..	A. Kaufmann, Rechtsphilosophie, 1994, ²1997
Kaufmann/ Hassemer/ Neumann.......	A. Kaufmann, W. Hassemer, U. Neumann (Hg), Einführung in Rechtsphilosophie und Rechtstheorie der Gegenwart, 1977, ⁷2004
Kelsen RR	H. Kelsen, Reine Rechtslehre, 1934, ²1960
Koller.................	P. Koller, Theorie des Rechts, 1992, ²1997
Kriele	M. Kriele, Grundprobleme der Rechtsphilosophie, 2003
Kubeš RPh	V. Kubeš, Grundfragen der Philosophie des Rechts, 1977
– RO	ders., Ontologie des Rechts, 1986
Larenz ML	K. Larenz, Methodenlehre der Rechtswissenschaft, 1960, ⁶1991; soweit bemerkenswerte Konzeptionen nur in Vorauflagen ihren prägnanten Ausdruck gefunden haben, wird auf diese verwiesen
– RR...................	ders., Richtiges Recht, Grundzüge einer Rechtsethik, 1979
Legaz y Lacambra............	L. Legaz y Lacambra, Rechtsphilosophie, (span. 1961) dt. 1965
Lege	J. Lege (Hg), Greifswald – Spiegel der deutschen Rechtswissenschaft, 2009
Mayer.................	M. E. Mayer, Rechtsphilosophie, 1922
Mayer-Maly	Th. Mayer-Maly, Rechtsphilosophie, 2001
MEW	K. Marx, F. Engels, Werke, 1957 ff.
Montesquieu EL	Montesquieu, De l'esprit des lois, 1748, dt. v. E. Forsthoff, 1951
Naucke/Harzer..	W. Naucke, R. Harzer, Rechtsphilosophische Grundbegriffe, 1982, ⁵2005
Nawiasky	H. Nawiasky, Allg. Rechtslehre, 1941, ²1948
Pawlowski.........	H. M. Pawlowski, Methodenlehre für Juristen, 1981, ²1991
Perelman.............	Ch. Perelman, Droit, Morale et Philosophie, 1968, ²1976
v. d. Pfordten.....	D. von der Pfordten, Rechtsethik, 2001
Pound	R. Pound, An Introduction to the Philosophy of Law, 1922, ³1961
Radbruch RPh ...	G. Radbruch, Rechtsphilosophie, 1913, ³1932, Studienausgabe 1999
– VS	ders., Vorschule der Rechtsphilosophie, 1947, ²1959
Raisch	P. Raisch, Juristische Methoden, 1995
Rawls TG	J. Rawls, Eine Theorie der Gerechtigkeit, (engl. 1971) dt. 1975
Reale	M. Reale, Filosofia do Direito, 1953, ¹²1987
Recaséns Siches..	L. Recaséns Siches, Tratado General de Filosofia del Derecho, 1959, ²1961
Rehbinder Einf ..	M. Rehbinder, Einführung in die Rechtswissenschaft, ⁸1995, begrd. v. B. Rehfeldt, 1962
– RS	ders., Rechtssoziologie, 1977, ⁷2009
Riezler RG	E. Riezler, Das Rechtsgefühl, 1921, ³1969
Rüthers	B. Rüthers, Rechtstheorie, 1999, ⁴2008

Schapp	J. Schapp, Freiheit, Moral und Recht, 2005
Schwintowski.....	H. P. Schwintowski, Recht und Gerechtigkeit, 1996
Seelmann RPh....	K. Seelmann, Rechtsphilosophie, 1994, [4]2007
Smid..................	St. Smid, Einführung in die Philosophie des Rechts, 1991
Stahl	F. J. Stahl, Die Philosophie des Rechts, 1830/37, [5]1878
Stammler............	R. Stammler, Lehrbuch der Rechtsphilosophie, 1921, [3]1928
Stone	J. Stone, Lehrbuch der Rechtssoziologie, Bd. I-III, (engl. 1966) dt. 1976
del Vecchio.........	G. del Vecchio, Lehrbuch der Rechtsphilosophie, (it. 1930) dt. [2]1951
Verdross	A. Verdross, Abendländische Rechtsphilosophie, 1958, [2]1963
M. Weber WuG.	Max Weber, Wirtschaft und Gesellschaft, 1922, [5]1976
Weber-Grellet....	H. Weber-Grellet, Rechtsphilosophie, 1997, [3]2006
Weinberger........	O. Weinberger, Moral und Vernunft, 1992
Welzel................	H. Welzel, Naturrecht und materiale Gerechtigkeit, 1951, [4]1962
Zippelius AStL ..	R. Zippelius, Allgemeine Staatslehre, 1969, [16]2010
– Gesch..............	ders., Geschichte der Staatsideen, 1971, [10]2003
– ML	ders., Juristische Methodenlehre, 1971, [10]2006
– RS	ders., Grundbegriffe der Rechts- und Staatssoziologie, 1980, [2]1991
– RuG	ders., Recht und Gerechtigkeit in der offenen Gesellschaft, 1994, [2]1996
– VSt	ders., Verhaltenssteuerung durch Recht und kulturelle Leitideen, 2004
– WdR	ders., Das Wesen des Rechts, 1965, [5]1997

Auch die zu einem einzelnen Paragraphen zusammengestellte Literatur wird im Text dieses Paragraphen nur abgekürzt zitiert.

Verweisungen auf die Literatur eines Paragraphen oder Abschnitts erstrecken sich auch auf die Literatur der Unterabschnitte.

Die Literatur ist in zeitlicher Reihenfolge geordnet, und zwar nach dem Jahr der Erstauflage; Aufsätze aus Sammelwerken werden regelmäßig nach dem Erscheinungsjahr des Aufsatzes eingeordnet.

Einleitung

> „Alles sollte so einfach wie
> möglich gemacht werden,
> aber nicht einfacher."
> Albert Einstein

I.

Das Recht ist ein vielschichtiges Gebilde. Und doch unterliegt man immer wieder der Neigung nach vereinfachenden Vorstellungen: Recht sei nur eine faktische Regelhaftigkeit menschlichen Zusammenlebens, sagten die einen. Andere meinten, es sei ein reines System normativer Bestimmungen. Auch hinsichtlich der Faktoren, die den Inhalt der Rechtsnormen bestimmen, trifft man auf unangemessene Vereinfachungsversuche. So wollte man mitunter das Recht in seiner inhaltlichen Fülle aus der menschlichen Natur herleiten. Andere hielten das Recht für ein Produkt der ökonomischen Verhältnisse. Wieder andere sahen im Recht ein Ergebnis des „Volksgeistes" oder der je vorherrschenden Mentalitäten.

Immer wieder scheitern aber solche Versuche, auf die Frage nach dem Recht eine allzu einfache Antwort zu geben. Theorien, die das Recht insgesamt auf ein – oft richtig beobachtetes – Moment zurückführen wollen, übersehen regelmäßig wichtige Aspekte:

Eine Rechtstheorie etwa, die das Recht als bloße Regelhaftigkeit äußeren Verhaltens begreifen wollte, übersah, daß die Koordination solchen Verhaltens durch mitteilbare („objektive") Verhaltensnormen, also durch „sinnhafte" Orientierung geschieht. Ein extremer Normativismus andererseits ließ außer acht, daß lebendiges Recht nicht nur ein Gefüge normativer Sinngehalte, sondern zugleich eine „Tatsache" ist: Eine Rechtsgemeinschaft bildet sich dadurch, daß Menschen ihr wirkliches Verhalten nach bestimmten Normen einrichten; wirksames Recht ist „law in action".

Weitgehende Einigkeit besteht darüber, daß das Recht durch Interessen und Machtverhältnisse mitbestimmt wird. Andererseits ist es aber nicht deren bloßes Produkt: Nicht jede beliebige rechtliche Lösung eines Interessenkonflikts findet Zustimmung. Einseitig interessenbestimmte Gesetze kritisieren wir als ungerecht und führen mit den Kriterien der Gerechtigkeit moralische Kategorien ein. Und auch solche Einforderung von Gerechtigkeit hat Chancen, Einfluß auf den Inhalt des Rechts zu gewinnen.

Am Anfang steht also die Skepsis gegen jeden Versuch, das Recht einseitig von einem Aspekt aus zu begreifen: So ist das Recht als Normenordnung auch Sinngehalt und nicht bloße Tatsache. Aber es steht in Zusammenhang mit anthropologischen und sozialen Tatsachen: Es ist in seinem Inhalt und in seiner Effizienz von diesen Tatsachen mitbedingt und wirkt sich andererseits auf die menschlichen Verhaltensmuster und so auf das soziale Geschehen aus. Das Recht ist aber nicht nur interessenbedingt und erschöpft sich nicht darin, die Interessenbefriedigung effektiv zu ordnen. Es soll auch Instrument einer gerechten Interessenregelung sein. So ist auch offenzulegen, in welchen Beziehungen Recht und Gerechtigkeit zuein-

1

ander stehen. – Kurz es geht darum, einen komplexen Sachverhalt in der Vielfalt seiner begrifflichen Momente zu erfassen, ohne ihn auf eines dieser Momente zu reduzieren (vgl. § 4 I).

II.

Zur Lösung der Fragen, die das Leben dem Juristen stellt – zur Gewinnung der Begriffe, die hierfür tauglich sind, und zur Ermittlung von Kriterien der Gerechtigkeit – soll eine Methode experimentierenden Denkens dienen. Solches tentative Vorgehen ist die bisher erfolgreichste Methode vernünftiger Weltorientierung. Sie ist nicht nur auf Gegenstände der Naturwissenschaften, sondern auch in Fragen der Ethik und des Rechts anwendbar (§ 11 III).

So hat man auch bei der Lösung einzelner Rechts- und Gerechtigkeitsprobleme immer schon behutsam „experimentiert", hat man Problemlösungen aufgestellt, an der Erfahrung geprüft und, wenn nötig, korrigiert oder insgesamt durch bessere Lösungen ersetzt. Als experimentierendes Denken im Bereich des Rechts erweist sich insbesondere das „reasoning from case to case" des angelsächsischen Fallrechts (§ 18 II) und grundsätzlicher die Methode des typisierenden Fallvergleichs (§ 40). Freilich geht die Rechtswissenschaft hierbei nicht den exakten Gang der Naturwissenschaften. Die Kriterien, nach denen wir entscheiden, ob eine rechtliche Problemlösung „die Probe hält", sind weniger streng, als in den Naturwissenschaften (§ 11 III 3).

Das Anwendungsfeld tentativen Denkens ist aber nicht auf die Lösung einzelner Rechtsfragen beschränkt. Auch die Auseinandersetzung zwischen den umfassenderen Rechts- und Gerechtigkeitstheorien, die sich in der historischen Theorienfolge vollzog, kann man rückblickend als eine Reihe von Denkversuchen auffassen: In ihnen hat man immer wieder Begriffe von Recht und Kriterien der Gerechtigkeit gebildet, hat sie durch Einwendungen auf die Probe gestellt und, falls sie die Probe nicht hielten, durch andere Lösungen ersetzt (§§ 1; 11 III; 12 ff.). So darf auch das, was sich heute als konsensfähiger Bestand darstellt, nur als einstweiliges Ergebnis des Erkenntnisbemühens gelten. „Der Philosoph wie der Hausbesitzer hat immer Reparaturen", meinte Wilhelm Busch.

Kapitel I. Der Begriff des Rechts

§ 1. Grundsätzliches zur Begriffsbildung

Literatur: *Platon*, Menon, 72, Phaidon, 74 f.; *Aristoteles*, Metaphysik, 1017 b, 1028 ff., 1038 b; *I. Kant*, Logik, 1800; *M. Schlick*, Allgemeine Erkenntnislehre, 1918, ²1925; *R. Carnap*, Der logische Aufbau der Welt, 1928, ²1961; *E. Husserl*, Erfahrung und Urteil, 1939 (Neudr. 1948), §§ 80 ff.; *G. Gabriel*, Definitionen und Interesse, 1972.

I. Methode und Ziel der Begriffsbildung

Noch immer streiten die Juristen um den Begriff vom Recht. So treffen wir auf sehr verschiedene Begriffe von „Recht", die immer wieder kritisiert, verbessert oder auch ganz verworfen worden sind (§§ 2 ff.). Aber das ist nichts Ungewöhnliches. Auch in der Physik, der Astronomie, der Biologie und auf anderen Gebieten hat man gelernt, daß wir bei den Versuchen, unsere Welt in Begriffe zu fassen, nie ganz an ein Ende gelangen, sondern fortlaufend unsere Begriffe überprüfen und korrigieren müssen, kurz, daß alle unsere Begriffe und Theorien nur einstweilige Ergebnisse unseres Erkenntnisbemühens sind, die fortwährend einer Kritik und Korrektur ausgesetzt bleiben (§ 11 III).

Bei den Versuchen, das Recht zu begreifen, finden wir Einigkeit darüber, daß das Recht eine Ordnung menschlichen Handelns ist, die das Zusammenleben regelt. Aber sogleich stellen sich jene eingangs erwähnten Fragen: Handelt es sich dabei nur um äußerlich beobachtbare, faktische Regelmäßigkeiten des Verhaltens, wie sie der Zoologe an einem Termitenstaat feststellt? Oder geht es beim „Recht" um mitteilbare Verhaltenserwartungen, also um Gebote und Verbote, die das Handeln steuern? Und wenn das zweite der Fall ist: Soll man als „Recht" „abstrakte" Normen oder aber konkret verwirklichte Gebote begreifen, d. h. Gebote, nach denen sich das Leben in einer Gemeinschaft auch tatsächlich in einer bestimmten Regelmäßigkeit und Verläßlichkeit richtet?

Eine weitere Frage geht davon aus, daß offenbar nicht alle Verhaltensregeln einer Gemeinschaft „Recht" sind. Es gibt Sitten des Essens, der Kleidung, der Werbung um das andere Geschlecht, Regeln der Begrüßung und überhaupt des geselligen Verkehrs, der nachbarschaftlichen Hilfe, des Festefeierns, religiöse Riten, Regeln über die Eingehung und Abwicklung von Kaufgeschäften und Arbeitsverhältnissen und andere mehr. Nicht alle diese Verhaltensregeln sind Rechtsnormen. Diese bilden nur einen Teil jener Verhaltensnormen, die das Gemeinschaftsleben regulieren und von deren Beachtung das gute Funktionieren des Zusammenlebens abhängt. Wodurch unterscheiden sich die Regeln des „Rechts" von anderen Normen der Gemeinschaft? Liegen die Unterscheidungsmerkmale in einem spezifischen Normenzweck, etwa in dem Zweck, eine „gerechte" Verhaltensordnung herzustellen? Oder liegen sie in den Sanktionen, die mit den Normen verbunden sind? Dann könnte man im Begriff „Recht" etwa die Normen zusammenfassen, deren Befolgung in einem geregelten

Erzwingungsverfahren durchsetzbar ist – im Unterschied zu anderen Sozialnormen, wegen deren Verletzung man nur getadelt, „geschnitten", gesellschaftlich oder auch geschäftlich gemieden wird. Nach diesen oder anderen Merkmalen kann man also spezifische Arten von Verhaltensnormen unterscheiden und Normen, denen die spezifischen Merkmale gemeinsam sind, zusammenfassen.

Bei diesem ersten, tastenden Versuch, den Begriff des Rechts zu bestimmen, zeigt sich die Methode und das Ziel der Begriffsbildung: Wir suchen nach gemeinsamen Merkmalen von Gegenständen, denen wir unser Erkenntnisinteresse zuwenden wollen. Sie bilden den gesuchten Begriff. In diesem Sinne bezeichnete Kant den Begriff als „eine allgemeine Vorstellung oder eine Vorstellung dessen, was mehreren Objekten gemein ist" (Kant 1800, §§ 1, 6). Die Suche nach solchen Gemeinsamkeiten ist ein wichtiger Ansatz, sich in einer komplexen Welt erkennend zurechtzufinden, sie transparent zu machen. In diesem Sinne meinte Moritz Schlick (1925, 6 ff., 46 f., 76 f.): Im Wiederfinden von etwas Gleichem liege der Angelpunkt allen Erkennens. Erkennen sei ein Wiederfinden, ein Erkennen als dies oder jenes. Wenn wir in dieser Weise nach einem allgemeinen Begriff suchen, so suchen wir also nach bestimmten Gemeinsamkeiten in der Mannigfaltigkeit der Gegenstände, Gemeinsamkeiten, nach denen diese sich übersichtlich zusammenfassen und ordnen lassen und die den Ansatz ergiebiger Fragestellungen bilden. Für die Rechtsphilosophie geht es zunächst also darum, jene Merkmale herauszustellen, in denen sich alle Rechtsnormen gleichen und durch die sie sich von anderen Verhaltensnormen unterscheiden.

II. Zweckmäßigkeit der Begriffe

Begriffe sind also Kombinationen von Merkmalen, die mehreren Gegenständen gemeinsam sind. Aber welche der vorkommenden Gemeinsamkeiten wir in unseren Begriffen herausheben und erfassen, hängt davon ab, wofür wir uns interessieren: Die Begriffsbildung wird vom Erkenntnisinteresse bestimmt. Sie richtet sich danach, in welcher Abgrenzung die Begriffe am besten den Untersuchungszwecken dienen, für die sie gebildet werden. Kurz, welche der vorkommenden Merkmalskombinationen wir auswählen und in unseren Begriffen erfassen, ist eine Frage der Zweckmäßigkeit.

Man kann z. B. als „garantiertes Recht" alle Verhaltensnormen bezeichnen, welche die Chance haben, in einem staatlich organisierten Erzwingungsverfahren durchgesetzt zu werden (§ 5 IV). Man kann aber, wenn man will, den Terminus „Recht" auch einem Teil dieser durchsetzbaren Normen vorbehalten, z. B. jenen, die bestimmten Mindesterfordernissen der Gerechtigkeit genügen. Insoweit besteht „Definierfreiheit". Diese zwei Begriffe erfassen jedoch unterschiedliche Normenbestände: der erste Begriff bezeichnet alle (gerechten und ungerechten) Normen, die in einem staatlich organisierten Erzwingungsverfahren durchsetzbar sind, der zweite Begriff erfaßt nur solche erzwingbaren Normen, die nicht (eindeutig) ungerecht sind. Entscheidet man sich für den zweiten Begriff, der für „Rechtsnormen" bestimmte Gerechtigkeitskriterien vorgibt, dann muß man staatlich gewährleistete Normen, denen diese Gerechtigkeitskriterien fehlen, anders – z. B. als bloße „Zwangsregeln" – bezeichnen. Wählt man für das „Recht" die erstgenannte Definition, so kann man begrifflich zwischen gerechtem und ungerechtem „Recht" unterscheiden. Ob man für den Begriff des „Rechts" die erste oder die zweite Definition wählt, ist eine Frage der Zweckmäßigkeit.

Durch präzise Festlegung des Gemeinten lösen sich manche Scheinprobleme der Rechtswissenschaft von selbst. Weil die genannten Definitionen unterschiedliche Normenbestände erfassen, darf man die Feststellung, daß ein Gesetz ungerecht und damit kein „Recht" im Sinne der zweiten Definition ist, nicht dahingehend umdeuten, daß es auch kein „Recht" im Sinne der ersten Definition sei. Die Nichtbeachtung dieser Trivialität ließ etliche unfruchtbare Diskussionen über die Frage entstehen, ob ungerechte Gesetze ungültig seien (§ 6 V).

Welches der zweckmäßigste Begriff vom „Recht" sei, darüber läßt sich streiten. Unterschiedliche Rechtstheorien haben diesen Begriff und damit den Forschungsgegenstand der Rechtswissenschaft in unterschiedlicher Weise bestimmt. Der Streit dieser Rechtstheorien läßt sich verstehen als ein Prozeß langwieriger und mühseliger Suche nach einem Begriff von „Recht", der den Erkenntnisinteressen einer Rechtswissenschaft am besten dient (§§ 2 ff.).

Hierbei ist es sehr wohl denkbar, daß man für die unterschiedlichen Forschungsinteressen unterschiedliche Begriffe von „Recht" bildet. Nur muß man dann stets im Auge behalten, daß mit diesen verschiedenen Begriffen verschiedene Normenbestände erfaßt sind. Wenn man z. B. Völkerrecht als „Recht" bezeichnet, erfaßt man damit Normen, die sich vor allem in der Durchsetzbarkeit, aber auch noch in anderen Hinsichten von staatlich garantiertem Recht unterscheiden.

§ 2. Recht als Gefüge faktischer Regelhaftigkeiten?

Literatur: *H. H. Vogel,* Der skandinavische Rechtsrealismus, 1972; *Fikentscher* MR II, Kap. 14; *W. Ott,* Der Rechtspositivismus, 1976, ²1992, §§ 6 ff.; *J. Bjarup,* Skandinavischer Realismus, 1978; *M. Dietz,* Schwedische Rechtsphilosophie, in: Juristische Schulung, 1980, S. 168 ff.; *E. Kamenka* u. a. (Hg), Soziologische Jurisprudenz und realistische Theorien des Rechts, 1986, S. 243 ff.; *Kubeš* RO, § 36.

I. Der Rechtsbegriff des philosophischen Positivismus

Literatur: Zu 1: *A. Comte,* Cours de philosophie positive, 1830 ff., insbes. Lekt. 1 und 28; *ders.,* Discours sur l'ésprit positif, 1844; *O. W. Holmes,* The Path of the Law, in: Harvard Law Review X, 1896/97; *A. V. Lundstedt,* Die Unwissenschaftlichkeit der Rechtswissenschaft, Bd. I, 1932; *K. Olivecrona,* Gesetz und Staat, 1940; *H. Popitz,* Die normative Konstruktion von Gesellschaft, 1980.
Zu 2: *Ch. Gusy,* Staatsrechtlicher Positivismus, Juristenzeitung 1989, S. 505 ff.

1. Grundgedanken eines „Rechtsrealismus"

Der philosophische Positivismus wollte nach dem Scheitern vorangegangener metaphysischer Anstrengungen nurmehr die beobachtbaren Gegebenheiten und ihre begriffliche Ordnung als Gegenstand sinnvollen Erkenntnisbemühens gelten lassen. In dieser Weise hat Auguste Comte (1798–1857) der Philosophie die Aufgabe gestellt, die beobachtbaren Tatsachen nach ihren Ähnlichkeiten und ihren Kausalzusammenhängen einander zuzuordnen (Comte 1844, Nr. 18).

Nach diesem Wissenschaftsprogramm hätte man auch das Recht als soziale Erscheinung zum Gegenstand einer „Beschreibung von Tatsachen" zu machen. So könnte man daran denken, bestimmte faktische Regelhaftigkeiten menschlichen Zusammenwirkens als „Recht" zu begreifen. Rechtstheorien dieser Prägung fanden sich im skandinavischen Rechtsrealismus. So schrieb Lundstedt (1932, 252 f.): „Ebensowenig wie es (an die Individuen gerichtete) rechtliche Imperative gibt, ebensowenig gibt es überhaupt Rechtsregeln. Man müßte ja darunter geschriebene oder ungeschriebene Sätze verstehen, die in abstracto existierten oder wenigstens die Bedeutung hätten, daß sie befolgt werden sollten … Aber solche Sätze gibt es nicht … ‚Rechtsregeln' können an nichts anderem festgestellt werden als daran, daß die Staatsorgane in bestimmten Situationen in gewisser Weise handeln, was wiederum auf einer Menge psychologisch wirkender Faktoren beruht und seinerseits auf verschiedenen Wegen das Verhalten der einzelnen beeinflußt. Abstrahiert man von diesem faktischen Verhalten der Staatsorgane … so sind die Begriffe Rechtsordnung und Rechtsregel leere Worte."

Bestünde das Recht in bestimmten Regelmäßigkeiten faktischen Verhaltens von Staatsorganen, so hätte der Jurist im wesentlichen die Aufgabe, Prognosen über solche tatsächlichen Verhaltensweisen aufzustellen. Diese Auffassung spricht auch aus der bekanntesten Redewendung des nordamerikanischen Rechtsrealismus: Das Recht enthalte „Prophezeiungen dessen, was die Gerichte tatsächlich tun werden" (Holmes, S. 461). So wie der Meteorologe mit mehr oder minder großer Treffsicherheit das Wetter von morgen vorauszusagen hat, hätte demnach der Jurist mit einiger Wahrscheinlichkeit die zu erwartenden Gerichtsurteile als Tatsachen vorauszusagen. Doch kann sich der Richter selber schwerlich die Frage stellen, wie er einen ihm vorliegenden Fall wahrscheinlich entscheiden werde, sondern nur die Frage, wie er ihn richtigerweise entscheiden solle.

So stellte Holmes, ungeachtet seiner berühmt gewordenen Formel, doch auch die Frage nach der richtigen Entscheidung, eine Frage, die er nach der konkreten Sachgerechtigkeit und dem Dafürhalten der Mehrheit beantworten wollte.[1]

2. Abgrenzung gegenüber dem Gesetzespositivismus.

Die Programmatik des philosophischen Positivismus ist nicht zu verwechseln mit der des Gesetzespositivismus oder Legalismus, der nur die staatlich gesetzten – und in diesem Sinne „positiven" – Normen als Recht anerkennt (§§ 11 II 3; 23 I 2). Der Gesetzespositivismus berührt sich mit einem den Fakten verhafteten philosophischen Positivismus nur in einem Punkt: der „faktische Punkt"[2] ist für ihn der Entstehungsakt des Rechts. Dieses wird als Gefüge von Anordnungen gedacht, die auf die tatsächliche Willensbildung und -bekundung eines Inhabers staatlicher Gewalt zurückzuführen sind.[3] Als bloße „Tatsache" wird hier aber nur dieser Ursprung des Rechts gedacht. Die entstandene Norm wird als Imperativ durchaus in ihrem präskriptiven Sinn erfaßt. Auf dieses Rechtsverständnis und seine Folgerungen ist in anderem Zusammenhang kritisch zurückzukommen (§§ 3 I; 11 I 1; 38 II).

---

[1] Vgl. Fikentscher MR II, S. 175 ff.; H. Schiwek, Sozialmoral und Verfassungsrecht, 2000, S. 198 ff.

[2] C. Schmitt, Über die drei Arten des rechtswissenschaftlichen Denkens, 1934, S. 36.

[3] Das Recht erscheint als die Gesamtheit der sanktionsbewehrten generellen Befehle, die ihre letzte Grundlage in einer Anordnung des Inhabers souveräner Gewalt haben; vgl. J. Austin, The Province of Jurisprudence determined, 1832, ed. H. L. A. Hart, 1955/1968, S. 13 ff., 133, 193; C. Schmitt, aaO., S. 24 ff.; Engisch Ger., S. 29 ff.; P. Koller, Theorie des Rechts, 1992, S. 130 ff.

II. Kritik

Literatur: Zu 1: *G. E. Moore,* Principia Ethica, (engl. 1903) dt. 1970; *S. Jørgensen,* Values in Law, 1978, S. 50 ff., 156 ff.
   Zu 3: Wie zu §§ 7 und 10.

1. Gebotenes und wahrscheinliches Verhalten

Behavioristische Zurückführung des Rechts auf bloße Regelhaftigkeiten des äußeren Verhaltens vernachlässigt den Unterschied zwischen Sollen und Sein, zwischen Richtigkeit und Wahrscheinlichkeit: Es besteht ein Sinnunterschied zwischen einem Gebot (z. B. daß Fußgänger den Gehsteig benützen sollen) und einer schlichten Beschreibung von Ereignissen (z. B. daß Fußgänger ihren Schirm bei Regen aufzuspannen pflegen). Es ist auch ein Unterschied, ob man es für geboten oder für wahrscheinlich hält, daß ein Gericht in bestimmter Weise entscheiden werde. Das Recht enthält nicht bloße „Prophezeiungen dessen, was die Gerichte tatsächlich tun werden" (Holmes). Sondern seine Normen geben an, daß etwas geschehen soll, etwa daß ein Richter in bestimmter Weise urteilen soll.

Aussagen über einen wahrscheinlichen Geschehensablauf (Hypothesen), können durch abweichende Erfahrung widerlegt und müssen dann geändert werden. Gebote hingegen verlieren ihren Geltungs*anspruch* nicht dadurch, daß ihnen zuwidergehandelt wird (§ 15 I 1; zur „Geltung" als Wirksamkeit s. u. § 5 I).

Wenn man Aussagen über die Gebotenheit eines Verhaltens in Erfahrungsregeln über faktische Zusammenhänge übersetzen will, zerstört man ihren spezifischen Sinn. Selbst wenn und soweit eine feste Korrelation zwischen normativen Sinngehalten und irgendwelchen Tatsachen bestünde, ließe sich das eine Korrelat nicht in seiner inhaltlichen Eigenart durch das andere Korrelat erfassen (Moore 1903, sect. 10).

2. Akt und objektiver Sinn

Das Recht läßt sich auch nicht auf psychische Akte des Wollens und aktuelle „Erwartungen" auf der einen Seite – und Akte des Anerkennens auf der anderen zurückführen.[4] Gewiß bedarf das Recht auch psychischer „Aktualisierung". Aber ebenso gewiß kann es nicht in individuellen Erlebnisakten und psychischen Prozessen aufgehen, weil diese stets höchstpersönlich sind, für sich allein daher keine intersubjektiven Zusammenhänge herstellen. Um solche intersubjektiven Beziehungen zu schaffen, bedarf es mitteilbarer Sinngehalte, die von mehreren Menschen als ein und dieselben erfaßbar sind. Normen unterscheiden sich – als mitteilbare Vorstellungsinhalte – von den psychischen Akten, in denen sie „zum Bewußtsein kommen" und „aktuell" werden. In gleicher Weise unterscheidet sich z. B. ein mathematischer Lehrsatz von den Denkprozessen, in denen er einerseits erstmals erdacht wird und andererseits anderen Menschen bewußt gemacht wird (Zippelius WdR, Kap. 1 b).

---

[4] Ein solches Mißverständnis konnte etwa durch die „Anerkennungstheorie" Bierlings nahegelegt werden, s. u. § 4 II, dazu auch A. Funke und J. Lege/Zai-Wang Yoon in: Lege, S. 98 ff., 453 f.

Diesen Sachverhalt, daß ein und dieselben Sinngehalte von verschiedenen Menschen, in verschiedenen psychischen Prozessen erfaßbar sind, kann man als „Transsubjektivität" oder „Intersubjektivität" oder auch „Objektivität" dieser Sinngehalte bezeichnen: Die erste Bezeichnung („trans") stellt auf die Mitteilbarkeit ab, also darauf, daß solche Vorstellungsinhalte aus dem Bewußtsein eines Menschen heraustreten und vom Bewußtsein eines anderen aufgenommen werden können. Die zweite Bezeichnung („inter") hebt den Umstand hervor, daß sie Gegenstand und Grundlage zwischenmenschlicher Verständigung sind. Die dritte Bezeichnung betont die Möglichkeit, solche Sinngehalte den Bewußtseinsakten gegenüberzustellen („obicere").[5] Wenn im folgenden von „objektiven" Normen die Rede ist, so soll dieses Wort also Gebote und Verbote bezeichnen, die identischer Inhalt des Bewußtseins verschiedener Menschen sein können und zu jederzeitiger Erfassung verfügbar sind. Nur solche „objektiven" Normen (z. B. bestimmte Regeln des Straßenverkehrs) bilden eine geeignete intersubjektive Orientierungsgrundlage für das Verhalten.

3. Verbleibende Wirklichkeitsbezüge

Gegenüber allem Soziologismus, Behaviorismus, Aktualismus ist also der präskriptive Sinn und die „Objektivität" rechtlicher Normen festzuhalten. Dies schließt aber die Möglichkeit einer „Rechtssoziologie" keineswegs aus: Wohl läßt sich das Recht nicht mit deskriptiven Begriffen als soziologisches Faktum, als bloße Regelhaftigkeit sozialen Verhaltens, erfassen. Aber auch wenn man einsieht, daß Rechtsnormen ein Verhalten vorschreiben und nicht beschreiben, so stehen doch diese Verhaltensnormen in vielfältigen Wechselbeziehungen zu den Realitäten, und es erscheint sinnvoll, solche Beziehungen zu erforschen (§ 7). Einen wichtigen Teil dieser Wechselbeziehungen, nämlich jene zwischen dem Recht und den tatsächlichen Gegebenheiten des sozialen Lebens, untersucht die Rechtssoziologie (§ 10): So sind die Rechtsnormen schon in ihrem Inhalt durch gesellschaftlich relevante Bedürfnisse und Machtverhältnisse mitbestimmt. Auch die Wirksamkeit der Rechtsnormen, zumal ihre Durchsetzbarkeit, ist durch soziologische Gegebenheiten bedingt; sie hängt insbesondere davon ab, daß eine Organisation besteht, die bereit und in der Lage ist, die Befolgung dieser Normen zu gewährleisten. Von nicht geringerem Interesse sind die Auswirkungen, die das Recht seinerseits auf die gesellschaftlichen Realitäten hat: Das Recht hat eine wichtige Funktion bei der Konstituierung einer Gemeinschaft und ist ein wichtiges Instrument zur Gestaltung des sozialen Lebens (§ 10 II).

---

[5] Diesen letzten Aspekt hat die Phänomenologie Husserls hervorgehoben und ihn am Beispiel logischer und mathematischer Gesetze näher erläutert (E. Husserl, Logische Untersuchungen I, 4¹928, insb. §§ 21 ff., 48): So beschreibt etwa der logische Satz vom Widerspruch nicht Bewußtseinsvorgänge; er sagt nicht, daß wir zwei einander widersprechende Sätze nicht gleichzeitig denken können, sondern daß widersprechende Urteile (als objektive Sinngehalte) nicht beide zugleich wahr sein können. – Die Problematik des „intentionalen Objekts" und die Frage, ob ethische und rechtliche Normen oder logische Gesetze „an sich" existieren, kann aber hier dahingestellt bleiben; unserem gegenwärtigen Erkenntnisinteresse genügt die schlichte Feststellung, daß psychische Vorgänge von den darin erfaßten Sinngehalten unterscheidbar sind.

§ 3. Recht als Gefüge von Geboten?

I. Sein und Sollen

Literatur: Platon, Der Staatsmann, 258 E; *Aristoteles,* Metaphysik, 1025 b; *Diogenes Laertius,* III 84; *I. Kant,* Logik, 1800, Anh. z. Einleitung; *R. M. Hare,* Freedom and Reason, 1963, Kap. 2.1, 5.1 ff.; *G. Winkler,* Sein und Sollen im Recht, in: Rechtstheorie 1979, S. 257 ff.; *G. H. von Wright,* Normen, Werte und Handlungen, 1994, S. 19 ff.; *Zippelius* ML, § 1.

In entschiedener Wendung gegen den philosophischen Positivismus wurde die Unterscheidung zwischen Sollen und Sein wieder aufgegriffen: Rechtsnormen beschreiben nicht, sondern schreiben vor. Diese These wurde vom Neukantianismus in besonderer Klarheit formuliert (s. u. II). Auch in der Moralphilosophie Hares spielt die Unterscheidung von deskriptiven und präskriptiven Aussagen eine zentrale Rolle. In beiden Fällen handelt es sich aber nur um eine Wiederaufnahme und konsequente Durchführung der in die Antike zurückreichenden Unterscheidung zwischen Theorie und Praxis: Jene richtet sich auf Erkenntnis, diese auf die Ordnung des Handelns. Rechtsnormen dienen nun offensichtlich nicht der Erkenntnis der Welt, sondern der Verhaltensregelung; das heißt aber, daß alle Rechtssätze letztlich auf praktische Normen, also auf Handlungsvorschriften hinauslaufen.

Alle Bestimmungen des Rechts enthalten darum entweder unmittelbar Sollensnormen oder doch Teilstücke solcher Normen (z. B. Legaldefinitionen) oder Bedingungen für das Entstehen, die Modifikation und das Erlöschen genereller Verhaltensnormen oder individueller Pflichten.[1] Bedingungen, unter denen rechtliche Verhaltenspflichten entstehen, sind unter anderem in den Grundsätzen über die Bildung von Gewohnheitsrecht enthalten. Das Gesetzesrecht enthält solche Bedingungen in den Bestimmungen über Regelungsbefugnisse (Ermächtigungen) und Regelungsverfahren: Sie bestimmen, wer generelle Gebote erlassen oder individuelle Verhaltenspflichten begründen kann und welches Verfahren er hierzu einzuhalten hat. Ermächtigungen können sich also auch auf die Begründung, Änderung oder Aufhebung individueller Pflichten richten. So ermächtigt das Straßenverkehrsrecht den verkehrsregelnden Polizisten z. B., Verkehrsteilnehmer zum Anhalten zu verpflichten. Das bürgerliche Recht enthält eine Ermächtigung, durch Vertragsabschluß individuelle Rechtspflichten der Vertragspartner zu begründen (§ 311 Abs. 1 BGB). Auch Kombinationen von Geboten und Ermächtigungen (z. B. ein Kontrahierungszwang) fügen sich in dieses Modell rechtlicher Verhaltensordnung. Desgleichen lassen sich rechtliche Erlaubnisse als Teile einer Verhaltensordnung, nämlich als Freistellung von einem sonst geltenden generellen Verbot, begreifen.[2] Selbst die Rechtsvorschriften über das Eigentum enthalten eine Verhaltensregelung, wie später noch auszuführen sein wird (§ 35 I 1).

---

[1] Hart (Kap. V) nannte die verpflichtenden Normen „Primärnormen". Als „Sekundärnormen" bezeichnete er Regeln (Ermächtigungen), aus denen sich ergibt, unter welchen Bedingungen Rechtspflichten begründet oder modifiziert werden. Hiervon weicht eine in Deutschland geläufige Einteilung ab: Sie unterscheidet Normen, aus denen sich die „primäre" Verhaltensordnung ergibt (z. B. die Pflicht, den vereinbarten Kaufpreis zu bezahlen), von den „sekundären" Normen (z. B. einer Zivilprozeßordnung), die regeln, auf welche Weise die primären Pflichten durchgesetzt werden (§ 5 IV 1).

[2] Näher dazu Zippelius ML, § 1 III.

Etwas komplizierter sind subjektive Rechte in ein System von Verhaltenspflichten und Verpflichtungsermächtigungen einzuordnen. Auszugehen ist davon, daß in einer durchorganisierten Rechtsordnung die („primäre") Verhaltensordnung durch Rechtsgewährleistungsnormen (etwa eine Zivilprozeßordnung) ergänzt wird, welche die Durchsetzung der primären Pflichten regeln (§§ 5 IV 1; 28 III). Daß ein Verkäufer gegen einen Käufer ein (gewährleistetes) Recht auf Zahlung des Kaufpreises hat, bedeutet also, daß der Käufer verpflichtet ist, dem Verkäufer den Kaufpreis zu zahlen, und daß dieser die ihm gegenüber bestehende Zahlungspflicht durchsetzen kann: Auf Grund des Zivilprozeßrechts kann er durch seine Klage ein Gericht verpflichten, zu prüfen, ob die Zahlungspflicht des Käufers besteht, und, wenn das der Fall ist, diesen zur Zahlung zu verurteilen. Eine wesentliche Komponente des subjektiven Rechts ist also eine verbindliche Durchsetzungsinitiative (hier die Klagebefugnis: ein Gericht zur Durchsetzung einer ihm gegenüber bestehenden Pflicht zu verpflichten): ubi actio, ibi ius.

Die Einsicht, daß die Rechtsordnung aus Verhaltensregeln besteht, bedeutet aber nicht schon ein Bekenntnis zur Imperativentheorie, welche die Rechtsnormen als generelle Verhaltensbefehle der Staatsgewalt begreifen will (§ 2 I 2). Diese Theorie gibt keine Antwort auf die Fragen, worauf sich die verpflichtende Kraft des staatlichen Befehls (§ 11 I 1) und insbesondere die Bindung der gesetzgebenden Instanz an ihre eigenen Gesetze gründe. Auch trägt sie zu wenig dem Umstand Rechnung, daß rechtliche Normen nicht nur durch Anordnungen der Staatsgewalt, sondern auch etwa durch Rechtsgewohnheiten der Rechtsgemeinschaft entstehen können.

Der hier vorgenommenen Unterscheidung von Theorie und Praxis sind noch zwei Klarstellungen anzufügen: Erstens ist die Praxis nicht ohne jede Verbindung zur Theorie; denn den Normen, die ein bestimmtes Handeln gebieten oder verbieten, liegen regelmäßig Einsichten über die Beschaffenheit der Welt und des Menschen zugrunde (§§ 7 ff.). Zweitens besteht das „wirksame" Recht nicht nur aus normativen Sätzen; sondern es hat in der Tatsache, daß es befolgt und vollzogen wird, auch eine faktische Komponente (§§ 4 ff.).

II. Neukantianische Rechtstheorien

Literatur: *W. Windelband,* Geschichte und Naturwissenschaft, 1894, ³1904; *H. Rickert,* Kulturwissenschaft und Naturwissenschaft, 1899, ⁷1926, insbes. Abschn. IV; *H. Cohen,* Logik des reinen Erkennens, 1902, ²1914; *E. Lask,* Rechtsphilosophie, in: F. f. K. Fischer, ²1907, S. 269 ff.; *N. Hartmann,* Grundzüge einer Metaphysik der Erkenntnis, 1921, ⁴1949; *R. Stammler,* Lehrbuch der Rechtsphilosophie, 1921, ³1928; *E. Cassirer,* Philosophie der symbolischen Formen, I, 1923, ⁴1964; *ders.,* Zur Logik der Kulturwissenschaften, 1942, ²1961; *Radbruch* RPh; *ders.,* Gesetzliches Unrecht und übergesetzliches Recht, Süddeutsche Juristenzeitung, 1946, S. 105 ff.; *R. Alexy u. a.* (Hg), Neukantianismus und Rechtsphilosophie, 2002.

Mit kompromißloser Schärfe unterschied die neukantianische Philosophie Sein und Sollen: Diese sind unterschiedliche Kategorien unseres Denkens, mit denen wir die Welt und unser Handeln in Begriffe fassen. Erkenntnistheoretischer Ausgangspunkt dieser Philosophie ist die These, Ordnung und Einheit in der Vorstellungswelt würden erst durch das Denken erzeugt. Dieses selbst schaffe die Begriffe, die uns die Dinge als zusammengehörig erscheinen lassen. Indem das Bewußtsein die Zusammengehörigkeiten unserer Vorstellungswelt herstelle, bestimme es die Gegenstände unserer Erkenntnis (Cohen 1914, 65 ff., 318 ff.).

Für die Einordnung des Rechts in die Kategorien unseres Denkens wurde nicht nur die Unterscheidung zwischen Sein und Sollen, sondern auch jene zwischen Natur- und Kulturwissenschaften von Bedeutung. Die Südwestdeutsche Schule bestimmte diesen Unterschied in folgender Weise: Die wertfreie, generalisierende Betrachtungsweise liefere als Erkenntnisgegenstände die Naturgesetze, d.h. die immer wiederkehrenden Zusammenhänge der Wirklichkeit, etwa die Bewegungsgesetze von Himmelskörpern oder die chemischen Gesetze über die Umwandlung von Stoffen. Demgegenüber sei es das Ziel kulturwissenschaftlicher Begriffsbildung, ein einzelnes, mehr oder minder ausgedehntes Geschehen von einmaliger, zeitlich begrenzter Wirklichkeit zu voller Darstellung zu bringen: etwa das Leben eines Alexander oder Augustus oder eines bestimmten Volkes, die Eigenart und die Entwicklung einer Sprache, einer Religion, einer Kunstrichtung, einer Wissenschaft oder eben auch einer Rechtsordnung in ihrer jeweiligen Besonderheit. Die zuletzt genannte individualisierende Betrachtungsweise liefere also die historischen und anderen kulturwissenschaftlichen Erkenntnisgegenstände. Im Gegensatz zu jenen Wissenschaften, die sich auf die allgemeinen Gesetzmäßigkeiten des realen Geschehens richten, sei die kulturwissenschaftliche Betrachtungsweise zugleich eine wertbeziehende Sicht (Windelband 1894).

Cassirer definierte die Kulturwissenschaften als Geisteswissenschaften: Unsere Wahrnehmung richte sich in unterschiedlicher Weise auf die Welt der Dinge und auf die Welt der Menschen. Als Welt der Dinge interessieren uns die Gesamtheit der räumlichen Objekte und die Veränderungen, die sich an diesen in Raum und Zeit vollziehen. Menschen hingegen betrachten wir als „Unseresgleichen" (Cassirer 1961, 39). An ihnen interessiert uns vor allem die Welt ihres geistigen Ausdrucks, „die Welt der Kultur, die Welt der Sprache, der Kunst, der Religion" (Cassirer 1961, 51; 1964, 12), wie denn „aller Inhalt der Kultur, sofern er mehr als bloßer Einzelinhalt ist, … eine ursprüngliche Tat des Geistes zur Voraussetzung hat" (Cassirer 1964, 11). Ordnet man das Recht den Kulturerscheinungen zu, so bedeutet das also, daß man es als Ausdruck menschlichen Wollens und Denkens versteht, d.h. als Sinngehalt erfaßt.

Die vom Neukantianismus beeinflußte Rechtstheorie wählte verschiedene Wege, um den Begriff des Rechts zu bestimmen. Stammler (1928, §§ 5, 22–24) fragte, welchen Begriff wir voraussetzen, wenn wir etwas als „Recht" bezeichnen. Kelsen knüpfte unmittelbar an den kategorialen Unterschied zwischen Sollen und Sein an (III).

Gustav Radbruch (1878–1949) bediente sich der Kategorien der Südwestdeutschen Schule, ordnete das Recht den Kulturerscheinungen zu und nahm in seinen Rechtsbegriff eine Wertbeziehung auf: Verschiedenartige Sozialnormen unterscheiden sich geradezu durch ihre unterschiedlichen Wertbeziehungen: Normen des Taktes oder der Etikette haben nicht das Ziel, Gerechtigkeit zu verwirklichen. Andererseits stehen die Normen des Rechts nicht im Dienste des guten Geschmacks. Sie unterscheiden sich von allen anderen Sozialnormen eben dadurch, daß sie den Sinn haben, einen spezifischen Wert, nämlich Gerechtigkeit zu verwirklichen: „Recht ist Kulturerscheinung, d.h. wertbezogene Tatsache … Recht kann ungerecht sein …, aber es ist Recht nur, weil es den Sinn hat, gerecht zu sein" (Radbruch RPh, § 1). Eine Norm, die „Gerechtigkeit nicht einmal erstrebt", entbehre daher „überhaupt der Rechtsnatur" (Radbruch 1946, III). – Rechtsnormen einem als „individualisierend" beschriebenen Erkenntnisbereich zuzuordnen (Radbruch RPh, § 15), mochte deshalb naheliegen, weil die Rechtsordnungen historisch wandelbar sind und den unterschiedlichen geschichtlichen Situationen angepaßt werden.

Die Kritik kann hier verschiedenes einwenden. Schon die Zuordnung zu einer individualisierenden Begriffsbildung überzeugt nicht voll. Tötungs- und Betrugsverbote z.B. weisen allenfalls im Detail kulturgeschichtlich bedingte Besonderheiten auf, stellen aber in ihrer grundsätzlichen Aussage keine historischen Singularitäten dar. Überhaupt liefert die Rechtsgeschichte eine Fülle von Rechtsproblemen und Problemlösungen, die oft – trotz historisch bedingter Modifikationen – im wesentlichen wiederkehren; das gilt auch für die im Laufe der Geschichte geschaffene Formenvielfalt möglicher Institutionen, verstanden als normative Ordnungsmodelle für bestimmte Lebensbereiche, wie Familienordnungen oder Formen des Warenverkehrs.[3]

Auch die Unabdingbarkeit des Gerechtigkeitsbezuges ist zweifelhaft. Es gibt, zumal in Tyranneien, auch staatliche Verhaltensnormen, die nicht vom Kulturwert der Gerechtigkeit bestimmt sind und dennoch die verläßliche Chance haben, durch staatlich garantierten Zwang durchgesetzt zu werden. Wollte man trotzdem den Gerechtigkeitsbezug in den Begriff des Rechts mit hereinnehmen, so würde das nur zu der schon besprochenen (§ 1 II) Verdoppelung der Begriffe führen: Neben dem Begriff des „wahren" Rechts stünde dann der (weitere) Begriff aller von der Staatsgewalt als „Recht" bezeichneten und durchgesetzten Normen, die augenscheinlich auch dann verwirklicht werden können, wenn Gerechtigkeit nicht erstrebt wird.

III. Die Reine Rechtslehre

Literatur: *A. Merkl*, Prolegomena einer Theorie des rechtlichen Stufenbaues, (1931), in: Ges. Schriften I 1, 1993, S. 437 ff.; *Kelsen* RR; *ders.*, Allgemeine Theorie der Normen, 1979; *G. Winkler*, Rechtstheorie und Erkenntnislehre, 1990; *ders.*, Rechtswissenschaft und Rechtserfahrung, 1994, S. 14 ff., 55 ff.; *R. Walter*, Hans Kelsens Rechtslehre, 1999 (Lit.); *S. L. Paulson, M. Stolleis* (Hg), Hans Kelsen. Staatsrechtslehrer und Rechtstheoretiker des 20. Jahrhunderts, 2005; *M. Jestaedt* (Hg), in: H. Kelsen, RR, Studienausgabe der 1. Aufl. (1934) 2008, S. XI–LXVI (Lit.); *J. Lege/Zai-Wang Yoon*, in: Lege, S. 448 ff.

Auch die Reine Rechtslehre Hans Kelsens (1881–1973) nimmt ihren Ausgangspunkt in der Gedankenwelt des Neukantianismus: Sollen und Sein erscheinen als letzte, nicht weiter ableitbare Kategorien. Dieser kategoriale Unterschied zwischen Sollen und Sein bildet die Grundlage dieser Rechtstheorie. Die Rechtswissenschaft hat es mit Normen, also mit einem Sollen, nicht mit einem Sein zu tun. Wird das Recht auf psychische oder soziologische Tatsachen zurückgeführt, so werden die durch eine unüberbrückbare Kluft geschiedenen Kategorien des Seins und des Sollens miteinander vermengt. Daß etwas sein soll, kann nur wiederum aus einem Sollen begründet werden; daraus, daß etwas ist, kann nicht folgen, daß etwas sein soll (Kelsen RR, 5 ff., 196; s. u. § 14 I 1).

Der Regreß auf eine jeweils höhere Norm kann aber nicht ins Endlose gehen. Er muß bei einer letzten, höchsten Norm enden, die ihrerseits aber nicht gesetzt, sondern nur vorausgesetzt sein kann (RR, 197). Kelsen gibt dafür folgendes Beispiel: „Ein Vater befiehlt seinem Kind, zur Schule zu gehen. Auf die Frage des Kindes: warum soll ich zur Schule gehen, mag die Antwort lauten: weil der Vater es befohlen hat und das Kind den Befehlen des Vaters gehorchen soll. Fragt das Kind weiter: warum soll ich den Befehlen des Vaters gehorchen, mag die Antwort lauten: weil Gott befohlen hat, den Eltern zu gehorchen und man den Befehlen Gottes gehorchen soll. Fragt das Kind, warum man den Befehlen Gottes gehorchen soll, das heißt: stellt es die Geltung dieser Norm in Frage, ist die Antwort: daß man diese Norm eben nicht in Frage stellen, das heißt, nicht nach dem Grund ihrer Geltung suchen, daß

---

[3] Vgl. *F. Wieacker*, Privatrechtsgeschichte der Neuzeit, [2]1967, S. 105 ff.; *Th. Mayer-Maly*, Die Wiederkehr von Rechtsfiguren, Juristenzeitung 1971, S. 1 ff.

man diese Norm nur voraussetzen könne" (RR, 199). Auch die Rechtsordnung habe die Struktur eines Stufenbaues von Normen, insbesondere von Ermächtigungen, in welchem die niedrigeren ihre Geltungsgrundlage in jeweils höheren Normen haben (RR, 228 ff., 239). Und auch hier könne der Regreß nicht ins Unendliche gehen: Wenn man sagt, daß das positive Recht verbindlich sei (d. h. daß man es befolgen solle), so macht man hierbei notwendig die „transzendental-logische Voraussetzung", daß man sich so verhalten solle, wie es die Verfassung und das ihr gemäß erzeugte oder fortgeltende Recht vorschreibt (RR, 204, 443).[4] So formuliert, erscheint das als eine Trivialität. Die als höchste vorausgesetzte Norm einer Rechtsordnung bezeichnet Kelsen als Grundnorm. Sie konstituiere auch die Einheit der Rechtsordnung. „Alle Normen, deren Geltung auf ein und dieselbe Grundnorm zurückgeführt werden kann, bilden ein System von Normen, eine normative Ordnung" (RR, 197, 209).

Allerdings kann Kelsen die rein normative Betrachtungsweise nicht konsequent durchhalten. Zum Beispiel besteht ein rechtserheblicher Unterschied zwischen einer Rechts- und Verfassungsordnung, die durch Revolution außer Kraft gesetzt worden ist, und der nachrevolutionären, jetzt geltenden Rechts- und Verfassungsordnung. Aber dieser Unterschied kann nicht „rein" normativ – d. h. nicht nur mit Begriffen des „Sollens" und unter Absehen von allen Fakten – erfaßt werden: Die alte Normenordnung gilt nicht mehr, weil sie faktisch nicht mehr befolgt wird. Die neue Ordnung gilt, weil sie durchsetzbar ist und man sich tatsächlich nach ihr richtet (§ 5 I). Dies muß auch Kelsen zur Kenntnis nehmen: Von einer geltenden Rechts- und Verfassungsordnung kann nur gesprochen werden, wenn ihre „Normen im großen und ganzen wirksam sind, das heißt tatsächlich befolgt und angewendet werden" (RR, 219). Auf diese Weise gelangt also die Wirksamkeit doch – wie Pontius ins Credo – in die „Reine" Rechtslehre Kelsens hinein: „Wirksamkeit ist als Bedingung der Geltung in der Grundnorm statuiert" (RR, 212, 215 ff.). Diese Grundnorm erhält damit folgenden Inhalt: Man solle derjenigen Rechts- und Verfassungsordnung gehorchen, die im großen und ganzen angewendet und befolgt wird. Damit bekommt jene zunächst triviale Aussage einen Sinn: Der Gedanke, daß man der jeweils effektiven Normenordnung gehorchen solle, könnte seine Begründung in dem Prinzip der Rechtssicherheit und des Rechtsfriedens finden: „Ut non conturbaretur ordo" (§§ 5 I; 11 II 3).[5]

Die Wirksamkeit, also die Tatsache, daß eine Normenordnung Verhalten wirklich motiviert, daß sie die Chance hat, befolgt und in geregelten Verfahren durchgesetzt zu werden, ist kein rein normativer Tatbestand: Eine geltende Normenordnung existiert in dem Zusammenspiel von Norm und Normvollzug. Hiervon unangetastet bleibt aber die Erkenntnis, daß die Rechtfertigung solcher „wirksamen" Normen nicht in dieser Wirksamkeit selbst gefunden werden kann: Die Rechtfertigung kann nur in übergeordneten Normen oder auch in einer grundsätzlichen Legitimitätserwägung liegen.

§ 4. Recht als verwirklichte Normenordnung

Kelsen konnte also sein methodisches Programm einer scharfen Trennung von Sein und Sollen, einer von allen faktischen Zutaten befreiten, „reinen" Rechtslehre nicht durchhalten. So konnte z. B. die Rechtserheblichkeit einer Revolution nicht

---

[4] Ähnlich schon Kant MS, S. 24.
[5] In diesem Sinne bereits Kant MS, S. 192 f.; zu obengenannter Formel: Zippelius AStL, § 19 I 2.

rein normativ, unter Absehen von allen Fakten, begriffen werden (§ 3 III). Die
außer Kraft getretenen Rechtsnormen sind hier, wie in anderen Fällen (§ 27 I), heute
zwar noch in ihrem Sinngehalt zu ermitteln, aber sie bestimmen nicht mehr wirksam das Handeln. Kurz: Geltendes Recht ist schon seinem Begriffe nach wirksames,
im großen und ganzen befolgtes, in geregelten Verfahren durchgesetztes Recht (III).
Es so zu sehen, entsprach schon vom philosophischen Ansatz her der neuhegelia-
nischen Rechtsphilosophie (I). Aber auch für ein institutionelles Rechtsdenken ist
die Rechtsordnung eine gelebte Ordnung, die sich nach Normen vollzieht (II).

I. „Dialektische" Rechtstheorien

Literatur: *R. Smend,* Verfassung und Verfassungsrecht, 1928, jetzt in: R. Smend, Staatsrechtliche
Abhandlungen, ³1994; *J. Binder,* Grundlegung zur Rechtsphilosophie, 1935; *L. Recaséns Siches,* Vida
Humana, Sociedad y Derecho, 1939, ²1945 (engl. Human Life, Society and Law, 1948), Kap. I, 14 ff.;
ders., Tratado General de Filosofia del Derecho, 1959, ²1961; *K. Larenz,* Methodenlehre der Rechtswissenschaft, ²1969; *L. Legaz y Lacambra,* Rechtsphilosophie, (span. 1961) dt. 1965.

Ein solches Verständnis lag in der Linie der Hegelschen Dialektik, jener Methode,
die dazu dienen soll, ein Ganzes in der spannungsreichen Vielfalt seiner einzelnen
Momente zu begreifen: Alle Abstraktion erfaßt nur einen Teil, nur eine Seite des
Ganzen, gibt nur eine Teilwahrheit wieder. „Das Wahre ist das Ganze", schreibt
Hegel in der Vorrede zu seiner Phänomenologie des Geistes. Faßt man die Dialektik
metaphysisch unprätentiös auf, so ist sie ein Weg des Denkens, der über die
verschiedenen Teilaspekte auf das Ganze hinführt, an dem dann die zuvor fest-
gestellten Gegensätze nur als verschiedene, unselbständige Momente des Ganzen
erscheinen (Zippelius Gesch, Kap. 17 b). Unser Bewußtsein sucht, sich in einer
komplexen Welt dadurch zurechtzufinden, daß es diese schrittweise in der Vielfalt,
auch in der Gegensätzlichkeit, ihrer begrifflichen Momente erfaßt, ohne sie auf
einen dieser Begriffe zu reduzieren. Oder wie Goethe sagt: „Dich im Unendlichen
zu finden, mußt unterscheiden und dann verbinden".

Von einem solchen Ansatz aus läßt sich auch die vom Neukantianismus auf-
gerissene Kluft zwischen Sein und Sollen schließen: „Das Sein des Rechtes …
besteht in seiner Geltung", und diese Geltung wiederum existiert darin, daß es
„als Recht gewußt, beobachtet und angewendet wird" (Binder 1935, 136 f.). Das
Recht ist, „wirklich' als die ‚allgemeine Handlungsweise'; es ist eine im Dasein
verwirklichte, von den Menschen im Bewußtsein ihrer Verbindlichkeit ständig
eingehaltene und dadurch sich erhaltende ‚Lebensordnung' – ein ‚Sein', das die
Bedeutung eines ‚Gesollten' hat" (Larenz 1969, 174).

In der spanischen Rechtsphilosophie finden sich ähnliche Überlegungen: Für
Recaséns Siches (1961, 108 ff., 112) stellte sich das Recht als objektivierte Form
menschlichen Lebens dar; auch vorgefertigte und vorformulierte juristische Normen seien, wenn sie erfüllt und angewandt werden, Formen lebendigen menschlichen Lebens. Legaz y Lacambra schrieb, das Recht sei „Struktur und Tätigkeit"
zugleich (Legaz 1965, 267). So habe die Rechtsnorm „ein doppeltes Gesicht. Auf
der einen Seite ist sie … soziale Wirklichkeit. Auf der anderen Seite ist sie
‚normativer Satz', d. h. ein logisches und begriffliches Wesen" (S. 659).

Auf ähnlichen Gedanken beruht auch die Rechts- und Staatstheorie der Integra-
tionslehre Rudolf Smends: Nach ihr ist „der Staat nicht ein ruhendes Ganzes, das
einzelne Lebensäußerungen, Gesetze, diplomatische Akte, Urteile, Verwaltungs-
handlungen von sich ausgehen läßt. Sondern er ist überhaupt nur vorhanden in

diesen einzelnen Lebensäußerungen, sofern sie Betätigungen eines geistigen Gesamtzusammenhanges sind, und in den noch wichtigeren Erneuerungen und Fortbildungen, die lediglich diesen Zusammenhang selbst zum Gegenstande haben" (Smend 1994, 136). Es geht also auch hier um eine dialektische Zusammenordnung von objektivem Sinngehalt und zeitlich realem Leben. „Jeder geistige Austausch führt unvermeidlich in die Bereiche des zeitlosen Sinns hinein, die er zugleich voraussetzt, und umgekehrt werden Sinn und Wert nur im geistigen Gemeinschaftsleben zu Sinn- und Wertwirklichkeit" (S. 139).

II. Institutionelles Rechtsdenken

Literatur: *F. C. v. Savigny*, Vom Beruf unserer Zeit für Gesetzgebung und Rechtswissenschaft, 1814; *ders.*, System des heutigen Römischen Rechts, Bd. I, 1840; *G. F. Puchta*, Cursus der Institutionen, Bd. I, 1841, [10]1893; *S. Romano*, Die Rechtsordnung, (it. 1918), ed. R. Schnur, 1975; *M. Hauriou*, Die Theorie der Institution, (frz. 1925/28), ed. R. Schnur, 1965; *C. Schmitt*, Über die drei Arten des rechtswissenschaftlichen Denkens, 1934; *R. Schnur* (Hg), Institution und Recht, 1968; *O. Weinberger*, Recht, Institution und Rechtspolitik, 1987, S. 143 ff.

Das Recht stellt sich also nicht als eine Summe abstrakter Regeln dar, sondern ist die gelebte und praktizierte Ordnung etwa der Vertragspartnerschaften, Familien, Vereine, Gemeinden und schließlich des Staates selbst. Der Grundgedanke eines solchen Rechtsdenkens findet sich schon bei Friedrich Carl v. Savigny (1779–1861): „Das Recht nämlich hat kein Dasein für sich, sein Wesen vielmehr ist das Leben der Menschen selbst, von einer besonderen Seite angesehen." Die Verfassung etwa und das bürgerliche Recht eines Volkes haben, ebenso wie dessen Sprache und Sitte, „kein abgesondertes Dasein, es sind nur einzelne Kräfte und Tätigkeiten des einen Volkes, in der Natur untrennbar verbunden, und nur unserer Betrachtung als besondere Eigenschaften erscheinend" (Savigny 1814, 8, 30).

Bezeichnet man die durch Normen geordneten Gefüge menschlichen Zusammenlebens als „Institutionen" (vgl. auch § 8 II), so kann man feststellen, daß solche Institutionen, wie Familien, Vereine, Gesellschaften oder Dienstverhältnisse von Normen verschiedener Art reguliert werden: nicht nur von staatlichem Recht und einklagbaren Pflichten, sondern auch von Anstandspflichten, Loyalitäten, Normen gegenseitiger Rücksichtnahme, die nicht, zum mindesten nicht in allen Verzweigungen, vor Gericht durchsetzbar sind (§ 6 I). Doch bestehen zwischen den vor- und außerrechtlichen Sozialnormen der Sitte und der Sozialmoral einerseits und der rechtlichen Ordnung andererseits enge Zusammenhänge: Nicht nur historisch ist die rechtliche Ordnung aus „vorrechtlichen" Normen herausgewachsen (§ 5 IV 2). Auch heute noch folgt die Gesetzgebung weitgehend der Sozialmoral (§ 6 VI). Und auch das geltende Recht ist für außerrechtliche Normen „durchlässig": Gesetzesauslegung und richterliche Rechtsfortbildung orientieren sich in ihren Wertentscheidungen fortwährend an den herrschenden sozialethischen Anschauungen (§ 6 IV). So betrachtet, lag die Vorstellung nahe, die Normen, die das Zusammenleben ordnen, und damit auch das Recht, gingen aus der Gesinnung und Gesittung eines Volkes hervor. Dies mochte Savigny vor Augen haben, wenn er schrieb: Das Recht, wie es sich in den lebendigen Institutionen ausprägt, ist eine Erscheinung des Volksgeistes. Sein eigentlicher Sitz ist „das gemeinsame Bewußtsein des Volkes". Dieser „organische Zusammenhang des Rechts mit dem Wesen und Charakter des Volkes bewährt sich auch im Fortgang der Zeiten … Das Recht wächst also mit dem Volke fort, bildet sich aus mit diesem, und stirbt endlich ab, so wie das Volk seine Eigentümlichkeit verliert" (Savigny 1814, 11).

Georg Friedrich Puchta (1798–1846) knüpfte in wesentlichen Punkten an die Gedanken Savignys an: „Eine Realität können wir dem Recht seiner Natur nach nur dann zuschreiben, wenn die Lebensverhältnisse wirklich nach seinen Vorschriften geordnet werden" (Puchta 1893, § 11). Auch er sah im Volksgeist die eigentliche Quelle des Rechts: Das „Recht setzt ein gemeinsames Bewußtsein als seine Quelle voraus. Ein Rechtssatz ist es dadurch, daß er in der gemeinsamen Überzeugung derer, für die er gilt, als solcher anerkannt ist" (aaO., § 10).[1] „Der Wille des Volks, der Wille, den die Menschen als Glieder dieser Verbindung haben, ist die natürliche Quelle des Staats und seiner Verfassung; der Volksgeist bringt den Staat, wie das Recht hervor" (aaO., § 11).

Die Kritik an Savignys Rechtsverständnis richtet sich vor allem gegen die Vorstellung, Rechtsentwicklung sei wesentlich eine Seite des stillen Wachstums eines Volksgeistes. Diese Meinung kommt wohl der Rechtsbildung auf frühen geschichtlichen Entwicklungsstufen nahe. Sie korrespondiert auch der später darzulegenden Auffassung, daß aus der Sicht demokratischer Legitimität das Recht für den überwiegenden Teil der Gemeinschaft konsensfähig sein muß (§ 11 II 4) und daß insbesondere vielfältige Beziehungen zwischen dem Recht und der herrschenden Sozialmoral bestehen (§ 6). Dennoch ist die Vorstellung, daß das Recht aus dem Volksgeist hervorwachse, den Verhältnissen einer Industriegesellschaft nicht adäquat:

Sie wird zunächst der Tatsache nicht gerecht, daß im modernen Recht auch eine starke Komponente rationaler, „planmäßiger" Gestaltung steckt. In den komplizierten und rasch sich wandelnden Verhältnissen der modernen Industriegesellschaft gerät das Recht unter einen Entscheidungsdruck, den der „Volksgeist" gar nicht aufnehmen und zu hinreichend differenzierten und präzisen Verhaltensregeln verarbeiten könnte. Man braucht etwa nur an Detailfragen des Wirtschaftsverwaltungsrechts oder an technische Fragen des Luftverkehrs- oder des Bauordnungsrechts zu denken, um dies einzusehen. Laufend stellen sich neue Möglichkeiten und Alternativen für die weitere Ausgestaltung der Sozialstrukturen zur Wahl, ständig müssen neue Interessenkonflikte durch das Recht reguliert werden, und zwar in einem Ausmaß, das – jedenfalls im Detail – nur von einem durchorganisierten System rechtlicher Regelungskompetenzen und rechtlicher Regelungsverfahren verarbeitet werden kann, nicht aber durch eine diffuse Sozialmoral.

Jene Vorstellung verdeckt auch einen anderen Unterschied, der zwischen dem modernen staatlichen Recht einerseits und der Sozialmoral und anderen Traditionen andererseits besteht: Über positives Recht (§ 5 IV) kann der Gesetzgeber wirksam verfügen; von heute auf morgen kann er es ändern, aufheben, neu einführen. „Volksgeist", herrschende Sozialmoral, Tradition hingegen unterliegen nicht in gleicher Weise kurzfristiger und exakter Verfügung; ihr Wandel vollzieht sich in anderer Weise.

III. Rechtsverwirklichung durch Handeln

Literatur: *R. Zippelius,* Erfolgsunrecht oder Handlungsunrecht?, NJW 1957, S. 1707 f.; *ders.,* Die Rechtswidrigkeit von Handlung und Erfolg, in: AcP 157 (1958/59), S. 390 ff.; *ders.,* RuG, Kap. 29 ff.; *W. Münzberg,* Verhalten und Erfolg als Grundlagen der Rechtswidrigkeit und Haftung, 1966,

---

[1] In diesem Gedanken wurzeln auch spätere Anerkennungstheorien, wie diejenige Bierlings (Juristische Prinzipienlehre, I 1894, 19, 40 ff.), die freilich das Mißverständnis nahelegen konnte, das Recht selbst bestehe in psychischen Akten des Wollens und Anerkennens (dazu oben § 2 II 2).

S. 1 ff., 49 ff.; *D. Zielinski,* Handlungs- und Erfolgsunwert im Unrechtsbegriff, 1973; *Ch. Mylono-*
poulos, Über das Verhältnis von Handlungs- und Erfolgsunwert im Strafrecht, 1980.

Geltendes Recht ist also nicht bloßer normativer Sinngehalt, wie er etwa in einem
Gesetzesentwurf seinen Ausdruck finden kann, sondern ein Normenbestand, der das
menschliche Verhalten in einer Gemeinschaft wirksam bestimmt. Es läßt sich nicht
vom tätigen Leben der Gemeinschaft trennen, sondern hat in der „Tatsache", daß es
befolgt und vollzogen wird, eine faktische Komponente, kurz, es ist „law in action".

Offen ist aber noch die Frage, in welcher Weise sich gerade die Rechtsnormen
verwirklichen, welche Wirkungsmodalität also den Rechtsnormen eigentümlich ist.
Normen können aus verschiedenen Gründen das Handeln motivieren: etwa deshalb, weil der Normadressat sie akzeptiert, oder deshalb, weil hinter ihnen eine
sichere Chance organisierter Durchsetzung steht, oder deshalb, weil sie von den
meisten gebilligt werden und mit Rücksicht hierauf auch Widerstrebende es für
geraten halten, sie zu befolgen. Diese Frage der spezifischen Wirkungsmodalität der
Rechtsnormen bildet den wesentlichen Gegenstand des Geltungsproblems (§ 5).
Erst mit ihm findet die Entwicklung des Rechtsbegriffs ihren Abschluß.

Diesem Problem der spezifischen Wirkungsweise des Rechts ist eine andere Frage
vorgeordnet: Wie kann ein Sollen, also ein normativer Sinngehalt, überhaupt reale
Wirkungen hervorbringen? Die einzigen Vorgänge, die einerseits durch Gebote
bestimmbar sind und andererseits als natürliche Ursachen wirken können, sind
Willensbetätigungen. So stellen sie das Verbindungsglied dar, über das Gebote auf
die Außenwelt einwirken können. Sie sind das Zwischenglied, über das der Gesetzgeber reale Wirkungen, vor allem auch in der Welt des äußeren sozialen Daseins,
durch ein Gebot hervorbringen oder durch ein Verbot verhindern kann. Wenn aber
die Willensbetätigung vollzogen ist und beispielsweise die Gewehrkugel den Lauf
verlassen hat, gibt es kein Gebot, das auf den anschließenden Kausalablauf noch
unmittelbar einwirken, etwa den Flug der Kugel noch hemmen oder den Tod des
Getroffenen wirksam untersagen könnte. Der letzte Zeitpunkt, in dem ein rechtliches Gebot noch hätte wirken können, war der Augenblick, in dem ein Mensch
den Gewehrhahn abzog.

Diese Überlegungen sind für das Problem der Rechtswidrigkeit von Bedeutung:
Da immer nur das Verhalten durch ein Sollen motivierbar ist, kann auch nur ein
Verhalten im Widerspruch zu Geboten stehen und in diesem Sinne rechtswidrig
sein. Daß ein objektives Gebot nur als Motiv im Bewußtsein eines Menschen zur
Wirkung gelangen kann, ist eine Aussage über die prinzipielle Wirkungsmöglichkeit
von Geboten. Aus ihr folgt nicht, daß jemand nur dann rechtswidrig handle, wenn
ihm das Gebot im Einzelfall auch bewußt geworden sei. Wohl aber folgt, daß nur
menschliches Tun und Unterlassen Gegenstand sinnvoller Gebote sein kann, weil
nur dieses prinzipiell einer normativen Steuerung zugänglich ist. Gegenstand eines
Verbotes kann es also z. B. nur sein, daß jemand auf einen anderen schießt, aber
nicht, daß die Kugel trifft; oder daß jemand mit Steinen auf Fensterscheiben wirft,
aber nicht, daß die Scheibe zerbricht. Der an das Handeln anschließende Kausalablauf und der Eintritt des Erfolges sind prinzipiell nicht verbietbar. Was aber
prinzipiell nicht verbietbar ist, kann sinnvollerweise nicht zum verbotenen und in
diesem Sinne „rechtswidrigen" Geschehen gehören. Kurz: Die Unrechtsmerkmale
einer Tat sind – als Merkmale des verbotenen Vorganges – schon im Augenblick des
Handelns festgelegt. Anzumerken ist, daß dem Wort „rechtswidrig" auch noch
andere Bedeutungen beigelegt werden können (§ 39 III 1); es besteht „Definierfreiheit" (§ 1 II). Will man aber als „rechtswidrig" etwas Verbotenes bezeichnen –
will man z. B. als „allgemeines Deliktsmerkmal" hervorheben, daß Gegenstand eines

strafrechtlichen Vorwurfs nur ein verbotenes Geschehen sein könne – so kann dieses allemal nur ein menschliches Tun oder Unterlassen sein.

Gleichwohl sind Verhaltensnormen in aller Regel erfolgsbezogen. Insbesondere das Deliktsrecht ist eine Schutzordnung für Lebensgüter. Mit seinen Normen soll regelmäßig der Eintritt eines schädlichen Erfolges – die Gefährdung oder Zerstörung schutzwürdiger Güter – verhindert werden. Aber in Geboten und Verboten kann diese Erfolgsbezogenheit sinnvollerweise nur als Eigenschaft des Verhaltens selbst in Erscheinung treten: etwa als erfolgsbezogene Gefährlichkeit oder Finalität oder Unvorsichtigkeit des Verhaltens selbst. So kann z. B. ein Verhalten verboten werden, das fremdes Leben oder fremde Güter „gefährdet", nämlich den Eintritt des Schadens mit einer gewissen Wahrscheinlichkeit erwarten läßt, oder ein Verhalten, das nach dem Vorsatz des Handelnden darauf gerichtet ist, einen solchen Schaden herbeizuführen. Wer auf einen anderen mit Tötungsvorsatz schießt, verstößt damit gegen ein Tötungsverbot – nämlich das Verbot, eine auf Tötung gerichtete Handlung vorzunehmen – gleichgültig, ob seine Kugel dann das Opfer tödlich trifft oder nicht (auch der Tötungsversuch ist ein Tötungsdelikt). Eine Mutter, die ihr Kind unvorsichtigerweise in der Nähe eines Abgrundes spielen läßt, ohne daß etwas passiert, hat gegen das gleiche Obhutsgebot verstoßen wie eine Mutter, deren Kind hierbei zu Tode stürzt. Zwar knüpft das Strafrecht eine Strafe oder Strafschärfung nicht selten erst an den tatsächlichen Eintritt der Rechtsgutsverletzung – aber aus Gründen, die außerhalb des verbotenen und in diesem Sinn normwidrigen Vorganges liegen (Zippelius RuG, Kap. 29 I).

Wenn rechtliche Gebote und Verbote nur am Verhalten ansetzen können, dann müssen sie, um dieses sinnvoll zu lenken, so gefaßt sein, daß sie einem Menschen im Augenblick seiner Handlung eine Richtschnur sein können. Will man z. B. das Verhalten so steuern, daß die Tötung von Menschen verhindert wird, so wäre es nicht praktikabel, das Tötungsverbot folgendermaßen zu fassen: „Verboten ist jedes Verhalten, das eine Bedingung für den Tod eines anderen Menschen setzt." Denn niemand kann wissen, ob nicht irgendeine gewöhnliche Handlung eine entfernte Bedingung zu jenem Erfolg setzt, weder der Händler, der ein Küchenmesser verkauft, noch der Eisenbahnangestellte, der eine Fahrkarte abgibt. Eine sinnvolle Verhaltensordnung muß vielmehr, um die Tötung von Menschen abzuwehren, an eine ex ante erkennbare Erfolgsbezogenheit der Handlung anknüpfen: etwa an die schon erwähnte Finalität oder an die Gefährlichkeit der Handlung oder auch an den Umstand, daß die Sorgfalt, die nach verständigem Urteil zur Wahrung des geschützten Rechtsgutes erforderlich ist, nicht verletzt werden darf, was gleichfalls eine „Gefährlichkeit" der verbotenen Handlung bezeichnet, d. h. eine gewisse Wahrscheinlichkeit, daß sie zu einer Verletzung des Rechtsgutes führt.

Die Möglichkeit, durch normative Sinngehalte Handeln zu motivieren und dadurch auf die Realität einzuwirken, spielt auch im Zusammenhang mit dem Freiheitsproblem eine Rolle. Darauf wird später einzugehen sein (§ 25).

Kapitel II. Insbesondere das Problem der Geltung ("Recht und Sittlichkeit")

§ 5. Begriffe der „Normgeltung"

Literatur: *K. Larenz,* Das Problem der Rechtsgeltung, 1929; *Radbruch* RPh, § 10; *Kelsen* RR, S. 9 ff., 34 ff., 60 ff., 196 ff.; *Coing* RPh, S. 213 ff.; *R. Schreiber,* Die Geltung von Rechtsnormen, 1966; *H. Welzel,* An den Grenzen des Rechts, 1966; *H. Schambeck,* Ethik und Staat, 1986, S. 64 ff.; *N. Hoerster,* Die rechtsphilosophische Lehre vom Rechtsbegriff, JuS 1987, S. 182 ff.; *R. Lippold,* Geltung, Wirksamkeit und Verbindlichkeit von Rechtsnormen, in: Rechtstheorie 1988, S. 463 ff.; *H. Jung, H. Müller-Dietz, U. Neumann* (Hg), Recht und Moral, 1991; *R. Alexy,* Begriff und Geltung des Rechts, 1992; *J. Habermas,* Faktizität und Geltung, 1992; *Rehbinder* RS, § 7; *J. F. Kervegan,* Rechtliche und moralische Normativität, in: Rechtstheorie 2008, S. 23 ff.

I. Wirksamkeit und normative Begründetheit

Von einer „Geltung" des Rechts kann man in verschiedenem Sinne sprechen: Zum einen kann man damit die Wirksamkeit der Rechtsnormen bezeichnen, also die verläßliche Chance, daß sie angewandt und durchgesetzt werden. Zum andern kann man mit dem Wort „Geltung" ausdrücken wollen, daß eine Norm einen zureichenden Geltungsgrund habe, daß es also eine Begründung dafür gebe, warum man sie befolgen solle.

Der erstgenannte Aspekt der Geltung geht davon aus, daß das Recht schon seinem Begriff nach eine im Leben verwirklichte Normenordnung ist (§ 4 I): Wenn wir von „geltendem" Recht sprechen, denken wir an Normen, bei denen eine hohe Chance besteht, daß sie ohne weiteres befolgt oder in einem rechtlich organisierten Verfahren gegen normwidrig Handelnde durchgesetzt werden (IV). „Geltung" in diesem Sinne bedeutet also, daß das Recht in hohem Maße das vorgeschriebene Verhalten tatsächlich bewirkt, kurz, sie bedeutet Rechtswirksamkeit. In diesem Sinne verliert z. B. eine Verfassung durch eine Revolution ihre Geltung und wird durch eine neue – von jetzt an befolgte – Verfassung abgelöst (§ 27 I). Wirksamkeit allein liefert aber keine normative Begründung dafür, warum man einer Norm gehorchen soll. Insbesondere begründet die bloße Durchsetzungchance nur ein bedingtes Müssen: Man gehorcht einem rechtlichen Gebot, wenn und weil man sich nicht der Sanktion aussetzen will. In diesem Sinne „gilt" auch die Lagerordnung eines Konzentrationslagers.

Wie aber läßt sich der Geltungsanspruch rechtlicher Gebote begründen? Damit kommt der zweite Aspekt der „Geltung" in den Blick. Der „Geltungsgrund einer Norm" – d. h. die Begründung dafür, warum man sie befolgen soll – kann, sagt Kelsen, „nur die Geltung einer anderen Norm sein" (RR, 196). „Warum gilt das Gebot, auf der Straße rechts zu fahren?" würde in diesem Sinn also heißen: Aus welchem Grund soll ich diese Straßenverkehrsvorschrift befolgen? Die Antwort hierauf kann lauten: Weil sie auf Grund einer gesetzlichen Ermächtigung erlassen wurde. Die nächsten Fragen werden lauten: „Warum soll ich Vorschriften beachten, die auf Grund einer gesetzlichen Ermächtigung erlassen wurden?" „Und warum Gesetze, die auf Grund der Verfassung ergangen sind?" Hier stoßen wir auf das schon erörterte Problem des Regresses auf eine jeweils höhere Geltungsgrundlage, der nicht ins Endlose gehen kann und für Kelsen bei einer nur vorausgesetzten Norm endet (§ 3 III).

Kelsen verbindet diese Geltungsvoraussetzung aber mit dem Gedanken der Wirksamkeit, wenn er sagt: „Wirksamkeit ist als Bedingung der Geltung in der Grundnorm statuiert" (§ 3 III). Das heißt: Um den Geltungsanpruch des positiven Rechts zu begründen, d. h. um zu begründen, warum man es befolgen solle, müsse man voraussetzen, daß man der jeweils wirksamen Rechts- und Verfassungsordnung gehorchen solle (§ 3 III). Man möchte wohl dem Gedanken, man solle dem effektiven Recht gehorchen, einen legitimierenden Sinn abgewinnen. Denn auf diese Weise wird die Funktionsfähigkeit des Rechts gewährleistet und insbesondere der Rechtssicherheit und dem Rechtsfrieden gedient (§ 23 I, II).

Doch im Grunde handelt es sich auch hier um den schon zurückgewiesenen Versuch, die Rechtfertigung rechtlicher Normen auf deren Wirksamkeit zurückzuführen. Die Ordnungsfunktion des Rechts allein reicht aber nicht aus, um dessen Legitimität zu begründen (§ 11 II 3). Wieder stoßen wir hier auf Grenzen des positivistischen Ansatzes. Die Frage, wie sich der Geltungsanspruch rechtlicher Gebote rechtfertigen lasse, verlangt also nach einer grundsätzlicheren Auseinandersetzung mit dem Legitimationsproblem (§§ 11 ff.).

Zunächst bedarf aber auch der Begriff der Wirksamkeit von Normen noch einer weiteren Klärung; denn nicht jede Art und Weise, in der Gebote zur Wirkung kommen, ist spezifische „Rechtswirksamkeit". So unterscheiden wir insbesondere, ob eine Norm moralische, sozialethische oder spezifisch rechtliche „Geltung" hat: ob sie nämlich um ihrer selbst willen im „Gewissen" des Einzelnen als Triebfeder wirkt (moralische Geltung); oder ob sie vom überwiegenden Teil der Gemeinschaft gebilligt wird und mit Rücksicht auf bloß gesellschaftliche Sanktionen oft auch von Widerstrebenden befolgt wird (sozialethische Geltung); oder ob die Chance besteht, daß die Norm in einem rechtlich organisierten und normierten Verfahren gegen normwidrig Handelnde durchgesetzt wird (Geltung als „garantiertes Recht"). Von diesen verschiedenen Wirkungsmodalitäten soll im folgenden die Rede sein.

II. Die moralische Geltung

Literatur: *I. Kant,* Grundlegung zur Metaphysik der Sitten, 1785; *ders.,* MdS; *F. Kaulbach,* Studien zur späten Rechtsphilosophie Kants, 1982, S. 55 ff., 135 ff.; *J. Strangas,* Kritik der kantischen Rechtsphilosophie, 1988, S. 16 ff.; *I. Maus,* Die Trennung von Recht und Moral als Begrenzung des Rechts, in: Rechtstheorie 1989, S. 191 ff.

„Geltung" kann also bedeuten, daß eine Norm um ihrer selbst willen im Gewissen des Einzelnen als Triebfeder des Handelns wirkt. Wer nachts auf einsamer Straße ein Bündel Geldscheine findet, es zum Fundbüro bringt, obgleich er es ohne jede Entdeckungsgefahr behalten konnte, und auf die Frage, warum er es nicht behalten habe, lediglich zu sagen weiß: „Weil ich es für Unrecht halte, fremdes Geld zu unterschlagen", somit als hinreichende Triebfeder die Unredlichkeit der Unterschlagung angeben kann, liefert ein Beispiel für die moralische Wirkung einer Norm. Um diese Normgeltung handelt es sich also dann, wenn eine Norm um ihrer selbst willen im Gewissen gutgeheißen und als Handlungsmotiv wirksam wird, wenn sie also nicht erst aus Rücksicht auf eine Strafdrohung oder eine andere Sanktion Beachtung findet, kurz, wenn man „aus Pflicht" und nicht aus Furcht vor äußeren Zwängen handelt. Der Einzelne erhebt hier also selber eine Norm zum Gesetz seines Handelns. Darin betätigt sich seine „sittliche Autonomie" im Sinne Kants, d.h. seine Kompetenz, in Fragen der Moral als letzte Instanz selbst zu entscheiden, was er für richtig hält, und hiernach zu handeln (Kant, 1785). Wenn daher eine Norm von dieser „Instanz" zur Triebfeder des Handelns gemacht wird, ist sie zu moralischer Wirkung gelangt.

Sittliche Autonomie erfordert also nur, daß die verpflichtende, motivierende Kraft eines Sollens autonom begründet wird. Das schließt die Möglichkeit eines billigenden „Zugreifens" auf Vorstellung und Normen ein, die dem individuellen Gewissen zur Prüfung vorgelegt werden. Den Pflichtinhalt kann der moralische Entschluß also auch aus vorgegebenen Normen, etwa des Rechts oder der herrschenden Sozialmoral, übernehmen. Daher können z.B. Rechtsnormen neben ihrer Rechtsgeltung auch moralische Geltung erlangen, wenn sie aus Gewissensgründen gutgeheißen und befolgt werden, also dann, „wenn die Triebfeder, welche die juridische Gesetzgebung mit jener Pflicht verbindet, nämlich der äußere Zwang, auch weggelassen wird, die Idee der Pflicht allein schon zur Triebfeder hinreichend" ist (Kant MS, 16).

Entscheidend ist also, ob gerade die Vorstellung der Pflicht als Triebfeder wirksam ist. Alles Handeln aus anderen Motiven kann allenfalls legal sein und ist es dann, wenn es mit dem Rechtsgesetz übereinstimmt.

Diese Unterscheidung zwischen Moralität und bloßer Legalität wird verzerrt, wenn man alles innere Verhalten zur Moralität und nur das äußere Verhalten zur Legalität rechnet. Träfe diese verbreitete Unterscheidung zu, dann müßte z.B. der Entschluß, eine zunächst in Gedanken geplante kriminelle Handlung nun doch zu unterlassen, schon deshalb ein moralischer Akt sein, weil der Entschluß etwas Subjektives ist. In Wahrheit handelt es sich hier aber möglicherweise um einen bloß legalen Vorgang; das ist dann der Fall, wenn der Tatentschlossene sein Vorhaben lediglich deshalb aufgibt, weil er sich beobachtet fühlt und die Strafe fürchtet. Moralisch wäre dieser Vorgang nur dann, wenn ein ganz spezifisches Motiv, nämlich die Pflicht um ihrer selbst willen (nicht um der mit ihr verbundenen Strafdrohung willen), diesen Sinneswandel bestimmte.

III. Die sozialethische Geltung

Literatur: *F. M. Voltaire*, Essay sur les mœrs et l'esprit des nations, 1756/69, dt. 1867/68; *J. G. Herder*, Ideen zur Philosophie der Geschichte der Menschheit, 1784/91; *Hegel*, wie zu § 14; *E. Spranger*, Lebensformen, 1914, ⁸1950; *Riezler* RG, S. 156 ff.; *N. Hartmann*, Hegel, 1929; *ders.*, Das Problem des geistigen Seins, 1933; *E. Beling*, Vom Positivismus zum Naturrecht und zurück, in: F. f. Ph. Heck u. a., 1931; *Kubeš* RO, §§ 18, 20; *Th. Würtenberger*, Zeitgeist und Recht, 1987, ²1991; *ders.*, Zeitgeist-Metaphorik und Recht, in: J. Jurt u. a. (Hg), Wandel von Recht und Rechtsbewußt- sein, 1999, S. 91 ff.

Um eine andere Geltungsmodalität handelt es sich, wenn wir von einem be- stimmten „Zeitgeist", von den herrschenden ethischen Vorstellungen oder von den „Anschauungen aller billig und gerecht Denkenden" sprechen. Hier geht es darum, daß bestimmte Vorstellungsinhalte („objektive Sinngehalte", § 2 II 2) vom überwie- genden Teil der Mitglieder einer Gemeinschaft akzeptiert werden. Solche in einer Gemeinschaft „herrschenden", tradierbaren Vorstellungen prägen die Vorstellungswelt der Einzelnen von Jugend an: religiöse Ansichten und andere Weltanschauungen, rituelle Vorstellungen, Auffassungen darüber, wie die politische Ordnung auszusehen hat, was recht und billig, was anständig und unanständig ist, was die Ehre gebietet, was im Umgang mit anderen schicklich ist, welche Eßsitten gelten, wie man sich kleidet, wie man singt und dichtet, in welcher Manier man Bauwerke errichtet, was als Kunst zu gelten hat (§ 19 IV 2). Diesen historisch wandelbaren, in einem Volke herrschenden Vorstellungen hat sich im achtzehnten Jahrhundert das Interesse zugewandt. Voltaire, Montesquieu und vor allem Herder begannen, sich für den Geist einer Zeit und den Geist der Völker zu interessieren, und suchten ihn etwa in der Kunst oder im Liedgut („Stimmen der Völker in Liedern") zu fassen. Schon bei Voltaire fand sich die Einsicht in den genannten Sachverhalt: „Mein Ziel ist es stets, den Geist der Zeiten zu beobachten; er ist es, der die großen Ereignisse der Welt lenkt" (1756/69, Kap. 80). Und: „Jeder Mensch wird durch sein Jahrhundert geformt: sehr wenige erheben sich über die Sitten der Zeit" (Kap. 82). Wenig später schrieb Herder, der Einzelne sei nicht nur in natürliche Zusammenhänge, sondern auch in den großen Bildungszusammenhang seines Volkes und der Menschheit verwoben (1784/91, 9. Buch). So sei „unsere Vernunft und Lebensweise, unsere Gelehrsamkeit und Kunsterziehung, unsere Kriegs- und Staatsweisheit ein Zusammenfluß fremder Erfindungen und Gedanken, die ohne unser Verdienst aus aller Welt zu uns kamen und in denen wir uns von Jugend auf baden oder ersäufen" (aaO., III).

Hegel hat die zur Herrschaft gelangenden Vorstellungen als „objektiven Geist" beschrieben und in ihnen den eigentlichen Träger und Mittler der Menschheitsgeschichte gesehen. Ohne solche in der Gemeinschaft lebendigen und tradierten Sinngehalte „wäre die Flucht der kurzlebigen Individuen ein geschichtsloses Kommen und Gehen, gleichförmig, ohne Richtung und Entwicklung" (Hartmann 1929, 301). Allerdings versperrte sich Hegel auch hier durch seine Vernunftmetaphysik eine kritische Analyse: In dem Fortschritt der Ideen, die jedes Volk und jede Epoche beherrschen, enthülle und verwirkliche sich die Weltvernunft (§ 13 I). So verwies er die Einzelnen in die Rolle bloßer Repräsentanten und Mittler eines objektiven Geistes, der sich nach seiner eigenen Gesetzmäßigkeit entfalte (§ 26 III 2).

Für eine unbefangene Betrachtung hingegen bestimmen die Einzelnen auch den Inhalt der Vorstellungen und Verhaltensnormen, die in einer Gemeinschaft lebendig sind. Die Verkehrssitte z. B. kann sich dadurch fortentwickeln, daß Geschäftsleute neue Gepflogenheiten im Rechtsverkehr erfinden und durchsetzen. Die herrschenden Vorstellungen darüber, wie weit die Meinungsfreiheit sich legitimerweise ausbreiten darf und soll, werden durch den Gesetzgeber und durch die Entscheidungen der hohen Gerichte mitbeeinflußt. Mit Recht sagte Eduard Spranger (1882–1963): „Die Abstufung der Werte, die durch die kollektive Moral für typische Situationen (und allerdings nur für diese) vorgenommen worden ist, beruht auf Werturteilen, die in irgendeinem individuellen Bewußtsein vollzogen sein müssen. Denn die Gesellschaft urteilt nur in ihren Gliedern und durch sie … Damit stimmt es überein, daß jede neue moralische Wertung einmal persönlich durchgekämpft sein muß: das Gewissen des einzelnen als Gesellschaftsgliedes ist der Schauplatz dieses Kampfes", in welchen auch die bereits fertigen kollektiven Wertungen als Forderungen in das Bewußtsein mit eintreten. Auf diese Weise sind in den Werturteilen der kollektiven Moral „die sozialethische Erfahrung, die Willensmeinung und die Normenerlebnisse vieler Generationen" gespeichert (Spranger 1950, 306, 328).

Welche tradierbaren („objektiven") Vorstellungsinhalte in einem Volke herrschen und „aktuell" sind (d. h. in subjektiven Akten mit Leben erfüllt werden und zur

Wirkung kommen), ist im großen und ganzen wohl erfahrbar. Zwar hatte schon
Schopenhauer der Hegelschen „Geistphilosophie" die Frage entgegengehalten:
„Geist? Wer ist denn der Bursche? Und woher kennt Ihr ihn? Ist er nicht bloß
eine beliebige und bequeme Hypostase, die Ihr nicht ein Mal definiert, geschweige
deduziert oder beweist?" (Würtenberger 1991, 45). Und doch hat der Bursche
„Zeitgeist" unter den Parolen der Freiheit, Gleichheit und Brüderlichkeit die
Französische Revolution hervorgebracht, haben überhaupt Ideen, nicht zuletzt
Gerechtigkeitsvorstellungen und religiöse Ideale, für die sich die Massen begeister-
ten, die großen historischen Bewegungen motiviert (Zippelius VSt, Kap. 1). So hat
man mit Recht festgestellt, die Aktualität der Vorstellungen, die das Gemeinschaftsleben leiten, sei durchaus etwas „Konkretes, Erfaßbares, Erlebbares ..., was sich
unmittelbar aufdrängt, wo und wie immer man damit in Berührung kommt. Jeder,
der in ein fremdes Land kommt, ‚erfährt' den fremden Geist des fremden Volkes
und unterscheidet ihn im Erfahren sehr bestimmt von dem eines anderen Volkes"
(Hartmann 1933, Kap. 17 b; s. auch unten § 21 II). Im Detail aber, z. B. in abge-
legeneren sozialethischen Fragen, kann es sehr zweifelhaft sein, ob eine Norm in
einer Gemeinschaft herrscht. In Zeiten eines Auffassungswandels kann es schwer
oder überhaupt nicht feststellbar sein, ob noch die alte oder bereits die neu
aufkommende Meinung herrscht. Dafür, wie weit die Ermittlung dieses Tatbestan-
des jeweils vordringen kann, läßt sich keine generelle begriffliche Regel aufstellen.

Um in einer Gemeinschaft zu herrschen, brauchen Normen und Wertvorstellungen nicht von ausnahmslos jedem Mitglied der Gemeinschaft akzeptiert zu
werden. Es gibt überall Außenseiter, hinsichtlich der sozialethischen Normen nicht
weniger als etwa in Fragen eines herrschenden Kunststiles.

Man darf das Kriterium dafür, ob bestimmte Vorstellungen herrschen, auch nicht
ohne weiteres in einer rechnerischen Majorität suchen, weil es in jeder Gemeinschaft
Stimmen von größerer und von geringerer Autorität gibt; z. B. ist das Bekenntnis
eines hohen Gerichts zu einer sozialethischen Norm von höherem Gewicht als das
einiger Durchschnittsbürger. Man muß hier also die Stimmen wägen. Wenn man die
„Auffassung der tonangebenden Schicht des Verbandes" für richtungweisend erklärt (Beling 1931, 11, 16), so ist das nur eine andere Formulierung, aber keine
Lösung des Problems; denn hier beginnt erst die entscheidende Frage, wer tonange-
bend sei: eben diejenigen, deren Auffassungen mit dafür maßgebend sind, welche
Vorstellungen in einer Gemeinschaft herrschen. Es geht hier um einen variablen
realen Sachverhalt, dessen Erforschung insbesondere voraussetzt, daß man die
soziologische Struktur der Gemeinschaft kennt, um die Gewichtigkeiten der in ihr
lebendigen Meinungen beurteilen zu können.

In der Demokratie entscheidet die numerische Majorität immerhin darüber,
welche Vorstellungen politische und rechtliche Relevanz gewinnen sollen – soweit
diese Vorstellungen in Wahlen und Abstimmungen zum Ausdruck gebracht werden
und eine Rolle spielen; dabei hat jede Stimme gleichen Zählwert. In dem Meinungs-
bildungsprozeß aber, der sich im „Vorfeld" solcher Wahlen und Abstimmungen
vollzieht, machen sich auch hier Stimmen von sehr unterschiedlichem Gewicht
geltend; die Auffassungen der Redakteure einer Fernsehanstalt oder einer verbreite-
ten Zeitung z. B. wiegen in diesem Prozeß sehr viel schwerer als die einer gleich
großen Zahl von Handwerkern.

In den verschiedenen Gemeinschaften stehen unterschiedliche Bestände objektiver
Normen und Leitbilder in Geltung. Neben Normen, die wohl überall akzeptiert
werden, z. B. daß man seine Mitmenschen nicht betrügen soll, gibt es andere, die im
einen Kulturkreis herrschen, im anderen nicht. Selbst in den einzelnen Ständen

herrscht ein unterschiedliches Standesethos, in den Schulklassen ein unterschiedlicher Klassengeist, und in der einen Familie herrscht ein anderer Geist als in der anderen.

IV. Die Geltung als Zwangsregel („garantiertes Recht")

Literatur: Zu 1: *M. Luther,* Von weltlicher Obrigkeit, 1523; *U. Zwingli,* Von menschlicher und göttlicher Gerechtigkeit, 1523; *Th. Hobbes,* De cive, 1642; *ders.,* Leviathan, 1651; *Ch. Thomasius,* Fundamenta juris naturae et gentium, 1705, Prooemium § XII, Buch I Kap. IV §§ 61, 89 f., Kap. V §§ 17 ff.; *M. Weber* WuG; *Kelsen* RR, S. 34 ff.; *H. Nawiasky,* Allgemeine Rechtslehre, 1941, ²1948; *Geiger* RS; *Engisch* Ger, S. 120 ff.; *Zippelius* RS § 11 II, III.
   Zu 2: *R. Thurnwald,* Die menschliche Gesellschaft, V 1934; *E. A. Hoebel,* Das Recht der Naturvölker, (engl. 1954) dt. 1968; *S. Roberts,* Ordnung und Konflikt, (engl. 1979) dt. 1981; *U. Wesel,* Frühformen des Rechts in vorstaatlichen Gesellschaften, 1985, S. 128 ff., 255 ff., 319 ff.; *R. Zippelius,* Ausschluß und Meidung als rechtliche und gesellschaftliche Sanktionen, Juristische Schulung 1985, S. 755 ff.; *St. Meder,* Ius non scriptum – Traditionen privater Rechtssetzung, 2008.

„Geltung" einer Norm kann auch bedeuten: die hohe Chance, daß die Norm entweder bereitwillig befolgt oder in einem rechtlich organisierten Verfahren durchgesetzt wird.

1. Das Recht als Zwangsregel

Der Gedanke der Zwangsnatur des Rechts wurde vor allem in der von Religionsstreitigkeiten, Glaubens- und Bürgerkriegen zerrissenen Zeit des 16. und 17. Jahrhunderts lebendig. Das weltliche Recht erschien Luther als Zwangsrecht, „zu zwingen die Bösen und zu schützen die Frommen". Drastisch schilderte er in seiner Schrift „Von weltlicher Obrigkeit" die Geltungsweise des weltlichen Rechts: Die Menschen sind „unter das Schwert geworfen, daß, ob sie gleich gerne wollten, sie doch nicht tun könnten ihre Bosheit und, wenn sie es tun, daß sie es doch nicht ohne Furcht, noch mit Friede und Glück tun können", gleichwie man „ein wildes, böses Tier mit Ketten und Banden fasset, daß es nicht beißen noch reißen kann nach seiner Art, wiewohl es gerne wollte". Hundert Jahre später forderte Thomas Hobbes, der in England den Bürgerkrieg kennengelernt hatte, die zwangsbewehrte Macht des staatlichen Rechts, die Ordnung und Frieden unter den Menschen sichert und dadurch dem Staat seine Legitimation verleiht (§ 11 II 3). „Mag etwas noch so sehr der natürlichen Vernunft gemäß sein, so wird es doch erst durch die Macht des Souveräns zum Gesetz" (Hobbes 1651, Kap. 26). Pufendorf suchte die Eigenart des Rechts gegenüber anderen Normenordnungen herauszupräparieren. Christian Thomasius führte dieses Beginnen fort und kam auf diesem Wege wiederum auf die Zwangsnatur des Rechts. Das Recht unterscheide sich von Sitte und Sittlichkeit dadurch, daß es äußerlich erzwingbare Pflichten auferlege: Die Eigenart der Rechtspflichten bestehe gerade darin, daß sie äußere Pflichten seien, die aus Furcht vor äußerem Zwang („metuens coactionem aliorum hominum") befolgt werden müssen. Zielten sie doch darauf ab, den äußeren Frieden zu erhalten oder den gestörten Frieden wieder herzustellen (Zippelius Gesch, Kap. 15 b, c).
   Diese Kriterien sind allerdings nicht ganz sachgemäß. Zum Beispiel läßt sich das rechtliche Verbot des Inzests schwerlich als Mittel der Friedenssicherung verstehen. Auch ist die Einteilung der Normen danach, ob hinter ihnen äußerer Zwang oder bloß innerer Antrieb stehe, nicht differenziert genug: Hinter den meisten Pflichten „bloßer" Schicklichkeit oder Ehrenhaftigkeit steht ein sehr massiver gesellschaftlicher Zwang. Jemand, der Sitte und Anstand verletzt, läuft Gefahr, sich gesell-

schaftlich, mitunter auch geschäftlich zu isolieren. Wer schäbig handelt, läuft Gefahr, „geschnitten" zu werden. Wer sich bei geselligen Zusammenkünften schlecht benimmt, wird nicht mehr eingeladen. Unseriöses, wenngleich nicht rechtswidriges Geschäftsgebaren vergrämt Kunden und andere Geschäftspartner. Die gesellschaftlichen Sanktionen bestehen also oft in einer faktischen Einbuße an Kontaktmöglichkeiten und an beruflichen und geschäftlichen Chancen. Diese gesellschaftliche Sanktion kann unter Umständen sogar stärker wirken als die rechtliche Sanktionsdrohung. Ein Beispiel dafür bot früher das Duell, das oft bei Strafe verboten war, aber vielfach durch gesellschaftliche Zwänge gegen das rechtliche Verbot durchgesetzt wurde.

Die Zwangsnatur des Rechts muß also von anderen Zwängen unterschieden werden. Wohl sind viele Rechtsnormen – wie das Diebstahls- oder das Betrugsverbot – auch durch gesellschaftliche Zwänge der eben genannten Art sanktioniert. Die Eigenart des „garantierten Rechts" liegt aber darin, daß seine Normen zugleich (oder auch nur) die Chance haben, durch ein organisiertes und normiertes Erzwingungsverfahren durchgesetzt zu werden (Weber WuG, 17 f., 181 ff.). Genauer gesagt muß die alternative Chance bestehen: daß die Normen des Rechts durch ein solches Erzwingungsverfahren durchgesetzt werden oder schon aus anderen Gründen (aus Überzeugung, Gewohnheit oder aus Furcht vor sozialen Zwängen) befolgt werden (vgl. Geiger RS, 30 ff., 90 ff.). Im einzelnen funktioniert das Erzwingungsverfahren in folgender Weise:

Zu der „primären" Regelung zwischenmenschlichen Verhaltens treten „sekundäre" Normen hinzu (Nawiasky 1948, 13 f., 99 ff.): Rechtsnormen regeln nicht nur die „primäre" Verhaltensordnung, sondern auch das Verfahren, in dem diese Normen durchgesetzt werden können.[1] Normiert ist insbesondere, wie sich Kläger, Beklagter, Zeugen, Richter, Gerichtsvollzieher usw. in diesem Verfahren zu verhalten haben. Zur Durchsetzung dieser im Prozeß bestehenden Rechtspflichten (z. B. der Pflicht des Zeugen, vor Gericht zu erscheinen und nach bestem Wissen die Wahrheit zu sagen, der Pflicht des Richters, nach Gesetz und Recht zu entscheiden) stehen wiederum rechtlich geregelte Verfahren bereit: etwa zivilprozessuale Erzwingungsverfahren oder Strafvorschriften, nach denen Meineid und Rechtsbeugung geahndet werden. Es besteht also ein Geflecht miteinander verwobener und einander absichernder Normen, ein „vermaschtes" Regelungs- und Kontrollsystem, dessen Elemente – wie die Maschen eines Strickwerkes – sich gegenseitig stützen und aneinander Halt finden. Erst als Bestandteile eines solchen Systems werden die einzelnen Normen zu garantiertem Recht. Wir finden hierbei verschiedene Mechanismen der Rechtsgewährleistung: Verurteilung und Vollstreckungszwang, Bestrafung schuldhafter, rechtswidriger Handlungen und Aufhebung rechtswidriger Akte (§ 28 III).

Kurz, das charakteristische Merkmal des garantierten Rechts liegt in der Technik seiner Durchsetzung: in der sicheren Chance, in einem organisierten Erzwingungsverfahren verwirklicht zu werden, falls man es nicht ohnedies befolgt. Dies setzt voraus, daß die Rechtsgewährleistung in zuverlässig funktionierender Weise organisiert und daß im Regelfall als äußerstes Durchsetzungsmittel auch physischer Zwang zur Verfügung steht. In dem Maße, wie diese „Sozialtechnik" sich historisch entwickelte, hat das garantierte Recht sich als ein spezifisches (von anderen Sozialnormen unterschiedenes) System der Verhaltensregelung herausgebildet.

---

[1] In einem hiervon abweichenden Sprachgebrauch bezeichnete H. L. A. Hart als „Sekundärnormen" jene Regeln, nach denen („primäre") Rechtspflichten begründet oder modifiziert werden (§ 3 I).

Die spezifische Durchsetzbarkeit unterscheidet das garantierte Recht von allen anderen Normen. Hierüber darf nicht der Umstand hinwegtäuschen, daß das vieldeutige Wort „Recht" auch zur Bezeichnung von Normen verwendet wird, die nicht in dieser Weise garantiert sind, z. B. zur Bezeichnung kirchenrechtlicher, völkerrechtlicher und auch mancher staatlicher Normen, deren Durchsetzung nicht in jener Weise gewährleistet ist. Gewiß haben auch solche anderen „Rechtsnormen" ihre Realisierungschancen. Selbst „naturrechtliche" Postulate können sich beispielsweise durch eine Revolution verwirklichen. Aber es handelt sich hier um andersartige Modalitäten der Wirksamkeit, bei denen die Realisierungschancen meist nicht annähernd so verläßlich und berechenbar sind, wie die des garantierten Rechts. Das gemeinsame Wort „Recht" ändert nichts an der Sache: daß es sich bei dem garantierten Recht um eine durch einen spezifischen Geltungsmodus ausgezeichnete besondere Normenart handelt (§ 1 II).

2. Staatlich garantiertes Recht als Ergebnis einer historischen Entwicklung

Auf frühen Entwicklungsstufen der Gemeinschaften vermengten sich Frühformen des „Rechts" untrennbar mit der Sozialmoral, die in Sitten und Gebräuchen und nicht zuletzt in religiösen Geboten Ausdruck fand. Zu „garantiertem Recht" im hier definierten Sinn wurde ein Teil dieser Sozialnormen erst im Zuge einer historischen Entwicklung: Deren wesentliches Ergebnis war, daß Rechtsprechung und Rechtsdurchsetzung zu spezifischen sozialen Rollen wurden und Rechtspflegeorgane das Erzwingungsmonopol gewannen. Von da an konnte man jene Normen, für die ein normiertes und institutionalisiertes Durchsetzungsverfahren eröffnet wurde, als „garantiertes Recht" bezeichnen und es von anderen Sozialnormen unterscheiden. Diese Entwicklung ging also Hand in Hand mit der Entstehung einer organisierten und normativ geordneten politischen Gewalt, d. h. mit der Entstehung der Staatlichkeit (§ 28 I). Die Entstehung „garantierten Rechts" ist demnach ein Produkt fortschreitender Zivilisation, ein Schritt im Prozeß der „Selbstdomestikation" der Menschheit (Thurnwald 1934, 15).

Als frühe soziale Sanktionen finden wir oft eine geregelte Selbsthilfe des Verletzten, für welche die Gruppe einen mehr oder minder verläßlichen Rückhalt bot (Hoebel 1968, 348 f., 381 f.; Roberts 1981, 59 f.), oder im Falle sakraler oder gemeinschädlicher Delikte auch eine Ahndung durch die Gruppe selbst (Hoebel, 382 ff.). Gewichtige Sozialnormen waren also zwar noch nicht durch eine voll durchorganisierte Staatsgewalt, aber doch schon durch konsentierte gesellschaftliche Zwänge sanktioniert. Die äußerste Sanktion bestand oft in der von der Gemeinschaft gebilligten Tötung (Hoebel, 114 ff., 174) oder darin, daß der Einzelne aus der Gruppe ausgeschlossen, ins „Elend" gestoßen wurde; Ausschluß und Meidung als Muster sozialer Reaktion findet man auch auf den frühen Entwicklungsstufen des griechischen, des römischen und des germanischen Rechts (Zippelius 1985, 755 ff.). Geht man davon aus, daß die tradierten Sozialnormen, die etwa die Sippen- und Familienordnung oder die Besitzregelung betrafen, aus Regeln bestanden, die über längere Zeit von der überwiegenden Zahl der Gruppenmitglieder für billig gehalten wurden, so kann man in ihnen frühe Ausformungen der Gerechtigkeit sehen.

Es bildeten sich auch schon – unvollkommen institutionalisierte – Konfliktsregelungsschemata heraus (Roberts 1981, 55 ff.): Um den verheerenden Wirkungen der unbegrenzten Rache vorzubeugen, hat man vielfach versucht, das Maß der Vergeltung durch das Prinzip der Talion zu bestimmen (§ 16 I). Ein anderes, frühes

Muster, Konflikte zu begrenzen und zu kanalisieren, waren die ritualisierten Kämpfe der Eskimos und anderer Völker (Hoebel 1968, 118 f., 385 ff.; Roberts, 60 ff., 97 f.). Die Gesangs- und Schimpfduelle der Eskimos, die es auf die öffentliche Bloßstellung des Gegners und auf die eigene Rechtfertigung abgesehen hatten, bedeuteten einen weiteren Schritt in Richtung auf Rationalität und auf eine öffentliche Kontrolle über die sozialen Konflikte (Hoebel, 119 ff.). Einer friedlichen und rationalen Beilegung solcher Konflikte dienten auch bilaterale Verhandlungen, die oft unter Einschaltung einer Autoritätsperson angebahnt und geführt wurden. Einem staatlichen Gerichtsverfahren am nächsten kam die Entscheidung des Streites durch einen von den Parteien akzeptierten Schiedsrichter. In all diesen Fällen gab es aber keine Gewähr dafür, daß der wirklich Berechtigte gegen einen ihm überlegenen Rechtsbrecher sein Recht durchzusetzen vermochte. Für ritualisierte Zweikämpfe liegt das auf der Hand. Aber auch dort, wo verhandelt wurde, hatte jene Partei, die über die größte und mächtigste Zahl von Anhängern verfügte, die besten Erfolgsaussichten (Thurnwald 1934, 178 f.). Wo eine Beilegung des Streites in der Weise angestrebt wurde, daß man ein angesehenes Gruppenmitglied um seine Vermittlung ersuchte, hing der Ausgang von mehreren Faktoren ab: vom Kräfteverhältnis zwischen den streitenden Parteien, vom Verhandlungsgeschick des Vermittlers und von dem Druck der Gruppenmitglieder, die an der Wiederherstellung des sozialen Friedens interessiert waren (Hoebel, 143 ff.). Selbst wo die Entwicklung so weit gediehen war, daß ein unbeteiligter Dritter einen Schiedsspruch fällte, fehlte es aber an Mitteln einer zuverlässigen Durchsetzung; darum pflegte der Schiedsrichter bei Abfassung seines Spruchs sich verständigerweise nicht nur von Gerechtigkeitserwägungen leiten zu lassen, sondern auch von der Frage, welche Entscheidung die Parteien sich zumuten ließen (Roberts, 81). Insgesamt fungierten die Sozialnormen in jenen frühen Auseinandersetzungen als bloße Richtlinien, die bei der Verhandlungsführung als Argumente eingesetzt wurden, auf deren Durchschlagskraft aber kein sicherer Verlaß war (Roberts, 139 f., 143).

Auf einem langen geschichtlichen Weg haben sich die organisierten Macht- und Wirkungsgefüge staatlicher Gemeinschaften herausgebildet, die durch gewährleistete Verhaltensregeln ein widerspruchsfrei und verläßlich geordnetes und dadurch weitestmöglich friedliches Zusammenleben der Einzelnen sicherten (§ 28 I).

Die Völkergemeinschaft befindet sich noch heute auf dem Weg zu einer organisierten Rechtsgemeinschaft, und es ist höchst fraglich, ob sie ihn zu Ende gehen sollte, mit all den Risiken, die eine solche Machtkonsolidierung mit sich brächte (Zippelius AStl, § 10 IV). Bisher fehlt es dem Völkerrecht an einem System durchorganisierter und effektiver Rechtsgewährleistung: Die Sanktionen gegen völkerrechtliche Pflichtverletzungen vollziehen sich weitgehend noch auf der Stufe völkerrechtlich anerkannter Selbsthilfe und tastender Versuche der Vereinten Nationen, gegen unerlaubte zwischenstaatliche Aggressionen (Art. 2 Nr. 4, 39 ff. der UN-Satzung), Bürgerkriege und massive Menschenrechtsverletzungen einzuschreiten. Den Rechtssprüchen des Internationalen Gerichtshofs in Den Haag (IGH) sind Völkerrechtssubjekte nur dann unterworfen, wenn sie sich dessen Entscheidungskompetenz unterstellt haben (Art. 36 des IGH-Statuts); auch besteht kein verläßliches Vollstreckungsverfahren (Art. 94 Abs. 2 der UN-Satzung). Nur in Teilbereichen, wie der Europäischen Union, ist ein Teil staatlicher Regelungsmacht auf supranationale Organisationen übergegangen (§ 28 II 3).

3. Die Realisierungschance

Eine wesentliche Komponente des staatlichen, garantierten Rechts liegt also in der hohen Chance, die Rechtsnormen in einem rechtlich organisierten Erzwingungsverfahren durchzusetzen, sofern sie nicht schon ohnedies befolgt werden (s. o. 1).

Bezeichnet man die Chance, menschliches Verhalten wirksam zu lenken, als Macht, so ist das garantierte Recht seinem Begriffe nach mit Macht verbunden, und zwar mit spezifischer, organisierter Macht: Die Chance des Rechtsgehorsams ist in einem durchorganisierten Staat durch das rechtlich geordnete Handeln von Staatsorganen gewährleistet: Die staatliche Macht, die das Recht gewährleistet, ist selbst eine rechtlich strukturierte Macht – auch darin kommt zum Vorschein, daß die Entstehung garantierten Rechts und organisierter Staatlichkeit zwei Seiten der gleichen Medaille sind (s. o. 2).

Die Chance, d. h. der Grad der Wahrscheinlichkeit, ein aus einer Rechtsnorm abgeleitetes Recht in einem rechtlich geregelten Verfahren durchzusetzen, ist aber nicht für alle Normen und Normauslegungen präzise und ein für allemal festgelegt: So besteht nach dem Erlaß eines Gesetzes oft eine beträchtliche Unsicherheit darüber, für welche der möglichen Auslegungen, die innerhalb des Bedeutungsspielraumes der Normen liegen (§ 38 II), sich das je angegangene Gericht entscheiden wird. Wo eine Gesetzeslücke zur Diskussion steht, ist es vorerst meist ungewiß, welche der denkbaren Lösungen eine Durchsetzungschance hat. Diese Unsicherheiten nehmen in dem Maße ab, wie sich in „fester Rechtsprechung" eine bestimmte Auslegung oder Lückenausfüllung durchsetzt. Im gleichen Maße wird diese zu verläßlich garantiertem Recht (Zippelius ML, § 13 I).

An den Grenzen des vorerst gesicherten Bestandes vollzieht sich ständig in der genannten Weise ein „stiller Wandel" des Rechts, schon weil die Vielfalt der zur Entscheidung gestellten Fälle immer wieder neue Präzisierungen und Abgrenzungen der Normen verlangt.

§ 6. Konkurrenzen des Rechts mit außerrechtlichen Pflichten

Literatur: *V. Gessner, W. Hassemer* (Hg), Gegenkultur und Recht, 1985.

I. Grundsätzliches

Literatur: *Rehbinder* Einf., §§ 2, 5; *Bydlinski* ML, S. 221 ff., 236 ff., 289 f.; *K. Kühl,* Verbindungen von (Straf-)Recht und Moral, in: GedSchr. f. D. Meurer, 2002, S. 545 ff.

Es hat sich gezeigt, daß Verhaltensgebote auf verschiedene Weise wirksam sein können: als Gewissenspflichten, als Verhaltensregeln, die vom überwiegenden Teil der Gemeinschaft gutgeheißen und mit Rücksicht hierauf (oft auch von Widerstrebenden) befolgt werden, und schließlich als Verhaltensregeln, für welche die Chance besteht, sie in einem von der Rechtsgemeinschaft organisierten und geregelten Verfahren durchzusetzen.

Selbstverständlich kann eine durch staatlichen Rechtszwang gewährleistete Norm für den Einzelnen zugleich moralische Geltung gewinnen, dann nämlich, wenn sie von dem Betroffenen aus Gewissen, um ihrer selbst willen und ohne Rücksicht auf die Normsanktion, befolgt wird (§ 5 II).

Mit der Sozialmoral war das Recht auf frühen Entwicklungsstufen untrennbar vermengt (§ 5 IV 2). Aber auch heute bleiben Recht und Sozialmoral vielfältig aufeinander zugeordnet: In der offenen Gesellschaft und aus demokratischem Verständnis findet das Recht geradezu seine Legitimation darin, daß es von der Mehrheit der Rechtsgenossen moralisch akzeptiert wird (II). Auch in nichtdemokratischen Staaten pflegt das Recht den Bahnen der Sozialmoral zu folgen. Wo es eigene Wege beschreitet, wird sich ihm andererseits die Sozialmoral häufig anschließen (VII; § 21 III).

Fortwährend bedarf das Recht auch einer Ergänzung durch Normen der Sozialmoral. Oft bezieht es sie, etwa durch eine Verweisung auf die „guten Sitten", ausdrücklich in seine Regelung ein. Auch sonst sind zur Lösung rechtlicher Fragen – insbesondere bei der Gesetzesauslegung und der Ausfüllung von Gesetzeslücken – immer wieder Richtlinien ergänzend heranzuziehen, die nicht oder nicht nur in den Gesetzesnormen, sondern in den vorherrschenden Gerechtigkeitsvorstellungen zu finden sind (IV; § 11 I 1 c; Zippelius ML, §§ 3 I b, 10 IV, 11 I b, c).

Auch wenn man von diesen Bezügen absieht, hängt das gute Funktionieren der Gemeinschaft, etwa der Familien, der Hausgemeinschaften und Nachbarschaften, der Dienstverhältnisse und Geschäftsbeziehungen nicht nur am Recht allein, sondern auch daran, daß außerrechtliche Verhaltensregeln des Anstandes, der gegenseitigen Rücksichtnahme, der Hilfsbereitschaft, der Anerkennung, der Kulanz, eingehalten werden. Selbst der politische Prozeß funktioniert nicht nur nach Rechtsnormen, sondern auch nach Regeln der Fairneß und eines „guten Stils" (§ 27 II).

Ungeachtet solcher Zusammenhänge bleiben die verschiedenen Wirkungsmodalitäten der Normen, d. h. die verschiedenen Weisen, in denen Verhaltensregeln zur Wirkung gelangen, zu unterscheiden. Und es bleibt denkbar, daß das Recht mit der Sozialmoral oder dem Gewissen Einzelner in Konflikt gerät.

II. Zusammentreffen von rechtlichem Sollen und Gewissenspflichten?

Literatur: O. v. Gierke, Recht und Sittlichkeit, 1916/17, Sonderausgabe 1963; *R. v. Laun*, Recht und Sittlichkeit, 1924, ³1935; *H. Welzel*, Abhandlungen zum Strafrecht und zur Rechtsphilosophie, 1975, S. 297 ff.; *Th. Würtenberger*, in: F. f. P. Krause, 2006, S. 436 ff.

Nach demokratischem Verständnis liegt die wesentliche Rechtfertigung des Rechts außer in seiner Ordnungsfunktion auch in seiner Eignung, vor dem Gewissen aller oder wenigstens der Mehrheit der Rechtsgenossen standzuhalten. Dem liegen folgende Überlegungen zugrunde: In einer „offenen Gesellschaft" erscheint das Gewissen der Einzelnen als die letzte Instanz, zu der das Bemühen um moralische Einsicht und insbesondere um Gerechtigkeit vorzudringen vermag. Darum hat hier das Gewissen und damit auch die Gerechtigkeitsüberzeugung jedes Bürgers prinzipiell gleichen Anspruch auf Achtung. Daher sucht die „offene Gesellschaft" die Legitimationsgrundlage ihrer rechtlichen Normen in vernünftig erwogenen Gerechtigkeitsvorstellungen, die vom Gewissen der Bürger gebilligt werden (§§ 11 II 4; 18 I). So soll sich auf die Autonomie der Bürger (§ 5 II) auch die Legitimität des Rechts gründen.

Doch bleibt dies eine regulative Idee, die sich nur unvollkommen verwirklichen läßt. Ein vernunftgeleiteter, auf Gewissen gegründeter Konsens kann jedenfalls nicht durch ein vordergründiges Abfragen von Mehrheitsmeinungen ermittelt werden. Vielmehr sind Entscheidungen in einem rationalen, rechtsstaatlichen Verfahren zu treffen, dessen Ergebnisse vor dem Gewissen der Bürger standhalten können (§ 21 I 2). Aber trotz aller rechtsstaatlichen Vorkehrungen werden auch in einer Demokratie Entscheidungen nicht durchwegs gewissensbestimmt, sondern häufig auch unter dem Einfluß von Interessen, Vorurteilen und Macht getroffen.

Und selbst wenn die volle Übereinstimmung des Rechts mit bestmöglicher Gewissenseinsicht stets angestrebt würde, wäre sie nicht herstellbar. Denn die Gewissensüberzeugungen gehen oft auseinander: So hält der eine nach seinem Gewissen die Sterbehilfe für einen unheilbar Leidenden für gerechtfertigt, der andere nicht, der eine hält die Abtreibung eines genetisch schwer geschädigten Embryos für billigenswert, der andere nicht. Das Recht muß aber eine für alle verbindliche Regelung treffen und sich für eine der Alternativen entscheiden. Schon deshalb kann es in der Regel nicht dem Gewissen aller, sondern nur dem Gewissen der meisten gerecht werden.

So kommt es auch in rechtsstaatlichen Demokratien aus verschiedenen Gründen dazu, daß das Gewissen Einzelner mit einem rechtlichen Gebot in Widerstreit gerät. Kant hat denn auch zwischen rechtlichen Geboten und Gewissenspflichten unterschieden (§ 26 III 1).

III. Zusammentreffen von Recht und herrschender Moral?

Literatur: *J. Binder,* wie zu § 4 I; *N. Hartmann,* Das Problem des geistigen Seins, 1933; *Kubeš* RO, § 21.

Das Zusammentreffen von Rechtsnormen und herrschender Rechtsmoral ist das zentrale Thema jener Rechtstheorien, die im Recht eine Ausformung herrschender Vorstellungen sehen (§ 4 I). Für sie gilt das Recht „kraft der gemeinsamen Überzeugung seiner Richtigkeit" (Larenz ML, ²1969, 179). Auch für die rechtsetzenden und die rechtsanwendenden Staatsorgane gelte der Grundsatz: „Quelle der Macht ist und bleibt der lebende objektive Geist, der Machthaber ist und bleibt getragen von ihm. Er kann sich nur in Einzelheiten von seiner Gesamttendenz entfernen, nicht im Ganzen und nicht auf die Dauer. Denn nur Bewußtsein, Initiative, Aktionsfähigkeit ist es, was das repräsentierende Individuum dem objektiven Geiste verleiht … Die verliehene Macht zwingt es in ihren Dienst. Und dieser Zwang … ist ein höchst realer und unentrinnbarer" (Hartmann 1933, Kap. 35 b). Binder (1935, 160) schrieb: „Beurteilungsmaßstab für die Gültigkeit des Gesetzes kann … nur das sittliche oder, was dasselbe ist, das Rechtsbewußtsein des Volkes sein."

Diese Lehren vom „objektiven Geist" und auch die „Volksgeistlehre" der Historischen Rechtsschule (§ 4 II) berühren sich im Ergebnis mit dem hier vertretenen demokratischen Legitimationsverständnis, nach welchem das Recht wenigstens für den überwiegenden Teil der Rechtsgemeinschaft konsensfähig sein sollte (II).

Doch ist zwischen der darin begründeten Legitimität und der Rechtswirksamkeit von Normen zu unterscheiden. Die Erfahrung lehrt, daß auch Rechtsnormen, die sich in einen Widerspruch zu der mehrheitlich gebilligten Sozialmoral stellen, durch staatlichen Zwang durchgesetzt werden können und mitunter auch durchgesetzt werden, mit anderen Worten, daß ein Zwiespalt auftreten kann zwischen der Sozialmoral und den vom Staat als „Recht" bezeichneten und mit Durchsetzungsgarantie versehenen Normen.

Immerhin liegt ein sachlicher „Anpassungsdruck" darin, daß jeder Zwiespalt zwischen dem garantierten Recht und den in der Gemeinschaft herrschenden Gerechtigkeitsvorstellungen eine Tendenz zur Angleichung entstehen läßt, sei es, daß mit der Zeit diese Gerechtigkeitsvorstellungen eine ihnen widersprechende Rechtsnorm zu Fall bringen (VI), oder daß das Recht die lebendige Rechtsmoral umerzieht (VII). Auch das hindert aber nicht, daß das garantierte Recht und die herrschenden Gerechtigkeitsvorstellungen zunächst voneinander abweichen können.

IV. Konfliktslösungen innerhalb des Rechts

Oft trifft das garantierte Recht selber Vorsorge, daß es mit der herrschenden Rechtsmoral oder mit individuellen Gewissenspflichten nicht in Konflikt gerät. Es hat selber offene Pforten für vorrechtliche Normen: Bei der Ausfüllung von Gesetzeslücken, ferner in dem Spielraum, den die Gesetzesworte der Auslegung lassen (§ 38 II), besonders in den wertausfüllungsbedürftigen Tatbestandsmerkmalen und Generalklauseln („beschimpfender Unfug", „gute Sitten", „Treu und Glauben", „Verkehrssitte" usw.), findet die herrschende Moral Eingang ins Recht. Wo die zunächst in Betracht zu ziehende Norm zu einem ungerechten Ergebnis führen würde, bleibt häufig der Rückgriff auf den Einwand des Rechtsmißbrauchs oder auf eine Härteklausel, die es dann wiederum gestatten, den herrschenden Wertvorstellungen Rechnung zu tragen.

Selbst einem Widerstreit des Rechts mit Gewissenspflichten wird mitunter vorgebeugt. Ein Beispiel bieten die in manchen Staaten geltenden Vorschriften über die Kriegsdienstverweigerung aus Gewissensgründen.

Konflikte zwischen gesetztem Recht und anderen Normen können aber auch für die Rechtsordnung im ganzen rechtlich gelöst werden. Das geschieht dann, wenn Normen der Sozialmoral nicht nur in partikulären Rechtsnormen einzelne „Einbruchsstellen" ins positive Recht finden, sondern als allgemein akzeptierte Gerechtigkeitsprinzipien in das Verfassungssystem selbst einbezogen sind und generell zum rechtsverbindlichen Maßstab der staatlichen Gesetze erhoben werden. Das ist insbesondere dann der Fall, wenn die geschriebene Verfassung allgemein anerkannte Prinzipien der Gerechtigkeit (z. B. Menschenrechte) zur Richtschnur der positiven Gesetze erhebt und es einem Gericht überträgt, diese Gesetze auf ihre Übereinstimmung mit jenen Verfassungsgrundsätzen zu überprüfen.

Es ist auch denkbar, daß eine solche Überprüfung nicht schon durch eine geschriebene Verfassung vorgesehen, aber gleichwohl durch eine gesicherte Verfassungspraxis gewährleistet ist (s. u. V, a. E.); in einem solchen Fall hat die Konfliktslösung ihre Grundlage immerhin in der Verfassung im materiellen Sinn. Auch hier handelt es sich also um eine verfassungsimmanente Lösung des Widerstreits zwischen Gesetz und Gerechtigkeit, eine Konfliktsregelung, die aber nicht schon „wesensnotwendig" mit dem Begriff des geltenden Rechts verbunden ist.

V. Ungelöste Konflikte

Literatur: *Cicero,* De re publica, III § 33; *ders.,* De legibus, I 16 § 43; *Thomas von Aquin,* Summa theologiae, II II 57, 2; vgl. auch I II 94, 5; I II 95, 2; *G. Radbruch,* Gesetzliches Unrecht und übergesetzliches Recht, Süddeutsche Juristenzeitung, 1946, S. 105 ff.; *R. Dreier,* Recht – Staat –

Vernunft, 1991, S. 95 ff.; *R. Alexy*, Zur Verteidigung eines nichtpositivistischen Rechtsbegriffs, in: F. f. E. Garzón Valdés, 1992, S. 85 ff.; *Zippelius* RuG, Kap. 13.

Welche Situation ergibt sich aber, wenn der Konflikt zwischen Recht und Gewissenspflicht oder zwischen Recht und herrschender Sozialmoral ungelöst bleibt?

Manche Naturrechtslehren halten Gesetze, die gegen das „Naturrecht", also gegen Grundsätze der Gerechtigkeit, verstoßen, für ungültig. Cicero schrieb, das Naturrecht dürfe und könne nicht durch menschliches Gesetz außer Kraft gesetzt oder eingeschränkt werden. Ähnlich dachte Thomas von Aquin: Was zum Naturrecht in Widerspruch stehe, könne nicht durch menschlichen Beschluß Rechtens werden.

Zugegeben: Lug und Betrug, Raubmord und Ehebruch werden nicht erst dadurch mißbilligenswert, daß ein Gesetzgeber sie verbietet; sie verstoßen also gegen Normen, die schon „vorrechtliche" Geltung haben. Auch verlören diese Handlungen ihre Mißbilligungswürdigkeit nicht, wenn ein positives Gesetz sie erlauben würde. So scheinen Mord- und Betrugsverbot und andere elementare Normen der Gerechtigkeit (etwa daß niemandem wegen seiner Rasse die Ehe verboten werden dürfe) nicht in der Dispositionsmacht des Gesetzgebers zu stehen. Andererseits zeigt die historische Erfahrung, daß es immer wieder zutiefst ungerechte Gesetze gegeben hat, die eine verläßliche Chance staatlicher Durchsetzung hatten, also doch als „garantiertes Recht" galten.

Die Begriffsverwirrung löst sich, wenn man die verschiedenen Bedeutungen des Wortes „Geltung" unterscheidet: „Geltung", verstanden als moralische Verpflichtungskraft, können Verhaltensnormen unabhängig vom positiven Gesetz haben, und diese moralische Geltung können sie auch dann behalten, wenn ein Gesetz ihnen widerspricht. Auch vorherrschende sozialethische Vorstellungen können unabhängig und sogar im Widerspruch zum positiven Gesetz bestehen.

Andererseits: „Geltung", verstanden als verläßliche Chance, in einem staatlichen Erzwingungsverfahren durchgesetzt zu werden, können Gesetze auch dann haben, wenn sie im Widerspruch zur Gerechtigkeit stehen. Diese Geltung als „garantiertes" Recht (§ 5 IV) wird also nicht einfach durch entgegenstehende Gerechtigkeitsprinzipien „aufgehoben". Diese Durchsetzungschance läßt sich insbesondere nicht dadurch wegdefinieren, daß man ungerechte Gesetze nicht als „Recht" bezeichnet (näher dazu § 1 II).

Konflikte des Rechts mit außerrechtlichen Normen finden daher keine rein begrifflich-normative Lösung, die etwa auf einem „Vorrang" des Naturrechts beruhen könnte. Normen haben unterschiedliche Wirkungsmodalitäten: Sie wirken als höchstpersönliche Triebfedern oder als Motivationen, die von den vorherrschenden Anschauungen gebilligt werden, oder als Verhaltensrichtlinien, die eine staatlich gewährleistete Durchsetzungschance haben. Durchsetzungschancen sind Realitäten, und solche lassen sich nicht auf begrifflichem Wege aus der Welt schaffen. Die Lösung des Konflikts zwischen garantiertem Recht und einer wie auch immer definierten Gerechtigkeit kann daher nur in einem Wandel der Realitäten selbst liegen (VI).

Auch im Rückblick auf ein Schreckensregime wäre es eine Illusion, den nach „Recht und Gesetz" Hingerichteten und Gefolterten nachträglich zu bescheinigen, sie seien nicht nach damals gültigem „Recht" behandelt worden. Was eine nachrevolutionäre Zeit tun kann und weitgehend auch tun muß, ist folgendes: Sie kann heute, nachdem sich die Realitäten gewandelt haben, in dem nunmehr gewährleisteten Recht mit einer Fiktion arbeiten und die Dinge rechtlich so beurteilen, als ob jene ungerechten Normen von Anfang an nicht rechtswirksam gewesen wären.

Aber das ist ein juristisches Urteil, das auf Grund des inzwischen gewandelten garantierten Rechts gefällt wird.[1]

Von diesem Geltungsproblem zu unterscheiden ist die moralische Frage, ob man gegen eine ungerechte Rechtsnorm Widerstand leisten sollte, auch auf die Gefahr hin, sich hierdurch staatlichen Sanktionen auszusetzen. Selbst unter diesem moralischen Aspekt neigt sich die Waage nicht sogleich zugunsten der Gerechtigkeit. Das positive Recht verwirklicht Rechtssicherheit, und diese hat auch im Konflikt mit der materiellen Gerechtigkeit hohen Rang (§ 23). Sokrates ist in den Tod gegangen aus Achtung vor der gesetzlichen Ordnung, in deren Schutz er sein Leben gelebt hatte und die nun zur Grundlage eines ungerechten Urteils geworden war (Platon, Kriton, 50 b ff.). Radbruch, der in unserer Zeit unter einem Unrechtsstaat Unrecht erfahren hat, wollte nur im äußersten Fall der Gerechtigkeit den Vorrang vor dem positiven Gesetz und der darin zu achtenden Rechtssicherheit einräumen, nur dann nämlich, wenn das Unrecht ein unerträgliches Maß erreiche (1946, III).

Selbst diese von Radbruch aufgestellte Konkurrenzregel sagt, genau genommen, zunächst nur darüber etwas aus, unter welchen Bedingungen ein positives Gesetz nicht gelten sollte, setzt also nur einen rechtsethischen Maßstab. Zu garantiertem Recht wird auch diese Konkurrenzregel nur dann, wenn sie die verläßliche Chance gewinnt, von den Staatsorganen angewendet zu werden, wie das heute z. B. in Deutschland, insbesondere dank der Rechtsprechung des Bundesverfassungsgerichts,[2] der Fall ist. Nur wenn diese Konkurrenzregel selbst rechtlich gewährleistet ist, wird der Konflikt zwischen dem positiven Gesetz und der Gerechtigkeit innerhalb des gewährleisteten Rechts selbst gelöst (IV).

VI. Durchsetzung außerrechtlicher Normen gegen das Recht

Literatur: *Kubeš* RO, § 21 V; *Th. Würtenberger*, Zeitgeist und Recht, 1987, ²1991, Kap. 5 f.

Die Durchsetzung außerrechtlicher Normen gegen das bisher gewährleistete Recht bedeutet also immer einen Wandel im garantierten Recht und keine begrifflich-normative Lösung. Wenn das garantierte Recht und die Gerechtigkeit in einen Widerstreit geraten, gilt es also zu handeln, um jenen Wandel des garantierten Rechts herbeizuführen. Die Gerechtigkeit verlangt persönlichen Einsatz, unter einem tyrannischen Regime mitunter den Einsatz des Lebens. Nicht aber läßt sich die Gerechtigkeit des staatlich durchgesetzten Rechts durch ein naturrechtliches Begriffskunststück herstellen (Zippelius AStL, § 19 II 2; WdR, Kap. 9 f).

Die Realisierungschancen des bisher garantierten Rechts können allerdings schwerlich durch den Gewissenskonflikt nur eines Einzelnen beseitigt werden. Regelmäßig kann sich eine außerrechtliche Norm nur dann gegen das garantierte Recht durchsetzen, wenn sie von der in der Rechtsgemeinschaft herrschenden Meinung getragen ist oder wenigstens von der Meinung starker partikulärer Kräfte, deren Einfluß ihr die Durchsetzung gegen das garantierte Recht ermöglicht.

Der Druck solcher herrschenden oder von starken Gruppen vertretenen Meinungen kann dann z. B. auf das Parlament Einfluß gewinnen und so eine Gesetzesänderung erreichen. Dies ist in repräsentativen Demokratien der normale Weg, auf dem eine Diskrepanz zwischen der Sozialmoral und dem Recht ausgeräumt und auf

---

[1] Diese Differenzierung fehlt in BVerfGE 23, 106; 54, 68 m. w. Nachw.
[2] Vgl. BVerfGE 3, 232 f.

dem insbesondere auch das Recht einem Wandel der Sozialmoral angepaßt wird. Noch in den ersten Jahren der Bundesrepublik wurden z. B. Eltern mit Zuchthaus bestraft, wenn sie einem ihrer Kinder, auch wenn dieses erwachsen war, in ihrem Hause Gelegenheit boten, mit dem Verlobten geschlechtlich zu verkehren (§ 181 des Strafgesetzbuches alter Fassung). Die gewandelte Sexualmoral ließ diese und ähnliche Strafvorschriften zunehmend als unannehmbar erscheinen und führte zu einer Änderung des Sexualstrafrechts im parlamentarischen Gesetzgebungsverfahren (§ 21 III).

Häufig wird das garantierte Recht auch durch einen „stillen Wandel" umgestaltet: durch Bildung von Gewohnheitsrecht, durch Obsoletwerden „unzeitgemäßer" Normen und durch den Sinnwandel des Rechts. Hier handelt es sich schon um rechtsimmanente Konfliktslösungen (IV), wenn bei der Interpretation – im Rahmen des Auslegungsspielraumes einer Rechtsnorm – oder bei einer Lückenergänzung zeitgemäße sozialethische Vorstellungen anstelle überholter Auffassungen (die vordem die Auslegung beeinflußt haben) zur Geltung gebracht werden.

Auch der stille Wandel des Rechts ist keine bloße begrifflich-normative Lösung, sondern ein Wandel im Bestand derjenigen Normen und Interpretationen, welche die Chance staatlicher Realisierung haben. Aber in diesem realen Prozeß kann die Theorie von der unmittelbaren Rechtsgeltung des Naturrechts und der Ungültigkeit naturrechtswidriger Gesetze eine *faktische* Rolle spielen: Hier kann sich die „lebenspendende Kraft der Illusion" (Kantorowicz) bewähren, ein bisher noch vorrechtliches Postulat habe heute schon Rechtsgeltung. Auf solche Weise kann man der Rechtsgemeinschaft und den Staatsorganen hinsichtlich solcher außerrechtlicher Normen die „opinio iuris" suggerieren und so dazu beitragen, daß diese Normen eine Durchsetzungschance – vor allem in der Judikatur der hohen Gerichte – gewinnen.

Die ultima ratio, den Konflikt zwischen dem bisher durchgesetzten Recht und außerrechtlichen Normen zu lösen, ist die Revolution. Der deutsche Bauernkrieg, der nordamerikanische Unabhängigkeitskrieg und die Französische Revolution wurden alle im Namen des „Naturrechts" unternommen (§ 32 I). Die Dynamik eines solchen Normenkonflikts, die Tatsache, daß er sich nicht auf begrifflich-normativem Wege löst, wird durch nichts deutlicher vor Augen gestellt, als durch den unterschiedlichen Ausgang dieser Unternehmungen.

VII. Durchsetzung des Rechts gegen außerrechtliche Normen

Literatur: *R. v. Jhering,* Der Zweck im Recht, Bd. I, 1877, ⁴1904; *ders.,* Der Kampf ums Recht u. a. Aufsätze, hg. v. Ch. Rusche, 1965, S. 275 ff., 401 ff.; *G. Jellinek,* Allgemeine Staatslehre, 1900, ³1929; *A. V. Dicey,* Law and Public Opinion in England, 1905, Neudr. 1962; *L. M. Friedman, S. Macaulay* (Hg), Law and the Behavioral Science, 1969, S. 198 ff., 215 ff.; *J. W. Pichler, K. J. Giese,* Rechtsakzeptanz, 1993; *St. Kirste,* Der Beitrag des Rechts zum kulturellen Gedächtnis, ARSP 2008, S. 47 ff.

Das Recht wird also gewiß von den herrschenden geistigen Strömungen seiner Zeit, auch von den Wandlungen der Sozialmoral beeinflußt. Andererseits wirkt es aber auf das „rechtsethische Milieu" zurück und gestaltet die herrschende Rechtsmoral mit: Entscheidet sich der Gesetzgeber für eine bestimmte, ethisch relevante Rechtsauffassung, so schafft er damit regelmäßig nicht nur eine verbindliche Zwangsnorm, sondern wirkt kraft seiner Autorität auch auf die vorherrschenden rechtsethischen Anschauungen ein. Solche rechtsethisch erheblichen Rechtsnormen finden sich z. B. in den Wertentscheidungen der Verfassung, im Familienrecht und

besonders auch im Strafrecht. So kann etwa die Rücksichtslosigkeit und Gefährlichkeit der Trunkenheit am Steuer dadurch ins öffentliche Bewußtsein gerückt, es
kann das Gefühl für die Verwerflichkeit dieses Verhaltens dadurch geweckt und
verstärkt werden, daß dieses Handeln unter eine Kriminalstrafe gestellt wird. Das
Sexualstrafrecht hat einen nicht unbedeutenden Einfluß darauf, welche sexuellen
Freiheiten auch von der vorherrschenden Moralauffassung akzeptiert oder nicht
akzeptiert werden. Ob, um ein letztes Beispiel zu nennen, der Schwangerschaftsabbruch unter Strafe gestellt, oder, wie heute schon in manchen Staaten, aus
bevölkerungspolitischen Gründen öffentlich gefördert wird, hat ohne Zweifel Einfluß auch auf die sozialethische Bewertung dieses Eingriffs. Im einzelnen sind
mehrere Konstellationen denkbar, in denen das Recht und die vorherrschende
Moral zueinander stehen können:

Oft wird der Gesetzgeber durch seine Normen nur den Gerechtigkeitsvorstellungen der Zeit Ausdruck geben. Diese gesetzliche Fixierung verleiht solchen
Wertvorstellungen dann für die Zukunft eine gewisse Stabilität. Sie schließt zwar
für sich allein einen Wandel der Sozialmoral nicht aus. Aber insbesondere eine
Strafdrohung trägt dazu bei, die Auffassung von der Verwerflichkeit des kriminali-
sierten Verhaltens zu festigen.

In anderen Fällen wird der Gesetzgeber in Fragen, in denen sich noch keine
eindeutig vorherrschende rechtsethische Auffassung gebildet hat, durch sein Gesetz
die Richtung bestimmen, in der sich die herrschenden rechtsethischen Vorstellungen
künftig entwickeln. So werden nach einem revolutionären Umbruch die Normen
der Verfassung, die von den politisch siegreichen Kräften formuliert und durchgesetzt werden, oft die künftig vorherrschenden rechtlichen und politischen Wertvorstellungen der Rechtsgemeinschaft mitbestimmen.

Endlich ist es auch möglich, daß das Gesetz in Widerspruch zu den vorherrschenden Gerechtigkeitsvorstellungen tritt und sich gegen sie durchsetzt, also einen
Wandel der vorherrschenden Anschauungen einleitet.

Dieser Einfluß, den der Gesetzgeber auf die herrschende Rechtsmoral üben kann,
beruht zu einem erheblichen Teil auf dem jeder Gemeinschaft eingewurzelten
Ordnungssinn und auf dem Bedürfnis nach Orientierungsgewißheit. Ordnung,
Beständigkeit, Konsequenz bilden eine ganz wesentliche Grundlage jeder Gemeinschaft. Daß man weiß, woran man sich zu halten hat, darin verwirklicht sich ein
elementares Prinzip des Rechts. Was das Recht bestimmt, wird regelmäßig nicht nur
als Zwangsnorm befolgt, sondern auch als geltende Wertvorstellung akzeptiert. Der
Ordnungssinn und das Bedürfnis nach Orientierungsgewißheit, aber auch die
Macht der Gewohnheit, die „rechtfertigende Kraft des Erfolges" und der „Konformitätsdruck", all diese Faktoren wirken dahin, die von der Staatsgewalt garantierte
Ordnung, falls sie sich auf Dauer zu behaupten vermag, mit der Zeit auch als
gerechte Ordnung erscheinen zu lassen (§ 21 III). „Herr ist, wer uns Ordnung
schafft", gilt nicht nur für die Macht im Staat, sondern im hohen Maße auch für die
Sozialmoral.

Schon Jhering (1904, S. X)[3] schrieb – in übertreibender Einseitigkeit: „Nicht das
Rechtsgefühl hat das Recht erzeugt, sondern das Recht das Rechtsgefühl". Georg
Jellinek (1929, 337 ff.) und Max Weber (WuG, 187 ff.) wiesen auf die normative
Kraft des Faktischen hin und lenkten so das Augenmerk auf den Umstand, daß
schon tatsächliche Gepflogenheiten sittliche und rechtliche Überzeugungen ent-
sprechenden Inhalts entstehen lassen können; trifft dies aber schon für Verhaltens-

---

[3] S. dazu auch Jhering 1965, S. 296 ff., 416 ff.

weisen zu, die sich faktisch, oft nur als Ausdruck bestehender Machtverhältnisse, eingespielt haben, so muß es um so mehr für rechtlich dauerhaft durchgesetzte Verhaltensmuster gelten. Den Einfluß von Gewohnheit und Tradition auf das Rechtsgefühl haben Riezler und andere beschrieben: „Wie auf anderen Lebensgebieten die Tradition einen mächtigen Einfluß auf Gefühl und Glauben ausübt, so wird auch im Rechtsleben durch die Tatsache, daß eine Rechtsregel von allen beobachtet wird, wie sie schon von Eltern und Großeltern beobachtet wurde, die gefühlsmäßige Überzeugung von ihrer Billigkeit und Angemessenheit befestigt" (Riezler RG, 155 f.).

Das positive Recht kann sogar den Wandel einer entgegenstehenden Rechtsmoral bewirken. „Die Anschauungen der ‚anständigen Leute' davon, was im sozialen Verkehr zwischen den Rechtsgenossen ‚sich gehört'... können", wie das Bundesverfassungsgericht sagte, „– in gewissen Grenzen – auch durch rechtliche Gebote und Verbote beeinflußt werden" (BVerfGE 7, 215) – aber eben nur „in gewissen Grenzen". Wo diese liegen, kann nur in der Praxis eines argumentativen Meinungsbildungsprozesses herausgefunden und auf die Probe gestellt werden (§ 21 III, IV).

Kapitel III. Das Recht und die Realitäten

Zusammenhänge zwischen dem Recht und der Wirklichkeit traten schon bei der Frage nach dem Rechtsbegriff hervor: Recht ist schon seinem Begriffe nach „law in action", also getätigtes, wirkendes, in der sozialen Wirklichkeit aktualisiertes Recht. Staatlich gewährleistetes Recht hat die Chance organisierter Durchsetzung und hängt hierdurch mit staatlicher Macht, also wiederum mit bestimmten Realitäten, zusammen.

Aber nicht nur in ihrer Wirksamkeit, sondern auch in ihren Inhalten sind die Rechtsnormen durch Realitäten bedingt: Diese Inhalte werden mitbestimmt durch anthropologische Gegebenheiten und gesellschaftliche Faktoren, insbesondere durch Bedürfnisse und Machtverhältnisse, auch durch andere Sachverhalte, vor allem aber durch die Interessen, die das Recht zu ordnen hat und die auch den Anstoß zu den rechtlichen Regelungen geben. Freilich wird der Inhalt der Rechtsnormen nicht nur durch diese realen Vorgegebenheiten bestimmt, sondern auch durch Grundsätze der Gerechtigkeit, welche die Abwägung der vorgegebenen Interessen leiten.

Zusammenhänge zwischen dem Recht und den Realitäten bestehen auch in anderer Richtung: Nicht nur die Realitäten wirken auf das Recht ein, sondern das Recht wirkt auf die Realitäten zurück: Es ist ein konstituierender und gestaltender Faktor der gesellschaftlichen Wirklichkeit (§§ 10 II, III; 27).

§ 7. Die Sachbezogenheit des Rechts

Literatur: *Montesquieu* EL; *G. Radbruch,* Die Natur der Sache als juristische Denkform, 1948, Sonderausg. 1960; *Coing* RPh, S. 181 ff.; *G. Stratenwerth,* Das rechtstheoretische Problem der Natur der Sache, 1957; *O. Ballweg,* Zu einer Lehre von der Natur der Sache, 1960, ²1963; *H. Schambeck,* Der Begriff der „Natur der Sache", 1964; *R. Dreier,* Zum Begriff der Natur der Sache, 1965; *A. Kaufmann* (Hg), Die ontologische Begründung des Rechts, 1965; *Engisch* Ger, S. 232 ff.; *E. Kaufmann,* Die Natur der Sache, Juristische Schulung 1987, S. 848 ff.; *M. A. Rea-Frauchiger,* Der amerikanische Rechtsrealismus, 2006.

Das Recht ist seinem Inhalt nach weitgehend durch die natürlichen und sozialen Verhältnisse bestimmt, die es ordnet oder an die seine Ordnung anknüpft. Zwar kann ein Sollen nicht aus Tatsachen abgeleitet werden (§§ 5 I; 15 I 1). Gleichwohl müssen die Rechtsnormen auf die Tatsachen Rücksicht nehmen. Darauf ist zunächst einzugehen.

I. Vorgegebenheiten

Montesquieu (1689–1755) entwarf in seinem „Esprit de lois" ein farbenreiches Bild von der vielfältigen Bedingtheit der Gesetze durch natürliche, wirtschaftliche und auch kulturelle Gegebenheiten, durch die „Natur der Sache" – das ist der Gedanke, den er thematisch an die Spitze seines Werkes stellte (EL, I 1 und 3): Die Gesetze müssen dem Volk, für das sie geschaffen sind, genau angepaßt sein. Sie müssen der Natur des Landes entsprechen, seinem Klima, der Beschaffenheit des

Bodens, seiner Lage und Größe. In den Flußlandschaften des Nils, des Euphrat und Tigris und des Indus hat sich, bedingt durch die Natur des Landes – durch die Herausforderung, das Schwemmland zu kultivieren, die Wassernutzung in organisierter Weise zu regeln und sich in organisierter Weise auf die Überschwemmungen einzustellen – ein anderes Recht herausgebildet als etwa bei Steppenvölkern. Das Recht müsse ferner, sagt Montesquieu, der Lebensweise der Völker angepaßt sein; auch dies liegt auf der Hand: Ein Volk von nomadisierenden Hirten braucht ein anderes Recht als ein Volk von Ackerbauern. Bei diesem wird etwa die Verteilung des Grundbesitzes eine bedeutende Rolle spielen, zumal die Unterscheidung des in gemeinsamer Nutzung und des in privater Nutzung stehenden Landes, auch die Erbfolge in den privaten Grundbesitz; es lag nahe, daß sich auch rechtliche Abhängigkeitsverhältnisse in Anknüpfung an das private Grundeigentum bildeten. All dies sind Fragen, die im Recht von Nomaden kaum eine, zum mindesten keine zentrale Bedeutung gewinnen werden. Andere Fragen werden im Recht eines handeltreibenden Seefahrervolkes im Vordergrund stehen. Auch zu anderen sozialen Faktoren setzte Montesquieu das Recht in Beziehung: Dieses müsse sich auch auf die Religion der Bewohner einstellen, auf ihre Sitten und Gebräuche, auf ihre Neigungen, ihren Wohlstand, ihre Zahl, und es müsse auch mit der Natur und dem Prinzip der bestehenden oder zu schaffenden Regierung zusammenstimmen (Zippelius RS, § 12 I).

Das Recht ist in seinem Inhalt also von den unterschiedlichen Herausforderungen mitbestimmt, die in der Natur des Landes, in der Wirtschaftsform und in der sonstigen Lebensweise der Völker und den hierdurch bedingten Bedürfnissen liegen. Vor allem aber bildet auch die Natur des Menschen selbst eine Quelle von Bedürfnissen und Verhaltensdispositionen, die den Inhalt des Rechts beeinflussen (§§ 8; 9).

Gustav Radbruch (1960, 10 ff.) nahm den Gedanken Dernburgs auf, die Lebensverhältnisse trügen ihr Maß und ihre Ordnung in sich (§ 12 V), und gliederte solche maßgebenden Vorgegebenheiten in Naturtatsachen, Vorformen der Rechtsverhältnisse und rechtlich schon geregelte Rechtsverhältnisse: Grundlegend sind die „Naturtatsachen – vom Falle des Apfels über den Zaun, der für das Nachbarrecht erheblich ist, bis zu den Drehungen des Erdballs, nach denen sich die juristischen Termine und Fristen letztlich bestimmen". Vor allem die „Naturformen des Menschenlebens", „Geburt und Tod, Kindheit, Jugend und Alter, Geschlechtsverbindung und Zeugung, Elternschaft und Kindschaft" sind tragende Grundlagen des gesamten Rechts, besonders des Familien- und Erbrechts. – Freilich führen diese Naturtatsachen schon in die zweite Kategorie hinein, in die Sozialgebilde, „deren natürlichen Kern sie bilden: Einehe oder Mehrehe, Mutterrecht oder Vaterrecht, und für die rechtlichen Zeitbemessungen sind die Drehungen der Erde nicht unmittelbar maßgebend, vielmehr durch die Vermittlung der konventionellen Regelung im Kalender". Als Vorformen der Rechtsverhältnisse finden wir „die schon durch Gewohnheit, Herkommen, Brauch, Usance, Sitte geregelten Lebensverhältnisse ..., z.B. die Geschäftstypen, welche zur Grundlage des Obligationenrechts werden, kollektive Gebilde, wie Gemeinden und Kirchen, die den Anspruch auf Erhebung zu juristischen Personen in sich tragen, antisoziale Handlungen, die schon das Volksgewissen verwirft und für die es Verbot und Strafe verlangt ... Diese Vorformen der rechtlichen Regelung gehen ohne scharfe Grenze in Gewohnheitsrecht über und damit in die dritte Gestalt der ‚Sachen‘ – denn auch rechtlich geregelte Lebensverhältnisse können Rechtsstoffe sein ... Auch wenn man von ökonomischen Tatsachen und ihrem Einfluß auf das Recht redet, denkt man ... unvermeidlich ihre rechtliche Regelung mit".

Unbestreitbar wird so der Inhalt des Rechts von realen Vorgegebenheiten beeinflußt: von den in der menschlichen Natur liegenden Bedürfnissen und Verhaltensdispositionen, von den „Naturformen des Menschenlebens" und von den unterschiedlichen Herausforderungen der natürlichen und sozialen Umwelt. Diese Vorgegebenheiten bestimmen, welche Regelungsaufgaben sich überhaupt dem Recht stellen. Bei der Lösung dieser Regelungsaufgaben schließt sich das Recht vielfach an soziale Lebensformen an, die sich schon im vorrechtlichen Bereich herausgebildet haben, z. B. an eine vorrechtlich entstandene Familienordnung. Auch durch die Vorgabe von Verhaltensmustern gewinnen die Realitäten also Einfluß auf den Inhalt des Rechts. Dazu kommt eine dritte Beziehung: Die Realitäten ziehen den Regelungsmöglichkeiten des Rechts auch unübersteigbare Grenzen. Sie geben den Spielraum rechtlicher Regelungsmöglichkeiten vor, sie bestimmen, welche Mittel und Wege gewählt werden können, um durch Rechtsnormen in der Welt der Tatsachen etwas zu bewirken; aus ihnen ergibt sich auch, zu welchen Konsequenzen man „naturnotwendig" von bestimmten rechtlichen Prämissen aus gelangt (II-IV).

Trotz dieser vielfältigen Beziehungen, in denen das Recht zu den realen Vorgegebenheiten steht, ist es nicht bloßes „Derivat", sondern Ordnung dieser Verhältnisse. Es war vorschnell, wenn Montesquieu (EL, I 1) aus der richtigen Einsicht in solche Vorgegebenheiten des Rechts den Schluß zog, Gesetze seien „rapports nécessaires, qui dérivent de la nature des choses"; er selbst wandte dann aber diesen Satz nicht in der Strenge seiner Formulierung an (z. B. EL, XIV 5). Die realen Vorgegebenheiten lassen der rechtlichen Regelung einen Spielraum, die sozialen Verhältnisse zu gestalten, sie auch nach bestimmten Gerechtigkeitsvorstellungen zu ordnen.

II. Die grundsätzliche Bindung des Rechts an die Realitäten

Literatur: *N. Hartmann,* Der Aufbau der realen Welt, 1940, insbes. Kap. 56, 58; *ders.,* Einführung in die Philosophie, 1949, [7]1968, S. 120 ff.; *Henkel* RPh, § 16; *K. R. Popper, J. C. Eccles,* Das Ich und sein Gehirn, (engl. 1977) dt. [6]1987, S. 61 ff., 533 ff.; *Kubeš* RO, §§ 7–11, 42 f.

Das Recht kann sich über reale Sachverhalte nicht hinwegsetzen, sondern muß sie so hinnehmen, wie sie sind. Es hat zwar die Freiheit, sie für rechtserheblich zu erklären oder nicht, aber nicht die Freiheit, sie unvermittelt aus der Welt zu schaffen (IV).

Nicolai Hartmann (1882–1950) hat diese Zusammenhänge in einer großen Konzeption dargestellt: Es gebe verschiedene „Schichten" des Seins: das Anorganische, das Organische, das Psychische und das Geistige, die zueinander in bestimmten Abhängigkeiten und Zuordnungen stünden:

Schon das organische Leben hebt sich vom anorganischen Material ab. Der Baum, der auf dem Erdreich wächst, strukturiert das Material, aus dem er sich bildet. Er reproduziert sich und weist eine Selbstregulierung seiner Lebensfunktionen auf. Dies sind Vorgänge, durch die sich der lebende Organismus von der anorganischen Materie unterscheidet. Aber diese Lebensprozesse setzen nicht die Naturgesetze außer Kraft, die im anorganischen Bereich gelten, sondern stellen sie nur in den Dienst des Organismus.

Auch die nächste Schicht, das Psychische, bleibt an die niedrigeren Schichten gebunden: Bewußtseinsprozesse kommen nur in einem lebendigen Organismus vor und bleiben von ihm abhängig. Gleichwohl hat das Bewußtsein seine Eigenart: Die Vorstellungen, die wir uns von den Gegenständen machen, sind „aus einem anderen Stoff" als die Gegenstände selbst. Unser Lieben und Hassen, Wünschen und Hoffen kann man in seiner Eigenart nicht dadurch erfassen, daß man es in physikalische, chemische oder biologische Begriffe „übersetzt" oder es etwa auf physiologische Vorgänge reduziert: Das Denken ist nicht im gleichen Sinn ein Derivat des Gehirns, wie die Galle ein Derivat der Leber ist.

Die folgende Schicht, das Geistige, unterscheidet sich wiederum von den psychischen Akten, und zwar durch seine Transsubjektivität, dadurch nämlich, daß es anderen mitteilbar ist und identischer Bewußtseinsinhalt für verschiedene Menschen sein kann, während die Bewußtseinsakte stets höchstpersönlich sind (§ 2 II 2). Gleichwohl bleibt das Geistige auf die Psyche angewiesen. Die „tradierbaren" Ideen sind irgendwann in einem individuellen Bewußtsein zuerst gedacht worden. Sie wirken nur, wenn und solange sie in einem konkreten Bewußtsein „aktuell" sind; sie sind also – in ihrer „Aktualisierung" und in ihrer Wirkungsmöglichkeit – von den niedrigeren Seinsschichten „getragen".

Also: „Die niederen Kategorien sind die Voraussetzungen der höheren. Diese können sich erst auf jenen aufbauen. Die Kategorien der niederen Schicht sind die stärkeren; sie können durch keine Macht der höheren Schicht aufgehoben werden. Das geistige Wesen vermag zwar geschickt mit den Naturprozessen umzugehen und sie zu Mitteln seiner Zwecke zu machen – aber nur unter der Voraussetzung, daß es die Gesetzlichkeiten der Natur versteht. Umzuschaffen vermag es die Gesetze nicht" (Hartmann 1968, 131).

Zusammengefaßt und auf das Recht angewendet: Auch dessen Normen können sich nicht über Naturgegebenheiten hinwegsetzen, sondern müssen sich ihnen anpassen. Sollte es sich z. B. erweisen, daß bestimmte Verhaltensschemata in einem „biologischen Programm" des Menschen unwiderstehlich vorgezeichnet sind und der „Plastizität" des menschlichen Verhaltens unüberschreitbare Grenzen setzen, so würden auch sie die Regelungsmöglichkeiten des Rechts begrenzen (§ 8 I).

III. Sachgebundenheit der Wirkungsmöglichkeit des Rechts

Literatur: *H. Rottleuthner*, Grenzen rechtlicher Steuerung, in: P. Koller u. a. (Hg), Theoretische Grundlagen der Rechtspolitik, 1992, S. 123 ff.

Die Realitäten bestimmen und beschränken die Möglichkeit, durch Rechtsnormen etwas zu bewirken. Das englische Parlament, so hat man gesagt, könne alles, aber es könne nicht aus einer Frau einen Mann machen und aus einem Mann eine Frau. Der Gesetzgeber kann noch vieles andere nicht: Er kann zum Beispiel ökonomische oder soziale Gegebenheiten und die sich aus ihnen ergebenden Machtkonstellationen nicht durch ein einfaches Verbot unvermittelt aus der Welt schaffen; seine Absicht, die Verhältnisse zu ändern, bedarf stets der Vermittlung durch menschliches Handeln.

Denn zu den Sachgesetzlichkeiten, an die das Recht gebunden ist, gehört es, daß ein Sollen unmittelbar nur menschliche Willensentscheidungen bestimmen kann (§ 4 III). Alle übrigen Geschehnisse kann das Recht nur mittelbar beeinflussen, soweit die Verhältnisse durch handelnden Vollzug der Normen gewandelt werden können. Dem Inhalt nach können Gesetze sinnvollerweise also nur darauf zielen, die vorgefundenen Verhältnisse auf diesem Wege zu ändern oder sie zu fixieren und mit einer rechtlichen Sanktion zu versehen.

Das Recht ist auch noch in anderer Hinsicht in seiner Wirksamkeit von der Wirklichkeit abhängig und an sie gebunden. Die Wahrscheinlichkeit bereitwilligen Rechtsgehorsams ist um so größer, je mehr das Recht mit den biologisch vorgegebenen Verhaltensdispositionen und also mit den natürlichen Bedürfnissen der Menschen in Einklang steht (§ 8 I).

Das Recht muß insbesondere die vorgegebenen natürlichen und soziologischen Tatsachen in seinen Dienst stellen, wenn es seine Zwecke wirksam verfolgen will. Aus natürlichen, psychologischen, soziologischen Erfahrungsgesetzen ergibt sich, was als Mittel geeignet ist, um einen vom Recht erstrebten Zweck zu erreichen. So stellt zum Beispiel das Steuerrecht durch Gewährung von Steuervergünstigungen die individuellen Vermögensinteressen in den Dienst etwa bevölkerungspolitischer oder siedlungspolitischer Zwecke. Die zivilprozessuale Verhandlungsmaxime stellt das individuelle Interessenstreben in den Dienst der Wahrheitsfindung. Das Recht der Orden und Ehrenzeichen bedient sich bestimmter anthropologischer Eigenarten, um öffentliche Zwecke zu fördern. Durch Einführung der Ersatzgeldstrafe für geringfügige Gelegenheitsvergehen zog man die Konsequenz aus der kriminologischen Einsicht, daß kurzzeitige Freiheitsstrafen einen Gestrauchelten eher verderben als bessern, daß es in diesen Fällen also zweckmäßiger ist, die Geldstrafe und nicht die Freiheitsstrafe in den Dienst der Spezialprävention zu stellen. Mitunter bedarf es einer eingehenden Untersuchung soziologischer Sachverhalte, um diejenigen Gegebenheiten zu finden, deren sich das Recht bedienen muß, um auf möglichst ergiebige und einfache Weise sein Ziel zu erreichen.

Das Recht muß auch, wenn es bestimmte Erscheinungen beseitigen will, sich auf die wirklichen Ursachen einstellen, sich an die „richtige Adresse" wenden. Es erreicht seinen Zweck nicht, wenn es nicht auch in dieser Hinsicht faktisch richtig orientiert ist. Wenn z. B. die Grundrechte die individuelle Freiheitssphäre sichern sollen, müssen sie auch faktisch richtig auf diejenigen Tatsachen hin orientiert sein, die diese Freiheit gefährden. Ein einseitig staatsgerichteter Grundrechtsbegriff z. B. bietet nur eine unvollkommene Sicherung der individuellen Freiheit (§ 30 II 3), zumal dann, wenn diese auch von ganz anderer Seite bedroht ist, etwa von den Gruppen und Verbänden einer pluralistischen Gesellschaft, die nach der zugespitzten Formulierung Loewensteins für ihre Mitglieder zur eigentlichen Regierung herangewachsen sind, die ihre Berufs- und Verhaltensnormen festsetzt und deren Despotismus zum Räuber der individuellen Freiheit wird. – Eine Änderung der Verfassungsrealien muß auch einen Wandel der Verfassungsinstitutionen und des Verfassungsrechts nach sich ziehen, wenn dieses von aktueller Wirksamkeit bleiben und nicht zu „weltfremder" Deklamation werden soll.

IV. Sachgebundenheit der Richtigkeit des Rechts

Literatur: *H. Hubmann*, Die Sachgerechtigkeit, in: F. f. H. Eichler, 1977, S. 259 ff.; *Bydlinski* ML, S. 49 ff.; *U. Diederichsen*, Innere Grenzen des Rechtsstaats, in: Der Staat 1995, S. 41 ff.

Nicht nur in seiner Wirkungsmöglichkeit ist das Recht an Sachverhalte gebunden. Es wird unrichtig, wenn es sich zu den Tatsachen in Widerspruch setzt.

So steht es etwa dem Gesetzgeber zwar frei, seine Fristen nach Tagen und Sonnenjahren oder nach anderen astronomischen Daten zu bemessen. Wenn er sie aber nach Sonnenjahr und Tagen bemißt, muß er sich mit der Tatsache abfinden, daß die Erde bei einmaliger Umkreisung der Sonne sich etwa dreihundertsechsundsechzigmal um ihre eigene Achse dreht, daß also das Sonnenjahr etwa dreihundertfünfundsechzig Tage hat. – Eine Regelung, die an die Schwangerschaftszeit anknüpft, muß deren naturgegebene Dauer zugrundelegen.

Aus der Natur der Sache ergibt sich auch, mit welchen tatsächlichen Gegebenheiten unter bestimmten Bedingungen gerechnet werden muß, insbesondere welche Kausalzusammenhänge bestehen oder nicht bestehen. Setzt man etwa voraus, daß der wirksame Abschluß von Rechtsgeschäften ein Mindestmaß an Einsicht und Lebenserfahrung erfordert, dann muß man in Rechnung stellen, daß Kindern regelmäßig diese Einsicht und Erfahrung fehlt; man geriete daher in Widerspruch zu jener Prämisse, wenn man Kindern die volle Geschäftsfähigkeit zuspräche. Setzt man voraus, daß jemand nur dann bestraft werden dürfe, wenn er bei der Tat fähig war, das Unrecht der Tat einzusehen und nach dieser Einsicht zu handeln, dann muß man zur Kenntnis nehmen, daß der Genuß erheblicher Mengen von Alkohol diese Fähigkeit stark mindert, daß man daher mit seiner Prämisse in Widerspruch geriete, wenn man jemanden für eine in Volltrunkenheit begangene Tat bestrafen würde. (Nichts hindert natürlich daran, das Sich-Betrinken für strafbar zu erklären.) Setzt man voraus, daß nur solche Handlungen verboten werden sollten, die generell geeignet sind, anderen zu schaden, dann muß man die Tatsache berücksichtigen, daß Zaubersprüche diese Eignung nicht haben, daß es also nicht folgerichtig wäre, sie als Schädigungshandlungen zu verbieten.

Aus der Natur der Sache ist aber nicht zu entnehmen, welche unter mehreren faktisch gegebenen Möglichkeiten verwirklicht werden sollte oder an welches Faktum – etwa an die Gefährlichkeit einer Handlung oder an den Schädigungsvorsatz des Handelnden – eine Strafrechtsnorm anknüpfen sollte.

Die Jurisprudenz hat nicht selten eine Gebundenheit an Sachstrukturen eher in zu großem als in zu geringem Umfang angenommen und hat die Wahlfreiheit des Gesetzgebers eher unter- als überschätzt. Mitunter hat man auch für sachgesetzliche Vorgegebenheiten gehalten, was in Wahrheit normative Vorgegebenheiten sind. Hierauf wird unter dem Aspekt der Gerechtigkeit zurückzukommen sein (§ 12 V).

§ 8. Anthropologische Vorgegebenheiten

Literatur: Wie zu §§ 5 IV 2; 9 I; 12 IV; 19 IV; 23 I; *E. Westermarck,* Ursprung und Entwicklung der Moralbegriffe, (engl. 1906/08, ²1912/17) dt. 1907/09; *R. Thurnwald,* Die menschliche Gesellschaft in ihren ethnosoziologischen Grundlagen, 1931/35; *W. E. Mühlmann,* Geschichte der Anthropologie, 1948, ³1984; *M. Landmann,* Philosophische Anthropologie, 1955, ⁵1982; *E. Bodenheimer,* Philosophical Anthropology and the Law, California Law Review 1971, S. 653 ff.; *ders.,* Individual and Organized Society from the Perspective of a Philosophical Anthropology, J. Social Biol. Struct., 1986, S. 207 ff.; *L. Pospisil,* Anthropologie des Rechts, (engl. 1971) dt. 1982; *E. J. Lampe,* Grenzen des Rechtspositivismus, 1988; *ders.,* Rechtsanthropologie. Entwicklung und Probleme, ARSP 1999, S. 246 ff.; *S. Wesche,* Gegenseitigkeit und Recht, 2001; *W. Brugger,* Das anthropologische Kreuz der Entscheidung, 2005.

Die wichtigste unter den Realitäten, die dem Recht und der staatlichen Ordnung zugrundeliegen, ist der Mensch. Dieser Gedanke fand seine vielleicht einprägsamste Fassung durch Thomas Hobbes (De cive, 1642, Vorwort): Aus „den Elementen, aus denen eine Sache sich bildet, wird sie auch am besten erkannt. Schon bei einer Uhr, die sich selbst bewegt, und bei jeder etwas verwickelten Maschine kann man die Wirksamkeit der einzelnen Teile und Räder nicht verstehen, wenn sie nicht auseinandergenommen werden und die Materie, die Gestalt und die Bewegung jedes Teiles für sich betrachtet wird. Ebenso muß bei der Ermittlung des Rechtes des Staates und der Pflichten der Bürger der Staat zwar nicht aufgelöst, aber doch gleichsam als aufgelöst betrachtet werden, d. h. es muß richtig erkannt werden, wie die menschliche Natur geartet ist, wie weit sie zur Bildung des Staates geeignet ist oder nicht, und wie die Menschen sich zusammentun müssen, wenn sie eine Einheit werden wollen."

Eine Sozialordnung ist aber nicht aus säuberlich isolierbaren und genau bestimmbaren Elementen konstruierbar. So hat man gegen den methodologischen Individualismus eingewandt, der Mensch sei von vornherein als ein Gruppenwesen zu begreifen, so daß jede Zurückführung geschichtlich-sozialen Geschehens auf das Handeln isoliert vorgestellter Individuen zu einem verzerrten Bild führe.[1]

Vor allem hat die Rechtsanthropologie den Menschen nicht nur als Natur-, sondern auch als Kulturwesen ins Auge zu fassen. Sie hat also den Blick auch auf die Handlungs- und Gestaltungsspielräume zu richten, welche die Natur dem Menschen läßt. Und es geht auch darum, was Menschen in diesen Spielräumen kulturell geschaffen haben und welche kulturellen und insbesondere moralischen Herausforderungen sich in diesen Spielräumen stellen. In dieser Weise hat schon Kant der Anthropologie zwei Aufgaben zugewiesen: „Die physiologische Menschenkenntnis geht auf die Erforschung dessen, was die Natur aus dem Menschen macht, die pragmatische auf das, was er, als freihandelndes Wesen, aus sich selber macht, oder machen kann und soll" (Anthropologie, [2]1800, Vorrede). Diese Fragestellung rechnet also damit, daß die biologisch vorgegebenen Verhaltensdispositionen beim Menschen, anders als in einem Termitenstaat, sich nicht zu kompletten, starren Verhaltensprogrammen zusammenfügen, sondern nur als fragmentarische Motivationen wirksam werden, die nicht nur Freiräume lassen, sondern einer Ergänzung durch kulturell geschaffene Verhaltensinstitutionen bedürfen, wenn ein geordnetes Zusammenleben in einer komplexen Gemeinschaft überhaupt möglich werden soll (II).

Mit diesen Vorbehalten bleibt es aber dabei, daß das Recht an die Realitäten gebunden ist (§ 7) und daß die wichtigste dieser Realitäten die physische und psychische Ausstattung des Menschen ist.

I. Der biologische Ansatz

Literatur: *K. Lorenz*, Über tierisches und menschliches Verhalten, 1965/66, [11]1974; *W. Wickler*, Die Biologie der Zehn Gebote, 1971, [6]1985; *H. Kummer*, Sozialverhalten der Primaten, 1975; *E. O. Wilson*, Sociobiology, 1975; *K. Lorenz*, Das Wirkungsgefüge der Natur und das Schicksal des Menschen, 1978; *G. S. Stent* (Hg), Morality as a Biological Phenomenon, 1978; *E. O. Wilson*, Biologie als Schicksal, (engl. 1978) dt. 1980; *F. H. Schmidt*, Verhaltensforschung und Recht, 1982; *M. Gruter, M. Rehbinder* (Hg), Der Beitrag der Biologie zu Fragen von Recht und Ethik, 1983; I. *Eibl-Eibesfeldt*, Die Biologie des menschlichen Verhaltens, 1984, [3]1995; *H. Mohr*, Natur und Moral, 1987; *Ch. Vogel*, Gibt es eine natürliche Moral? in: H. Meier (Hg), Die Herausforderung der Evolutionsbiologie, 1988, S. 193 ff.; *M. Gruter*, Rechtsverhalten, 1993; *W. Fikentscher, M. T. McGuire*, A four Function Theory of Biology for Law, in: Rechtstheorie 1994, S. 291 ff.; *H. Hof*, Rechtsethologie, 1996; *A. Paul*, Von Affen und Menschen, 1998; *D. Krimphove*, Gefühltes Recht, Rechtstheorie, 2009, S. 99 ff.

Mit diesem Vorverständnis wendet die Rechtswissenschaft sich zunächst an die Soziobiologie. Deren Interesse gilt zwar primär Verhaltensmustern, nach denen Tiere zusammenleben. Aber die biologische Verhaltensforschung wirft auch Licht auf die biologischen Vorgegebenheiten menschlicher Verhaltensordnungen. So definierte Wilson (1980, S. 6) die Soziobiologie als „die systematische Erforschung der

---

[1] Vgl. J. Schumpeter, Das Wesen und der Hauptinhalt der theoretischen Nationalökonomie, 1908, S. 92 ff.; L. J. Goldstein, in: K. Acham (Hg) Methodologische Probleme der Sozialwissenschaften, 1978, S. 49 ff.

biologischen Grundlagen jeglicher Formen des Sozialverhaltens bei allen Arten von sozialen Organismen einschließlich des Menschen. Sie analysiert die biologischen Vorgänge, auf denen die Organisation solcher Einheiten wie der Verband von Eltern und ihren Nachkommen, Termitenkolonien, Vogelscharen, Pavianhorden und Jäger- und Sammlerbanden beruht."

1. Ethologische Grundtatsachen

Für die Rechtsanthropologie ist es zunächst von Interesse, daß schon das Zusammenleben von Tieren durch eine Vielzahl von Verhaltensmustern reguliert ist, die in der biologischen Ausstattung wurzeln. Bei den meisten Tierarten finden wir ein mütterliches Schutz- und Pflegeverhalten gegenüber den eigenen Jungen, bei vielen Tierarten mehr oder minder ritualisierte Kämpfe der Männchen um die Weibchen. Bei nicht wenigen Tierarten treffen wir auf eine Disposition, Paarbindungen einzugehen oder sich ein eigenes Revier zu schaffen und es zu verteidigen. Dies sind nur wenige Beispiele. Wie stark das Verhalten von Tieren bis ins Detail von der Biologie her „durchprogrammiert" sein kann, davon geben etwa die unterschiedlichen Ameisenstaaten ein Bild.

Man darf annehmen, daß im Laufe der Artenentwicklung solche Verhaltensmuster herausgezüchtet wurden, die ihren Trägern einen Selektionsvorteil gegenüber ihren Konkurrenten verschafften. Diese Aussage bedarf in zwei Hinsichten einer Präzisierung: Herausgezüchtet wurden die den beobachtbaren Verhaltensmustern zugrunde liegenden Verhaltensdispositionen (Triebe, Hemm- und Auslösemechanismen, automatische Verhaltenskoordinationen). Dabei muß der Selektionsvorteil nicht dem Individuum selbst zugute kommen, sondern es genügt, wenn die Verhaltensdisposition verwandten Tieren, die Träger des gleichen „genetischen Programms" sind, eine erhöhte Fortpflanzungschance verschafft, kurz, wenn sie einer bestimmten „Erbmasse" nützt, wie z. B. der mütterliche Pflegetrieb den eigenen Jungen. Auf solche Weise konnten nicht nur „egoistische", sondern auch „altruistische" Verhaltensweisen herausgezüchtet werden.

Auf einen grundsätzlich wichtigen Punkt macht auch die Tatsache aufmerksam, daß die tierischen Verhaltensmuster einen sehr unterschiedlichen Verbreitungsgrad aufweisen. Neben solchen, die unter Säugetieren durchwegs anzutreffen sind, wie das mütterliche Schutz- und Pflegeverhalten, gibt es einigermaßen verbreitete, wie die Tötungshemmung gegenüber den Artgenossen, und Verhaltensmuster mit geringerem Verbreitungsgrad, etwa die Inzesthemmung oder die Dispositionen, sich ein Revier zu schaffen oder dauerhafte Paarbindungen einzugehen. In diesen Hinsichten gibt es bedeutende Unterschiede, und dies nicht nur zwischen den Gattungen und den einzelnen Tierarten; selbst in verschiedenen Untergruppen einer Tierart, wie der Paviane, bilden sich unterschiedliche Verhaltensmuster heraus, z. B. unterschiedliche Beziehungsformen der Geschlechter zueinander (Kummer 1975). Das spricht dafür, daß manche Verhaltensschemata nicht unbedingt vorteilhaft, sondern biologisch ambivalent sind und daß ihre Nützlichkeit insbesondere von den Umweltbedingungen abhängt. Gerade diese Flexibilität des „biologischen Programms", seine Anpassungsfähigkeit an die Lebensumstände, gemahnt zur Vorsicht, wenn man die Frage stellt, was die Zoologie über das menschliche Verhalten zu lehren vermag.

Ein sehr geraffter Überblick über die wichtigsten von der Ethologie beschriebenen Verhaltensmuster kann – nach biologisch nützlichen Funktionen – zu folgender Einteilung gelangen:

Wir finden zunächst Verhaltensschemata, die sich unmittelbar auf die Produktion und Aufzucht eines lebenstauglichen Nachwuchses auswirken. Zu ihnen gehört der männliche Wettbewerb um die Weibchen, der den lebenstüchtigeren Individuen eine bevorzugte Fortpflanzungschance verschafft. Einen unmittelbaren genetischen Bezug haben auch die instinktiven Barrieren gegen den Inzest. Zu nennen ist vor allem auch der mütterliche Schutz- und Pflegetrieb gegenüber den eigenen Jungen. Bei rudelweise lebenden Tieren finden wir auch eine Aggressionshemmung und Schutzhaltung gegenüber anderen Jungtieren des gleichen Rudels; auch sie dient regelmäßig einer verwandten „Erbmasse". Die Funktion, die eigene Erbmasse zu begünstigen, wird besonders augenfällig, wenn zwischen Kindern und „Stiefkindern" unterschieden wird, ein Schema, das bei manchen Affen und bei männlichen Löwen beobachtet wurde. Es scheint nicht unwahrscheinlich, daß einige elementare Motivationen menschlichen Verhaltens diesem biologischen Funktionsbereich entstammen. Daß die „Mutterliebe" eine biologische Funktion und Wurzel hat, liegt auf der Hand. Auch die „instinktive" Schutzhaltung und Aggressionshemmung gegenüber Kindern, auch gegenüber den Kindern anderer Gruppenmitglieder, bot in den Horden, in denen die Hominiden und Frühmenschen wohl lebten, einen augenscheinlichen Selektionsvorteil für das artverwandte Erbgut und könnte daher, zum mindesten als Grundtendenz, „herausgezüchtet" und angeboren sein. Der in der Tierwelt weit verbreitete Wettbewerb um Frauengunst, der den lebenstüchtigeren Individuen eine bevorzugte Fortpflanzungschance gibt, sieht erwartungsgemäß unter urbanisierten Menschen etwas anders aus als unter Kamelen. Selbst das unterschiedliche Verhalten gegenüber Kindern einerseits und Stiefkindern andererseits könnte, wie die Beispiele zeigen, biologische Wurzeln haben.

Eine zweite Hauptgruppe bilden die „energiesparenden" Verhaltensmuster. Ihr generelles Schema kann man wie folgt umschreiben: Bestimmte Positionen – der Besitz eines Reviers, der Besitz eines Weibchens, die Rangstellung innerhalb der Gruppe – werden ausgekämpft. Aber die einmal ausgekämpfte Position wird dann von den Konkurrenten einstweilen respektiert. Auf diese Weise wird der soziale Frieden nicht permanent in Frage gestellt; Individuen und Gruppen, die sich an dieses Schema halten, können so gegenüber ständig streitenden Konkurrenten einen Selektionsvorteil haben. Allerdings handelt es sich hier regelmäßig nur um einstweilige Konfliktsregelungsmuster, die in Abständen immer wieder einmal in Frage gestellt werden und dann von neuem ausgekämpft werden müssen. Diese Verhaltensstrukturen sind für die Rechtsanthropologie deshalb von Interesse, weil hier möglicherweise von der Biologie her die Institutionen der Familie, des Besitzes (my home is my castle) und auch gewisse Gehorsamsstrukturen vorgeformt sind.

Mit diesen Funktionsbereichen sind aber die Möglichkeiten „nützlicher" und „schädlicher" Verhaltensdispositionen nicht erschöpft. Bei herdenweise lebenden Primaten hat man z. B. beobachtet, daß ältere Tiere nicht nur „respektiert" wurden, sondern in gefährlichen Situationen gelegentlich die Führung der Gruppe mitübernahmen (Wickler 1985, 141 f.); der biologische Sinn dieser Verhaltensweise könnte darin liegen, daß ältere Tiere lebenswichtige Erfahrungen gesammelt haben, etwa über Fluchtwege bei einer Überschwemmung, und daß sie diese Erfahrungen im Notfall nutzbar machen können. Selbst so subtile Wertungsdispositionen des Menschen wie die Respektierung der älteren, erfahrenen, „weisen" Gruppenmitglieder könnte also einen Selektionsvorteil geboten haben und daher „herausgezüchtet" worden sein.

2. Mögliche Folgerungen für das Recht

Gäbe es auch beim Menschen angeborene Verhaltensdispositionen, beispielsweise zu dauerhafter Paarbindung oder zu gegenseitiger Respektierung eines „Reviers" oder auch zur Einfügung in bestimmte Gehorsamsstrukturen, so wären von vornherein alle Staatsideologien verfehlt, die den naturgegebenen Zustand menschlichen Lebens als „institutionenlos" annähmen und alle Ordnungen menschlichen Zusammenlebens als zivilisatorische Zumutungen gegenüber der naturgegebenen menschlichen Freiheit verstünden.

Wären ferner bestimmte Verhaltensschemata, etwa der Fürsorgetrieb der Mutter für ihr Kind, in einem „genetischen Programm" des Menschen unwiderstehlich festgelegt und wäre die Modulierbarkeit des menschlichen Verhaltens hierdurch beschränkt, so wäre dadurch auch der Spielraum rechtlicher Regelungsmöglichkeiten begrenzt (§ 7 II). Nun scheint aber der Mensch sehr viel weniger starr als andere Lebewesen festgelegt und durch Instinkte vorprogrammiert zu sein.

Aber auch soweit dem Menschen von Natur aus nicht starre Verhaltensprogramme, sondern nur mehr oder minder beherrschbare Verhaltensneigungen zu eigen sein sollten, wären diese jedenfalls für die Effizienz des Rechts von Bedeutung: Je mehr sich das Recht mit diesen vorgegebenen Verhaltensdispositionen in Einklang hielte, desto größer wäre die Wahrscheinlichkeit bereitwilligen Normengehorsams. Rechtsnormen hingegen, die sich zu diesen in Widerspruch setzten, hätten geringere Aussicht, dauerhaften Gehorsam zu finden. Dies bedeutet aber nicht, daß das Recht sich stets völlig „konform" mit den angeborenen Verhaltensneigungen zu halten habe. Naturgegebene Anlagen können unter den Bedingungen einer urbanisierten Gemeinschaft dysfunktional wirken und bedürfen dann einer kulturellen Überformung und Korrektur (II).

Die Frage nach angeborenen Verhaltensdispositionen interessiert den Juristen aber auch noch in anderer Hinsicht. Es liegt nahe, daß die genetischen Programme subjektiv als Triebe, Bedürfnisse, Hemmungen und Wertungsdispositionen zum Vorschein kommen (§ 19 IV 1).

3. Die Unsicherheit der Erfahrungsgrundlagen

Welche Verhaltensdispositionen tatsächlich in der natürlichen Anlage des Menschen stecken, ist schwer zu bestimmen. So stellt sich die Frage, welche Umstände Indizien – wenn auch nicht zwingende Beweise – dafür sein könnten, daß bestimmte Verhaltensdispositionen im genetischen Programm des Menschen liegen.

Ein bei allen Primaten und weit darüber hinaus durchgängig angetroffenes Verhaltensschema, wie der mütterliche Schutz- und Pflegetrieb gegenüber den eigenen Jungen, liegt gewiß auch im genetischen Programm des Menschen. Hingegen wird es zur gewagten Annahme, daß Verhaltensdispositionen, die selbst bei Primaten nur gelegentlich angetroffen werden, dem Menschen angeboren seien.

Für das Wirken einer angeborenen Verhaltensneigung spricht es, wenn bestimmte Sozialgefüge (möglicherweise mit einigen Abwandlungen) in allen oder fast allen Kulturen vorkommen, auch wenn diese nicht miteinander in Berührung stehen. Konrad Lorenz meinte sogar: „Wenn wir finden, daß gewisse Bewegungsweisen und gewisse Normen des sozialen Verhaltens allgemein menschlich sind, d.h., daß sie sich bei allen Menschen aller Kulturen in genau gleicher Form nachweisen lassen, so dürfen wir mit einer an Sicherheit grenzenden Wahrscheinlichkeit annehmen, daß sie phylogenetisch programmiert und erblich festgelegt sind."[2]

Das Wirken einer „natürlichen" Verhaltensdisposition wird auch dadurch nahegelegt – wenngleich nicht strikte bewiesen – daß bestimmte Verhaltensmuster sich entgegen allen Reformversuchen mit großer Hartnäckigkeit immer wieder durchsetzen. So haben sich etwa, selbst bei „Kommunarden", welche die Pflege von Frauen- und Gütergemeinschaft zu ihrem Programm erhoben, faktisch immer wieder informelle Paarbindungen hergestellt und sind private „Besitztümer", etwa an Sachen des persönlichen Gebrauchs oder an einer persönlichen „Schlafecke" beansprucht und respektiert worden.[3] In diesem Sinne hat schon Aristoteles (Politik, 1261 b ff.) dem platonischen Ideal einer Weiber-, Kinder- und Gütergemeinschaft entgegengehalten, sie widersprächen der Natur des Menschen.

Vieles bleibt aber unbestimmt: nicht nur, mit welcher Motivationskraft angeborene Verhaltensdispositionen in uns wirksam sind, sondern schon, welche Dispositionen in unserer natürlichen Anlage stecken. Fast ganz auf Vermutungen angewiesen bleibt man hinsichtlich solcher Verhaltensdispositionen, die in der spezifischen Lebenssituation des Vor- und Frühmenschen „herausgezüchtet" werden konnten, also in den Jahrhunderttausenden eines Jäger- und Sammlerdaseins, das wahrscheinlich in Kleingruppen verbracht wurde. Mit einiger Wahrscheinlichkeit haben sich in diesem Zeitraum solche Verhaltensbereitschaften gebildet, die bei der genannten Lebensweise einen Selektionsvorteil boten, darunter auch jene Kooperationsfähigkeit und -bereitschaft der Menschen, die durch Kommunikation und gemeinsame, handlungsleitende Vorstellungen vermittelt ist. Im Zusammenhang damit wurde vielleicht auch der Grund für die Indoktrinierbarkeit und Fanatisierbarkeit der Menschen gelegt, die einst eine wirksame Voraussetzung für engagierte Gruppenunternehmungen bilden konnte und in atavistisch anmutender Weise auch heute noch in Kriegen und Veranstaltungen des Massenzeitalters hervorzubrechen scheint.

Es gibt Vermutungen, daß der frühzeitliche Selektionsdruck auch die Bereitschaft des Menschen gezüchtet habe, konkurrierende Gruppen von Artgenossen insgesamt auszurotten (Mohr 1987, 83, 98); diese Annahme stützt sich auch auf Berichte der Frühgeschichte über die Auslöschung oder Vertreibung ganzer Bevölkerungen (z. B. 4. Mose 31, 7 ff.; 5. Mose 20, 13 ff.; Josua 6, 21; 10, 28 ff.). Die Vielgestaltigkeit der bei Naturvölkern gefundenen Verhaltensmuster (Westermarck 1907, 279 ff.; Eibl 1995, Kap. 5) gemahnt aber auch hier zur Vorsicht bei der Hypothesenbildung.

II. Die Kulturbedingtheit der menschlichen Lebensweise

Literatur: Wie zu § 17; *A. Gehlen,* Der Mensch, 1940, [10]1974; *ders.,* Moral und Hypermoral, 1969, [3]1973; *A. Portmann,* Entläßt die Natur den Menschen?, 1970; *W. Kuhn,* Der Mensch – nur ein nackter Affe?, in: Stimmen der Zeit, 1978, S. 479 ff.; *F. H. Tenbruck,* Die kulturellen Grundlagen der Gesellschaft, 1989, [2]1990; *Zippelius* RS, §§ 6 f.; *ders.* VSt, Kap. 1–3.

Es sprechen also gute Gründe dafür, daß manche Grundmuster menschlichen Verhaltens, vor allem solche, die in vielen, voneinander getrennten Kulturen wiederkehren, und solche, die sich gegenüber allen Reformversuchen immer wieder durchsetzen, genetische Grundlagen haben. Doch anders als in einem Termitenstaat

---

[2] K. Lorenz, Die Rückseite des Spiegels, Taschenbuchausgabe 1977, S. 228.
[3] Nachweise bei K. Mehnert: Jugend im Zeitbruch, 1976, S. 283 ff., insbes. S. 290, 294.

ist in menschlichen Gemeinschaften (zumal in komplexen, urbanisierten Gesellschaften) das Zusammenleben nicht durch Instinkte (d. h. durch angeborene Schemata der Verhaltenssteuerung) starr, vollständig und gemeinverträglich koordiniert. So hat man den Menschen als das „nicht festgelegte Tier" bezeichnet. Er bedarf einer Vervollständigung und vielfach auch einer Korrektur der naturgegebenen Verhaltensdispositionen durch normative Verhaltensordnungen. Diese sind Ergebnis und wesentlicher Bestandteil der menschlichen Kultur.

Auf diesen Sachverhalt hat vor allem Arnold Gehlen hingewiesen: Erst die im Laufe der Kulturentwicklung entstandenen „Institutionen" – d. h. normative Verhaltensordnungen für bestimmte Lebensbereiche (§ 4 II) – ergänzten die ererbten Verhaltensdispositionen zu jenen Verhaltensmustern, nach denen komplexe Gesellschaften funktionieren können. Erst diese normativen Verhaltensordnungen schaffen die nötige Orientierungsgewißheit und soziale Stabilität. Sie sollen „eine Verhaltenssicherheit und gegenseitige Einregelung möglich machen", wie sie von Instinkten allein nicht schon geleistet wird. Erst durch solche Institutionen leben Menschen „in stabilen Gefügen" (Gehlen 1973, S. 96). Diese Institutionen, wie etwa Familien- und Eigentumsordnungen, erscheinen als Instrumente und Absicherungen zur „Bewältigung lebenswichtiger Aufgaben", etwa der Ernährung und der Fortpflanzung. Zugleich fungieren sie „als stabilisierende Gewalten und als die Formen, die ein seiner Natur nach riskiertes und unstabiles, affektüberlastetes Wesen findet, um sich selbst und um sich gegenseitig zu ertragen". Die Menschen verdanken diesen Verhaltensordnungen eine „Stabilisierung auch des Innenlebens, so daß sie nicht bei jeder Gelegenheit sich affektiv verwickeln oder sich Grundsatzentscheidungen abzwingen müssen"; durch solche Institutionen entstehe eine „wohltuende Fraglosigkeit in den Elementardaten, eine lebenswichtige Entlastung" (aaO., S. 97 f.).

Die institutionell geordnete Gemeinschaft ermöglicht es auch, in Arbeitsteilung die Lebensbedürfnisse nach Nahrung, Bekleidung, Behausung und Sicherung gegen Angriffe zu befriedigen und sie erweitert und befriedigt in fast unendlicher Weise das System der Bedürfnisse. Sie liefert zudem tradierbare „Welterfahrung" und technisches Wissen, angefangen etwa von der Kenntnis über genießbare und giftige Pflanzen bis zu dem technischen Wissen der Industriekultur. In der Gemeinschaft bilden sich auch die weltanschaulichen und normativen Vorstellungen, deren die Einzelnen für ihre Weltorientierung und Verhaltenswahl gleichfalls bedürfen (§ 17).

Die angeborenen Verhaltensneigungen lassen sich offenkundig in sehr verschiedene Sozialstrukturen einfügen, insbesondere in all die Gesellschaftsstrukturen, die es tatsächlich in unserer Welt gab und gibt, angefangen von den verschiedenen Sozialordnungen der Naturvölker und der nomadisierenden Viehzüchter, über die Gesellschaftsmuster z. B. der feudalistischen Agrarkulturen bis hin zu jenen der westlichen Industriekultur. Die Ergänzungsbedürftigkeit und Flexibilität des genetischen Programms gestattet insbesondere eine Anpassung der sozialen Verhaltensmuster an unterschiedliche äußere Umstände. Sie läßt auch einen Spielraum für „autonome" Komponenten, nämlich dafür, zwischen verschiedenen faktischen Möglichkeiten, das menschliche Zusammenleben zu ordnen, nach Vernunfteinsichten eine Wahl zu treffen.

Vielfach bedarf es nicht nur einer normativen Ergänzung, sondern auch einer normativen Korrektur naturgegebener Verhaltensdispositionen, dort nämlich, wo diese in der urbanisierten Gesellschaft überlebensfeindlich, also dysfunktional wirken. Dispositionen, die unter den Bedingungen wildlebender Kleingruppen überlebensfreundlich waren, können unter den Bedingungen einer urbanisierten Menschheit schädlich sein und planender und normativer Gegensteuerungen bedürfen. Ein Beispiel dafür bietet die ungehemmte Fortpflanzungsbereitschaft. In einer natürlichen Umwelt produzierte sie gerade den Nachwuchs, der zur Erhaltung der Menschheit notwendig war. Unter den hygienischen Bedingungen der Gegenwart aber hat sie zu einem Bevölkerungswachstum geführt, das heute eines der großen Menschheitsprobleme darstellt und eine Geburtenbeschränkung zur dringenden Notwendigkeit macht. Ein anderes Beispiel bietet die Disposition zu aggressivem Verhalten. In der Tierwelt und in der Vor- und Frühgeschichte des Menschen hatte sie wichtige Funktionen. In Revier- oder Rangstreitigkeiten und in sexuellen Rivalitäten führte sie zur Auslese der lebenskräftigeren Individuen. Als Abwehrbereitschaft gegen Fremde und wilde Tiere kam sie der eigenen Gruppe zugute. Unter den Lebensbedingungen der urbanisierten Menschheit wird aber die Aggressionsbereitschaft zunehmend zu einem Risiko, zumal hier, verglichen mit einem „Naturzustand", die Wirkung der Aggression durch Waffen ins Ungemessene verstärkt wird und zugleich, durch die Distanz zum Opfer, die natürliche Tötungshemmung verringert wird. So ist der Mensch herausgefordert, sich durch Einsatz der Vernunft mit der eigenen Natur auseinanderzusetzen und, wo nötig, sich „mit Maß und Ziel" von ihrem Schematismus zu emanzipieren.[4] Mit „Maß" heißt hierbei, daß die Tragweite und Relevanz näher bestimmt werden muß, die den naturbedingten Motivationen in der Sozialordnung eingeräumt wird, mit „Ziel" heißt, daß die Verhaltensweisen so reguliert werden müssen, daß sie zu annehmbaren Folgen führen.

Die Sinnorientiertheit des Verhaltens erscheint so als eigentliche „conditio humana". Wir bedürfen nicht nur einer vordergründigen normativen Verhaltensordnung, sondern auch einer umfassenderen Sinnorientierung (§ 17 I): Der Einzelne ist fortwährend herausgefordert, sich in einer komplizierten Welt zurechtzufinden, er steht einer überwältigenden Vielfalt von Erfahrungsdaten und Verhaltenserwartungen gegenüber und versucht, sich die Vielfalt mit Hilfe bestimmter Vorstellungsschemata übersichtlich, faßlich, „begreiflich" zu machen. Er sucht nach einem „Sinn", d. h. nach einer umfassenderen Konzeption, aus der er sie verstehen kann. Solche Weltorientierungen bieten sich ihm dar in Form religiöser oder auch sonstiger „weltanschaulicher" Vorstellungsschemata, in denen auch die sozialen Institutionen ihren Platz und ihren „Sinn" finden. Auch solche umfassenderen „Weltanschauungen" und Ordnungsvorstellungen dienen aber nicht nur dazu, die Welt zu begreifen. Sie werden zugleich zu Orientierungen, die auch das Handeln leiten. Auch sie gewinnen eine „kausale Bedeutung für die Art des Ablaufs des Handelns der realen Menschen" (M. Weber WuG, 7). So läuft der ganze gesellschaftliche und politische Prozeß z. B. unter dem Leitbild der hinduistischen Lebensordnung anders ab als unter dem Leitbild der diesseitsorientierten, pluralistischen Konkurrenzgesellschaft, und unter deren Leitbild anders als unter jenem der marxistischen Weltanschauung.

Weil also der Mensch nicht schon durch ein „genetisches Programm" in seinem Verhalten eindeutig genug gesteuert wird, ist er darauf angewiesen, durch Sinnstrukturen Orientierungsgewißheit zu erhalten, zumal in der komplexen Welt der Zivilisation, die er sich selbst geschaffen hat. Diese Angewiesenheit zeigt sich besonders deutlich dann, wenn institutionelle und weltanschauliche Orientierungen ins Wanken geraten (zum folgenden: Zippelius AStL, § 7 III). Verschwindet die Selbstverständlichkeit der überkommenen Weltanschauung, werden die ethischen Maßstäbe problematisch, geht die Sicherheit der rechtlichen Orientierung verloren, und sei es

---

[4] I. Eibl-Eibesfeldt, Krieg und Frieden, 1975, S. 13 f., 198 ff.

auch nur durch die Unübersichtlichkeit und den allzu raschen Wandel der Normen, so führt das zu Verunsicherung, Reizbarkeit, Aggressivität oder zur Flucht aus der unerträglich gewordenen – die „Verarbeitungskapazität" des Einzelnen überfordernden – Wirklichkeit. Das hohe Gewicht, das wir unseren weltanschaulich-normativen Orientierungen beimessen, zeigt sich nicht zuletzt daran, daß keine Kriege erbitterter geführt werden als Weltanschauungs- und Glaubenskriege.

III. Animal rationale vel irrationale?

Literatur: *N. Machiavelli,* Il Principe, 1513; *Th. Hobbes,* De cive, 1642; *A. Schopenhauer,* Die Welt als Wille und Vorstellung, 1819, [3]1859; *G. Le Bon,* Psychologie der Massen, (frz. 1895) dt. [11]1961; *F. Nietzsche,* wie zu § 12 IV; *J. Hansen,* Quellen und Untersuchungen zur Geschichte des Hexenwahns und der Hexenverfolgung, 1901; *S. Freud,* Drei Abhandlungen zur Sexualtheorie, 1905; *ders.,* Das Unbehagen in der Kultur, 1930, [2]1931; *V. Pareto,* Traité de sociologie générale, 1917/19; *H. P. Duerr,* Traumzeit, 1978, [5]1980; *A. Grabner-Haider u. a.* (Hg), Fanatismus und Massenwahn, 1987.

Halb verstrickt in unsere animalische Natur, halb freigelassen, sind wir mit einer begrenzten Fähigkeit ausgestattet, unsere Lebensverhältnisse vernünftig zu ordnen, und sind zugleich damit belastet, diese Ordnung selber schaffen und erhalten zu müssen. Bricht aber die künstliche Konstruktion der Institutionen oder werden diese einem allzu raschen Wandel unterworfen, dann kommt es zur „Freisetzung des Chaotischen" im Menschen, dessen Handeln nicht durch angeborene Verhaltensmuster in Ordnung gehalten wird (§ 23 I). Selbst in Zeiten, in denen die überkommenen weltanschaulichen und ethischen Verhaltensorientierungen nicht grundsätzlich in Frage gestellt werden, läßt sich die menschliche Natur nicht widerspruchslos durch die geschaffene Ordnung bändigen. Immer wieder schäumt sie über die künstlichen Dämme. In blutigen Kriegsgräueln und Pogromen kann dies dämonische Züge annehmen. Auch in ekstatischen Umtrieben, oft mit sexuellen Exzessen oder Ausbrüchen von Zerstörungswut (Duerr 1980), wird gegen die Ordnung aufbegehrt. In „organisierten Ausschweifungen", in Bacchanalien und Karnevalsfesten, in denen die herkömmliche Ordnung verkehrt wird, ist jenes Ausbrechen aus der Ordnung selbst schon wieder institutionalisiert.

Schon diese alltäglichen Beobachtungen zeigen also, daß die Lebensweise des Menschen nicht nur von rationalen, sondern jedenfalls auch von starken irrationalen Momenten bestimmt ist. In der Staatsphilosophie wurden immer wieder diese irrationalen Züge des Menschen in Rechnung gestellt. Machiavelli schrieb, im allgemeinen könne man von den Menschen sagen, sie seien einfältig und hingen von den Nöten des Augenblicks ab. Der große Haufen halte sich auch stets an den Schein und an den Erfolg und habe in sich selbst keinen Halt (1513, Kap. 18). Thomas Hobbes ging von der Annahme aus, daß die Menschen zu Raub und Rache neigen und daß der Naturzustand ein Krieg aller gegen alle sei (1642, Vorwort). Und Montesquieu (EL, XI 4) setzte voraus, daß die Menschen einen prinzipiell unbegrenzten Machtwillen hätten, nämlich eine Neigung, Macht auszuüben, bis sie auf Grenzen stoßen.

Später hat die Romantik, in einer Gegenbewegung zum Rationalismus, den Menschen als ein Wesen dargestellt, das nicht nur von Vernunft, sondern vor allem von Gefühlen und Leidenschaften bewegt wird. Schopenhauer hielt einen irrationalen Willen zum Leben, zur Selbst- und zur Arterhaltung, für den Urgrund allen Handelns, für „das eigentliche Ding an sich" (1859, § 29). Die Organe unseres

Leibes seien nur der sichtbare Ausdruck unserer Hauptbegehrungen, also jenes elementaren Lebensdranges (1859, § 20). Auch das Gehirn sei als Hilfsorgan zur Erhaltung des Individuums und zur Fortpflanzung des menschlichen Geschlechts entstanden. Immerhin habe sich hierdurch der Wille, der bisher im Dunkeln seinen Trieb verfolgte, „ein Licht angezündet". Aber die Erkenntnis, die ihrem Ursprung nach im Dienste des Willens stehe und zur Vollbringung seiner Zwecke bestimmt sei, bleibe diesem „fast durchgängig gänzlich dienstbar" (1859, § 27). Der Wille selbst aber sei ohne Grenzen, sei ein endloses Streben. Wo ihn Erkenntnis beleuchte, wisse dieser Wille zwar, „was er jetzt, was er hier will; nie aber, was er überhaupt will; jeder einzelne Akt hat einen Zweck; das gesamte Wollen keinen" (1859, § 29). Noch Pareto meinte später, die bestimmenden Grundantriebe unseres Handelns lägen in unseren Begehrnissen und Ressentiments (den „Residuen"); unsere Argumente seien nur dienstbare Geister, nämlich die rationalen Formen („Derivationen"), in denen wir diese eigentlich wirksamen Motivationen verhüllt zur Darstellung brächten (Pareto 1917/19, Kap. 6 und 9). Nietzsche ging, trotz mancher Gegensätze zu Schopenhauer, gleichfalls davon aus, daß unser Handeln eine voluntaristische Quelle habe: „Das Leben ... ist essentiell ein Streben nach Mehr von Macht ...; das Unterste und Innerste bleibt dieser Wille" (1964, IX Nr. 689). „Der Wille zur Macht ist das letzte Faktum, zu dem wir hinunter können. Unser Intellekt ein Werkzeug" (1965, XI Nr. 838). Auch Freud suchte nach den unterbewußten Quellen des menschlichen Verhaltens und glaubte, sie in Libido und Destruktionstrieben gefunden zu haben (Freud 1905, 1931).

Daß das menschliche Handeln starke irrationale Züge trägt, diese Einsicht liegt in Epochen der Massenbewegungen sozusagen „auf der Straße". Le Bon hat in seiner „Psychologie der Massen" eindrucksvoll beschrieben, wie das Triebhafte, Unterbewußte gerade in der Masse hervorbricht: Der Einzelne erlange durch die Tatsache, daß er sich in der Masse befinde, ein Gefühl unüberwindlicher Macht, das ihm gestatte, solchen Trieben nachzugehen, die er für sich allein gezügelt hätte. Diesen Trieben werde er um so eher folgen, als durch die Anonymität, die er in der Masse hat, das Verantwortungsgefühl schwinde, das ihn hemme, wenn er als Einzelner handle. Hinzu komme die geistige Ansteckung in der Masse und deren Beeinflußbarkeit. Wie bei einem Hypnotisierten gewisse Fähigkeiten aufgehoben und andere auf einen Zustand höchster Spannung getrieben würden, so verhalte sich auch der Mensch in der Masse. Er sei in hohem Maße Suggestionen ausgeliefert und in seiner Kritik- und Urteilsfähigkeit beeinträchtigt. Das Ungestüm der Masse sei um so unwiderstehlicher, als für alle Einzelnen die Suggestion sich hier durch Gegenseitigkeit noch steigere. Die wenigen Einzelnen, die eine hinreichend starke Persönlichkeit hätten, um solchen Einflüssen zu widerstehen, würden vom Strome mitgerissen. Die Hauptmerkmale des Einzelnen in der Masse seien also: „Schwinden der bewußten Persönlichkeit, Vorherrschaft des unbewußten Wesens, Leitung der Gedanken und Gefühle durch Beeinflussung und Ansteckung in der gleichen Richtung, Tendenz zur unverzüglichen Verwirklichung der eingeflößten Ideen." „Allein durch die Tatsache, Glied einer Masse zu sein, steigt der Mensch also mehrere Stufen von der Leiter der Kultur herab. Als Einzelner war er vielleicht ein gebildetes Individuum, in der Masse ist er ein Triebwesen, also ein Barbar. Er hat die Unberechenbarkeit, die Heftigkeit, die Wildheit, aber auch die Begeisterung und den Heldenmut ursprünglicher Wesen, denen er auch durch die Leichtigkeit ähnelt, mit der er sich von Worten und Vorstellungen beeinflussen und auch zu Handlungen verführen läßt, die seine augenscheinlichsten Interessen verletzen" (Le Bon 1895, Kap. 1).

Eine kritische Auseinandersetzung mit diesen Konzeptionen wird sich zwar gegen Einseitigkeiten und Verabsolutierungen wenden: Das menschliche Motivationssystem läßt sich nicht nur auf den Willen zur Macht, nicht nur auf Libido und Destruktionstrieb zurückführen; Argumente sind nicht ausschließlich dienstbare Geister unserer irrationalen Antriebe. Aber unbestreitbar spielen in unseren Motivationen auch der Wille zur Macht, auch die Libido, auch ein gelegentlich ausbrechender Vernichtungs- oder auch Selbstvernichtungswille eine Rolle; unsere Argumente stehen in einem beträchtlichen Umfang im Dienste unserer Wünsche und Sentiments. Kurz, es sind hier Teilstücke der menschlichen Natur erfaßt, mit denen das Recht zu rechnen und auf die es sich einzustellen hat, wenn es eine „realistische", dem Menschen gemäße Ordnung schaffen soll.

Andererseits sollten auch die rationalen Komponenten menschlichen Handelns nicht übersehen werden. Daß es überhaupt gelungen ist, komplizierte Sozialordnungen mit beträchtlichen und gesicherten individuellen Freiheiten, kontrollierten Machtverhältnissen und breit gefächertem Wohlstand zu schaffen, ist eine Leistung vernünftiger Einsicht und vernünftigen Gestaltungsstrebens. Es ist nicht zuletzt ein Ergebnis des Zeitalters der Aufklärung; hier wurden die Gedanken der Grundfreiheiten, der Gleichheit, der persönlichen Autonomie, des Anspruches aller auf politische Mitbestimmung, der Gewaltenteilung und der Machtkontrolle durchdacht und in einigermaßen funktionierende politische Programme umgesetzt.

Eine Betrachtungsweise, die sich den Blick nicht durch ein spekulatives Vorverständnis trüben läßt, wird also den Menschen weder zu einem animal rationale, noch zu einem animal irrationale hochstilisieren. Sie wird aber ihr Streben nach einer rationalen Verhaltensordnung auch auf die irrationalen Antriebe menschlichen Handelns abstimmen. Diese Sicht der Dinge hat eine lange Tradition. So entsprang bei Hobbes aus der Annahme, daß die Menschen zu Raub und Rache neigen, die rationale Konstruktion eines friedensichernden Staates, der über das Gewaltmonopol verfügt (Zippelius Gesch, Kap. 12). Und gerade aus der Einsicht in den prinzipiell unbegrenzten Machtwillen des Menschen entstand bei Locke wie bei Montesquieu das rationale Konzept einer Machtkontrolle (Zippelius Gesch, Kap. 14).

§ 9. Die Bedingtheit des Rechts durch Bedürfnisse

Literatur: *A. Smith,* Der Wohlstand der Nationen, (engl. 1776, ⁵1789) dt. 1978; *R. v. Jhering,* Der Zweck im Recht, Bd. 1, 1877, ⁴1904; *Ph. Heck,* Das Problem der Rechtsgewinnung, 1912; *ders.,* Gesetzesauslegung und Interessenjurisprudenz, AcP 112 (1914), S. 1 ff.; *ders.,* Begriffsbildung und Interessenjurisprudenz, 1932; *R. Müller-Erzbach,* Die Rechtswissenschaft im Umbau, 1950; *Larenz* ML, S. 43 ff., 49 ff., 119 ff.; *G. Ellscheid, W. Hassemer* (Hg), Interessenjurisprudenz, 1974; *Fikentscher* MR III, S. 237 ff., 373 ff.; *H. Schoppmeyer,* in: Lege, S. 194 ff.

I. Grundgedanken

Literatur: *E. Bodenheimer* und *E. J. Lampe,* wie zu § 8; *Zippelius* RS, § 12 IV.

Mit der Rechtsanthropologie trifft sich der interessenjuristische Ansatz: Der menschlichen Natur entspringen vor allem die Grundbedürfnisse, denen das Recht Rechnung zu tragen hat. Als Interessenregelung hat das Recht vitale Antriebe, den

Nahrungs-, Geschlechts-, Pflege-, Macht- und Aggressionstrieb, ebenso in Betracht zu ziehen wie sublimere Bedürfnisse, mögen sie Neugierde oder Wissensdurst heißen, Schaffensdrang oder Streben nach Persönlichkeitsentfaltung, Spieltrieb oder musische Interessen. Es gibt insbesondere Bedürfnisse nach Sicherheit und Freiheit: ein Bedürfnis nach Stetigkeit, nach Gewährleistung der körperlichen und geistigen Integrität, nach Schutz der Familienbeziehungen und des Eigentums, nach Absicherung gegen die Lebensrisiken; zu den elementaren Freiheitsbedürfnissen zählt insbesondere der Drang nach Betätigungsfreiheit und nach Entfaltung der eigenen Anlagen und Fähigkeiten.

In diesen leiblichen und geistigen Bedürfnissen verlangt nicht nur die Natur ihr Recht, auch Wirtschaftsform, soziale Schichtung, Sitten, Bräuche und Bildungsstand lassen bestimmte Bedürfnisse entstehen und geben diesen das Gepräge. Solche Interessen gewinnen Motivationskraft für menschliches Handeln und damit auch für die Rechtsgestaltung. Auf diesem Wege können sie die Rechtsschöpfung anregen und beeinflussen. Das ist der richtige Kern der genetischen Interessenjurisprudenz. Ihr bedeutendster Wegbereiter, Rudolf von Jhering (1818–1892), stellte die generelle These auf, „daß es keinen Rechtssatz gibt, der nicht einem Zweck, d. i. einem praktischen Motiv seinen Ursprung verdankt" (Jhering 1904, S. V). Es gebe kein Wollen und Handeln ohne Zweck (S. 2), nämlich ohne die Vorstellung dessen, was der Wille zu verwirklichen gedenkt (S. 7). Solche Zwecksetzung sei ein „Entwurf der Tat", den das Vorstellungs- und Begehrungsvermögen dem Willen vorlege. Von dem Handeln verspreche man sich dann die Befriedigung des Begehrens (S. 8). Interessenbestimmt sei auch das Zusammenwirken mit anderen Menschen: Man verbinde hier die eigenen Zwecke mit den Interessen der anderen (S. 27): Sollen also andere für meine Zwecke wirken, so muß ich dafür sorgen, daß dies auch in ihrem eigenen Interesse liegt. Eine Kooperation verschiedener Menschen kommt daher zustande, wenn ihre Interessen hinreichend konvergieren. Die Verfolgung gemeinsamer Zwecke kann organisiert werden. Ihren höchsten Punkt erreiche diese Organisierung im Staat (S. 30 ff.). „Koinzidenz der beiderseitigen Zwecke und Interessen – das ist die Formel, wodurch die Natur, der Staat und der einzelne über den Egoismus Macht gewinnt. Auf ihr beruht das Wunder der menschlichen Welt" (S. 34). Daß das Zusammenleben der Menschen sich in hohem Maße auf deren Interessen gründe, hatte zuvor schon Adam Smith gesagt: Im Gegensatz zu den meisten Tieren „ist der Mensch fast immer auf Hilfe angewiesen, wobei er jedoch kaum erwarten kann, daß er sie allein durch das Wohlwollen der Mitmenschen erhalten wird. Er wird sein Ziel wahrscheinlich viel eher erreichen, wenn er deren Eigenliebe zu seinen Gunsten zu nutzen versteht, indem er ihnen zeigt, daß es in ihrem Interesse liegt, für ihn das zu tun, was er von ihnen wünscht" (1978, I Kap. 2).

Im Gefolge der Überlegungen Jherings lehrte dann die genetische Interessenjurisprudenz, daß die rechtlichen Gebote durch Interessenwirkungen entstünden. Die Gesetze seien, so hat es Philipp Heck (1858–1943) formuliert, „die Resultanten der in jeder Rechtsgemeinschaft einander gegenübertretenden und um Anerkennung ringenden Interessen materieller, nationaler, religiöser und ethischer Richtung" (Heck 1914, 17).

Rudolf Müller-Erzbach lenkte die Aufmerksamkeit darauf, daß neben den Interessen, verstanden als Bedürfnis und Begehr, auch andere Faktoren, wie Liebe und Haß, Vertrauen und Macht, daran beteiligt sind, das Recht hervorzubringen (Müller-Erzbach 1950). Er erweiterte so das Thema einer genetischen Interessenjurisprudenz zu dem eines umfassenden „kausalen Rechtsdenkens": Dieses sollte die Vielfalt der Faktoren aufdecken, die im Leben mannigfach aufeinander einwirken und das Recht hervorgehen lassen. Die wichtigsten dieser Faktoren sind Interessen und solche Machtpositionen, die in der Lage sind, jene Interessen im Recht zur Geltung zu bringen.

II. Die Umsetzung von Interessen in Recht

Literatur: *Zippelius* AStL, §§ 3 III 4; 26.

Ein Beispiel dafür, wie aus einem Widerstreit von Interessen, Macht und anderen Faktoren Gesetze als „Resultanten" (wie Heck sagte) hervorgehen, bietet die pluralistische Demokratie. Hier bilden sich Gruppierungen von Vertretern gleicher Interessen, versuchen mit vereinter Kraft, ihre gemeinsamen Interessen durchzusetzen und treten hierbei in Wettstreit mit anderen Gruppen, die ihre abweichenden Interessen zur Geltung bringen. In solcher Weise suchen Religionsgemeinschaften, Arbeitgeberverbände und Gewerkschaften, Bauernverbände, Ärzte-, Anwalts- und Richtervereine, Behindertenverbände und Frauenvereine Einfluß nicht nur auf das wirtschaftliche und soziale Leben, sondern auch auf die Rechtsgestaltung zu gewinnen. Die in der Gemeinschaft organisierten Interessen werden insbesondere in und gegenüber politischen Parteien und durch deren Vermittlung im Parlament zur Geltung gebracht und resultieren schließlich in den vom Parlament beschlossenen Gesetzen.

Die Bestrebungen der politischen und sozialen Kräfte werden mittels rechtlicher Kompetenzen in rechtsverbindliche Normen und Entscheidungen umgesetzt: Die moderne Staatsgewalt ist eine zu einem System rechtlicher Zuständigkeiten ausgeformte Macht. Innerhalb der Kompetenzenordnung ergehen Gesetze und andere Rechtsakte, welche die konkurrierenden Interessen und Einflüsse gegeneinander abwägen und hiernach das Maß zulässiger Interessenbefriedigung und -durchsetzung rechtsverbindlich (d.h. in einer Rechte und Pflichten begründenden Weise) bestimmen.

Einfluß auf das Recht haben Interessen nicht nur in der Gesetzgebung, sondern auch in der Rechtsanwendung: Oft läßt das Gesetz einen Spielraum für unterschiedliche Auslegungen oder für die Ausfüllung einer Gesetzeslücke (§ 38 II) oder es räumt der Verwaltung ein Ermessen für den Erlaß oder die Ausgestaltung konkreter Rechtsakte ein. In all diesen Fällen hat der Rechtsanwender einen eigenen Anteil an der Interessenabwägung.

Die Interessentengruppen suchen auf vielfältige Weise Einfluß auf die Staatsgewalt, um ihren Interessen im staatlichen Recht Geltung zu verschaffen. Häufig versuchen sie, unmittelbar in Staatsorgane einzudringen und ihre Leute etwa auf Abgeordnetensitze oder in Regierungs- und Verwaltungsämter zu bringen. Dieser Weg, Repräsentanten bestimmter Interessen in Staatsorgane zu „lancieren", wird vor allem in den modernen Parlamenten gewählt, in denen sich in zunehmendem Maße Funktionäre von Verbänden finden. Mitunter sichert das Recht den Interessentengruppen einen Platz in öffentlichen Organen, sei es etwa in Ausschüssen, denen öffentlich-rechtliche Entscheidungsbefugnisse übertragen sind, oder in berufsständisch besetzten Verfassungsorganen oder als Beisitzern in Gerichten. Daneben wird von außen her Einfluß auf die Staatsorgane genommen. So ist es heute feste Praxis, daß die Ministerien zu Gesetzesentwürfen oder zu einschneidenden Verwaltungsmaßnahmen diejenigen Verbände hören, die durch sie betroffen werden. Auch diese Beratung der Verwaltung durch Verbände ist hier und dort, z. B. in Gestalt von Beiräten, institutionalisiert. Als wirksame Methoden, mittelbar die Staatsgewalt zu beeinflussen, erweisen sich auch der Lobbyismus und die „Verbindungen", die man zu Regierungsmitgliedern oder zu Schlüsselstellen der Bürokratie unterhält. Mittelbarer Einfluß auf die Staatsgewalt wird aber auch über die öffentliche Meinung gesucht, auf die man durch die Presse oder durch andere Mittel einwirkt.

III. Die Unzulänglichkeit der genetischen Betrachtung

Literatur: *J. Petersen,* Von der Interessenjurisprudenz zur Wertungsjurisprudenz, 2001.

Die Interessenjurisprudenz konnte bei der genetischen Betrachtungsweise nicht stehenbleiben. Rechtsnormen sind nicht bloße Interessenwirkungen, sondern entscheiden Interessenkonflikte. Das Recht muß regeln, welches der widerstreitenden Interessen in welchem Ausmaß verwirklicht werden darf und welches hinter den anderen Interessen zurückstehen muß. Interessen geben also den Anstoß für die Rechtsbildung. Sie geben auch die wichtigsten Gegenstände vor, über die das Recht zu entscheiden hat. Aber sie bleiben Gegenstände der rechtlichen Wertung und Entscheidung, sowohl für den Gesetzgeber wie dann auch in der Rechtsanwendung. Schon mit dem Prinzip der Interessen„abwägung" wurde die bloß genetische Betrachtungsweise und der Bereich des rein Soziologischen verlassen. Vor dem Forum der Gerechtigkeit muß zur Analyse, welche Interessen im Spiele sind, immer die Bewertung hinzutreten, die ihrerseits nicht mit soziologischen Kategorien gefunden werden kann (Heck 1932, 106 ff.).

Die klassische Interessenjurisprudenz empfahl dem Rechtsanwender, sich in Zweifelsfragen an vergleichbaren Interessenabwägungen des Gesetzgebers zu orientieren. Wonach der Gesetzgeber selbst seine Interessenabwägungen richten sollte, blieb aber offen. Auch den Rechtsanwender ließ diese Empfehlung dort im Stich, wo eine gesetzliche Interessenbewertung fehlte, an die sich seine Wertentscheidung eindeutig anlehnen konnte. Für all diese Fälle lieferte die Interessenjurisprudenz keine hinreichende Theorie über das Richtmaß, nach dem die Interessen gegeneinander abzuwägen seien (vgl. Heck 1914, 230 ff., 238 ff.). Die zögernde Verweisung Hecks auf „die in der Rechtsgemeinschaft herrschenden Werturteile" gewann nicht die Gestalt eines überzeugenden Instruments der Rechtsfindung.

Es besteht also ein Dualismus zwischen dem zu ordnenden Sachverhalt und dem Prinzip der Ordnung selbst. Die Frage nach dem richtigen Prinzip dieser Ordnung ist die Frage nach der Gerechtigkeit. Diese ist kein wirklichkeitsfernes, für den „Realisten" uninteressantes Leitbild. Das Recht weckt starke Gegenkräfte, wenn es der Rechtsgemeinschaft als ungerecht erscheint (§ 30 I).

Das Recht bildet sich also, aufs große Ganze gesehen, im Zusammenspiel zwischen den realen Vorgegebenheiten, insbesondere den Bedürfnissen, und den je für gerecht befundenen Prinzipien ihrer Ordnung. Eine abstrahierende Betrachtung, die eines dieser Momente für das allein bewegende hält, führt in Einseitigkeiten. Die „Realien" des Rechts weisen über sich hinaus auf das Problem der richtigen Ordnung, auf das Problem also der Gerechtigkeit.

§ 10. Wechselbeziehungen zwischen dem Recht und den gesellschaftlichen Tatsachen

Neben anderen Vorgegebenheiten beeinflussen vor allem die gesellschaftlichen Verhältnisse das Recht, nicht nur seinen Inhalt, sondern auch seine Effizienz. Die anthropologisch bedingten Bedürfnisse werden vielfach erst durch die gesellschaftlichen Verhältnisse aus- und umgeformt und gewinnen in dieser gesellschaftlich bestimmten Form Wirkung für das Recht. Vor allem sind auch die Machtverhältnisse weitgehend gesellschaftlich bedingt und wirken sich in ihrer gesellschaftlich bedingten Gestalt auf Inhalt und Effizienz des Rechts aus. Andererseits wirkt das Recht auf die gesellschaftlichen Verhältnisse zurück: Komplexere Gemeinschaften können sich überhaupt nur nach normativen Verhaltensmustern bilden. Diese integrieren und stabilisieren die Gemeinschaft, regeln Konflikte und wirken als Instrumente der Sozialgestaltung.

I. Einfluß der gesellschaftlichen Tatsachen auf das Recht

Literatur: Wie zu § 9; *K. Marx, F. Engels,* Manifest der Kommunistischen Partei, 1848 (MEW 4, S. 459 ff.); *K. Marx,* Vorwort zur Kritik der politischen Ökonomie, 1859 (MEW 13, S. 7 ff.); *ders.,* Das Kapital, Bd. I 1867, ²1873 (MEW 23); *F. Engels,* Brief an Bloch, 1890 (MEW 37, S. 462 ff.); *Zippelius* RS, §§ 11, 12; *V. Petev,* Kritik der marxistisch-sozialistischen Rechts- und Staatsphilosophie, 1989.

In großer Breite hat Montesquieu (neben natürlichen Vorgegebenheiten) jene gesellschaftlichen Tatbestände dargestellt, die den Inhalt des Rechts mitbestimmen. Zu ihnen zählte er die Wirtschaftsform einer Gemeinschaft ebenso, wie die Bevölkerungszahl, die Ernährungsbedingungen, die Sitten und Gebräuche, die Religion und die vorherrschende Geisteshaltung (§ 7 I). Das Familienrecht bescheidet sich weitgehend mit der näheren Ausgestaltung der Institution der Familie, also des schon kulturell-zivilisatorisch vorgegebenen „Gehäuses", innerhalb dessen sich Fortpflanzung und „Brutpflege" vollziehen. Vor allem sind auch die Machtverhältnisse, die sich auf die Rechtsgestaltung auswirken, gesellschaftliche Gegebenheiten.

Der Marxismus verengte diesen breiten Ansatz auf die ökonomischen Faktoren. Von der richtigen Einsicht ausgehend, daß wirtschaftliche Verhältnisse und wirtschaftliche Macht einen tiefgreifenden Einfluß auf das Recht ausüben, wurde so die Rolle der anderen Bestimmungsfaktoren des gesellschaftlichen Lebens, insbesondere der geistigen Initiativen und der vorherrschenden Mentalitäten unterschätzt (Zippelius VSt, Kap. 1–3). Karl Marx (1818–1883) verdünnte das Recht, wie die anderen geistigen Determinanten, zu einem bloßen „Überbau", der sich über der ökonomischen Basis der Gesellschaft erhebe (MEW 13, 7 ff.). Auf diese Weise wurde auch die Wechselwirkung zwischen dem Recht und den gesellschaftlichen Gegebenheiten dogmatisch verzerrt. Friedrich Engels (1820–1895) stellte zwar klar, daß die ökonomische Lage nur die Basis sei, daß auch die verschiedenen Momente des Überbaus, auch das Recht, ihre Wirkung ausübten, daß eine Wechselwirkung aller dieser Momente stattfinde, aber „das in letzter Instanz bestimmende Moment in der Geschichte" sei eben doch die ökonomische Bewegung. Sie sei es, die sich als Notwendiges durchsetze (MEW 37, 462 ff.). – Wie es aber eine echte Wechselwirkung überhaupt geben könnte, wenn einer der Faktoren der letztlich bestimmende wäre, bleibt dabei unklar. – Für eine unbefangene Betrachtung lassen die „Realitäten" dem Gesetzgeber und den rechtsanwendenden Gewalten Spielräume für ihre Entscheidungen. In diese können insbesondere auch Gerechtigkeitserwägungen und andere Vorstellungen Eingang finden, die kein bloßes Derivat materieller Verhältnisse sind.

Daß und auf welche Weise die in einer Gesellschaft organisierten Interessen sich im Recht zur Geltung bringen, hat nicht zuletzt auch die Interessenjurisprudenz gezeigt (§ 9).

Die gesellschaftliche Wirklichkeit beeinflußt nicht nur den Inhalt des Rechts. Sie bedingt auch seine Effizienz, d. h. seine verhaltenssteuernde Kraft:

Diese hängt davon ab, daß es zuverlässig durchgesetzt wird, daß also eine zuverlässig funktionierende Organisation besteht, die tatsächlich bereit und in der Lage ist, den Rechtsnormen, notfalls auch mit physischem Zwang, Geltung zu verschaffen. Bezeichnet man die Chance, menschliches Verhalten wirksam zu lenken, als Macht, so ist also das Recht auch mit organisierter gesellschaftlicher Macht verbunden (§ 5 IV).

Die verhaltenssteuernde Kraft des Rechts ist aber auch durch seine Akzeptanz bedingt, also dadurch, daß es als eine nützliche und gerechte Regelung von den Bürgern angenommen wird (§ 32 I). Auf das Erfordernis der Nützlichkeit wies Helvetius hin, wenn er es für das Kennzeichen eines weisen Gesetzgebers hielt, daß dieser das natürliche Interessenstreben nicht unterdrücke, sondern verständig lenke (§ 14 I). Auch als eine gerechte, mit dem Rechtsempfinden übereinstimmende Regelung muß das Recht erscheinen, um auf Dauer von der Mehrheit akzeptiert zu werden (§ 21 I 3).

II. Einfluß des Rechts auf die gesellschaftliche Wirklichkeit

Literatur: *E. Ehrlich,* Grundlegung der Soziologie des Rechts, 1913 [3]1967; *R. Pound,* An Introduction to the Philosophy of Law, 1922, [6]1963; *T. Parsons,* Soziologische Theorie, (engl. 1949) dt. [3]1973; *N. Luhmann,* Rechtssoziologie, 1972, [2]1983, S. 132 ff., 207 ff., 294 ff.; *M. Rehbinder, H. Schelsky* (Hg), Zur Effektivität des Rechts, 1972; *Zippelius* RS, §§ 8, 11 m. w. Nachw.; *Rehbinder* RS, § 6.

Andererseits wirkt das Recht als konstituierender und gestaltender Faktor auf die gesellschaftliche Wirklichkeit zurück.

Gemeinschaftliches Leben vollzieht sich in hohem Maße nach Verhaltensnormen und normativ wirkenden Leitbildern (§§ 8 II; 27). Bei dieser Bildung und Stabilisierung von Gemeinschaften spielt neben außerrechtlichen Normen das Recht eine besondere Rolle: Es hat wesentlichen Anteil daran, das gesellschaftliche Handeln zu ordnen und zu integrieren, indem es miteinander vereinbare, verläßliche und dauerhafte Verhaltensmuster schafft.

Die Verrechtlichung bringt insbesondere Orientierungssicherheit und Stabilität in das soziale Geschehen: Im pluralistischen Meinungsstreit darüber, was recht und billig sei, bieten die Rechtsnormen verläßliche, durchsetzbare Verhaltensrichtlinien (§ 11 II 3). Auch im Zeitablauf schaffen sie ein gewisses Maß an Stabilität, d. h. an Kontinuität. Das Bedürfnis nach verläßlichen Dispositionsgrundlagen hat auch diese zeitliche Dimension; auch die Kontinuität ist eine Komponente der Orientierungsgewißheit (§ 23 IV). Die systemstabilisierende Kontinuität des Rechts führt andererseits dazu, daß das Recht dem Wandel der Sozialmoral häufig nachhinkt.

Doch gerade dadurch, daß die „Trägheit" des Rechts nicht jeden kurzatmigen Wandel der herrschenden Wertvorstellungen gleich zur verbindlichen Norm werden läßt, wird eine unentbehrliche gesellschaftliche Funktion erfüllt.

Eine gemeinschaftsbildende und -stabilisierende Funktion des Rechts liegt insbesondere darin, daß es zu sozialverträglichem Verhalten erzieht und zwingt. Zu diesem Zweck wird abweichendes Verhalten durch Sanktionen und Sanktionsdrohungen in engen Grenzen gehalten. Womöglich wird durch die Sanktion der Regelzustand wieder hergestellt, der durch das abweichende Verhalten gestört wurde; z. B. wird ein Schadensersatz durchgesetzt oder ein rechtswidriger Verwaltungsakt aufgehoben. Wenn der „Regelzustand" nicht wieder herstellbar ist, etwa ein Kind von einem leichtsinnigen Motorradfahrer zu Tode gefahren wurde, kann durch eine Strafe wenigstens die Motivationskraft der Norm für die Zukunft bekräftigt werden.

Das Recht hat eine wichtige gemeinschaftserhaltende Funktion auch dadurch, daß es sozialen Konflikten ihre Sprengkraft nimmt, indem es „Faustrecht" und Fehde ablöst und an ihre Stelle geordnete Verfahren setzt. Zu diesem Zweck hält es gesetzgeberische und gerichtliche Kompetenzen und Verfahren bereit, innerhalb deren die Konflikte in kontrollierter und gemäßigter Weise ausgetragen und reguliert werden. Auf diese Weise erfüllt das Recht die Aufgabe, Interessenkonflikte in (begrenzt) rationaler, gemeinverträglicher Weise zu lösen.

Die vielfältigen gemeinschaftsbildenden und -stabilisierenden Funktionen des Rechts hat vor allem die „Systemtheorie" hervorgehoben. Ihr erscheint die Gemeinschaft als ein Zusammenhang vielfältig verflochtener Verhaltensgefüge (als ein „System komplexer Verhaltensstrukturen"), die dadurch zustande kommen, daß Handlungen der Beteiligten nach bestimmten Verhaltensmustern koordiniert werden. In einem solchen „Interaktionensystem" haben die normativen Verhaltenssteuerungen ein weitgehend konfliktfreies Zusammenleben zu gewährleisten, indem sie aus der Vielzahl praktisch möglicher Handlungsalternativen solche Verhaltensweisen auswählen, die mit den Bedürfnissen und Toleranzen des Gesamtsystems vereinbar sind (Parsons 1973, 52 ff.).

Ungeachtet seiner stabilisierenden Funktion darf das Recht nicht nur als „statisches" Element gesehen werden. Es kann auch als Instrument zweckorientierter Verhaltenssteuerungen und insbesondere eines sozialen Wandels eingesetzt werden. In den Kreis der rechtssoziologischen Betrachtung gehört somit auch die Rechtspolitik, d. h. die planmäßige Regulation gesellschaftlicher Prozesse mit rechtlichen Mitteln. In diesem Sinne bezeichnete Eugen Ehrlich (1913, 164) das Recht als einen „Hebel der gesellschaftlichen Entwicklung", als ein Mittel, über das die Gesellschaft verfügt, um „in ihrem Machtkreise die Dinge nach ihrem Willen zu gestalten". Und Roscoe Pound (1961, 47) sprach von einem rechtlichen „social engineering", dessen Aufgabe es sei, „von der Gesamtheit der menschlichen Bedürfnisse so viel wie möglich unter den geringstmöglichen Opfern zu befriedigen". Hier erscheinen also die Rechtsnormen als mehr oder minder geeignete Instrumente, um bestimmte Ziele zu verwirklichen und das Leben der politischen Gemeinschaft so zu regeln, wie es den Bedürfnissen, Einsichten und Leitbildern der Zeit entspricht.

Ob ein Gesetz (oder eine Gesetzesauslegung) ein geeignetes Instrument ist, den Gesetzeszweck zu erreichen, hängt von verschiedenen Faktoren ab: Erstens muß das Recht das gebotene Verhalten (z. B. das Einhalten einer Geschwindigkeitsbegrenzung im Straßenverkehr) effizient bewirken; diese verhaltenssteuernde Kraft hängt von der Chance staatlicher Rechtsgewährleistung ab, aber auch davon, daß das Recht von den Bürgern akzeptiert wird (s. o. I, a. E.). Zweitens muß dieses

Verhalten ein geeignetes Mittel sein, um den damit bezweckten Erfolg (z. B. eine Verminderung der Verkehrsunfälle) zu erreichen.

III. Ein „sozialkybernetisches" Modell

Literatur: *Zippelius* AStL, § 3 (Lit.); *A. Büllesbach,* in: Kaufmann/Hassemer/Neumann, Kap. 13; *H. J. Garstka,* Regelkreismodelle des Rechts, 1983; *T. Eckhoff, N. Sundby,* Rechtssysteme, 1988, S. 199 ff.

Zwischen dem Recht und der gesellschaftlichen Wirklichkeit bestehen also Wechselbeziehungen. Das tritt hervor, wenn die rechtlich geordnete Gemeinschaft als ein „sozialkybernetisches System" vorgestellt wird: als ein geordnetes Gefüge, dessen Teile sich durch den Austausch von Informationen beeinflussen:

Einerseits gehen von den Regelungsinstanzen normative Steuerungen des gesellschaftlichen Verhaltens aus. Daneben gibt es wechselseitige „autonome", insbesondere vertragliche Abstimmungen der Teile untereinander.

Andererseits fließen aus dem gesellschaftlichen Bereich vielfältige Informationen (insbesondere interessenbedingte Forderungen) zu den Instanzen, die das Verhalten verbindlich regeln. Das Funktionieren eines sozialen Systems hängt nicht zuletzt von der Fähigkeit und Bereitschaft der Entscheidungsinstanzen ab, diese Informationen aufzunehmen und in ihren Regelungen zu verarbeiten. Man kann dies als Lern- und Innovationsfähigkeit eines Regelungssystems bezeichnen. Diese erfordert die Bereitschaft, nicht nur aus der Vergangenheit Erfahrungen zu sammeln und nutzbringend zu verwerten, sondern auch gewandelte Bedürfnisse der Gegenwart zu erkennen und Lösungen für sie zu finden.

Dabei müssen die rechtlichen Regelungen nicht nur den Bedürfnissen und Wertvorstellungen dieser Gemeinschaft Rechnung tragen (II), sondern sich auch zu einer widerspruchsfreien und funktionsfähigen Verhaltensordnung zusammenfügen (§ 28 II).

Diese systemtheoretische Betrachtungsweise läßt, ebenso wie die „genetische" Interessenjurisprudenz, die Frage nach der Gerechtigkeit offen. Mit systemtheoretischen Begriffen läßt sich wohl der Einfluß sozialer Gegebenheiten auf den Inhalt rechtlicher Regelungen und andererseits deren Rückwirkung auf das soziale Geschehen beschreiben. Kriterien für die Gerechtigkeit der Regelungen sind aber mit diesen Begriffen nicht zu gewinnen.

Kapitel IV. Die Gerechtigkeit

§ 11. Das Legitimationsproblem

I. Die Unvermeidbarkeit der Gerechtigkeitsfrage

Literatur: Henkel RPh, S. 486 ff., 556 ff.; *A. Kaufmann,* Rechtsphilosophie im Wandel, 1972, ²1984, S. 69 ff., 148 ff., 170 ff.; *R. Dreier,* Der Begriff des Rechts, Neue Juristische Wochenschrift 1986, S. 890 ff.; *O. Höffe,* Politische Gerechtigkeit, 1987, S. 110 ff.; *Bydlinski* RG, S. 1 ff.; *R. Dreier* (Hg), Rechtspositivismus und Wertbezug des Rechts, 1990.

1. Die Unzulänglichkeit des positivistischen Ansatzes

Der Positivismus in seinen beiden Varianten – der sozialwissenschaftlichen und der legalistischen (§ 2 I) – gibt keine zureichende Antwort auf die Frage nach dem Recht:

a) Jeder Versuch, das Recht – *sozialwissenschaftlich* – in faktische Regelmäßigkeiten des Verhaltens aufzulösen, verkennt die Eigenart des Rechts als eines Gefüges von Verhaltensgeboten (§§ 2 II; 3 I).

Man kann auch nicht dabei stehenbleiben, Rechtsnormen als bloße „Resultanten" von Interessen und Machtfaktoren anzusehen; denn immer stellt sich auch die Frage nach der richtigen Ordnung der Interessen (§ 9 III): So wird an einer Rechtsnorm etwa bemängelt, sie sei unsozial, gebe den einen zu viel Macht und den anderen zu wenig Mitbestimmung, sie gewähre ungleiche Bildungschancen oder anderes mehr. Sobald wir aber das Recht als ungerecht kritisieren, stellen wir die Frage nach einer „besseren" Alternative. Solches Infragestellen der bestehenden Regelungen gehört zum „Normalzustand" der Jurisprudenz. Es tritt der nicht aufgebbare Anspruch zutage, die rechtlichen Lösungen im Namen der Gerechtigkeit immer von neuem zur Diskussion zu stellen: Das Recht hat teil an den Legitimationsproblemen, die sich allgemein für die Wahl menschlichen Handelns stellen.

b) Auch wer alles Recht – *legalistisch* – auf Anordnungen eines staatlichen Gesetzgebers zurückführen will (§ 2 I 2), läßt Fragen offen, so vor allem die Frage, mit welcher Begründung man den Anordnungen einer mit Durchsetzungsmacht ausgestatteten Zentralgewalt folgen solle. Die Begründung, daß nur auf diese Weise Rechtsfrieden und Rechtssicherheit gewährleistet würden (§§ 11 II 3; 23 I 2), reicht nicht aus, um alles staatliche Recht zu rechtfertigen; dieses soll nicht nur eine verläßliche, sondern auch eine gerechte Ordnung schaffen (s. u. II 3).

Auch die Auslegung und Fortbildung des positiven Gesetzes führt oft unausweichlich in Gerechtigkeitserwägungen: Die Methodenlehre hat längst erkannt, daß die Antworten auf die konkreten Rechtsprobleme nicht durchwegs exakt aus den staatlichen Gesetzen ableitbar sind (§ 38 II), sondern daß in die Rechtsfindung auch Wertungen und insbesondere Gerechtigkeitserwägungen einbezogen werden müssen (§ 6 I). Eine verfassungsrechtliche Ausprägung dieses Gedankens fand das Bundesverfassungsgericht in Art. 20 Abs. 3 des Bonner Grundgesetzes, der eine Bindung an

„Gesetz und Recht" vorschreibt: Gegenüber den positiven Satzungen der Staatsgewalt könne ein Mehr an Recht bestehen, das seine Quelle in der verfassungsmäßigen Rechtsordnung als einem Sinnganzen und in anderen fundierten allgemeinen Gerechtigkeitsvorstellungen der Gemeinschaft habe (BVerfGE 34, 287).

2. Die Einführung moralischer Kategorien

Sobald wir das Recht in der genannten Weise kritisieren oder aus Gerechtigkeitserwägungen auslegen und ergänzen, verlassen wir also die rein positivistische Rechtsbetrachtung, beziehen wir Stellung und „moralisieren". Hierbei geht es weder um Wahrheiten über Dinge, noch um rein logische Fragen, sondern um Kriterien und Fragen der „Praxis", nämlich um Fragen richtigen Handelns, also darum, zwischen mehreren möglichen Handlungen oder Regelungen die richtige Wahl zu treffen, d. h. richtig zu entscheiden.

Schon das alltägliche Leben führt uns auf Fragen dieser Art: Wir treffen fortlaufend eine Auswahl zwischen möglichen Verhaltensalternativen, ziehen dies oder jenes vor und finden uns hierbei ständig herausgefordert, zwischen den faktischen Möglichkeiten „richtig" zu wählen. Das heißt, unsere Entscheidung soll durch Gründe bestimmt sein, aus denen die gewählte Alternative „besser" ist (dazu § 19 II) als die übrigen.

Solche Legitimationsprobleme stellen sich auch für den Staat und das Recht. Auch hier müssen Entscheidungen und deren Ergebnisse – etwa ein Gesetz, eine Gesetzesauslegung oder eine organisatorische Entscheidung – gerechtfertigt werden. „Gerechtfertigt", d. h. begründet wird auch hier die Wahl zwischen mehreren faktisch möglichen Alternativen: etwa die Entscheidung zwischen einer völligen Freigabe des Schwangerschaftsabbruches, einer Fristenlösung, einer Indikationenlösung und einem ausnahmslosen Verbot des Schwangerschaftsabbruchs; oder aber die Entscheidung der verfassunggebenden Gewalt für eine konstitutionelle Monarchie, einen Sowjetstaat oder eine parlamentarische Demokratie (vgl. auch § 28 I 1). Und auch hier muß dargetan werden, aus welchen Gründen die gewählte Alternative den anderen vorzuziehen ist.

II. Legitimation in der „offenen Gesellschaft"

Literatur: *N. Achterberg u. a.* (Hg), Legitimation des modernen Staates, 1981; *Th. Würtenberger,* in: GGb III (1982), S. 677 ff.; *R. Pitschas,* Verwaltungsverantwortung und Verwaltungsverfahren, 1990, S. 201 ff., 458 ff.

Zu 3: *Th. Hobbes,* De cive, 1642; *ders.,* Leviathan, 1651; *N. Luhmann,* Legitimation durch Verfahren, 1969; *S. Machura,* Niklas Luhmanns „Legitimation durch Verfahren" im Spiegel der Kritik, ZfRechtssoziol. 1993, S. 97 ff.; *Zippelius* RuG, Kap. 6.

Zu 4: *J. J. Rousseau,* Contrat social, 1762; *I. Kant,* Grundlegung zur Metaphysik der Sitten, 1785; *ders.,* Über den Gemeinspruch: Das mag in der Theorie richtig sein, taugt aber nicht für die Praxis, Berlinische Monatsschrift 1793, S. 201 ff.; *E. J. Sieyès,* Polit. Schriften, ed. v. E. Schmitt und R. Reichardt, 1975, ²1981; *J. Habermas,* Technik und Wissenschaft als Ideologie, 1968, ⁸1976; *ders.,* Legitimationsprobleme im Spätkapitalismus, 1973; *R. Schottky,* Die staatsphilosophische Vertragstheorie als Theorie der Legitimation des Staates, in: P. Graf Kielmansegg (Hg), Legitimationsprobleme politischer Systeme, 1976, S. 81 ff.; *K. Graf Ballestrem,* Vertragstheoretische Ansätze in der politischen Philosophie, Ztschr. f. Politik 1983, S. 1 ff.; *P. Koller,* Neue Theorie des Sozialkontrakts, 1987; *R. Saage,* Vertragsdenken und Utopie, 1989, S. 46 ff., 67 ff.; *K. Tuori,* Legitimität des modernen Rechts, Rechtstheorie 1989, S. 221 ff.; *A. Kaufmann,* Das Gewissen und das Problem der Rechtsgeltung, 1990; *W. Kersting,* Die politische Philosophie des Gesellschaftsvertrages, 1994; *Zippelius* RuG, Kap. 5, 11.

1. Überblick

Auf die Frage nach der richtigen Verhaltens- und Entscheidungswahl hat man sehr verschiedene Antworten gegeben. Im christlichen Mittelalter, im China Mao Tse-tungs und im Persien Khomeinis leitete oder leitet man die Rechtfertigung staatlichen Handelns aus anderen Prämissen ab als in pluralistischen Demokratien, wie es insgesamt in der Geschichte der Menschheit sehr unterschiedliche Weltanschauungen und damit verbundene Gerechtigkeitskonzeptionen gegeben hat.

Die im folgenden darzustellende Legitimationstheorie der „offenen Gesellschaft" ist also nicht die einzig denkbare. Ihr Kennzeichen ist es, daß sie den Glauben an eine autoritativ vorgegebene „heteronome" Weltanschauung und Ethik verloren hat, daß sie darum im Gewissen der Einzelnen die letzte Instanz sieht, zu der unser Bemühen um Gerechtigkeit vorzudringen vermag (§ 18 I). Von dieser Prämisse aus ist dann die Grundlage der Legitimation im Konsens, oder, faute de mieux, im breitestmöglichen Konsens der Mitglieder einer Gemeinschaft zu suchen.

Doch auch hierzu drängen sich Fragen auf: Geraten wir nicht, wenn wir die Legitimationsgrundlage im Gewissen der Einzelnen suchen, hoffnungslos in ein Feld bloß subjektiver Stellungnahmen; ist auf dieser Grundlage überhaupt ein Konsens möglich? Und wie sollte man dem Risiko eines vordergründigen Zugriffs auf eine manipulierte Tagesmeinung oder Stimmung der Mehrheit entgehen? Diese Fragen werden noch einer näheren Untersuchung bedürfen (§ 20).

2. Der Verlust der weltanschaulichen Orientierungsgewißheit

Das Richtmaß für die Ordnung des Zusammenlebens war über lange historische Epochen autoritativ vorgegeben oder wenigstens in wichtigen Grundzügen vorgezeichnet, und ist es in vielen Weltteilen heute noch: vor allem in umfassenden religiösen oder quasi-religiösen Weltanschauungen, die von den Einzelnen nicht kritisch in Frage zu stellen sind. In solchen Weltanschauungen fanden wohl durchwegs auf frühen Stufen der Kulturentwicklung auch die Normen des Rechts und der Moral ihren Platz und ihre Rechtfertigung. Aus ihnen waren diese Normen ableitbar und interpretierbar. Beispiele solcher Weltorientierungen finden sich insbesondere unter dem Stichwort des „Naturrechts" (§ 12).

Das Vertrauen in autoritativ vorgegebene Weltorientierungen wurde aber in Europa zu Beginn der Neuzeit erschüttert. Es war die Zeit der Hugenottenkriege in Frankreich, des Dreißigjährigen Krieges in Deutschland und des Aufbegehrens der Puritaner in England, in der unterschiedliche theologische und moralische „Wahrheiten" mit einem Absolutheitsanspruch präsentiert wurden und zu blutigen Auseinandersetzungen führten. Es kam zum Bewußtsein, daß unter keiner Fahne so viele Grausamkeiten verübt, ganze Bevölkerungen ausgerottet und vergewaltigt werden, wie unter den Fahnen angeblich unverrückbarer Wahrheiten und Heilslehren, und es entstand ein tiefes Mißtrauen gegen die „zwitterhaften Lehrsätze der Moralphilosophie", die zur Ursache des Streitens und Mordens werden (Th. Hobbes, De cive, Vorwort). Man begann zu begreifen, daß die Anmaßung der Gottähnlichkeit: zu wissen, was gut und böse ist – die tiefe Symbolik des Sündenfalles – auch auf der Geschichte der Menschheit lastet. Hinzu kam, daß zu jener Zeit fremde Kulturen entdeckt und erschlossen wurden und andere Hochkulturen durch die Intensivierung von Handel und Verkehr dem öffentlichen Bewußtsein mehr noch als bisher näherrückten. Angesichts dieser augenfälligen Vielfalt möglicher Weltanschauungen drängte sich auch ein Kulturvergleich auf. Lessings „Nathan" brachte in der Ringparabel die Skepsis gegen den Alleingeltungsanspruch von Religionen zum Ausdruck. Am Ende fand der Einzelne sich auf sein eigenes Urteil und Gewissen zurückgeworfen (§ 18 I 1).

3. Die Legitimation durch Entscheidungskompetenzen und Verfahren

Hobbes zog vor dem Hintergrund seines Zeitalters religiöser Bürgerkriege – der Epoche der Hugenottenkriege, des Bürgerkrieges in England und des Dreißigjährigen Krieges in Deutschland – die Folgerung, daß der souveräne Staat, um des Rechtsfriedens willen, letztverbindlich alle Fragen des Rechts zu entscheiden habe (De cive, Vorwort; Leviathan, Kap. 26). „Authoritas non veritas facit legem." Wenn es unmöglich ist, ein lückenloses und für jeden einsichtiges System der Normen richtigen Verhaltens zu erkennen, bedarf es einer Entscheidung darüber, was Rechtens sein soll. Oder, wie Radbruch (RPh, § 10) sagte: „Vermag niemand festzustellen was gerecht ist, so muß jemand festsetzen, was rechtens sein soll". Das ist die Wurzel und das Recht des Gesetzespositivismus: Nur so könne der Rechtsfrieden gesichert werden. Diese Sicherung wiege aber, meinte Hobbes, schwerer, als alle Beeinträchtigungen, die ein solches System erwarten lasse. Der folgerichtige historische Vollzug dieses Gedankens war die Ersetzung des Naturrechts durch ein „positives Recht", das in staatlichen Gesetzgebungsverfahren hervorgebracht wurde. Kurz zusammengefaßt lautet die Folgerung also: Der Maßstab richtigen Verhaltens wird auf Grund bestimmter Kompetenzen durch Entscheidung geschaffen.

Die Entwicklung von einem religiös verankerten „Naturrecht" zum Rechtspositivismus hat am schärfsten – und einseitigsten – Niklas Luhmann dargestellt. Vor allem seit dem 19. Jahrhundert habe sich dieser Wandel vollendet. An die Stelle einer Legitimation durch „Wahrheiten", die unglaubwürdig geworden waren, sei eine „Legitimation durch Verfahren" getreten: Rechtliche Verhaltensrichtlinien würden nicht deshalb akzeptiert, weil sie inhaltlich einsichtig und nachvollziehbar wären; sie würden akzeptiert als Ergebnisse eines in geordneten Verfahren funktionierenden Systems. Kurz, es entstand die Legitimität der Legalität.

Worauf kann sich aber das billigende Akzeptieren positiver Normen und Entscheidungen gründen, wenn es nicht auf inhaltlicher Einsicht in Gerechtigkeit und Billigkeit beruht? Luhmann sieht die Legitimationsgrundlage in einem Grundkonsens, d. h. in einer generellen Anerkennung der in bestimmten rechtlichen Verfahren hergestellten Entscheidungen. Diese sei unabhängig von dem Befriedigungswert der einzelnen Entscheidung. Es handle sich um ein Sich-abfinden mit den in einem funktionierenden System hergestellten Entscheidungen, das notwendig sei, um ein solches System zu stabilisieren (Luhmann 1969, S. 29 ff.).

Man könnte den Grund für eine solche Hinnahme systemkonformer Entscheidungen allein in der Funktionsfähigkeit des Systems suchen, d. h. darin, daß in einer kompliziert gewordenen Welt überhaupt ein Gefüge koordinierten und friedlichen Zusammenlebens von Menschen zustandegebracht und aufrechterhalten wird. Dann läge der wesentliche Legitimationsgrund für das Gesamtsystem etwa dort, wo ihn bereits Thomas Hobbes gesucht hat: in der ordnung- und friedenstiftenden Funktion der organisierten Staatsgewalt. Aber hier würde sich sogleich das Bedenken erheben, das man immer schon gegen den radikalen Positivismus, gegen die einfache Gleichsetzung von Legalität und Legitimität erhoben hat: Auch die krasse Tyrannei wäre dann legitim, sofern sie nur konsequent funktioniert und jene Koordinations- und Befriedungsfunktion wirksam erfüllt.

Unbestritten ist der Apparat einer rationalen, an die jeweilige Situation anpassungsfähigen Rechtsordnung eine notwendige (d. h. unerläßliche) Bedingung für die Lebens- und Funktionsfähigkeit der modernen staatlichen Gemeinschaften. Verfahrensstrukturen und Kompetenzen spielen eine wichtige Rolle bei der Herstellung einer verbindlichen Sozialordnung. Die Rechtsordnung hält Kompetenzen und Verfahren bereit, innerhalb deren die Konflikte ausgetragen werden. Sie dienen als unentbehrliches Schema für eine Kanalisierung und Koordination der in einer Gemeinschaft vorhandenen Interessen und Einflüsse. Sie nehmen sozialen Konflikten ihre Sprengkraft, indem sie diese in geordnete Verfahren überführen (§ 10 II).

Andererseits ist eine Verhaltensordnung aber nicht schon deshalb legitim, weil sie funktionsfähig ist; die Funktionsfähigkeit allein ist keine zureichende Begründung der Legitimität (§ 5 I): Ein Regelungssystem kann nicht schon dann auf allgemeine Anerkennung rechnen, wenn es geeignet ist, effektiv, störungsfrei und konsequent zu funktionieren, sondern nur dann, wenn die produzierten Entscheidungen auch ihrem Inhalt nach der Rechtsgemeinschaft als annehmbar erscheinen. Ja, nur unter dieser Bedingung wird das System überhaupt auf Dauer störungsfrei funktionieren: Wenn sich das staatliche System in seinen Regelungen nachhaltig in Widerspruch zu den vorherrschenden Gerechtigkeitsvorstellungen der Gemeinschaft setzt, provoziert es Widerstand und Revolutionen (§ 32 I). Vollends sind in der repräsentativen Demokratie die Staatsorgane darauf angewiesen, daß ihre Entscheidungen vom überwiegenden Teil der Rechtsgemeinschaft inhaltlich akzeptiert werden, sofern diese Entscheidungen wichtig genug sind, ins Blickfeld des öffentlichen Interesses zu rücken (§ 21 I 3). Das beiseite geschobene Problem der Gerechtigkeit rechtlicher Entscheidungen drängt sich also immer wieder in die Diskussion.

Inhaltlich gerechte Entscheidungen sind auch nicht schon dadurch gewährleistet, daß das Entscheidungsverfahren bestimmten Grundsätzen der Verfahrensgerechtigkeit genügt (§ 36 I). Die rechtlichen Entscheidungsverfahren laufen zum ganz überwiegenden Teil auf inhaltliche Fragen einer gerechten Regelung hinaus. Wohl gibt es seltene Fälle, in denen es nur darauf ankommt, daß überhaupt entschieden wird, und gleichgültig ist, wie entschieden wird; so etwa bei der Entscheidung, ob rechts oder links auf der Straße zu fahren ist. Andererseits besteht z. B. keine vergleichbare Entscheidungsfreiheit, die Menschenwürde zu achten oder nicht zu achten oder beim Zugang zu Bildungseinrichtungen Chancengleichheit zu wahren oder nicht. Kurz, das Legitimationsproblem führt auch in der offenen Gesellschaft auf inhaltliche Fragen. Ja, die Verfahren stehen von vornherein im Dienste der Aufgabe, zu inhaltlich gerechten Entscheidungen zu führen. Sie sind prozessuale Bedingungen, unter denen sich am ehesten inhaltlich gerechte Entscheidungen erwarten lassen (§ 36).

Aus dem Wegfall allgemein akzeptierter, heteronomer moralischer Autoritäten zog man aber nicht nur die „positivistische" Folgerung, daß die verbindlichen Verhaltensrichtlinien auf Grund bestimmter Kompetenzen in bestimmten Entscheidungsverfahren hergestellt werden müßten:

4. Legitimation durch Konsens

Eine ganz andere Folgerung war der Autonomiegedanke: Kann niemand den begründeten Anspruch erheben, er sei im Besitz der absolut richtigen Lösung ethischer Fragen, dann muß die Gewissensüberzeugung jedes Menschen gleich viel gelten. Jeder ist dann eine prinzipiell gleich zu achtende moralische Instanz. Für die Ethik hat Kant das zu Ende gedacht.

Für den Bereich des Rechts und des Staates führt die Vorstellung von der gleichberechtigten moralischen Kompetenz aller zu dem demokratischen Anspruch auf Mitbestimmung und Mitentscheidung aller in einem freien Wettbewerb der Überzeugungen, auch über die Fragen des Rechts und der Gerechtigkeit. Dem ethischen Autonomiegedanken Kants korrespondiert also für den politischen Bereich die Idee der Demokratie, also das Postulat Rousseaus, daß auch in der politischen Gemeinschaft jeder „nur sich selbst gehorcht" (1762, I 6) und daß „das Volk, das den Gesetzen gehorcht, auch ihr Urheber" sein muß (1762, II 6). Kurz, es wird von der Vorstellung ausgegangen, daß das Gewissen der Einzelnen die letzte Quelle und die letzte Instanz ist, zu der unsere ethische Einsicht und damit auch unsere Gerechtigkeitseinsicht vordringen kann. Dies wird die Grundlage dafür bilden, in der Gerechtigkeitsfrage am Rechtsgefühl anzusetzen, d. h. an den im Gewissen begründeten Vorstellungen darüber, was gerecht und billig sei (§§ 18 ff.).

Auf Vorstellungen, die ihre Grundlage in der subjektiven Billigung oder Mißbilligung der Bürger haben, läßt sich eine Gemeinschaftsordnung aber nur dann gründen, wenn es gelingt, die Subjektivität zu überwinden, dadurch nämlich, daß die Einzelnen sich auf dieser Grundlage einig werden. Oder, wie eine neuere Version sagt: In einem „herrschaftsfreien Dialog aller mit allen" (Habermas 1976, 164) sollten die allgemeinverbindlichen Normen einer Gesellschaft ihre legitime Grundlage finden (Habermas 1973, 125, 148 f., 153). Das ist die bleibende Einsicht der Lehren vom Gesellschaftsvertrag (vgl. § 33 II 1). Sie lebt als Leitidee in den demokratischen Legitimationstheorien weiter: Diese rechtfertigen das staatliche Handeln aus dem Konsens der Bürger und damit letztlich auch aus dem Prinzip der Selbstbestimmung der Einzelnen.

Man stößt aber sogleich auf Grenzen des Autonomieprinzips und damit auch des Konsensgedankens: Eine funktionsfähige Gemeinschaftsordnung läßt sich nicht auf die volle Koexistenz vernunftgeleiteter Autonomie gründen, wie es dem Ideal Kants entspräche (§ 26 III 1): Selbst wenn man unterstellen wollte, daß alle Bürger stets nach vernunftgeleitetem Gewissen handeln würden, so gingen doch die Gewissensmeinungen der Einzelnen auseinander (§ 20 II). So lassen sich manche Meinungsverschiedenheiten in Gerechtigkeitsfragen nicht restlos mit Vernunftgründen ausräumen, etwa in dem Streit, ob und nach welchen Indikationen ein Schwangerschaftsabbruch zulässig sein sollte, oder in Fragen der Gentechnik und der Sterbehilfe, auch in der Frage, welche Strafen bestimmten Delikten angemessen seien, oder in der Frage nach dem angemessenen Lohn. Kant hat denn auch den Gedanken, die Gesetze sollten „aus dem vereinigten Willen eines ganzen Volks ... entspringen können", zu einer verpflichtenden Idee verdünnt (Kant 1793, S. 250).

Zweifel regen sich aber auch gegenüber der Konzeption Rousseaus. Dieser glaubte, der Wille der Mehrheit bringe einen Gemeinwillen zum Ausdruck, der das Gesamtinteresse repräsentiere; die Minderheit habe sich über das wahre Gesamtinteresse geirrt (1762, IV 2) und werde von der Mehrheit nur gezwungen, ihrem wahren Interesse zu folgen, d. h. „gezwungen, frei zu sein" (1762, I 7). Nun, Gott schütze uns vor Staaten, die uns „zwingen, frei zu sein". Es ist auch ein ganz unbegründeter Optimismus, anzunehmen, daß es das Privileg der Majorität sei, das wahre Gesamtinteresse zu erfassen, und daß in dem Punkte, in dem sich die Interessen der Mehrheit decken, auch die wahren Interessen der Minderheit lägen.

Das Modell des allgemeinen Konsenses ist also zu modifizieren:

Damit eine funktionsfähige Gemeinschaftsordnung geschaffen werden kann, muß anstelle des einstimmigen Willens der Wille der Majorität als verbindlich anerkannt werden. Anstelle eines ausnahmslosen Konsenses in allen Dingen muß also die größtmögliche Annäherung an einen solchen Konsens genügen. Dies hat jedoch ohne die beschönigende Fiktion Rousseaus zu geschehen: in der Erkenntnis, daß dem Beschluß der Mehrheit möglicherweise schutzwürdige Interessen der Minderheit unvermeidlich aufgeopfert werden. Die Einsicht, daß Mehrheitsentscheidungen der Minderheit keine Lektion zu erteilen haben, sondern ihr Opfer zumuten, nötigt auch dazu, dem Mehrheitsprinzip Grenzen zu ziehen, vor allem durch den Grundsatz des schonendsten Eingriffs und durch die Absicherung unverletzbarer Grundrechtspositionen (§ 30).

Auch verbürgt ein bloßes Abfragen der Mehrheitsmeinung nicht schon, daß alle nach ihrem Gewissen entscheiden. Es läßt jedem die Möglichkeit, als bloßer Interessent zu handeln. Zudem besteht die Gefahr, daß die Mehrheitsmeinung eine vordergründige „Mitläuferansicht" ist, die von Interessenten manipuliert sein kann. Um diesen Mängeln vordergründiger Mehrheitsentscheidungen abzuhelfen, muß die Konsensfähigkeit „abgeklärt" werden. Zu diesem Zweck braucht man Spielregeln und Institutionen, um zu Entscheidungen zu gelangen, deren Ergebnis vor dem vernunftgeleiteten Gewissen – und speziell in Gerechtigkeitsfragen vor dem Rechtsgefühl – möglichst vieler bestehen kann.

Diese Abklärung konsensfähiger Entscheidungen ist eine der wesentlichen Aufgaben des Repräsentativsystems. In der repräsentativen Demokratie treffen die Legitimation durch Verfahren und die Legitimation durch Konsens zusammen: Hier findet sich in ausgeprägter Weise ein Zusammenspiel von staatsorganschaftlichem Handeln und öffentlicher Meinung, das aufs große Ganze darauf angelegt ist, in Prozessen rationalen und distanzierten Erwägens verbindliche Normen und Einzelentscheidungen hervorzubringen, die für die Mehrheit des Volkes einsichtig und „akzeptabel" sind (§§ 20 IV; 21 I 3).

III. Experimentierende Rechtsgewinnung

Literatur: *K. R. Popper,* Logik der Forschung, 1934, [9]1989; *ders.,* Auf der Suche nach einer besseren Welt, 1984, S. 79 ff.; *Zippelius* RuG, Kap. 1–3; *W. Becker,* Kritischer Rationalismus und die Legitimation des Grundgesetzes, in: W. Brugger, Legitimation des Grundgesetzes, 1996, S. 317 ff.
Zu 1: *J. St. Mill,* Essay on Liberty, (engl. 1859) dt. 1945; *R. M. Hare,* Freedom and Reason, 1963.
Zu 2: *E. Ehrlich,* Grundlegung der Soziologie des Rechts, 1913, [3]1967; *ders.,* Die juristische Logik, 1918, [2]1925; *H. Dölle,* Juristische Entdeckungen, 1958.
Zu 3: Wie zu § 39 I 2; *H. D. Heckmann,* Was ist Wahrheit?, 1981; *F. Kaulbach,* Experiment, Perspektive und Urteilskraft bei der Rechtserkenntnis, ARSP 1989, S. 447 ff.; *Rehbinder* RS, Rdn. 26 f.; *D. Krimphove,* Was ist Wahrheit? in: Rechtstheorie 2008, S. 105 ff.
Zu 4: *T. S. Kuhn,* The Structure of Scientific Revolutions, 1962, [2]1970; *I. Lakatos, A. Musgrave* (Hg), Kritik und Erkenntnisfortschritt, 1974; *G. Frey,* Möglichkeiten und Bedeutung einer evolutionären Erkenntnistheorie, ZfPhilos. Forsch. 1980, S. 1 ff.; *G. Radnitzky, G. Andersson* (Hg), Fortschritt und Rationalität der Wissenschaft, 1980; *W. Krawietz,* Recht als Regelsystem, 1984, S. 158 ff.; *G. Andersson,* Kritik und Wissenschaftsgeschichte, 1988.

1. Der methodische Ansatz

Es entspricht der grundsätzlichen Erkenntnishaltung in einer skeptisch gewordenen „offenen Gesellschaft", daß wir in Fragen der Gerechtigkeit nicht erwarten,

„ewige Wahrheiten" zu finden, sondern nur Einsichten, die uns als einstweilen beste Lösungen von Problemen erscheinen, die aber der Kritik ausgesetzt bleiben und die wir zu ändern oder aufzugeben haben, falls sich herausstellt, daß sie der Logik oder der Erfahrung zuwiderlaufen. Wollte man die Grundeinstellung dieser Methode auf einen einfachen Begriff bringen, so wäre dies das Kantische „sapere aude"[1] in seinem Doppelsinn: die Bereitschaft zu rationaler Bewältigung der Probleme, die uns die Welt aufgibt, und das gleichzeitige Bewußtsein, daß jeder dahingehende Versuch ein Wagnis bleibt. Das Aufstellen, Erwägen und Verbessern von Rechts- und Gerechtigkeitsgrundsätzen vollzieht sich in einem tentativen Denken, einem Denken, das in wesentlichen Zügen jener experimentellen Methode gleicht, die Popper (1934) beschrieben hat: Wir finden uns mit einem Problem konfrontiert und schlagen versuchsweise eine Lösung vor. Diese setzen wir der Kritik aus. Besteht der Lösungsvorschlag die Probe – hält er also den Gegenargumenten und der Erfahrung stand – so akzeptieren wir diese Lösung vorläufig. Wenn nicht, geben wir sie auf und ersetzen sie durch eine andere Problemlösung. Diese kann entweder eine ganz neue Antwort oder auch eine bloße Modifikation der früheren Problemlösung sein. Ähnlich hatte schon J. St. Mill (1859, Kap. 2) geschrieben: „Unsere bestgegründeten Überzeugungen besitzen keine andere Gewähr als die einer fortwährend an die ganze Welt gerichteten Einladung, ihre Haltlosigkeit zu erweisen. Wird die Herausforderung nicht angenommen oder schlägt der Beweis fehl, so sind wir immer noch weit genug von Gewißheit entfernt; aber wir haben wenigstens alles getan, was der gegebene Zustand der menschlichen Vernunft zuläßt; wir haben nichts versäumt, was der Wahrheit eine Chance gibt. Bleiben nur die Schranken offen, so dürfen wir hoffen, daß, wenn eine bessere Wahrheit vorhanden ist, sie gefunden wird." Dieser Methode liegt also nicht die Hoffnung zugrunde, unabänderliche Wahrheiten zu finden, sondern nur die Erwartung, durch verständige Erwägungen vergleichsweise schlechtere Problemlösungen durch vergleichsweise bessere ersetzen zu können.

Im einzelnen sind an dieser Methode von „trial and error" oder, wie die bessere Formulierung lautet, von „conjectures and refutations" mehrere Komponenten beteiligt: Das problemlösende Denken bedarf eines kreativen Einfalls, der in einem Vorgriff der produktiven Phantasie eine mögliche Problemantwort sucht, in den Naturwissenschaften etwa in Gestalt einer physikalischen Hypothese. Solche Problemlösungen müssen verschiedenen Prüfungen standhalten: Nach den Regeln der Logik sind sie auf ihre immanente Widerspruchsfreiheit und auf ihre widerspruchsfreie Vereinbarkeit mit anderen Erkenntnissen zu prüfen. Vor allem müssen sie der Erfahrung standhalten: So wird in den Naturwissenschaften aus einer Hypothese die Voraussage bestimmter Erfahrungsdaten abgeleitet. Stimmt die beobachtbare Wirklichkeit mit dieser Vermutung nicht überein, so ist die Hypothese falsifiziert und muß in ihrer bisherigen Form aufgegeben werden. Stehen die Erfahrungen in Einklang mit der Hypothese und ihren Folgerungen, so ist diese einstweilen bewährt, bleibt aber ständig dem Risiko einer späteren Falsifikation ausgesetzt (Popper 1989, 7 f., 71 ff.).

Diese Methode, Problemlösungen zunächst versuchsweise anzunehmen und sie dann auf die Probe zu stellen und erforderlichenfalls durch bessere Lösungen zu ersetzen, ist auch bei der Suche nach wirksamen, zweckmäßigen und gerechten Regeln des Zusammenlebens einsetzbar. Dies gilt nicht nur für die tatsächlichen Wirkungszusammenhänge, die für das Recht erheblich sind (3 a); sondern auch

---

[1] I. Kant, Beantwortung der Frage: Was ist Aufklärung?, 1784. Das Wort stammt von Horaz, Epistulae, I 2, 40.

ethische Fragen, also auch Gerechtigkeitsfragen, sind einer experimentierenden Methode zugänglich, wie Richard M. Hare gezeigt hat (Hare 1963, Kap. 6.2 f.). Ob eine auf diesem Wege gefundene Lösung gerecht ist, ist aber nach Kriterien zu überprüfen, die auf die Besonderheiten des Rechts zugeschnitten sind und insbesondere nicht die Stringenz naturwissenschaftlicher Falsifikationen aufweisen (3 b).

Das Recht entwickelt sich also in vielen Bereichen durch „trial and error". In dieser methodischen Einstellung sollen im folgenden zunächst grundsätzliche Antworten auf die Frage nach der Gerechtigkeit dargestellt und auf ihre Stichhaltigkeit geprüft werden (§§ 12–22). Später ist unter dem Aspekt des juristischen Denkens noch einmal auf die methodische Vorstellung zurückzukommen, daß das Recht ein „variables System" von Problemlösungen sei, die einer fortwährenden Überprüfung und Verbesserung unterliegen (§ 40).

2. Der Anteil kreativen Denkens

Wie das Aufstellen einer naturwissenschaftlichen Hypothese Kreativität erfordert, so muß der Jurist, der einen nicht schon geregelten Interessenkonflikt zu entscheiden hat, sich dafür eine gerechte und praktikable Lösung „einfallen lassen". In solcher Weise sieht sich der Gesetzgeber z. B. herausgefordert, Lösungen für sozial-, wirtschafts-, finanz-, sicherheits- und umweltpolitische Fragen zu entwerfen, und auch ein „salomonischer" Richterspruch ist eine kreative Leistung. Eugen Ehrlich schrieb, die Publizianische Klage und die Stellvertretung hätten ebenso einmal erfunden werden müssen, wie die Lokomotive. Gerade die älteste Rechtsfindung sei ein Herumtasten nach Lösungen in einer schwierigen Lage, ein Suchen nach einer Entscheidung gewesen, deren Angemessenheit auch der Streitbare zugeben mußte. Der „weise Richter", eine typische Erscheinung der rechtlichen Urzeit, sei der, dem dabei der beste Einfall gekommen sei (1925, 12 ff.). Ähnliches sagte ein englischer Richter über die rules of equity: „It is perfectly well known, that they have been established from time to time, altered, improved, and refined from time to time. In many cases we know the name of the Chancellor who invented them … We can name the Chancellors who first invented them, and state the date when they were first introduced into equity jurisprudence" (Ehrlich 1967, 233). Dölle (1958) lenkte das Augenmerk auf „juristische Entdeckungen" und rechnete zu ihnen etwa den Rechtsgedanken der „culpa in contrahendo" oder die Trennung der Vollmacht von dem zugrundeliegenden Auftragsverhältnis.

Wie in anderen Wissenschaften, so glückt es auch im Recht aber nicht immer auf Anhieb, eine Konzeption zu finden, die das Problem in überzeugender Weise löst. Von der Schwierigkeit, auf eine solche Lösung zu kommen, legt Shakespeares „Kaufmann von Venedig" Zeugnis ab. Ein Beckmesser möchte wohl sagen, es handle sich um die Komödie von der vergeblichen Suche nach einem Weg, dem Grundsatz „pacta sunt servanda" zu entgehen. Denn natürlich überzeugt Porzias trickreiche Entscheidung den „zünftigen" Juristen nicht: Wenn Shylock sich das Fleischpfand nehmen dürfte, so dürfte „nach Treu und Glauben" hierbei auch Blut fließen; und „ein Pfund" hieße „nach der Verkehrssitte" doch wohl „etwa ein Pfund". Das heutige Recht könnte mit mindestens zwei geglückteren Problemlösungen aufwarten: mit der Bestimmung nämlich, daß sittenwidrige Verträge nichtig sind, zu denen man auch das „Fleischpfand" zählen würde, und mit dem Schikaneverbot. In beiden Fällen handelt es sich um Ausnahmetatbestände zu dem Grundsatz „pacta sunt servanda".

3. Überprüfung der Problemlösungen

Die erdachten Lösungen müssen „die Probe halten". Hält eine Problemlösung der Überprüfung nicht stand, so ist sie in der bisherigen Gestalt aufzugeben. Das schließt die Möglichkeit ein, sie mit Einschränkungen oder anderen Modifikationen beizubehalten (s. u. § 40 I).

Der Lösungsvorschlag muß vor allem einer Nachprüfung zugänglich sein, also überhaupt eine überprüfbare Aussage enthalten. Die Überprüfung der Problemlösung hat dann unter verschiedenen Aspekten zu geschehen:

a) So müssen Regelungen ein *wirksames* und möglichst einfaches Mittel sein, um die mit ihnen erstrebten Zwecke zu erreichen. Die Wirksamkeit bedeutet: Es muß erstens eine hinreichende Chance bestehen, daß die gefundene Regelung befolgt und durchgesetzt wird, d. h. zu dem gebotenen Verhalten führt; zweitens muß dieses Verhalten geeignet sein, die rechtspolitischen Ziele der Regelung zu erreichen (§ 10 II a. E.). Diese faktische Wirksamkeit von Rechtsnormen hat die Rechtstatsachenforschung zu prüfen. Hierbei stößt sie aber an Grenzen, wie sie auch sonst einer Erforschung komplexer Wirkungszusammenhänge im sozialen Geschehen gesetzt sind. Wo menschliches Handeln in Geschehensabläufe eingreift, liegt schon darin ein Unsicherheitsfaktor; denn Handeln ist nicht streng determinierbar. Exakte Vorhersagen sind oft auch wegen der Vielfalt der mitwirkenden Kausalitäten unmöglich. Insbesondere sind meist nicht alle Fernwirkungen einer Regelung voll zu überblicken.

Die gefundene Regelung darf auch keine unerwünschten Nebenwirkungen haben, die den Nutzen der Regelung übersteigen, wie das etwa bei der amerikanischen Prohibitionsgesetzgebung der Fall war. Und sie darf keine unerwünschten Nebenwirkungen haben, die sich vermeiden lassen (Zippelius RS, § 10).

b) Das Recht soll Probleme des Zusammenlebens nicht nur wirksam, sondern auch *gerecht* lösen. Die Kriterien der Gerechtigkeit sind das Thema der folgenden Überlegungen (§§ 12–22). Die wesentlichen Ergebnisse dieser Überlegungen werden sein:

Für die Überprüfung von Antworten auf Gerechtigkeitsfragen bleibt am Ende das vernunftgeleitete Gewissen zwar die letzte Instanz (II 4; § 18 I 1).

Doch auch über Gerechtigkeitseinsichten, die sich auf das Gewissen gründen, kann ein vernunftgeleiteter Diskurs geführt und – in noch zu bestimmendem Maße – eine Einigung erzielt werden (§§ 20 III; 39 I 2), und zwar nicht nur über formale Prinzipien, sondern auch über inhaltliche Aussagen: etwa darüber, daß es unbillig wäre, jemanden an einem Vertrag festzuhalten, der mit vorgehaltener Pistole erzwungen wurde (§ 20 I). Der Rückgang auf die Basis des breitestmöglichen Konsenses bedeutet also kein vordergründiges Abfragen irrationaler Empfindungen. Der Konsens der Mehrheit, der die Prüfungsgrundlage für Gerechtigkeitsentscheidungen bildet, soll das Ergebnis eines Bemühens um rationale Abklärung der Meinungen sein (§§ 18 I 2; 20 III, IV).

Doch führt dieser Klärungsprozeß nicht zu allgemeingültigen exakten Ergebnissen, schon darum nicht, weil in diese Auseinandersetzungen wertungsgebundene Vorstellungen eingebracht werden. Diese werden oft nicht von allen in genau übereinstimmender Weise akzeptiert und genügen regelmäßig nur jenen Plausibilitätskriterien, die Aristoteles (Topik, 104 a) allgemein für Prämissen dialektischer Erörterungen angegeben hat: Es handele sich um Sätze, die „allen oder den meisten oder den Einsichtigen und von den Einsichtigen entweder allen oder den meisten oder den angesehensten glaubwürdig erscheinen, ohne (für die gemeine Meinung) unglaubwürdig zu sein". So muß man sich damit abfinden, daß die Überprüfung rechtlicher Problemlösungen nicht mit der gleichen Allgemeingültigkeit und Präzision geschehen kann, wie die Prüfung naturwissenschaftlicher Hypothesen. Dies entspricht der aristotelischen Einsicht (NE, 1094 b), man müsse sich in Fragen einer gerechten Ordnung mit „dem Grad an Bestimmtheit bescheiden, den der gegebene Stoff zuläßt".

Ob auf diesem Wege moralische „Wahrheiten" erschlossen werden, mag hier offen bleiben (Zippelius RuG, Kap. 9 II 1). Wenn es nicht „Wahrheiten" sind, so sind es doch jedenfalls Gründe praktischer Legimität, die es rechtfertigen, rechtliche Entscheidungen auf der Grundlage des breitestmöglichen Konsenses zu treffen (§ 21 I 1).

c) Eine rechtliche Problemlösung muß in sich logisch *widerspruchsfrei* sein.

d) Sie muß darüber hinaus auch *„systemverträglich"* sein, das heißt mit dem rechtlichen Kontext und mit den Leitideen der Kultur vereinbar sein:

Daß Rechtsnormen einer Rechtsgemeinschaft nicht einander widersprechen, ist ein Gebot der Rechtssicherheit (§ 28 II). Eindeutigen Normenkonflikten wird durch Kollisionsregeln vorgebeugt (§ 28 II 2). Daß Normen unterschiedlichen und miteinander konkurrierenden Zwecken dienen, läßt sich zwar nicht vermeiden, doch sind sie in solchen Fällen so auszulegen und gegeneinander abzugrenzen, daß ein optimaler und gerechter Kompromiß zwischen den konkurrierenden Zwecken erreicht wird (§ 20 III 4).

Das Erfordernis der „Systemverträglichkeit" bedeutet keine Verpflichtung auf ein dogmatisch starr vorgegebenes System. Es dient zunächst als heuristisches Prinzip, logischen und teleologischen Widersprüchen zum schon vorhandenen Normenbestand auf die Spur zu kommen. Zeigen sich Widersprüche, dann muß das nicht notwendig dazu führen, die neue Problemlösung zu verwerfen; eine neu gewonnene Rechtseinsicht kann auch zum Prüfstein für die schon bestehenden Normen werden: Stellt sich heraus, daß schwerwiegende Gründe es verlangen, von der bisherigen Bewertungspraxis abzuweichen, dann gibt dies Anlaß, die widersprechenden Normen und Grundsätze des bisherigen Kontextes zu überprüfen und diese, wenn nötig, selbst zu modifizieren. Darin wird sichtbar, daß die Rechtsordnung verständigerweise nur als ein offenes, variables „System," begriffen werden kann.

Die gefundene rechtliche Problemlösung muß auch mit den Gerechtigkeitsprinzipien, die in der übrigen Rechtsordnung zum Ausdruck kommen, und überhaupt mit den Leitideen der Kultur verträglich sein. Die wichtigste Leitidee einer „offenen Gesellschaft" ist die Wahrung der gleichberechtigten Würde und Meinungsfreiheit jedes Menschen, die allen Bürgern eine Chance eröffnet, ihre Interessen, Meinungen und weltanschaulichen Perspektiven auf demokratische Weise in das politische Geschehen und damit auch in die Suche nach dem richtigen Recht einzubringen. Es gilt hier also die „Perspektive legitimer Perspektivenvielfalt" (§ 17 IV). Nicht nur politische Bestrebungen,[2] sondern auch rechtliche Problemlösungen, die mit dieser Grundkonzeption unverträglich sind, finden in der offenen Gesellschaft keinen legitimen Platz.

4. Zur Methodenkritik

Das hier beschriebene experimentierende Denken ist die bisher erfolgreichste Methode menschlichen Erkenntnisstrebens. Es ist ein Grundmuster menschlicher Weltorientierung, das nicht nur auf Gegenstände der Naturwissenschaften anwendbar ist, sondern auch auf Probleme des Rechts (§§ 18 II; 40). Daß eine Art experimentie-

---

[2] Dazu BVerfGE 5, 135, 198, 206.

renden Denkens auch auf dem Gebiet des Rechts eine Rolle spielt, hat bereits Bülow gesehen: Das Recht sei ein Ergebnis der Erfahrung und habe herausexperimentiert werden müssen (§ 39 I). So sind die zwei bedeutendsten eigenständigen Rechtsordnungen, das römische und das angelsächsische Recht, aus der Lösung konkreter Rechtsprobleme – als Fallrecht – entstanden; das Fallrechtsdenken, zumal das angelsächsische „reasoning from case to case", hat aber schon dem ersten Anschein nach mit experimentierendem Denken zu tun (§ 18 II).

Die Brauchbarkeit einer „experimentierenden", „tentativen" Methode für die Rechtsgewinnung hängt nicht entscheidend davon ab, welche Stellung man in dem wissenschaftstheoretischen Streit über den Fortschritt der Wissenschaften bezieht: ob man sich durch jene experimentierende Methode kontinuierlich der „Wahrheit" annähert (was heißt das?); oder ob diese Methode nur eine pragmatische Rechtfertigung als Instrument der Lebensbewältigung findet:[3] Das würde bedeuten, daß durch sie solche theoretischen und praktischen Problemlösungen ausgelesen werden, die zur Lebensbewältigung tauglicher sind als die konkurrierenden Hypothesen und Verhaltensmuster (§ 19 IV 2; Zippelius Gesch, Kap. 20 b, 21 b). – Beides kann in Gerechtigkeitsfragen dahingestellt bleiben: Hier ist das Herausfinden möglichst konsensfähiger Problemlösungen schon aus Gründen praktischer Legitimität anzustreben (s. o. 3 b).

Daß neben dem Schema „Denkversuch und Überprüfung" auch noch andere Denkweisen an der Gewinnung von Problemlösungen beteiligt sind, ist unbestritten. Dies wird sich auch auf dem Gebiete der rechtlichen Problemlösungen bestätigen (§ 38 III).

A. Überkommene Lösungsansätze

Nach dieser Methode eines probierenden Denkens sollen im folgenden verschiedene, besonders wichtige Vorschläge, das Problem der Gerechtigkeit zu lösen, geprüft werden. Es handelt sich um Versuche, die Antwort auf die Gerechtigkeitsfrage in der Natur der Sache oder der Natur des Menschen, in der historisch zutage getretenen objektiven Vernunft, im größten Glück der größten Zahl, im Prinzip der Gleichbehandlung oder in der formalen Verallgemeinerungsfähigkeit der Verhaltensregeln zu finden oder sie aus einer Weltanschauung, einem Menschenbild oder einem fundamentalen Gemeinschaftszweck zu gewinnen. Jeder dieser Versuche, das Gerechtigkeitsproblem zu lösen, war Einwendungen ausgesetzt und keiner von ihnen hat in einer allgemein überzeugenden Weise die Probe ganz bestanden. In rückschauender Betrachtung kann man die Aufeinanderfolge und den Streit der Gerechtigkeitstheorien geradezu als einen Prozeß probierenden Denkens auffassen, in welchem der menschliche Geist versucht hat, Kriterien der Gerechtigkeit heraus-

---

[3] Die Tauglichkeit, dem Leben und Handeln zu dienen, erscheint dem Pragmatismus grundsätzlich als das Kriterium sinnvoller Begriffsbildung: Die Begriffe müssen auf Grund überprüfbarer Erfahrungen gewonnen, logisch konsistent und auf diesen Grundlagen konsensfähig sein und müssen sich als Grundlagen des Handelns im Leben bewähren. „Die Elemente eines jeden Begriffs treten in das logische Denken durch das Tor der Wahrnehmung ein und gehen durch das Tor des zweckvollen Handelns wieder hinaus; und alles, was an diesen beiden Toren seinen Paß nicht vorzeigen kann, ist, als von der Vernunft nicht autorisiert, festzunehmen" (Ch. S. Peirce, Lectures on Pragmatism, engl./dt. 1973, S. 286/287; J. Lege, Pragmatismus und Jurisprudenz, 1999, S. 149 ff., 177). Unsere Begriffe sollen uns insbesondere helfen, zu ermitteln, „was für Wahrnehmungen wir zu erwarten und was für Reaktionen wir vorzubereiten haben" (W. James, Der Pragmatismus, [engl. 1907] dt. ²1994, 2. Vorlesung).

zufinden, und dabei deren Stichhaltigkeit immer wieder durch Einwendungen auf die Probe gestellt hat.

Gewiß hatten die Teilnehmer an diesem Prozeß von „trial and error" zumeist ein anderes Selbstverständnis von ihrer eigenen Rolle. Aber das ist nebensächlich für die folgenden Überlegungen, die keine historischen, sondern philosophische Absichten haben, sich also nur für die Argumente interessieren.

§ 12. Das Naturrecht

Literatur: *W. Eckstein,* Das antike Naturrecht usw., 1926; *H. Rommen,* Die ewige Wiederkehr des Naturrechts, 1936, ²1947; *J. Messner,* Das Naturrecht, 1950, ⁷1984; *H. Welzel,* Naturrecht und materiale Gerechtigkeit, 1951, ⁴1962; *F. Flückiger,* Geschichte des Naturrechts, Bd. I, 1954; *E. Wolf,* Das Problem der Naturrechtslehre, 1955, ³1964; *W. Maihofer* (Hg), Naturrecht oder Rechtspositivismus?, 1962, ²1972; *A. Verdroß,* Statisches und dynamisches Naturrecht, 1971; *K. H. Ilting,* Art. Naturrecht, in: GGb IV, 1978, S. 245 ff.; *D. Mayer-Maly, P. M. Simons* (Hg), Das Naturrechtsdenken heute und morgen, 1983; *M. Forschner,* Über das Handeln im Einklang mit der Natur, 1998, S. 5 ff.

I. Grundsätzliches

Der Versuch, Gerechtigkeitsprinzipien zu finden, die dem positiven Recht zum Vorbild und Maßstab dienen können, wird oft unter dem Namen des „Naturrechts" unternommen. Aber schon über den Begriff des Naturrechts herrscht keine Einigkeit.

In einem weiteren Sinn bezeichnet er schlechthin solche Grundsätze einer verbindlichen Ordnung, die unabhängig von menschlicher Zustimmung und Satzung, somit unabhängig vom positiven Recht gültig sind (Aristoteles NE, 1134 b). In dieser weiten Bedeutung muß sich der Naturrechtsbegriff nicht einmal auf solche Gerechtigkeitsprinzipien beschränken, die „für alle Menschen und Zeiten" gültig sein sollen. Man kann in ihn sogar auch wandelbare Gerechtigkeitsgrundsätze einbeziehen. In diesem Sinne ist also auch ein „Naturrecht mit wechselndem Inhalt"[1] denkbar. Uns führt dieser Begriff nicht weiter, weil er die ganze Thematik umfaßt, die hier mit dem Begriff der Gerechtigkeit bezeichnet ist (Wolf 1964).

Größeres begriffliches Auflösungsvermögen hat ein engerer Naturrechtsbegriff, der auch dem Wortsinn näherkommt: Er bezeichnet solche Gerechtigkeitsprinzipien, die – angeblich – in der bestehenden Weltordnung überhaupt, in der Natur der Sache oder in der Natur des Menschen selbst angelegt sind. Wir verwenden den Naturrechtsbegriff in diesem engeren Sinn, weil er hier darauf zugeschnitten ist, dem Gerechtigkeitsproblem eine spezifische Fassung zu geben: ob man im Seienden (in der „Natur") selbst einen Maßstab des Richtigen, ein Richtmaß für das Gesollte finden kann.

Diese Annahme ist nur unter einer metaphysischen Voraussetzung möglich: daß nämlich in der Wirklichkeit sich eine sinnvolle, „vernünftige" Weltordnung darstelle. Ohne diese Voraussetzung können die tatsächlichen Gegebenheiten unserer Welt keine zureichende Begründung dafür liefern, daß eine bestimmte Ordnung menschlichen Zusammenlebens gerecht oder ungerecht sei.

Der Gedanke einer vernünftigen Weltordnung ist schon in der Antike aufgetaucht (II); im christlichen Naturrecht findet er eine theologische Wendung (III). Gleichsam

---

[1] R. Stammler, Wirtschaft und Recht, ³1914, S. 174 f.

Splitter solcher Metaphysiken – nach denen sich in der natürlichen Weltordnung zugleich ein ethisches Richtmaß offenbart – sind jene Theorien, welche die Grundlage und den Maßstab des Rechts aus einzelnen, dem Recht vorgegebenen Sachverhalten (V) oder anthropologisch aus der menschlichen Natur (IV) herleiten wollen, gemäß der Definition Christian Wolffs[2] (1679–1754): „Lex naturalis est, quae rationem sufficientem in ipsa hominis rerumque essentia atque natura agnoscit." Es handelt sich hier also um Theorien, die aus einem Sein den Maßstab der richtigen Ordnung entnehmen, etwa: die Familienordnung aus biologischen Gegebenheiten oder die Gemeinschaftsordnung insgesamt aus dem Gesellungstrieb des Menschen.

II. Die vernünftige Weltordnung

Literatur: *M. T. Cicero,* De legibus; *ders.,* De officiis; *ders.,* De re publica; *L. A. Seneca,* Epistulae; *Marcus Aurelius,* Selbstbetrachtungen; *R. Voggensperger,* Der Begriff des „Ius Naturale" im römischen Recht, 1952; *Horn,* § 12.

Der Gedanke einer alles durchwaltenden Weltvernunft erreichte eine erste Blüte in der Stoa und fand Eingang in das von dieser Philosophie tief beeinflußte römische Staats- und Rechtsdenken. „Lex est ratio summa insita in natura", faßt Cicero (106–43 v. Chr.) den wesentlichen Gedanken dieser Naturrechtslehre zusammen (De leg. I, 18). Es gibt, so sagt er andernorts (De r. p. III, 22), „ein wahres Gesetz, nämlich die rechte Vernunft, die mit der Natur übereinstimmt, in allen Menschen lebendig ist und unabänderlich und ewig gilt … Dieses Gesetz duldet keine Beeinträchtigung, keine Einschränkung und keine Aufhebung. Weder Senat noch Volk können uns der Verpflichtung entheben, diesem Gesetz zu gehorchen". Zweihundert Jahre später schreibt Marc Aurel: Der Kosmos hat „ein und dieselbe Natur und ein und dieselbe Seele". „Recht sind alle die Worte und Handlungen, die der Natur entsprechen" (Selbstbetr. IV 40, V 3; vgl. IV 4, VI 5, IX 1). Das Corpus Juris Justinians bewahrt die Vorstellung einer von Natur aus gegebenen und verbindlichen Ordnung: „Ius naturale est, quod natura omnia animalia docuit: nam ius istud non humani generis proprium, sed omnium animalium … commune est. Hinc descendit maris atque feminae coniunctio, quam nos matrimonium appellamus, hinc liberorum procreatio, hinc educatio" (D.I 1, 1, 3). Allerdings wird die Quelle des Naturrechts nicht nur in der physischen Natur, also nicht nur in Sachstrukturen, sondern auch in der natürlichen Vernunft gesucht – womit man das Feld des Naturrechts im engeren Sinn verläßt: „Ius pluribus modis dicitur: uno modo, cum id quod semper aequum ac bonum est ius dicitur, ut est ius naturale" (D.I 1, 11). „Quod … naturalis ratio inter omnes homines constituit, id apud omnes peraeque custoditur vocaturque ius gentium, quasi quo iure omnes gentes utuntur" (D.I 1, 9).

III. Die göttliche Weltordnung

Literatur: *Ambrosius,* De officiis ministrorum; *Augustinus,* De civitate Dei; *Thomas von Aquin,* Summa theologica; *V. Cathrein,* Recht, Naturrecht und positives Recht, 1901, [2]1909; *O. Schilling,* Naturrecht und Staat nach der Lehre der alten Kirche, 1914; *G. M. Manser,* Das Naturrecht in thomistischer Beleuchtung, 1944; *J. Fuchs,* Lex naturae, 1955; *Horn,* § 13; *M. Forschner,* Thomas von Aquin, 2006, S. 122 ff.

---

[2] Chr. Wolff, Philosophia practica, I §§ 135, 161.

Das Christentum gab jenem Gedanken einer alles durchwirkenden Vernunft eine theologische Fundierung: Der Geist Gottes ist es, der die Welt geordnet hat. So lehrte schon Augustinus (354–430). Stand im Mittelpunkt des Augustinischen Weltbildes der unerforschliche Ratschluß Gottes, so rückte achthundert Jahre später Thomas von Aquin (um 1225–1274) den Gedanken in den Vordergrund, daß die Welt vernünftig nach Zwecken geordnet sei und daß sich diese Ordnung auch dem Lichte der natürlichen Vernunft erschließe.

Thomas knüpfte hierbei an das Aristotelische Entelechieprinzip an: Alles, was existiert, habe eine natürliche Zweckbestimmung. So auch der Mensch. Er strebe seiner Natur nach dahin, seine Anlagen und Fähigkeiten zu entfalten. Darin liege seine Bestimmung und sein Glück (Aristoteles NE, 1097 a ff., 1176 a ff.). Diese allseitige Entfaltung sei nur in einer gerecht geordneten Gemeinschaft möglich (Aristoteles, Politik, 1253 a). Diesem Ziel habe alle Politik und somit auch das Recht zu dienen (Aristoteles NE, 1094, 1099 b, 1103 b).

Thomas von Aquin bezog dieses Entelechieprinzip in seine Lehre von der gottgeschaffenen, vernünftigen Weltordnung ein: In der Schöpfungsordnung sei allenthalben eine von Gott bestimmte Entelechie wirksam (S. th., I 103, 1; I II 93, 1). Etwas sei insofern gut, als sich seine in ihm angelegte, final bestimmte „Natur“ verwirkliche (S. th., I 48, 1; I II 18, 1 ff.; I II 93, 6). Der Mensch bedürfe zur Entfaltung seiner Anlagen der Gemeinschaft. Diese sei auch das Feld der Gerechtigkeit. Aufgabe der Gerechtigkeit sei es nämlich, die äußeren Verhältnisse so zu regeln, daß der Einzelne oder eine Sache, deren Gebrauch zu bestimmen ist, sich in der rechten Ordnung zu den Menschen befinden (S. th., II II qu. 57, 58).

Auch im Naturrecht offenbare sich der weltordnende Schöpferwille. Dieser Wille Gottes erschließe sich zum einen als Naturrecht: aus der natürlichen Ordnung der Dinge selbst; zu dieser zählen z. B. die auf eine Nachkommenschaft gerichteten Beziehungen zwischen Mann und Frau und die Pflicht des Vaters, seine Kinder zu ernähren (S. th., II II 57, 3). Zum anderen sei der Wille Gottes durch Offenbarung kundgegeben. Von dem auf den göttlichen Willen zurückführbaren Recht (also dem Naturrecht im engeren Sinne und dem offenbarten ius divinum) sei das menschliche positive Recht zu unterscheiden, das bloß durch menschliche Vereinbarung oder Satzung zustandekomme (S. th., II II 57, 2). Auch Thomas bestritt, wie Aristoteles und Cicero, die Geltung naturrechtswidrigen positiven Rechts (aaO.).

Bald nach dem Tode des Thomas von Aquin bahnte sich nicht nur ein Wandel des politischen, sondern auch des philosophischen und theologischen Weltbildes an. Johannes Duns Scotus (1265–1308) und Wilhelm von Ockham (um 1285–1349) hatten entscheidenden Anteil daran, die Vernunftgläubigkeit des thomistischen Systems zu zerstören und an die Stelle jener Lehre (einer sich schon im Licht der natürlichen Vernunft erschließenden vernünftigen sittlichen Weltordnung) einen Moralpositivismus zu setzen (s. Welzel 1962, 66 ff., 81 ff.; Zippelius Gesch, Kap. 8 a). Bei Duns brach die Paulinische und Augustinische Vorstellung von dem unerforschlichen Ratschluß Gottes wieder durch: Es sei eine Anmaßung, das Handeln Gottes mit der menschlichen Vernunft ergründen zu wollen. Es gebe nur einen einzigen Grund der göttlichen Gerechtigkeit: den Willen Gottes. Ockham führte diesen ethischen Voluntarismus weiter: Diebstahl und Ehebruch z. B. seien nicht in einem absoluten Sinne schlecht. Daß man sie zu unterlassen habe, sei allein in Gottes Verbot begründet; wären diese Handlungen von Gott erlaubt, bräuchte man sie also nicht zu unterlassen. Damit wurde aber der Begriff eines Naturrechts im engeren Sinn aufgegeben.

IV. Die Natur des Menschen

Literatur: *Kallikles,* nach Platon, Gorgias, 483 f.; *Thrasymachos,* nach Platon, Staat, 338; *H. Grotius,* De jure belli ac pacis, 1625; *B. Spinoza,* Theologisch-politischer Traktat, 1670; *S. Pufendorf,* De jure naturae et gentium, 1672; *ders.,* De officio hominis, 1673; *Ch. Thomasius,* Fundamenta juris naturae et gentium, 1705; *Ch. Wolff,* Institutiones juris naturae et gentium, 1752; *F. Nietzsche,* Aus dem Nachlaß, zit.: Kröner-Ausgabe Bd. IX, 1964, Bd. XI, 1965; *H. Thieme,* Das Naturrecht und die europäische Privatrechtsgeschichte, 1947, ²1954; *J. Ritter,* „Naturrecht" bei Aristoteles, 1963.

Die anthropologischen Naturrechtstheorien setzen an der Natur des Menschen an und sehen in ihr nicht nur eine faktische Vorgegebenheit (§ 8), sondern auch ein Richtmaß des Rechts.

Der Gedanke, daß sich aus tatsächlichen, natürlichen Beschaffenheiten des Menschen ethische Folgerungen ableiten lassen, findet sich schon bei einigen Sophisten. Doch je nachdem, an welche Tatsachen man anknüpfte – etwa an naturgegebene Gleichheiten oder Ungleichheiten – konnte man zu ganz verschiedenen ethischen „Schlüssen" gelangen. Auf diese fragwürdige Weise wollte man z. B. aus der Tatsache, daß es Starke und Schwache gibt, ein Vorrecht des Stärkeren ableiten: Dessen faktische Position wurde dann kurzerhand als berechtigte Position gedeutet. So vertrat Kallikles die These vom naturgegebenen Vorrecht des Stärkeren. Wer mehr Macht hat, habe das bessere Recht. Nicht auf Gleichheit, sondern auf einer natürlichen Ungleichheit beruhe das Recht. „Die Natur selbst beweist, daß es gerecht ist, wenn der Stärkere mehr besitzt als der Schwächere und der Fähige mehr als der Unfähige. Unter vielen anderen Beweisen hierfür zeigt sie unter den Tieren überhaupt und unter den Menschen in ganzen Staaten und Geschlechtern, daß es anerkanntes Recht ist, daß der Stärkere über den Schwächeren herrsche und mehr habe als jener." Die Machiavellische Darstellung des Fürsten gehört nicht hierher, weil diese nur die empirischen Bedingungen der Herrschaft untersuchte, aber keine Legitimation geben wollte. Wohl aber ist Spinoza (1632–1677) hier zu nennen: Gott wirke in allem Geschehen. Daher reiche „das Recht der Natur so weit wie ihre Macht. Denn die Macht der Natur ist Gottes Macht; der aber hat das vollste Recht zu allem". So erstrecke sich auch „das Recht eines jeden so weit, wie gerade seine Macht reicht". Und nicht zuletzt hat Friedrich Nietzsche (1844–1900) das Naturrecht des Mächtigen neu belebt, wenn er die Wertschätzungen und damit die Ethik letztlich auf den Willen zur Macht reduzierte. Unsere Wertschätzungen „entsprechen unseren Trieben und deren Existenzbedingungen. Unsere Triebe sind reduzierbar auf den Willen zur Macht. Der Wille zur Macht ist das letzte Faktum, zu dem wir hinunter können" (Nietzsche, XI Nr. 838). „Alle ‚Zwecke‘, ‚Ziele‘, ‚Sinne‘ sind nur Ausdrucksweisen und Metamorphosen des einen Willens, der allem Geschehen inhäriert: des Willens zur Macht" (IX Nr. 675). Auch für die Gerechtigkeit ist „das Erste und Mächtigste … der Wille und die Kraft zur Übermacht. Erst der Herrschende stellt nachher ‚Gerechtigkeit‘ fest, d. h. er mißt die Dinge nach seinem Maße" (XI Nr. 794).

Die Natur des Menschen als Quelle des Rechts war auch das Zentralthema des nachmittelalterlichen Naturrechts (Zippelius Gesch, Kap. 15): Man versuchte, die naturgegebenen Grundeigenschaften des Menschen zu bestimmen, um aus ihnen allgemeine Rechts- und Verfassungsprinzipien herzuleiten. Eine solche Grundeigenschaft sah Hugo Grotius (1583–1645) im geselligen Trieb des Menschen zu einer friedlichen und einsichtig geordneten Gemeinschaft mit seinesgleichen. Soweit er hierbei auch auf die „vernünftige Natur" des Menschen abstellte, ging er damit freilich schon über das Feld der „Tatsachen" und damit des Naturrechts im engeren Sinn hinaus. Samuel Pufendorf (1632–1694) leitete das Naturrecht ab aus dem Selbsterhaltungstrieb, der Angewiesenheit auf andere (der „imbecillitas") und der Fähigkeit und Neigung, anderen zu schaden; dies alles dränge die Menschen, eine die Interessen aller sichernde und fördernde Gemeinschaft einzugehen. Durch die menschliche Natur sahen Grotius und Pufendorf die Hauptzwecke des Rechts vorgegeben. Als Naturrecht erschienen dann alle Regeln, die notwendige Bedingungen dafür sind, um diese Zwecke zu erreichen. Grotius nannte als solche naturrechtlichen Grundregeln etwa: „daß man fremdes Gut respektiert und es zurückerstattet, wenn man es besitzt oder genommen hat, ferner die Pflicht, gegebene Versprechen zu erfüllen, sodann die Wiedergutmachung eines schuldhaft verursachten Schadens und die Vergeltung durch Strafe". Besonders die Pflicht, Verträge zu halten (das stare pactis), erscheint als fundamentale Bedingung geordneten menschlichen Zusammenlebens. So sei die obligatio ex consensu (somit ein Gesellschaftsvertrag) letztlich auch die Grundlage der bürgerlichen Rechtsgemeinschaft und der von ihr festgesetzten Rechtspflichten.

Andere naturrechtliche Überlegungen knüpfen an die anthropologische Vorstellung an, daß dem Menschen der Zweck innewohne, die Anlagen und Fähigkeiten seines Charakters und vor allem seines Geistes zu entfalten. Dieser Gedanke findet sich schon bei Aristoteles (s. o. III). Er kehrt (in etwas abgewandelter Form) in der Naturrechtslehre Christian Wolffs (1679–1754) wieder: Der Mensch findet sich von Natur aus gedrängt, sich selbst und seine Lebensumstände zu vervollkommnen. Hierzu bedürfe er wechselseitiger Hilfe. Daraus ergebe sich die natürliche Pflicht, auch zur Vervollkommnung der anderen beizutragen. Aus diesen naturrechtlichen Prämissen will Wolff „ratiocinationis filo" näher spezifizierte Regeln menschlichen Zusammenlebens herleiten (1752, §§ 36 ff., 43 ff.). Offen bleibt freilich die Grundfrage, welches denn das präzise Leitbild eines vollkommenen menschlichen Lebens sei, und es bleibt ferner der Zweifel, ob es grundsätzlich möglich sei, aus einem allgemeinen Prinzip im Wege bloßer Deduktion zu einer inhaltserfüllten rechtlichen Normenordnung zu gelangen (vgl. auch unten § 38 II).

V. Die Natur der Sache

Literatur: Wie zu § 7.

Die Lehren von der Natur der Sache sind nur zum Teil dem engeren Naturrechtsbegriff (I) zuzuordnen. Von „Natur der Sache" kann man in verschiedenem Sinne sprechen:

Eigentlich naturrechtliche Bedeutung hat der Begriff der Natur der Sache nur, wenn man behauptet: In dieser selbst (in den Sachstrukturen) liege ein Richtmaß dafür, was richtigerweise geschehen solle. In diesem Sinne hat etwa die Scholastik gelehrt, daß die Sachverhalte selbst ein Maß des Richtigen in sich trügen. Diese Vorstellung von der normativen Bedeutung der Sachverhalte fand eine klassische Formulierung in dem Satze Dernburgs (Pandekten, ⁵1896, Bd. I § 38): „Die Lebensverhältnisse tragen, wenn auch mehr oder weniger entwickelt, ihr Maß und ihre Ordnung in sich. Diese den Dingen innewohnende Ordnung nennt man Natur der Sache. Auf sie muß der denkende Jurist zurückgehen, wenn es an einer positiven Norm fehlt oder wenn dieselbe unvollständig oder unklar ist."

Der Boden des Naturrechts wird aber verlassen, sobald man Realitäten nicht als Geltungsgrund für Normen ansieht, sondern nur als Anhaltspunkte für die in einer Gemeinschaft herrschenden normativen Vorstellungen benützt. In diesem Falle dienen die realen Institutionen, etwa die Familien oder die Dienstverhältnisse in ihrer konkreten Gestalt, so wie sie sich in einem bestimmten Kulturkreis finden, als bloße Indizien, aus denen man entnimmt, welche sozialethischen Leitbilder und Normen in einer Gemeinschaft herrschen. In Wahrheit greift man auf diese (vorrechtlich wirksamen) Normen zurück, nach denen sich das Zusammenleben in den Familien und in anderen sozialen Gefügen richtet. Gegenstand des Interesses und Orientierungsmaßstab sind hier also die vorrechtlich wirksamen Normen, nicht die Sachverhalte als solche.

Schließlich macht man auch dann keinen „naturrechtlichen" Gebrauch von der „Natur der Sache", wenn man lediglich zur Kenntnis nimmt und berücksichtigt, daß dem Recht bestimmte Sachverhalte vorgegeben sind, die es als Tatsachen (nicht als ethische Richtschnur) hinnehmen muß. Diese Gebundenheit des Rechts an Tatsachen wurde schon dargestellt (§ 7): Es handelt sich etwa um die beschriebenen Sachverhalte, daß eine Rechtsnorm, wenn sie eine Frist nach Sonnenjahr und Tagen bemessen will, notwendig die Tatsache berücksichtigen muß, daß die Erde bei einmaligem Umlauf um die Sonne sich etwas mehr als dreihundertsechsundsechzigmal um ihre Achse dreht, oder darum, daß das Familienrecht von den biologischen Sachverhalten ausgehen muß, etwa davon, daß die Zahl der Männer etwa jener der Frauen entspricht und daß die Jungen einer vieljährigen Fürsorge bedürfen. Ferner: Weil rechtliche Gebote nur Bestimmungsgründe für menschliche Entschlüsse sein, nicht aber in sonstige, naturgesetzlich determinierte Geschehensabläufe einwirken können, kann auch nur menschliches Tun oder Unterlassen verboten und in diesem Sinne rechtswidrig sein (§ 4 III). Oder: Wenn man voraussetzt, daß der wirksame Abschluß von Rechtsgeschäften ein Mindestmaß an Einsicht und Erfahrung erfordert, dann können Kinder nicht geschäftsfähig sein, weil sie „nach der Natur der Sache" diese Einsicht und Erfahrung nicht besitzen. Wenn man voraussetzt, daß strafrechtliche Normen dem Schutze von Gütern dienen sollen, dann ist ein strafrechtliches Verbot der Hexerei kein geeignetes Mittel zu diesem Zweck, weil Hexerei „nach der Natur der Sache" keine realen Wirkungen hervorbringen kann. – In all diesen Fällen ist der Rückgriff auf Sachverhalte und Sachzusammenhänge ohne naturrechtlichen Gehalt: Das Aufzeigen solcher sachlichen Zusammenhänge sagt nur etwas über tatsächliche Notwendigkeiten oder Möglichkeiten. Bei ethischen, also auch bei naturrechtlichen Kategorien geht es aber um etwas ganz anderes: Sie sagen nicht, zu welchen Folgerungen die Sachzusammenhänge notwendig führen, wenn man bestimmte normative Voraussetzungen macht, sondern sie betreffen diese normativen Prämissen selbst. Sie bestimmen nicht, was faktisch möglich oder notwendig ist, sondern setzen dort an, wo zwischen mehreren faktisch möglichen Alternativen eine Entscheidung zu treffen ist, und dienen dazu, diese Entscheidungswahl zu leiten und zu rechtfertigen.

VI. Naturrechtskritik

Literatur: *H. Kelsen,* Was ist Gerechtigkeit?, 1953; *ders.,* RR, S. 402 ff.; *ders.,* Aufsätze zur Ideologiekritik, 1964; *ders.,* Die Grundlage der Naturrechtslehre, in: Österr. Ztschr. f. öff. Recht, 1963, S. 1 ff.; *H. U. Evers,* Zum unkritischen Naturrechtsbewußtsein in der Rechtsprechung der Gegenwart, Juristenzeitung 1961, S. 241 ff.; *E. Topitsch,* Sozialphilosophie zwischen Ideologie und Wissenschaft, 1961; *ders.*, Die Menschenrechte, in: Juristenzeitung 1963, S. 1 ff.; *ders.*, Erkenntnis und Illusion, 1979, ²1988; *A. Kaufmann*, Beiträge zur Juristischen Hermeneutik, 1984, S. 66 ff.

Sachstrukturen und naturgegebene Anlagen und Bedürfnisse der Menschen sind zweifellos Vorgegebenheiten der rechtlichen Normierung. Diese hat auf sie Rücksicht zu nehmen. Insbesondere begrenzen die Naturgegebenheiten den Spielraum der Verhaltenswahl und damit auch die rechtlichen Regelungsmöglichkeiten (§ 7 II, III). Auch bilden die Naturgegebenheiten, zumal die biologisch bedingten Bedürfnisse des Menschen, Anstoß und Gegenstand rechtlicher Regelung (§ 9).

Andererseits kann aber – das hat Kant gezeigt (§ 15 I 1) – aus einem Sein nicht auf ein Sollen geschlossen werden. Das heißt, aus einem bloßen Faktum ist keine Begründung dafür zu gewinnen, daß etwas ethisch billigens- oder mißbilligenswert sei. An diesem Einwand scheitern alle Versuche, in den Tatsachen der natürlichen Welt ein ethisches Richtmaß zu finden. Als bloßes Faktum gibt es z. B. in unserer Welt Polygamie und Monogamie. Und gerade heute stellt sich in manchen Weltteilen die akute Frage, sich zwischen der dort überkommenen polygamen und einer monogamen Familienordnung zu entscheiden. Die faktische Natur des Menschen läßt offenbar beide Möglichkeiten zu. Gerade weil es faktische Alternativen gibt, stellt sich das Problem, zwischen ihnen die richtige Wahl zu treffen. Die ethische Richtigkeitsfrage wird überhaupt nur dort relevant, wo Alternativen zur Wahl stehen. Das Kriterium für die Richtigkeit dieser Wahl zwischen faktischen Alternativen kann aber nicht schon in den Fakten selbst liegen.

Deshalb heben Naturrechtstheorien aus der Fülle dessen, was existiert, bestimmte Gegebenheiten als die „wahre Natur" des Menschen oder der Sache heraus, um dann etwa zu behaupten, der „wahren Natur" des Menschen entspreche z. B. die Monogamie am besten. Damit trifft man aber schon eine wertende Auswahl, legt also bestimmte ethische Maßstäbe in die natürliche Ordnung hinein, um sie dann wieder aus der „wahren Natur" des Menschen, der Institution oder der Sache herauszulesen. Diese Operation ist nichts anderes als ein Zirkelschluß. Forscht man nach den grundlegenden Wertungen, die das Bild von der „wahren Natur" bestimmt haben, so stößt man oft einfach auf überkommene Gerechtigkeitsvorstellungen oder auch nur auf das eigene Rechtsgefühl des Autors.

Man kann also, je nach dem vorausgesetzten Ethos und dem hierdurch geprägten Bild der „wahren Natur", sehr unterschiedliche, ja einander geradezu widerstreitende Prinzipien der Gerechtigkeit naturrechtlich „ableiten". So gibt es – je nach den Tatsachen, die man hervorkehrt – naturrechtliche Begründungen für die Gleichberechtigung und solche für das Recht des Stärkeren (IV). Es finden sich ferner naturrechtliche Begründungen des Individualeigentums ebensowohl wie solche des Güterkommunismus und naturrechtliche Rechtfertigungen der Monarchie ebenso wie solche der Demokratie (Kelsen 1953, 38 f.).

Auch wenn Naturrechtslehren auf theologischem Grunde ruhen, wenn also die Welt als Schöpfungsordnung gedeutet wird, kann man aus bloßen Fakten keine Normen herleiten; denn zur Schöpfungsordnung gehören die Heiligen und die Diebe. Also muß man auch hier bestimmte Dinge und Sachverhalte hervorheben, die als Maßstab dienen können. Diese Maßgeblichkeit kann ihren Grund wiederum nicht in ihrem bloßen Dasein haben. Vielmehr liegt sie hier in einer theologischen Prämisse, aus der sich ergibt, welches der Schöpfungszweck und die daraus folgende wahre Natur des Menschen oder einer Sache sei. Damit ist letztlich nach dem göttlichen Willen Rückfrage gehalten. Dieser erscheint dann als die eigentlich normsetzende Instanz. Die Ordnung der Dinge wird zum bloßen Indiz für den göttlichen Willen, wie ein Werkstück für die Absicht des Meisters: Das Gottgewollte ist das Gute und das wahrhaft Seiende, ens et bonum convertuntur (Thomas von Aquin, De Veritate, XXI 2 f.). Darum belehren hier letztlich nicht die Fakten, sondern die theologischen Prämissen darüber, was der Gerechtigkeit als Vorbild und Muster dienen kann.

Die Naturrechtskritik hat es aber nicht nur mit der Frage inhaltlicher Gerechtigkeitserkenntnis, sondern auch mit dem Geltungsproblem zu tun: Vielfach wurde eine von menschlicher Rechtssetzung unabhängige und vorrangige Geltung des Naturrechts behauptet. Dieses Geltungsproblem wurde schon in anderem Zusammenhang erörtert (§ 6 V).

§ 13. Die historische Vernünftigkeit

Literatur: *G. W. F. Hegel,* Enzyklopädie der philosophischen Wissenschaften, 1817, [3]1830; *ders.,* RPh; *ders.,* Vorlesungen über die Philosophie der Geschichte, ed. Suhrkamp 1982; hieraus (z. T. abweichend): *ders.,* Die Vernunft in der Geschichte, ed. J. Hoffmeister, [5]1955.

I. Die Lehre Hegels

Bei Hegel (1770–1831) wird noch einmal der stoische Gedanke einer alles durchwaltenden Vernunft lebendig, hier nun in einem System einer idealistischen Philosophie. Hegels metaphysische Grundhypothese ist, daß die Vernunft das eigentlich Wirkliche sei, „daß die Vernunft die Welt beherrscht" (Hegel 1955, S. 28). „Was vernünftig ist, das ist wirklich; und was wirklich ist, das ist vernünftig" (Hegel RPh, Vorrede). Die Annahme, daß das Vernünftige das eigentlich Wirkliche sei (nämlich dasjenige, was in der Geschichte zur Wirkung kommt), ist in der Geschichtsphilosophie Hegels begründet: Aus seiner Sicht ist Geschichte wesentlich Geistesgeschichte. Die Geschichte erscheint ihm als vernünftiges Geschehen. Was in Kants Geschichtsphilosophie skeptische Hoffnung war: daß die Menschheit zu größerer Vernünftigkeit fortschreite (Zippelius Gesch, Kap. 16 e), wird bei Hegel zum philosophischen Dogma. Ihm stellt sich Geschichte als Verwirklichung der Vernunft dar, als „das Bild und die Tat der Vernunft" (Hegel 1955, S. 28 ff., 36; 1982, S. 20 ff.). Diese gewinnt in dem Geist jedes Volkes eine besondere Gestalt: „Die Weltgeschichte ist die Darstellung des göttlichen, absoluten Prozesses des Geistes in seinen höchsten Gestalten, dieses Stufenganges, wodurch er seine Wahrheit, das Selbstbewußtsein über sich erlangt. Die Gestaltungen dieser Stufen sind die welthistorischen Volksgeister, die Bestimmtheiten ihres sittlichen Lebens, ihrer Verfassung, ihrer Kunst, Religion und Wissenschaft. Diese Stufen zu realisieren ist der unendliche Trieb des Weltgeistes, sein unwiderstehlicher Drang; denn diese Gliederung sowie ihre Verwirklichung ist sein Begriff" (1955, S. 75; 1982, S. 73). „Der Geist eines Volkes ist also zu betrachten als die Entwicklung eines Prinzips, das in der Form eines dunkeln Triebes eingehüllt ist, der sich herausarbeitet, sich objektiv zu machen strebt … Er allein ist es, der in allen Taten und Richtungen des Volkes sich hervortreibt, der sich zu seiner Verwirklichung, zum Selbstgenusse und Selbsterfassen bringt" (1955, S. 64 f.; 1982, S. 96). Tendenz und Wirksamkeit dieses Geistes eines Volkes ist es, „sich zu einer vorhandenen Welt zu machen, die auch im Raume besteht; seine Religion, Kultus, Sitten, Gebräuche, Kunst, Verfassung, politische Gesetze, der ganze Umfang seiner Einrichtungen, seine Begebenheiten und Taten, das ist sein Werk, – das ist dies Volk" (1955, S. 67; 1982, S. 99).

Das Recht ist wahrhaftes Recht nur dann, wenn es Verwirklichung jener Vernunft ist, die sich im Volksgeist entfaltet. Das empirisch vorhandene Recht ist entweder Realisierung der Vernunft und damit „an sich Recht" oder sonstiges, bloß positives Recht, das Ausdruck des Zufälligen und des Eigenwillens ist; so wie auch die Staaten überhaupt entweder wahrhafte sind – oder aber schlechte, die bloß existieren wie ein kranker Körper, aber keine wahrhafte Realität besitzen. So ist alles Vorhandene entweder wahrhaft Wirkliches, in dem sich Vernunft realisiert, oder bloß „zufällige Existenz" (Hegel 1830, § 6).

II. Kritik

Literatur: N. Hartmann, Das Problem des geistigen Seins, 1933, Kap. 18; *E. Topitsch,* Vom Ursprung und Ende der Metaphysik, 1958, S. 246 ff.; *S. Smid,* Folgen der Kritik des Geschichtskonzepts in der Hegelschen Rechtsphilosophie, ARSP 1987, S. 338 ff.

Die metaphysische Grundhypothese Hegels, daß nur das Vernünftige wahrhaft „wirklich" sei, hat wenig Sinn. Es fehlt schon an einem stets praktikablen Kriterium, nach dem man etwa „vernünftiges" und bloß „zufälliges" Recht oder „vernunftgemäße" und bloß „zufällige" Staatsgebilde unterscheiden könnte. Wo sollte die Suche nach Gerechtigkeit „das Bild und die Tat der Vernunft" finden? Sollte die bloße Existenz eines völkischen Rechtsbewußtseins als vernünftig gelten können? Wer wollte beispielsweise die Wandlungen, die der Geist des deutschen Volkes im zwanzigsten Jahrhundert durchleben und durchleiden mußte, als Manifestation der Vernunft begreifen? Und sollen alle die unterschiedlichen, heute die Völker der Welt beherrschenden Geisteshaltungen Realisierungen der Vernunft sein? Hegel würde antworten, daß nicht jede völkische Gesinnung und nicht jedes Recht auch wahrhafte Gesinnung und auch „an sich Recht" sei; beides könne auch Ausdruck des Zufälligen, könne faule Existenz sein (Hegel 1830, § 6; 1821, § 212).

Welches wäre dann aber, fragen wir weiter, das praktikable Kriterium, nach dem das Vernünftige vom bloß Zufälligen unterschieden werden könnte? Hegel gibt zwei Antworten, die einander korrespondieren: „Was vernünftig ist, das ist wirklich; und was wirklich ist, das ist vernünftig" (s. o.). Und: Die allgemeine Weltgeschichte ist das Weltgericht (Hegel 1830, § 548). Das Vernünftige erweise sich also daran, daß es im Gang der allgemeinen Weltgeschichte zu nachhaltiger Wirkung gelangt sei und ihn bestimmt habe (Hegel RPh, §§ 344, 347).

Man kann aber schon darüber streiten, welche Prinzipien den Gang der Weltgeschichte wirksam bestimmten. War diese wirklich „nichts als die Entwicklung des Begriffes der Freiheit" (Hegel 1982, S. 539 f.)? Und wie wäre diese Freiheit genau zu bestimmen? Oder ist Geschichte vielmehr als eine Aufeinanderfolge von Klassenkämpfen zu begreifen, die in eine klassenlose Gesellschaft münden? Oder vielleicht als sozialdarwinistischer Ausleseprozeß?

Und selbst wenn im Gang der Weltgeschichte diese oder andere Prinzipien erkennbar zur Wirkung gekommen wären, bliebe die Frage, mit welcher Begründung diese als Kriterien der Vernünftigkeit gelten dürften. Erkennt man das Vernünftige nur an der nachhaltigen historischen Wirksamkeit, so entnimmt man, wie das Naturrecht, Kriterien der Legitimität letztlich aus den Fakten. Es schwindet die kritische Distanz, sich mit der historischen Wirklichkeit aus individueller moralischer Einsicht „auseinanderzusetzen". Aber die zugrundeliegende Prämisse, daß alles Wirkliche, d. h. alles, was zu weltgeschichtlicher Wirkung gelangt, auch vernünftig sei, ist eine unbewiesene metaphysische Annahme (vgl. § 12 I), wenn nicht eine willkürliche definitorische Gleichsetzung von historischer Wirksamkeit und Vernünftigkeit.

Einen weiteren Einwand legen die Gedanken Hegels selbst nahe: Es besteht eine tiefe Unversöhnlichkeit zwischen der Hegelschen Vernunftmetaphysik und der Hegelschen Dialektik, deren Kernsatz lautet: „Das Wahre ist das Ganze" (§ 4 I): Auch das Unbegriffene, nicht als vernünftig Einsichtige, „Sinnlose", „Zufällige", Ungerechte ist Teil der historischen Wirklichkeit und ein Moment des Ganzen.

§ 14. Das größte Glück der größten Zahl

I. Grundgedanken

Literatur: *Aristoteles* NE, 1097 ff., 1176 ff.; *Epikur,* nach Diog. Laertius, X 9 ff.; *J. Locke,* An Essay concerning human Understanding, 1690, II Kap. 20 § 2, Kap. 21 § 42; *Ch. Thomasius,* Fundamenta juris naturae et gentium, 1705, I 1 §§ 121 ff., I 6 § 21; *F. Hutcheson,* An Inquiry into the Original of our Ideas of Beauty and Virtue, 1725; *D. Hume,* Treatise on human nature, Buch 3, 1740; *ders.,* An Enquiry concerning the Principles of Morals, 1751; *C. A. Helvetius,* De l'esprit, 1758; *ders.,* De l'homme, de ses facultés et de son education, 1772; *J. Bentham,* An Introduction to the Principles of Morals and Legislation, 1789; *J. St. Mill,* Utilitarism, 1863; *N. Hoerster,* Utilitaristische Ethik und Verallgemeinerung, 1971, ²1977; *O. Höffe* (Hg), Einführung in die utilitaristische Ethik, 1975, ²1992; *M. Forschner,* Über das Glück des Menschen, 1993; *Kaufmann* RPh, S. 175 ff.; *J. Nasher,* Die Moral des Glücks, 2009.
Zur ökonomischen Analyse des Rechts: *R. Posner,* Economic Analysis of Law, 1972, ⁵1998; *H. B. Schäfer, C. Ott,* Lehrbuch der ökonomischen Analyse des Zivilrechts, ⁴2005; *H. Eidenmüller,* Effizienz als Rechtsprinzip, 1994, ³2005; *K. Mathis,* Effizienz statt Gerechtigkeit, 2004, ²2006.

Verläßt man diese Metaphysiken, so scheint die einfachste und einleuchtendste Antwort auf das Gerechtigkeitsproblem in dem Gedanken zu liegen, daß das Recht dem Wohlergehen der Menschen zu dienen habe. Dies ist die Auffassung des Eudämonismus. Er sieht das ethische Grundprinzip überhaupt im Glück oder – in psychologischer Zuspitzung – in der Lust. Es leuchtet unmittelbar ein, daß jeder die Lust sucht und den Schmerz flieht. Da aber einerseits Lust oft Beschwernis und andererseits Unbequemes oft Annehmlichkeiten nach sich zieht, geht es also darum, bei allen Handlungen abzuwägen, ob aus ihnen im Endergebnis eine größere Summe Lust oder eine größere Summe Schmerz unmittelbar oder mittelbar folgt. Mit Wilhelm Busch gesprochen: „Ob ein Minus oder Plus uns verblieben, zeigt der Schluß". Auch das Recht dient nur dazu, das Wohlergehen zu sichern und insbesondere Verletzungen durch andere zu verhüten. Eine von diesem Zweck losgelöste Gerechtigkeit „an sich" gibt es nicht (Diog. Laert., X, 128 ff., 150 ff.). Diese Überlegungen Epikurs (341–270 v. Chr.) bilden den Kern zahlreicher hedonistischer Lehren.

In der jüngeren Entwicklung der Rechtsphilosophie hat sich zunehmend eine soziale Wendung des Eudämonismus durchgesetzt. Weil das Glücksstreben des einen Menschen mit dem des anderen in Konflikt gerät, muß man das Glücksstreben der Einzelnen, wenn nicht in Harmonie, so doch wenigstens in eine Ordnung bringen. So lag für Hobbes die eigentliche Rechtfertigung des Staates darin, daß dieser Ordnung in dem Widerstreit der Egoismen schafft. Helvetius (1772, IX 4) sah es als das Kennzeichen einer weisen Gesetzgebung an, daß sie das natürliche

Interessenstreben nicht unterdrücke, sondern verständig ordne. Zu diesem Zweck solle sie „das Interesse des Einzelnen mit dem allgemeinen verbinden und die Tugend auf den Vorteil jedes Individuums gründen".

Ist Ziel und Richtschnur des individuellen Eudämonismus die größte Summe Glückes für den Einzelnen, so ist es Ziel und Richtschnur des sozialen Eudämonismus, die größte Summe Glückes für die Gesamtheit zu schaffen. Leitfaden des Handelns habe also das größte Glück der größten Zahl, das größtmögliche Quantum Glück der Gemeinschaft zu sein. Dieser Gedanke wurde schon von Hutcheson (1725, II 3 § VIII) entwickelt und dann vor allem durch Jeremias Bentham (1789, Kap. I 1, XVII 2) verbreitet. Auch im modernen Recht findet sich dieses Prinzip als Richtmaß der Gerechtigkeit, so etwa in Bezugnahmen auf das „allgemeine Wohl".

Häufig tritt der individualistische wie auch der soziale Eudämonismus in utilitaristischem Gewande auf: Man erklärt dann die Nützlichkeit für das individuelle Glück oder für das allgemeine Wohl („gut ist, was dem Volke nützt") zur Richtschnur des Handelns.

Aus rein ökonomischer Sicht erscheint es als Aufgabe des Rechts, den allgemeinen Wohlstand zu mehren und gerecht zu verteilen. Dem diene die Marktwirtschaft. Denn auf dem Markt würden die Beteiligten selber Nutzen und Kosten der ausgetauschten Güter gewichten und gegeneinander abwägen: Zu einem Austausch werde sich jemand nur dann entschließen, wenn ihm das, was er erhält, mehr wert sei als die Kosten, die er dafür aufbringen müsse. Durch den Markt würden die Güter in der Gesellschaft daher so verteilt, wie das nach der Einschätzung ihrer Mitglieder selbst jedem mehr Nutzen als Nachteile bringe. Geeigneter Maßstab (Rechengröße) des Nutzen/Kostenvergleichs sei der Geldwert der Güter und Vorteile (einschließlich z. B. der Freizeit), d. h. es komme darauf an, wie viel jemand für sie zu zahlen oder zu opfern bereit sei (§ 16 II 2; zum Geld als „Mittler" § 16 II 1). Auf diese Weise würden also das Erfolgsstreben und die Rationalität der Einzelnen dafür eingesetzt, die Güter in einer Gesellschaft nach der Bewertung ihrer Mitglieder selbst und daher gerecht und optimal zu verteilen.

Die Wirklichkeit stimmt aber mit dem hier vorausgesetzten Idealtypus des Marktes nicht überein (§ 16 II 2; Zippelius AStL, §§ 29 III, 35 I). Und es gibt noch tiefer gehende Bedenken:

II. Kritik

Literatur: *G. E. Moore,* Principia Ethica, (engl. 1903) dt. 1970; *N. Hartmann,* Ethik, 1925, Kap. 9, 10; *R. M. Hare,* Freedom and Reason, 1963, Kap. 7.4; *V. Kraft,* Rationale Moralbegründung, 1963; *W. Lasars,* Die klassisch-utilitaristische Begründung der Gerechtigkeit, 1982; *R. Hilgendorf,* Der ethische Utilitarismus und das Grundgesetz, in: W. Brugger (Hg), Legitimation des Grundgesetzes, 1996, S. 249 ff.; *J. Hruschka,* Utilitarismus in der Variante von Peter Singer, JZ 2001, S. 261 ff.; *H. Eidenmüller,* Der homo oeconomicus und das Schuldrecht, JZ 2005, 216 ff.

Die „Nützlichkeit" kann nie ein eigenständiges Richtmaß liefern; sie ist immer auf ein Gut bezogen, dem das Nützliche als Mittel dient: Mäßigkeit im Essen ist z. B. deshalb gut, weil sie der Gesundheit nützt. Primär stellt sich also die Frage nach dem Bezugsgut, für das etwas nützlich ist.

Aber auch das Glück oder die Lust, als Bezugsgüter des Nützlichen, sind keine zureichenden ethischen Kriterien.

Zunächst erhebt sich der Einwand, daß unsere Werterfahrungen durchaus nicht notwendig im sensualistischen Sinne lust- oder unlustbetont sein müssen. So können wir Achtung vor der Tapferkeit eines Feindes empfinden, obwohl diese uns unbequem ist und zur Ursache von Unlustgefühlen wird. Oder wir können uns zu einer Dankesschuld moralisch verpflichtet fühlen, obwohl sie uns lästig sein und Unbequemlichkeiten auferlegen kann.

Sodann entsteht die Frage nach der Vergleichbarkeit des „Glücks", eine Frage, die der Eudämonismus ungelöst läßt. Wie sollte man die Freude eines Bergsteigers über die Bezwingung eines Gipfels, einen hingebungsvollen Kunstgenuß und das Glück einer Mutter über die Rettung ihres Kindes auf einen Nenner bringen? Augenscheinlich gibt es sehr verschiedene Arten des Glückes, die man nicht auf ein Normalglück, auf eine Normaleinheit zurückführen und etwa in Geldwert ausdrücken könnte, um auf solche Weise ein Maximum an Glück zu ermitteln.

Auf zusätzliche Probleme führt die soziale Fassung des Hedonismus. Diese ist unvermeidlich, weil das Recht die Interessen und damit auch das Glückstreben der verschiedenen Menschen gerecht gegeneinander abwägen soll. Also braucht man ein Kriterium dafür, wann diese Abwägung richtig oder falsch ist. Man hat vorgeschlagen, diese Richtschnur in der Maximierung des Glückes, also im größten Glück der größten Zahl zu suchen. Aber dieses Prinzip läßt sich nicht aus der Erfahrung individuellen Luststrebens ableiten. Denn die Erfahrung persönlichen Luststrebens, die dem Hedonismus den Anschein der Lebensnähe verleiht, zielt auf die größtmögliche eigene Lust, nicht auf das größte Glück der größten Zahl. Dieses kann unter Umständen auch die Aufopferung eigener Lust, äußerstenfalls sogar den Einsatz des eigenen Lebens fordern, wenn das nötig ist, um einer größeren Zahl anderer Menschen zu ihrem Glück zu verhelfen, ihnen vielleicht die Gesundheit oder das Leben zu retten. Um zu jenem Prinzip zu gelangen, muß man also auch auf altruistische Antriebe zurückgreifen, die dem eigenen Luststreben sehr entgegengesetzt sein können, oder auf eine sublimere moralische Instanz zurückgehen, wie das z. B. Hutcheson (aaO.) tut: Es sei „unser moralischer Sinn für Tugend", der uns leite, wenn wir die moralische Qualität verschiedener Handlungen vergleichen, um eine Richtlinie für unsere Wahl zwischen ihnen zu gewinnen und um herauszufinden, welche von ihnen die größte moralische Auszeichnung verdient. Dieser moralische Sinn (also nicht das Streben nach eigener Lust) lehre uns, daß jene Handlung die beste sei, die für das größte Glück der größten Zahl sorge.

Hinzu kommt, daß das moralische Bewußtsein sich auch nicht beim Prinzip vom größten Glück der größten Zahl beruhigen will. Denn hiernach könnte das Glück des einen beliebig dem gleich großen Glück eines anderen aufgeopfert werden. Man kann das Problem auch so formulieren: In einer Gemeinschaft kann das Glück in sehr unterschiedlicher Weise – gleichmäßig oder auch ungleichmäßig – auf die Einzelnen verteilt sein. Nach jenem Prinzip wären solche unterschiedlichen „Verteilungsmuster" durchaus gleichwertig, solange nur die Summe des Glückes aller gleich bliebe. Gegen dieses Ergebnis erheben sich aber Bedenken: Nehmen wir an, es seien zwei verschiedene Zustände einer Gesellschaft herstellbar: In beiden werde zwar die gleiche „Summe des Wohlbefindens" erreicht. In der einen Gesellschaft sei aber der Wohlstand – als verfügbare Grundlage irdischen „Glückes" – willkürlich ungleichmäßig, in dem anderen gleichmäßig verteilt. Hier würde man den ersten Zustand zweifellos für ungerechter halten als den zweiten. Das heißt aber: Es geht offenbar nicht nur um eine Gesamtmaximierung, sondern auch um die gerechte Verteilung des „Glückes". Damit beansprucht man aber eine Richtlinie, die nicht aus der bloßen Maximierung der Interessenbefriedigung ableitbar ist.

Nicht zuletzt stellt sich die Frage, ob man Kriterien richtigen Verhaltens – also Richtlinien dafür, was man tun oder lassen soll – überhaupt aus Fakten wie der Lust oder der Interessenbefriedigung gewinnen kann. Kant hat diese Frage entschieden verneint (§ 15 I 1). Und G. E. Moore sah in dem Versuch, das präskriptive Prädikat „gut" auf deskriptiv darzustellende Tatsachen zurückzuführen, einen „naturalistischen Fehlschluß" (1903, sect. 10); in diesem verwechsle man das tatsächlich Gewünschte mit dem, was gewünscht werden sollte (sect. 40, 44) oder das psychologische Faktum des Vorziehens mit dem Guten (d.h. dem Vorziehenswerten) selbst (sect. 80).

§ 15. Die Allgemeinheit der Verhaltensrichtlinien

I. Grundgedanken

Literatur: Zu 1: *I. Kant,* Kritik der reinen Vernunft, 1781, ²1787; *ders.,* Grundlegung zur Metaphysik der Sitten, 1785; *ders.,* Kritik der praktischen Vernunft, 1788; *ders.,* MS; *Ch. Schnoor,* Kants Kategorischer Imperativ als Kriterium der Richtigkeit des Handelns, 1989, S. 107 ff., 110 ff., 124 ff.
Zu 2: *R. M. Hare,* Freedom and Reason, 1963, Kap. 2.5, 3.1 ff., 5.4 f., 6.2 f., 6.5, 9.1; *M. G. Singer,* Verallgemeinerung in der Ethik, (engl. 1961) dt. 1975; *R. Wimmer,* Universalisierung in der Ethik, 1980; *N. T. Potte, M. Timmons* (Hg), Morality and Universality, 1985; *J. Hruschka,* Universalization and Related Principles, ARSP 1992, S. 289 ff.

1. Der ethische Formalismus Kants

Die praktische Philosophie Kants (1724–1804) bringt eine wichtige Erkenntnis, die das Naturrecht und der Eudämonismus vernachlässigt hatten: Der Schluß vom realen Sein auf das Sollen ist unzulässig (1787, 375, 576). Es besteht ein Dualismus zwischen dem, was tatsächlich geschieht, und der Beurteilung, ob es geschehen soll. Aus dem, was faktisch geschieht, kann man nicht erschließen, was geschehen soll: Handlungen, von denen die Welt vielleicht bisher noch gar kein Beispiel gegeben habe, könnten dennoch durch die Vernunft geboten sein, so daß „z. B. reine Redlichkeit in der Freundschaft um nichts weniger von jedem Menschen gefordert werden könne, wenn es gleich bis jetzt gar keinen redlichen Freund gegeben haben möchte". „Man könnte auch der Sittlichkeit nicht übel raten, als wenn man sie von Beispielen entlehnen wollte. Denn jedes Beispiel, was mir davon vorgestellt wird, muß selbst zuvor nach Prinzipien der Moralität beurteilt werden, ob es auch würdig sei, zum ursprünglichen Beispiele, d. i. zum Muster zu dienen, keineswegs aber kann es den Begriff derselben zu oberst an die Hand geben" (Kant 1785, 28 f.).
Auch die empirische Tatsache einer Lust ist ein bloßes Faktum, das lediglich vorhanden ist, aber kein Kriterium richtigen Verhaltens liefert. Kant nimmt nun an, daß alle „materialen", d. h. inhaltlich bestimmten Verhaltensprinzipien nur die „Glückseligkeit" und damit ein bloßes Faktum betreffen: „Alle materialen praktischen Prinzipien … gehören unter das allgemeine Prinzip der Selbstliebe oder eigenen Glückseligkeit" (1788, 40). In solchen Prinzipien wirken als Bestimmungsgründe des Handelns Objekte des „Begehrungsvermögens", also wiederum bloße Fakten, die keine Kriterien richtigen Verhaltens liefern könnten.
Daß es auch eine inhaltsbestimmte Werterfahrung geben könne, die sich nicht auf handgreifliche „Objekte des Begehrens" bezieht und nicht in einer faktischen „Empfindung der Annehmlichkeit" erschöpft, diese Möglichkeit zieht Kant nicht in Betracht. Daher sieht er überhaupt keine „materialen", d. h. inhaltsbestimmten

Beweggründe des Handelns, die er als moralische Richtlinien akzeptieren könnte. Folglich kann es für ihn nur formale Kriterien richtigen Verhaltens geben: So bleibt „nichts übrig als die bloße Form einer allgemeinen Gesetzgebung" (1788, 48 f.).

Zugleich führt Kant die möglichen Erkenntnisquellen richtigen Verhaltens auf apriorische Vernunfteinsichten zurück. Denn, so folgert er (1785, 2. Abschn.), wenn die sittlichen Begriffe nicht aus faktischen Gegebenheiten herleitbar seien, dann könnten sie nicht durch Erfahrung gefunden werden; also könnten sie nur a priori durch Vernunfteinsicht gewonnen werden.

Faßt man beide Gedanken zusammen, so ergibt sich: Moralische Gebote können nicht durch Erfahrungstatsachen bedingt, also nur unbedingte Vernunftgebote sein. Sie sind formaler Natur und gelten a priori.

Hiernach könnte die Richtigkeit jedes Sollens nur nach diesem apriorischen und formalen Maßstab beurteilt werden: ob es sich zu einem Gesetz verallgemeinern lasse. So lasse sich auch der Begriff des (richtigen) Rechts nur formal bestimmen: Das Recht hat die Freiheitsbereiche der Menschen gegeneinander abzugrenzen; da dies in allgemeiner Weise zu geschehen hat, so ist Recht also „der Inbegriff der Bedingungen, unter denen die Willkür des einen mit der Willkür des anderen nach einem allgemeinen Gesetze der Freiheit zusammen vereinigt werden kann" (MS, 33).

2. „Verallgemeinerungsfähigkeit" in der neueren Ethik

Der Gedanke, daß moralische Richtlinien verallgemeinerungsfähig sein müßten, findet sich auch in der neueren angelsächsischen Moralphilosophie. So sah R. M. Hare (1963) in der „universalizability" ein wesentliches Merkmal moralischer Sätze, die vorschreiben, wie gehandelt werden soll.

Eine gleiche Funktion erfüllt das später zu beschreibende Erwägungsmuster des „veil of ignorance", das nach der Meinung von J. Rawls zu einer gerechten Gemeinschaftsordnung führen soll: Dieses Erwägungsmuster läuft letztlich darauf hinaus, daß die Grundsätze, nach denen die Gemeinschaft zu ordnen ist, „allein unter allgemeinen Gesichtspunkten beurteilt" werden. Gerade in dieser Gerechtigkeitstheorie von Rawls wird auch deutlich werden, daß die Forderung nach allgemeinen Verhaltensrichtlinien und das Gleichheitsprinzip eng zusammenhängen (§ 16 III 1).

Schließlich spielt der Universalisierungsgrundsatz auch in der Diskursethik eine Rolle: Eine Norm müsse in einem rationalen Diskurs, nach generellen Kriterien, begründbar sein. Das bedeute: In einem solchen Diskurs dürfe kein Teilnehmer sich selbst widersprechen (insbesondere nicht den Voraussetzungen seiner Argumentation) und alle müßten den Konsequenzen zustimmen können, die sich aus einer allgemeinen Befolgung der diskutierten Norm ergeben (§ 39 I 2).

II. Kritik

Literatur: *G. W. F. Hegel,* Über die wissenschaftlichen Behandlungsarten des Naturrechts, 1802; *ders.,* RPh.

Das formale Kriterium erfordert, daß eine Verhaltensrichtlinie als allgemeines Gesetz gelten könne, d. h., daß sie verallgemeinerungsfähig sein müsse. Damit ist wohl eine notwendige, aber nicht schon eine zureichende Bedingung der Gerechtigkeit bezeichnet.

Der Begriff der notwendigen Bedingung besagt, daß eine Richtlinie, die nicht verallgemeinerungsfähig ist, nicht zum ethischen oder rechtlichen Richtmaß tauge. Es handelt sich hier also um ein Mindesterfordernis der Richtigkeit. Ihm trägt beispielsweise der Grundsatz der Gesetzmäßigkeit staatlichen Handelns Rechnung, also der Grundsatz, daß staatliches Handeln sich nach generellen Normen zu richten habe. Selbst „Billigkeitsentscheidungen" ergehen mit dem Anspruch, verallgemeinerungsfähig zu sein, d. h. mit dem Anspruch, daß gleichartige Fälle künftig in gleicher Weise zu entscheiden sind. Selbst Billigkeitsentscheidungen verwirklichen darum keine „Einzelfallgerechtigkeit" im strengen Sinn; sondern sie dienen nur dazu, generelle Normen in sachgerechter Weise zu differenzieren (§§ 24; 40).

Andererseits gibt das formale Kriterium der Verallgemeinerungsfähigkeit keine zureichende Bedingung der Richtigkeit: Eine Richtschnur ist nicht allein schon deshalb billigenswert, weil sie verallgemeinerungsfähig ist. Der Grundsatz, daß kein Privateigentum an Produktionsmitteln bestehen solle, läßt sich wohl allgemein formulieren; aber das gleiche gilt für den entgegengesetzten Grundsatz, daß Privateigentum an Produktionsmitteln bestehen solle. Im Streit um die Zulässigkeit des Schwangerschaftsabbruchs sind verschiedene Lösungen allgemein formulierbar; welche von ihnen die richtige ist, läßt sich nicht schon aus der Verallgemeinerungsfähigkeit der Lösung entnehmen. Daß Homosexualität verboten sein solle, ist ebensogut verallgemeinerungsfähig wie das Gegenteil. Ob eine weltanschaulich begründete Boykottaufforderung zulässig ist, hängt davon ab, ob man der beruflichen Betätigungsfreiheit des Boykottierten oder der Meinungsfreiheit des anderen den Vorzug gibt; formal ließe sich die eine wie die andere Lösung zum allgemeinen Grundsatz erheben. Der ethische Formalismus liefert also hier, wie in anderen Fällen, kein eindeutiges Kriterium für die richtige Entscheidungswahl.

Mit Recht hat daher schon Hegel (RPh, § 135) bemerkt, aus einem „leeren Formalismus", als einem bloßen Mangel des Widerspruchs, könne „nicht zur Bestimmung von besonderen Pflichten übergegangen werden". Auch das Prinzip der Allgemeinheit „enthält für sich kein weiteres Prinzip, als jenen Mangel des Widerspruchs und die formelle Identität. – Daß *kein Eigentum* stattfindet, enthält für sich ebensowenig einen Widerspruch, als daß dieses oder jenes einzelne Volk, Familie usf. nicht existiere, oder daß überhaupt *keine Menschen leben.* Wenn es sonst für sich fest und vorausgesetzt ist, daß Eigentum und Menschenleben sein und respektiert werden soll, dann ist es ein Widerspruch, einen Diebstahl oder Mord zu begehen; ein Widerspruch kann sich nur mit etwas ergeben, das ist, mit einem Inhalt, der als festes Prinzip zum voraus zugrunde liegt." Tatsächlich scheinen denn auch in den Stellungnahmen Kants zu konkreten ethischen Fragen ständig inhaltserfüllte Wertungen durch den dünnen Mantel des formalen Prinzips: Wertungen, die in ihrer Differenziertheit nicht aus diesem Prinzip hergeleitet werden können.

§ 16. Die Gleichheit

Literatur: *Binder* RPh, S. 368; *H. Nef,* Gleichheit und Gerechtigkeit, 1941; *E. Brunner,* Gerechtigkeit, 1943, S. 29 ff.; *Henkel* RPh, S. 395 ff.; *Ch. Perelman,* Über die Gerechtigkeit, 1967, S. 16 ff.; *Engisch* Ger, S. 148 ff.; *O. Dann,* Gleichheit und Gleichberechtigung, 1980; *D. Herwig,* Gleichbehandlung und Egalisierung als konkurrierende Modelle von Gerechtigkeit, 1984; *J. Hruschka,* Die Konkurrenz von Goldener Regel und Prinzip der Allgemeinheit usw., Juristenzeitung 1987, S. 941 ff.; *Zippelius* RuG, Kap. 26.

Nicht in der Deduktion, wohl aber im Ergebnis besteht eine nahe Verwandtschaft zwischen dem formalen Rechtsprinzip Kants und dem sehr viel älteren Grundsatz der Gleichbehandlung: Das von Kant geforderte allgemeine Gesetz, das die Freiheiten der Menschen gegeneinander abgrenzt, sichert jedem unter gleichen Voraussetzungen eine gleiche Behandlung.

I. Das Prinzip der Gegenseitigkeit (Talion, Goldene Regel)

Literatur: *J. Duns Scotus,* Opus Oxoniense, 1305/06, IV dist. 21 qu. 2 n. 8; *L. J. Philippidis,* Die „Goldene Regel", 1929; *B. Rehfeldt,* Die Wurzeln des Rechtes, 1951, S. 11 ff., 41 ff.; *B. Rehfeld, M. Rehbinder,* Einführung in die Rechtswissenschaft, [6]1988, § 20 VII-X.; *A. Dihle,* Die Goldene Regel, 1962; *B. H. D. Hermesdorf,* Poena talionis, 1965; *A. Gehlen,* Moral und Hypermoral, 1969, [3]1973, Kap. 4; *S. Jørgensen,* Ethik und Gerechtigkeit, 1980, S. 20 ff.; *O. R. Kissel,* Die Justitia, 1984, S. 19 f., 23 f., 92 ff.; *V. Boehme-Neßler,* Reziprozität und Recht, Rechtstheorie 2008, S. 521 ff.

Es ist ein alter Gedanke der Gerechtigkeit, daß jedem „Gleiches für Gleiches" zugemessen werde. Die Römer bezeichneten die Billigkeit geradezu als „aequitas", als Gleichheit, und gaben ihr die Waage zum Sinnbild, jene Waage, die dann zum Attribut der Justitia wurde.

Im Vertragsrecht findet sich der Gedanke des Gleichmaßes schon früh im Prinzip des „gerechten Preises". Daß beim Güteraustausch Gleiches für Gleiches zu gewähren sei, war ein zentraler Gedanke in der Gerechtigkeitslehre des Aristoteles (II). Das römische Recht kannte das Prinzip des „iustum pretium"; dieses fand eine rechtliche Ausprägung in dem von Diokletian eingeführten Anfechtungsgrund der laesio enormis.[1]

Vor allem aber diente im frühen Recht das Prinzip des Gleichmaßes dazu, die ungemessene Rache durch eine angemessene Vergeltung des Gleichen mit dem Gleichen (die „Talion") abzulösen. Damit konnte dem verheerenden Gang der unbegrenzten Blutrache ein Maß gegeben und eine Grenze gesetzt werden. Nirgends sonst wird die befriedende Wirkung der Gerechtigkeit so greifbar wie hier. Der Gedanke der Talion ist alt. So wird der Grundsatz des legendären minoischen Königs Rhadamanthys überliefert: „Leidest du, was du getan, so ist dir Recht geschehen" (Aristoteles NE, 1132 b). Das Prinzip der Talion findet sich (neben subtileren Ausgleichsregelungen) schon im steinernen „Codex" (§§ 196 ff.) des Babylonierkönigs Hammurapi (um 1700 v. Chr.), der seinerseits an ältere Rechtssammlungen anschloß. Jahrhunderte später wurde das mosaische „Leben um Leben, Auge um Auge, Zahn um Zahn" niedergeschrieben (2. Mose 21, 23 ff.; 3. Mose 24, 17 ff.). In seiner gröbsten Form müßte der Grundsatz besagen, dem Täter solle ein gleicher Schaden zugefügt werden, wie er ihn selber verursacht hat.

Auf diese allzu einfache Formel kann aber die Gerechtigkeit nicht gebracht werden. Eine so einseitig am Erfolg orientierte Vergeltung widerspräche dem Rechtsgefühl, das eine Differenzierung der Strafe nach der Schuld verlangt (vgl. schon § 206 des Codex Hammurapi). Zudem erfaßt die im präzisen Sinn verstandene Talion („spiegelnde" Strafen, die ein andersartiges Übel zufügen, stehen hier nicht zur Diskussion) einen Teil des strafwürdigen Verhaltens überhaupt nicht in adäquater Weise: Was sollte die Talion für Meineid, Bigamie oder Inzest sein? Zum Teil trägt sie dem Sühnebedürfnis nur unvollkommen Rechnung: Sollte dem Dieb nur soviel genommen werden, wie er selber gestohlen hat?

---

[1] M. Kaser, R. Knütel, Römisches Privatrecht, [17]2003, § 41 II 3.

Eine andere Fassung des Gegenseitigkeitsprinzips ist die *Goldene Regel,* daß ich mich anderen gegenüber in gleicher Weise verhalten soll, wie ich wünsche, daß sie sich mir gegenüber verhalten sollen. In negativer Fassung bestimmt sie: „Was du nicht willst, daß man dir tu', das füg' auch keinem andern zu." In positiver Fassung finden wir sie in dem Satz: „Alles nun, was ihr wollt, daß euch die Leute tun sollen, das tuet ihnen auch." Und um den umfassenden Charakter dieses Prinzips hervorzuheben, ist hinzugefügt: „Das ist das Gesetz und die Propheten" (Matth. 7, 12). Indessen liefert auch die Goldene Regel keine unanfechtbaren Verhaltensrichtlinien: Der eine hört gern Trompeten, der andere nicht. Soll daher der erste auch selber in einem Wohngebiet Trompete blasen dürfen? Die Ethik kann schon deshalb nicht auf die subjektiven Wünsche abstellen, weil diese ganz verschieden sind. Maßstab für das Verhalten kann nicht die Behandlung sein, die man tatsächlich für sich wünscht, sondern nur eine Behandlung, die man wünschen soll (Duns Scotus; Kelsen RR, 367 f.). Aber damit taucht sofort die ethische Frage in ihrer ganzen Ungelöstheit wieder auf: Welches wäre der Inhalt dieser Sollensnormen?

II. Ausgleichende und verteilende Gerechtigkeit

Literatur: *Th. Heckel* (Hg), Der gerechte Lohn, 1963; *J. Herrmann* u. a., Der „gerechte Preis", 1982; *M. Köhler,* Justitia distributiva, ARSP 1993, S. 457 ff.; *J. Oechsler,* Theorie und Geschichte der Vertragsgerechtigkeit, 1997, § 2; *J. D. Harke,* Vorenthaltung und Verpflichtung, Philosophische Ansichten der Austauschgerechtigkeit und ihr rechtshistorischer Hintergrund, 2005.
Zu 1: *Aristoteles* NE, 1130 ff.; *Thomas von Aquin,* Summa theologica, II II qu. 58 und 61; *W. Waldstein,* Zu Ulpians Definition der Gerechtigkeit, in: F. f. W. Flume, 1978, S. 213 ff.; vgl. auch *W. Ott,* Die Equity-Theorie aus der Sicht des Juristen, in: Rechtstheorie 1986, S. 359 ff.
Zu 2: *H. Kelsen, E. Topitsch,* wie zu § 12 VI; *O. v. Zwiedineck-Südenhorst,* Allg. Volkswirtschaftslehre, 1932, ²1948, S. 173 ff.

1. Die Lehre des Aristoteles

Zum zentralen Problem der Gerechtigkeit im engeren Sinn hat Aristoteles (384–322 v. Chr.) das Gleichheitsprinzip erhoben. Er lehrte, daß die Gerechtigkeit vor zwei verschiedene Probleme der Gleichbehandlung gestellt sein könne: vor die Frage, gerecht auszugleichen, und vor die andere, Güter und Lasten angemessen zu verteilen; er hat dabei nicht übersehen, daß es auch Fragen der Gerechtigkeit gibt, die sich, wie z. B. die Wiedervergeltung, nicht in dieses Schema pressen lassen.

Im ersten Fall geht es um den gerechten Ausgleich im Rechtsverkehr, z. B. um den gerechten Güterausgleich bei Kauf, Zinsdarlehen oder Miete, aber auch um den gerechten Lastenausgleich nach unerlaubten Handlungen (§§ 29 II; 34). Das Prinzip dieses Ausgleichs ist die arithmetische Gleichheit: Auf keiner Seite darf Gewinn oder Verlust entstehen. Dieser Maßstab gilt „ohne Ansehen der Person": Das Pfund Butter kostet für den Millionär so viel wie für den kleinen Rentner. Instrument zur Verwirklichung der Austauschgerechtigkeit ist das Geld; es ist der Mittler, an dem sich alles messen läßt; dadurch ermöglicht es, den Wert der auszutauschenden Güter zu vergleichen.

Anders liegt es bei der verteilenden Gerechtigkeit (§ 29 III). Beispielsweise können die Ämter im Staat nicht nach arithmetischer Gleichheit verteilt werden, sondern nur nach der Angemessenheit. Hier gilt nicht der Grundsatz: Jedem genau das Gleiche, sondern: Jedem das ihm „Angemessene", jedem das Seine. Dieses Gleichheitsprinzip weist also, wie schon Platon (Gesetze, 757) gesagt hatte, dem Bedeutenderen mehr, dem Unbedeutenderen weniger zu und teilt dem einen wie dem anderen das zu, was ihm nach seiner Natur angemessen ist. Auch Lasten werden unter Berücksichtigung der persönlichen Verhältnisse, also „mit Ansehen der Person" verteilt: Der Wohlhabende soll höhere Steuern zahlen als der Arme, der gebrechliche Alte nicht in gleicher Weise zum Wehrdienst verpflichtet sein, wie der kräftige Jüngling. Hier gilt es also, Gleiches gleich und Ungleiches ungleich zu behandeln.

Thomas von Aquin übernahm die Aristotelische Lehre von den zwei Arten der Gerechtigkeit und ordnete sie zwei sozialen Beziehungsrichtungen zu: Der Einzelne verhalte sich zur Gemeinschaft wie ein Teil zum Ganzen. Die Beziehungen zwischen den Einzelnen, also zwischen einem Teil des Ganzen zu einem anderen Teil, ordne die justitia commutativa. Das Verhältnis des Ganzen zu seinen Teilen hingegen regle die justitia distributiva (vgl. auch § 26 II 2). Die Frage einer gerechten Verteilung könne sich übrigens nicht nur im Verhältnis zwischen dem Staat und seinen Bürgern, sondern auch in kleineren Gemeinschaften stellen, so etwa im Verhältnis zwischen einer Familie und ihren Mitgliedern (II II qu. 61, 1). Zum Beispiel ist im Erbrecht zu entscheiden, wie der Nachlaß zwischen den hinterbliebenen Familienangehörigen gerecht zu verteilen ist.

2. Kritik

Das Prinzip der ausgleichenden Gerechtigkeit leuchtet für seinen Anwendungsbereich sogleich ein: Bei der Forderung nach angemessenem Preis, Lohn oder Schadensersatz kommt es nur auf die Gleichwertigkeit der auszutauschenden oder zu ersetzenden Güter an, ohne Ansehen spezifischer Eigenschaften der beteiligten Personen. Dieses Prinzip ist in manchen Fällen auch ohne weiteres praktikabel, am glattesten bei der Naturalrestitution: Wer z. B. unvorsichtigerweise eine fremde Vase zerschlagen hat, muß als Ersatz eine genau gleiche Vase liefern.

Sobald es aber um den Austausch von verschiedenartigen Gütern oder von Dienstleistungen und Gütern geht, regen sich Zweifel: Welche Güter und Dienstleistungen sind denn einander gleichwertig? Im Problem des gerechten Warenpreises und des gerechten Lohnes wird die Aufgabe einer Quantifizierung der auszugleichenden Werte in ihrer ganzen Fragwürdigkeit sichtbar, eine Aufgabe, die nicht selbst wieder aus dem Gleichheitsgrundsatz lösbar ist. Soll etwa der gerechte Lohn einfach nach der aufgewendeten Arbeitszeit bemessen werden? Oder auch nach der erforderlichen Anstrengung? Und was wäre das Maß, nach dem sich etwa körperliche und geistige Anstrengungen miteinander vergleichen ließen? Oder soll sich der Lohn auch nach den erforderlichen Fähigkeiten und Talenten richten? Und um wieviel sollte dann etwa die Arbeit eines großen Physikers höher bewertet werden als die eines Handwerkers?

Gerade wegen der Unsicherheit vorgegebener Güter- und Dienstleistungswerte konnte sich der Liberalismus veranlaßt sehen, jenem Problem eine neue Wendung zu geben: Der Preis sollte sich nicht nach einem vorgegebenen Wert der Güter und Dienstleistungen bestimmen; sondern deren Wert sollte sich aus dem tatsächlich erzielten Marktpreis ergeben.[2] Auf dem freien Markt wird sich, so dachte man, jemand nur dann zu einem Austausch entschließen, wenn er dafürhält, daß die ihm angebotene Gegenleistung seinem eigenen Angebot wenigstens gleichwertig sei; seine eigene Einschätzung würde also über die Gleichwertigkeit der auszutauschen-

---

[2] So bereits Th. Hobbes, Leviathan, 1651, Kap. 15, vgl. auch Kap. 10.

den Güter und Leistungen befinden (§ 14 I). Dieses Modell einer Marktwirtschaft setzt aber voraus, daß den Beteiligten vollständige Informationen über die Marktsituation zur Verfügung stehen und daß sie zu rationalem Handeln fähig sind. Und es verliert insbesondere dann seine Überzeugungskraft, wenn jemand einen dringenden Bedarf nicht aus frei konkurrierenden Angeboten oder auf andere Weise decken kann und sich dadurch gezwungen sieht, ein alternativenloses Angebot anzunehmen.

Noch mehr führt das Aristotelische Prinzip der verteilenden Gerechtigkeit auf offene Fragen. Die Grundsätze: „Jedem das Seine" und „Gleiches gleich und Ungleiches ungleich behandeln" gehören zu den Luftblasen, die im Strom der Zeiten immer obenauf sind. Gewiß enthalten sie eine „Richtlinie nach der negativen Seite" (Henkel RPh, 401): Auf jeden Fall ist eine Ungleichbehandlung dann ungerecht, wenn sie überhaupt nicht an einem sachlichen Unterschied orientiert ist. Aber welche Unterschiede eine ungleiche Behandlung rechtfertigen oder auch fordern, das läßt die Formel offen. Rechtfertigt z. B. der Unterschied der Geschlechter eine unterschiedliche Behandlung hinsichtlich der Wehrpflicht? Hinsichtlich des staatsbürgerlichen Wahlrechts? Hinsichtlich des elterlichen Sorgerechts? Und welche Behandlung ist einer bestimmten Eigenschaft angemessen? Ernst Topitsch (1963, 3) sagte, der Satz „Jedem das Seine" habe auch über dem Tor eines Konzentrationslagers gestanden, und fügte hinzu: Dagegen war „vom rein logischen Standpunkt nichts einzuwenden". Auf diese Ausfüllungsbedürftigkeit der Formel zielte auch die Kritik Kelsens (1953, 23): Die Formel läßt „die entscheidende Frage, was es eigentlich ist, das jedermann als „das Seine' betrachten dürfe, ... unbeantwortet. Daher ist das Prinzip ‚Jedem das Seine' nur unter der Voraussetzung anwendbar, daß diese Frage schon vorher entschieden ist... . Daher kann die Formel, ‚Jedem das Seine' zur Rechtfertigung jeder beliebigen Gesellschaftsordnung dienen, mag es sich um eine kapitalistische oder sozialistische, eine demokratische oder autokratische Ordnung handeln. Nach allen diesen Ordnungen wird jedem das Seine gewährt, nur daß eben ‚das Seine' nach jeder Ordnung verschieden ist". Schon Aristoteles (NE, 1131 a) hat diese Problematik gesehen, wenn er mit Blick auf die Verteilung öffentlicher Ämter sagte: „Darüber herrscht Einigkeit, daß sich die Verteilung nach einer gewissen Würdigkeit richten müsse; bloß verstehen nicht alle unter der Würdigkeit dasselbe, sondern die Demokraten sprechen sie jedem freien Mann zu, die oligarchisch Gesinnten gründen sie auf Reichtum oder Geburtsadel und die Aristokraten auf die Tüchtigkeit."

Der Gleichheitssatz weist also über sich hinaus auf Bewertungskriterien, die nicht schon in ihm selbst liegen. Er erfüllt seine Gerechtigkeitsfunktion als ein „Schlüsselbegriff", der dazu dient, Gerechtigkeitsfragen in spezifischer Weise zu erschließen, als ein Prinzip, das die Gerechtigkeitserwägungen in spezifischer Weise begrifflich strukturiert: Man stellt Gemeinsamkeiten und Unterschiede heraus, um zu prüfen, von welchen Merkmalen die erwogene Rechtsfolge gerechterweise abhängen sollte (§ 40 I 1). Auf diese Weise erhält die Gerechtigkeitsfrage einen spezifischen begrifflichen Zuschnitt, ohne damit aber schon gelöst zu sein.

Gerechtigkeitsfragen, die in solcher Weise durch vergleichende Erwägung strukturiert wurden, sind auf einer bestimmten Legitimationsbasis zu entscheiden; in einer offenen Gesellschaft sind sie in einem freien Wettbewerb der Überzeugungen zu lösen und auf den breitestmöglichen Konsens zu gründen (§ 21 I). Welche Merkmalsunterschiede unter einem bestimmten rechtlichen Gesichtspunkt erheblich oder unerheblich sind, bleibt innerhalb der rationalen Erwägungsstrukturen und Entscheidungsverfahren einer nicht weiter auflösbaren Gewichtung überlassen.

III. Gerechtigkeit als Fairness

Literatur: *Rawls* TG; *ders.*, Die Ideen des politischen Liberalismus, Aufsätze 1978–1990 (hg. von W. Hinsch), 1992; *N. Daniels,* Reading Rawls, 1975; *O. Höffe* (Hg), Über John Rawls' Theorie der Gerechtigkeit, 1977; *H. G. v. Manz,* Fairness und Vernunftrecht, 1992; *U. Steinvorth,* Gleiche Freiheit. Politische Philosophie und Verteilungsgerechtigkeit, 1999, S. 84 ff.; *W. Kersting,* Theorien der sozialen Gerechtigkeit, 2000, S. 68 ff.

1. Die Gerechtigkeitstheorie von Rawls

John Rawls (1921–2002) bezeichnete seine Gerechtigkeitsauffassung als „Theorie der Gerechtigkeit als Fairneß". Als heuristisches Prinzip für die Suche nach Gerechtigkeit dient ihm die Frage (TG, 28, 477): Welche Grundsätze würden freie und vernünftige Menschen in ihrem eigenen Interesse annehmen, wenn sie von der Gleichheit aller Beteiligten ausgingen und die Grundverhältnisse ihres Zusammenlebens regeln wollten?

Das Prinzip der Gleichheit bestimmt also schon die Ausgangssituation, von der aus die – gedachten – Verhandlungen geführt werden. Es beherrscht auch das hypothetische Denkverfahren, in welchem die Gerechtigkeitsgrundsätze gefunden werden sollten: Die Erwägungen sollten hinter einem „Schleier der Unkenntnis" („veil of ignorance") stattfinden: In Fragen der Gerechtigkeit solle so entschieden werden, als hätte der Entscheidende keine Kenntnis von seiner Stellung in der Gesellschaft, insbesondere von der Klasse, zu der er gehört, und von seinem Status innerhalb der Gemeinschaft, aber auch keine Kenntnis von seinem „Los bei der Verteilung natürlicher Gaben wie Intelligenz und Körperkraft". Rawls will sogar unterstellen, „daß die Beteiligten ihre Vorstellung vom Guten und ihre besonderen psychologischen Neigungen nicht kennen". Niemand könne sich also Grundsätze ausdenken, die ihn auf Grund seiner besonderen Verhältnisse bevorzugen. Wenn die Grundsätze der Gerechtigkeit in solcher Weise hinter einem Schleier der Unkenntnis festgelegt würden, so sei dadurch gewährleistet, daß niemand durch die Zufälligkeiten der Natur oder der gesellschaftlichen Umstände bevorzugt oder benachteiligt werde (TG, 29, 36, 159 ff.). Niemand könne dann die Gerechtigkeitsprinzipien speziell zum Vorteil seines eigenen Falles wählen. Jeder müsse für jeden (nämlich für alle Situationen, in die man voraussetzungsgemäß auch selber geraten könnte) entscheiden (TG, 163). Dieses Prinzip zwinge jeden, das Wohl der anderen (nämlich aller in irgendwelchen Situationen befindlichen Menschen) mit in Rechnung zu stellen (TG, 173). Kurz, die wesentliche Bürgschaft für die Gerechtigkeit läge darin, daß jeder über die anderen so entscheide, wie über sich selbst. Das Gleichheitsprinzip konvergiert also mit der Forderung nach allgemeinen Verhaltensrichtlinien: Wenn man über die anderen so entscheiden soll wie über sich selbst, so heißt das, daß die Entscheidenden ihre „Grundsätze allein unter allgemeinen Gesichtspunkten beurteilen" sollen (TG, 159). Diese Erwägung bringt das gleiche zum Ausdruck, wie die wohlbekannte Formulierung Kants (MS, 196), daß „ein jeder über alle und alle über einen jeden ebendasselbe beschließen" sollten.

Ähnlich wie Kant geht es Rawls um die Frage, „wie die verschiedenen Freiheiten zu bestimmen sind, damit sich das beste Gesamtsystem der Freiheit ergibt" (TG, 232). Diesem Ziel dient nicht nur das soeben beschriebene Erwägungsverfahren. Rawls gibt auch noch verschiedene Grundsätze der Gerechtigkeit an, die zu solch einer Gemeinschaftsordnung führen sollen:

Der erste dieser Grundsätze lautet: „Jedermann soll ein gleiches Recht auf das umfangreichste System gleicher Grundfreiheiten haben, das mit dem gleichen System für alle anderen verträglich ist" (TG, 81). Kurz, es gelte der Grundsatz der größtmöglichen gleichen Freiheit (TG, 146). Ähnlich hatte schon Kant den Begriff des Rechts bestimmt: „Recht ist die Einschränkung der Freiheit eines jeden auf die Bedingung ihrer Zusammenstimmung mit der Freiheit von jedermann, insofern diese nach einem allgemeinen Gesetze möglich ist" (§ 26 I, III 1). Die gleiche Verteilung der Freiheit erscheint bei Rawls als Konsequenz aus dem Verfahren, die Rechtsgrundsätze unter einem „Schleier der Unkenntnis" aufzustellen, also die spezifische eigene Rolle im gesellschaftlichen System und die spezifischen eigenen Fähigkeiten und Überzeugungen außer Betracht zu lassen.

Dem Prinzip gleichmäßiger Verteilung einer größtmöglichen Entfaltungsfreiheit fügt Rawls noch weitere Grundsätze hinzu, welche die Ausgestaltung einer gerechten Gemeinschaftsordnung leiten sollen: Zur Freiheit gehören auch die realen Bedingungen der Persönlichkeitsentfaltung (§ 26 II 2, 3). Abweichungen vom Prinzip gleicher Güterverteilung seien nur zulässig, wenn vernünftigerweise zu erwarten ist, daß sie zu jedermanns Vorteil gereichen, insbesondere zum Vorteil des schlechtest Gestellten. Auch müßten sie mit Positionen verbunden sein, die jedem offenstehen (TG, 31 f., 81, 86 ff.), und zwar so, daß alle, die gleiche Fähigkeiten haben, auch materiell eine gleiche, faire Chance erhalten, und zwar ohne Rücksicht auf ihre soziale Herkunft (TG, 104, 309).

2. Kritik

Auch die von Rawls vorgeschlagenen Gerechtigkeitsprinzipien lassen zu viele Fragen offen. Der Grundsatz der größtmöglichen gleichen Freiheit läßt einen angesichts konkurrierender Freiheitsrechte oft ratlos. So können etwa in Konkurrenz zueinander treten: die Berichtsfreiheit der Presse und das Persönlichkeitsrecht des Einzelnen; oder die Meinungsfreiheit des Mieters, der an der Außenwand seiner Wohnung ein Wahlplakat anbringen möchte, und das Eigentumsrecht des Vermieters, den das stört; das religiöse Selbstbestimmungsrecht des Kindes und das Erziehungsrecht der Eltern; oder das „Lebensrecht" des ungeborenen Kindes und das Selbstbestimmungsrecht der Mutter. In solchen Fällen stellt sich immer wieder die Aufgabe, näher zu bestimmen, unter welchen Bedingungen das eine Interesse dem anderen zu weichen habe, z. B. unter welchen Voraussetzungen ein Schwangerschaftsabbruch erlaubt sein solle: etwa dann, wenn die Schwangerschaft aus einer Vergewaltigung hervorgegangen ist oder wenn der Schwangerschaftsabbruch erforderlich ist, um die Mutter aus einer akuten Lebensgefahr zu retten? Man kann die Reihe solcher Beispiele, in denen unterschiedliche Freiheiten und Interessen kollidieren, beliebig vermehren. Es sind gerade Gerechtigkeitsfragen dieser Art, die den Tagesstreit beherrschen. Aber für sie bietet das Rawls'sche Prinzip der größtmöglichen gleichen Freiheit keine hinreichend präzisen und eindeutigen Entscheidungskriterien. Die abstrakte Formel ist für solche Fälle ebenso unbestritten wie unpraktikabel.

Auch die anderen von Rawls vorgeschlagenen Gerechtigkeitsprinzipien reichen nicht aus, die konkreten Gerechtigkeitsfragen der Gesellschaft zu lösen. So wären mit diesen Instrumenten die genannten Fragen zur religiösen Entscheidungsfreiheit des Kindes oder zur Abtreibungsproblematik nicht angemessen zu fassen. Gleiches gilt für Probleme der Straf- oder der Verfassungsgerechtigkeit (§§ 29 ff.).

Sogar im Zivilrecht, auf das die Rawls'sche Gerechtigkeitstheorie besonders gut zugeschnitten scheint, lassen sich mit ihr wichtige Fragen nicht erfassen: so etwa das Problem, unter welchen Bedingungen im Schadensersatzrecht eine Verschuldenshaftung oder aber eine Gefährdungshaftung angemessen sei (§ 34 II).

Selbst für die – juristisch gesehen – schon recht spezielle Frage der gerechten Güterverteilung lassen die Rawls'schen Prinzipien vieles offen: Abweichungen von einer gleichen Güterverteilung, die jemandem zum Vorteil gereichen, sollen nur berechtigt sein, wenn sie auch dem Schlechtestgestellten noch einen Vorteil bringen. Doch in welchem Verhältnis sollten die Vorteile des Meistbegünstigten zu denen des Wenigstbegünstigten stehen? Im Verhältnis 1 : 1000 oder 1 : 10? Oder sollte eine Annäherung an das Verteilungsverhältnis 1 : 1 angestrebt werden (vgl. Rawls TG, 126)? Die zuletzt genannte Alternative möchte sich dadurch anempfehlen, daß sie dem Gleichheitsgrundsatz am nächsten zu kommen scheint. Aber wäre es tatsächlich eine gerechte Gleichbehandlung, Faule und Fleißige, Tüchtige und Versager völlig gleichzustellen? Wenn nicht, welches wäre dann das genaue Maß für die richtige Verteilung? Auch hier liefern die vorausgesetzten einfachen Prinzipien also keine eindeutigen Kriterien für eine hinreichend differenzierte Antwort auf die konkreten Fragen. Auch „Fairness" ist eine ausfüllungsbedürftige Formel, die allzu vieles offenläßt.

§ 17. Kulturbedingte Leitideen

Literatur: Wie zu § 5 III; *Zippelius* AStL, § 7 II, III; *ders.* VSt, Kap 1–3; *K. E. Jeismann,* Geschichtsbilder: Zeitdeutung und Zukunftsperspektive, in: Aus Politik und Zeitgeschichte, 2002 B 51, S. 13 ff.

Vorstellungen über die gerechte Ordnung einer staatlichen Gemeinschaft und über die Legitimität herrschender Gewalten werden nicht selten aus dem Weltbild einer Religion oder einer nichtreligiösen Ideologie gewonnen, auch aus einzelnen Leitideen, die oft Teile umfassenderer Ideologien sind, so etwa aus einem bestimmten Menschenbild oder aus Vorstellungen über grundlegende Zwecke einer politischen Gemeinschaft.

I. Der ideologische Ansatz

Literatur: *L. Lévy-Bruhl,* Die geistige Welt der Primitiven, (frz. 1922) dt. 1927; *H. Leisegang,* Denkformen, 1928; *W. Dilthey,* Weltanschauungslehre, in: Ges.Schriften, Bd. 8, 1931; *E. Spranger,* Wesen und Wert politischer Ideologien, Vierteljahreshefte f. Zeitgesch. 1954, S. 118 ff.; *K. Lenk* (Hg), Ideologie, 1961, ²1964; *K. Loewenstein,* Beiträge zur Staatssoziologie, 1961, S. 245 ff., 271 ff.; *E. Topitsch,* Sozialphilosophie zwischen Ideologie und Wissenschaft, 1961; *ders.,* Erkenntnis und Illusion, 1979, ²1988; *U. Dierse,* Ideologie, in: GGb III, S. 131 ff.; *Zippelius* RS, §§ 2 III, 6 VI; *U. Matz* (Hg), Die Bedeutung der Ideologien in der heutigen Welt, 1986; *R. Boudon,* Ideologie, (frz. 1986) dt. 1988; *B. Mensen* (Hg), Grundwerte und Menschenrechte in verschiedenen Kulturen, 1988; *H. Bielefeldt,* Menschenrechte und Menschenrechtsverständnis im Islam, Europ. Grundrechte-Ztschr. 1990, S. 489 ff.; *S. P. Huntington,* Kampf der Kulturen, (engl. 1996) dt. 2002; *Th. Eger* (Hg), Kulturelle Prägungen wirtschaftlicher Institutionen und wirtschaftspolitischer Reformen, 2002.

Daß wir uns überhaupt umfassendere Bilder von unserer Welt, von der Natur des Menschen und von der Stellung des Menschen im Kosmos machen, ist durch das tief verwurzelte Bedürfnis bedingt, die unendlich komplexe Welt faßbar zu machen, sie zu „begreifen". Um die Komplexität unserer Erfahrungswelt gedanklich zu verarbeiten, versuchen wir etwa, Teilbereiche der Wirklichkeit in physikalischen Gesetzen zu erfassen. Darüber hinaus entwerfen wir auch umfassende Vorstellungen von unserer Welt, von der Natur des Menschen und von der Stellung des Menschen in der Welt, um uns diese überschaubar zu machen und sie zu begreifen. Angesichts der Vielfalt möglicher Verhaltensordnungen benötigen wir auch umfassendere soziale Leitbilder, in welche die einzelnen Verhaltensnormen einfügbar sind (§ 8 II).

Die umfassenden Ideen, mit denen wir unsere Welt begreifen und nach denen wir auch uns selbst in diese Welt einordnen, finden wir in den je vorherrschenden religiösen und nichtreligiösen „Weltanschauungen". Die Begriffe der „Weltanschauung" und des „Weltbildes" sind freilich nicht scharf umrissen. Sie bezeichnen Ideen, die das denkende Subjekt, die erfahrbare Welt und ihren – die Erfahrung transzendierenden – letzten Grund in einen Gedankenzusammenhang bringen und als ein sinnvolles Ganzes darstellen wollen. Hier zeigt sich die von Kant so genannte „architektonische" Natur der Vernunft, die darauf angelegt sei, alle Erkenntnisse zu betrachten „als gehörig zu einem möglichen System".[1] Unsere Weltbilder liefern uns aber nicht nur einheitstiftende Ideen; nicht selten ergänzen sie die Erfahrungsgegebenheiten durch Illusionen, deuten etwa Blitz und Donner als das Walten von Göttern oder Dämonen oder legitimieren Herrscherämter durch die Vorstellung einer göttlichen Abkunft oder Einsetzung.

Menschen verschiedener Kulturen leben in unterschiedlichen „Vorstellungswelten", in welchen versucht wird, die Erscheinungen und Ereignisse mit unterschiedlichen Denkstrukturen zu erfassen und zu verknüpfen. So spielt etwa im Weltbild von Naturvölkern die Vorstellung magischer Kräfte und Beziehungen eine bedeutende Rolle und leitet auch das Verhalten, während im aufgeklärten, naturwissenschaftlich geprägten Weltbild für diese Vorstellung kein Platz ist. Selbst innerhalb der offenen Gesellschaft der modernen westlichen Kultur konkurrieren Leitbilder, die bestimmten Weltanschauungen entnommen sind: teils z. B. der christlichen Religion, teils auch etwa einem naturwissenschaftlichen Weltbild oder dem dialektischen Materialismus, oft in synkretistischer Weise auch verschiedenen Weltbildern.

Die weltanschaulich geprägten Denkmuster und Leitbilder wirken sich in verschiedenen Hinsichten auf die Gerechtigkeitsfrage aus: Zunächst haben kulturspezifische Leitideen schon Einfluß darauf, welche politischen und sozialen Sachverhalte und Bedürfnisse für wichtig gehalten, ja überhaupt als Probleme erfaßt werden. Mit anderen Worten: Die je vorherrschenden sozialen Leitbilder und Denktraditionen bestimmen schon darüber mit, ob gewisse Sachverhalte (z. B. Ketzerei) als regelungsbedürftig und damit als Desiderate der Rechtsgestaltung oder sonst als „Rechtsprobleme" gesehen werden. Nach jenen Leitbildern und Denktraditionen bemißt es sich auch, welcher Lösung die so erfaßten Probleme zugeführt werden und in welchen Begriffen diese Lösung gesucht und gedacht wird.

Zum einen wirken die Leitbilder hierbei als handlungsleitende Motive, d. h. als faktische Beweggründe für die staatlichen und rechtlichen Gestaltungen. Als gedankliche Entwürfe und Vorwegnahmen eines besseren Rechts- und Verfassungszustandes werden sie nicht selten, zumal in den Programmen der politischen Parteien, zu Antrieben staatlicher und rechtlicher Veränderungen. – Zum anderen dienen sie als Rechtfertigungen für die auf sie zurückführbaren Rechts- und Verfassungsinstitutionen.

---

[1] Vgl. Kant, Kritik der reinen Vernunft, ²1787, S. 502, 672 f., 860.

Als handlungsleitende Motive bilden Ideen nicht nur einen Anstoß für den Gesetzgeber. In den Köpfen der Rechtsunterworfenen wirken sie zugleich als Antriebe, die ergangenen Regelungen zu akzeptieren, stützen also faktisch die Rechts- und Verfassungsinstitutionen. Ein historisches Beispiel für solche Wirksamkeit von Ideen boten die charismatischen Herrschaftsgewalten des Papstes und der Könige in Europa. Ein der Gegenwart entnommenes Beispiel liefert die auf den Islam gegründete, durch Khomeini im Jahre 1979 errichtete Herrschaftsordnung im Iran.

Vorherrschende Ideen wirken sich auch auf die Auslegung von Rechtsnormen aus: Welchen Sinn und Zweck der Gesetzgeber mit diesen verbindet, ist insbesondere aus der kulturgeschichtlichen Tradition zu entnehmen, zumal aus dem ihr entspringenden Leitbild, das der Gesetzgeber mit einem Rechtsinstitut verbindet. So sind z. B. im westlichen Kulturkreis die klassischen Grundrechtsgarantien im Zweifel – wenn also nicht triftige Gründe für eine andere Interpretation sprechen – so auszulegen, wie es dem überkommenen, historisch gewachsenen Typus dieser Grundrechte entspricht. Daher werden die Grundrechte aus der europäischen Denktradition vor allem als Rechte zu individueller Persönlichkeitsentfaltung verstanden, während in den sozialistischen Staaten das Grundrechtsverständnis weitgehend vom Bild der Solidargemeinschaft geprägt war, nach welchem der Einzelne primär nicht zu seinem eigenen Nutzen, sondern „zum Wohle der Gemeinschaft" wirken sollte.

Rechtsinstitute – etwa die Familienordnung oder Dienst- und Arbeitsverhältnisse – erhalten daher in unterschiedlichen Kulturen ein unterschiedliches Gepräge und sind aus unterschiedlichen Sinnhorizonten zu verstehen. Das gehört zu den Grundeinsichten der Rechtsgeschichte und der Rechtsvergleichung. So hat man – um nur ein Beispiel zu nennen – etwa darauf hingewiesen, „daß im Westen aus der abendländischen Tradition heraus der Mensch mehr als Individuum gesehen wird und sich auch als Individuum empfindet, dessen Verhältnis zu anderen durch normierte Rechte und Pflichten definiert und abgesichert ist, während in Asien und auch in Afrika der Mensch sich mehr als Glied einer Gemeinschaft, einer Familie, auch im übertragenen Sinne, fühlt, wobei die Zugehörigkeit zu einer Gemeinschaft einerseits Sicherheit bietet und andererseits die Verpflichtung beinhaltet, für diese Gemeinschaft nach Kräften mitzusorgen".[2] Weil Rechtsbegriffe und -normen so verstanden werden, wie es dem kulturellen Kontext, der kulturspezifischen Vorstellungswelt, entspricht, schließt jede Rezeption fremden Rechts ein „Anverwandeln", eine Assimilation des rezipierten Rechts, insbesondere seiner Auslegung, an die heimischen Gerechtigkeitsvorstellungen ein.

Wann immer Fragen der Gerechtigkeit mit Argumenten beantwortet werden, die einer Ideologie entnommen sind, ist die kulturspezifische Standortgebundenheit der Weltanschauungen und, damit zusammenhängend, die ideologische Anfälligkeit unseres Denkens im Auge zu behalten: Zum einen besteht die erwähnte Gefahr, daß Illusionen zu einer Grundlage des Weltverständnisses und der Verhaltensorientierung werden. Zum anderen ist alles Streben, Erfahrungsgegebenheiten und Ziele auf bestimmte Grundvorstellungen zurückzuführen, dem Risiko ausgesetzt, in unkritischer Weise einzelne Faktoren der Wirklichkeit – z. B. die ökonomischen Bedingungen gesellschaftlichen Geschehens – zu einem umfassenden Deutungsschema hochzustilisieren und partikuläre Ziele zu einem umfassenden Leitbild zu erheben.

---

[2] J. Schregle, Probleme des Arbeitsrechts in der Dritten Welt, 1982, S. 20.

II. Das Menschenbild im Recht

Literatur: Wie zu § 8; *G. Radbruch,* Der Mensch im Recht, 1927; *H. Sinzheimer,* Das Problem des Menschen im Recht, 1933; *K. Engisch,* Vom Weltbild des Juristen, 1950, S. 26 ff.; *Henkel* RPh, S. 234 ff.; *E. J. Lampe,* Das Menschenbild im Recht – Abbild oder Vorbild?, in: ders. (Hg), Beiträge zur Rechtsanthropologie, 1985, S. 9 ff.; *G. Maluschke,* Das Menschenbild und das Problem der „Werte" in der Sicht der politischen Philosophie, in: Aus Politik und Zeitgeschichte B 28, 1987, S. 3 ff.; *P. Häberle,* Das Menschenbild im Verfassungsstaat, 1988, ⁴2007; *W. Leisner,* Staat, 1994, S. 7 ff.; *W. Zöllner,* Menschenbild und Recht, in: F. f. W. Odersky, 1996, S. 123 ff.; *E. W. Böckenförde,* Vom Wandel des Menschenbildes im Recht, 2001; *K. H. Auer,* Das Menschenbild als rechtsethische Dimension der Jurisprudenz, 2005.

Zwei unter den weltanschaulich geprägten Vorstellungen, die das Rechts- und Staatsdenken bestimmen, verdienen besonders hervorgehoben zu werden: zum einen das Bild, das der Mensch sich von sich selbst und seiner Stellung in der Welt macht, zum andern die Vorstellungen über die grundlegenden Zwecke, in deren Dienst die politische Gemeinschaft und das Recht zu stehen haben.

Ein Menschenbild ist oft Teil einer umfassenderen Ideologie. Regelmäßig hebt es in idealtypisch zugespitzter Weise bald die eine, bald die andere unter den zahlreichen Eigenschaften des Menschen hervor. Die Menschen werden dann als Grundelemente vorgestellt, aus denen sich eine politische Ordnung bildet und auf deren Eigenart, Bedürfnisse und Lebenszwecke diese Ordnung abgestimmt sein soll. In solchen Leitbildern, die wir uns vom Menschen, von seinen Grundeigenschaften und seinen Zwecken machen, werden oft Tatsachenaussagen und Forderungen unklar miteinander vermengt. Auch bestehen Bedenken dagegen, die Gemeinschaftsordnung aus isoliert vorgestellten Individuen zu konstruieren (§ 8).

In augenfälliger Weise war das Naturrecht der beginnenden Neuzeit anthropologisch bestimmt, jenes Naturrecht, in dem wesentliche Leitgedanken und Legitimitätsvorstellungen des modernen Verfassungsstaates vorgedacht wurden. Dort versuchte man, die naturgegebenen Grundeigenschaften des menschlichen Charakters zu bestimmen, um aus ihnen allgemeingültige Rechts- und Verfassungsprinzipien herzuleiten (§ 12 IV). Aber auch wo dieser naturrechtliche Ansatz fehlt, bestimmt ein Menschenbild oft das rechtliche und politische Denken mit. Je nachdem, ob man die menschliche Natur eher optimistisch oder stärker pessimistisch einschätzt, ob man ferner die rationalen oder die irrationalen Komponenten der menschlichen Natur in den Vordergrund rückt (§ 8 III), gelangt man zu unterschiedlichen Vorstellungen über eine dem Menschen angemessene, gerechte Sozialordnung.

So geht etwa das demokratische Programm Rousseaus von der optimistischen Annahme aus, Menschen, die frei in einer Gesellschaft leben, würden ganz von selbst auch die richtigen Gesetze hervorbringen. Das Volk als ganzes werde nicht im Grundsätzlichen fehlgreifen, wenn es informiert sei und der Volkswille nicht durch Cliquen und Parteiungen verzerrt werde. Der allgemeine Wille, der sich unter diesen Voraussetzungen im Mehrheitsbeschluß aller darstelle, werde nicht irren (Contrat social, II 3, IV 2).

Ein allzu optimistisches Menschenbild, zumal wenn es sich mit Vernunftgläubigkeit paart, führt in letzter Zuspitzung gelegentlich sogar zu der anarchistischen Erwartung, daß der Staat als Instrument der Herrschaft von Menschen über Menschen überhaupt entbehrlich werde. In der Konsequenz dieses Optimismus lag auch die marxistische Hoffnung, daß sich am Ende der politischen Geschichte eine klassenlose und von politischer Beherrschung freie Gesellschaft aller Menschen verwirklichen werde (Zippelius AStL, § 18 I, III, IV).

Der anthropologische Optimismus – gepaart mit der Vernunftgläubigkeit, man könne durch Belehrung und Bildung die Menschen einsichtiger, verständiger und friedfertiger machen, man könne soziale Konflikte ausdiskutieren und nach Vernunfteinsichten regulieren – spielt aber auch dort eine Rolle, wo man weniger weitreichende Folgerungen zieht: „Mündigen Bürgern" soll es weitgehend überlassen werden, ihre Angelegenheiten selbst zu regeln. Insbesondere sollte nach der Vorstellung des 19. Jahrhunderts das Parlament ein Forum sein, auf dem Repräsentanten des Volkes in verständiger Argumentation nach Lösungen für die politischen Probleme der Zeit suchen.

Andererseits haben die Erfahrungen des Alltags und der Geschichte diese optimistischen Erwartungen und diese Vernunftgläubigkeit immer wieder verdrängt und durch pessimistischere Einschätzungen ersetzt. Und auch der anthropologische Pessimismus lieferte Richtlinien für politisches Handeln und für die Ausgestaltung von Verfassungen. Machiavelli, Hobbes, Locke, Montesquieu, Le Bon und andere haben ihre anthropologische Skepsis mit unterschiedlichen Akzentuierungen zum Ausdruck gebracht: Von der natürlichen Güte des Menschen sei nicht viel zu erwarten und der Vernunft sei nicht allzuviel zuzutrauen. So war die Hobbes'sche Forderung nach einem staatlichen Gewaltmonopol von einer zutiefst pessimistischen Einschätzung des Menschen bestimmt. Aber auch die Mutter des Rechtsstaates heißt Mißtrauen: Hält man den Menschen für egoistisch und machtbesessen, dann gilt es, auch die Staatsgewalt selbst zu zähmen und ausreichende Machtkontrollen im Staat einzurichten. So entsprang die Forderung nach Gewaltenteilung und Gewaltenkontrolle schon bei Locke und später dann bei Montesquieu dem Mißtrauen gegen die Mächtigen und der Einsicht, daß Menschen dazu neigen, ihre Macht auszuweiten, bis sie auf Grenzen stoßen (Zippelius Gesch, Kap. 12 b, c; 14 a, b).

Die Einsicht in die Manipulierbarkeit der Massen und in die Unentbehrlichkeit von Machtkontrollen führte dazu, daß das demokratische Ideal sich zum Modell einer repräsentativen, rechtsstaatlichen Demokratie wandelte. Repräsentativorgane sollen ein System organisatorischer Gewaltenbalance und rechtsstaatlicher Gewaltenkontrolle bilden. Zugleich sollen sie dazu dienen, den Risiken einer demagogisch lenkbaren, direkten Demokratie zu begegnen und ein „staatsmännisches" Element in die politischen Entscheidungsprozesse einzubeziehen (§ 20 IV).

Eine nicht unbedeutende Rolle für das Selbstverständnis des Menschen haben sodann in jüngster Zeit die ethologischen Forschungen erlangt, die den Menschen in den Gesamtzusammenhang der Tierwelt und deren Evolution hineinstellten (§ 8 I). Sie lenkten das Augenmerk auf die ererbten, tief in der Biologie des Menschen verankerten Antriebe und Verhaltensmuster. Zugleich wurde aber klargestellt, daß der Mensch sehr viel weniger starr als andere Lebewesen durch Instinkte vorprogrammiert ist, daß er weniger „festgelegt" ist und einen sehr viel größeren Spielraum der Verhaltenswahl und der Anpassung an veränderte Umstände besitzt als andere Lebewesen, daß gerade sein gesellschaftliches Verhalten nicht ausreichend und verläßlich durch Instinkte reguliert ist und daß er deshalb ergänzender, künstlich geschaffener, kultureller Verhaltensmuster bedarf.

Hier öffnet sich der Blick auf eine weitere Grundeigenschaft des Menschen, die gleichfalls von Bedeutung für die Frage einer gerechten Gestaltung der politischen Gemeinschaft geworden ist. Gemeint ist die, wenn auch begrenzte, Wahlfreiheit des Menschen und seine Fähigkeit zur Selbstbestimmung. Kant lehrte, Würde und Wert des Menschen lägen geradezu in dessen Fähigkeit zu solcher moralischen Selbstbestimmung; jeder habe daher die Autonomie jedes anderen zu achten; niemand dürfe als bloßes Mittel zu irgendeinem Zweck gebraucht werden (§ 18 I 1). Hier liegt ein Ursprung des Rechts auf Respektierung der Menschenwürde und der damit zusammenhängenden Ansprüche auf Gleichachtung und auf Glaubens-, Gewissens- und persönliche Entfaltungsfreiheit. Die Vorstellung von der Fähigkeit und dem gleichberechtigten Anspruch jedes Menschen zur Selbstbestimmung gehört aber auch zu den Quellen der Demokratie (§ 11 II 4).

Schon aus älteren Wurzeln stammt die Idee, daß der Mensch nach dem Glück strebt, das darin liegt, seine Anlagen und Fähigkeiten zu entfalten (§ 12 III). Hieraus läßt sich die Forderung herleiten, die politische Gemeinschaft habe vor allem diesem Zweck zu dienen, nämlich den Menschen die Entfaltung ihrer Persönlichkeit zu ermöglichen und hierzu auch für Ausbildungsstätten und angemessene ökonomische Entfaltungsbedingungen für alle zu sorgen.

Auf die Vorstellung, daß es der Natur des Menschen entspreche, Dinge nach eigener Entscheidung zu gestalten und die eigene Persönlichkeit nach bestem Vermögen zu entfalten, gründen sich auch die Forderung nach Privatautonomie und organisatorische Grundsätze, wie das Subsidiaritätsprinzip. Dieses will es dem Staat verwehren, Angelegenheiten an sich zu ziehen, welche die Einzelnen oder die kleineren Gemeinschaften ebenso gut oder besser nach eigener Entscheidung regeln und besorgen können (§ 28 II 1).

So steht das rechtliche und politische Denken in vielfältigen Beziehungen zu den teils optimistischen, teils pessimistischen Bildern, in denen der Mensch sich in idealtypischer Weise als „animal rationale" oder „irrationale", als Naturwesen oder als moralische Instanz begreift und damit je eine Teilwahrheit, aber eben auch nur eine solche, erfaßt. Bei der Frage nach einer gerechten Ordnung menschlichen Zusammenlebens geht es nicht zuletzt darum, jede dieser Teilwahrheiten angemessen in Rechnung zu stellen – eine Aufgabe, die durch das Aufzeigen jener Teilwahrheiten nicht schon gelöst ist.

III. Grundlegende Zielvorstellungen der Rechtsgemeinschaft

Literatur: *G. Jellinek,* Allgemeine Staatslehre, ³1914, (Neudr. 1960), S. 230 ff.; *Radbruch* RPh, § 7; *Zippelius* AStL, § 17 IV.

Als Leitidee für Fragen der Gerechtigkeit und für die Legitimität politischen Handelns dient oft auch die Vorstellung von obersten Zwecken, welche die politische Gemeinschaft erfüllen solle. Diese Zielvorstellungen pflegen mit weltanschaulichen Leitbildern verbunden zu sein, die in einer Gemeinschaft vorherrschen. Auch wenn die Gerechtigkeitsdiskussion diesen Weg nimmt, bleibt oft ein beträchtliches Feld streitiger Probleme.

Radbruch (RPh, § 7) hielt drei Hauptzwecke eines Kultursystems, und damit auch des Rechts, für denkbar: Nach dem individualistischen Leitbild soll den Einzelnen zu größtmöglicher Selbstentfaltung und zu größtmöglichem Glück verholfen werden. Nach einem überindividualistischen Leitbild wird z.B. die Wahrung und Ausbreitung der nationalen Macht und Größe eines Staates oder ein religiöser Auftrag, wie etwa die Ausbreitung des Islam oder die Christianisierung der Welt, zum wichtigsten Motiv staatlichen Handelns und Entscheidens, dem das Glück der Einzelnen untergeordnet wird. Das dritte Leitbild, kulturelle Werke zu schaffen und Kunst und Wissenschaft zur Blüte zu bringen, wie dies etwa im Athen des Perikles und im Florenz Lorenzos des Prächtigen geschehen ist, wirkt wohl kaum als tragendes Motiv einer aktuellen Politik und wird allenfalls als einer unter vielen Staatszwecken eines Kulturstaates wirksam. Ohnehin lassen sich in der Praxis die genannten Zwecke schwerlich bis ins letzte voneinander trennen. Als einprägsames Aperçu, das wichtige Akzentuierungen bezeichnet, mag die Dreiteilung aber stehenbleiben.

Auch innerhalb dieser Leitideen ergeben sich mannigfaltige Differenzierungen. So kann innerhalb des individualistischen Hauptzweckes – der Entfaltungsfreiheit, Wohlfahrt und politischen Selbstbestimmung der Einzelnen zu dienen – verschiedenen Teilzwecken ein unterschiedliches Gewicht zukommen (s. u. § 26 II 3): Der Akzent liegt bald stärker auf der größtmöglichen Ellenbogenfreiheit für jeden (Liberalismus), bald stärker auf der Sicherung des Rechtsfriedens und der Rechtssicherheit (Law-and-Order-Politik), bald stärker auf einer gleichmäßigen Verteilung der materiellen Grundlagen der Persönlichkeitsentfaltung, insbesondere des Wohlstandes, und dem Schutz der Schwächeren (Sozialismus), bald stärker auf der Möglichkeit zur Mitbestimmung der politischen und ökonomischen Verhältnisse (Demokratismus). Es sind Zwecke, die sich gegenseitig teils widersprechen, teils auch ergänzen: So dienen etwa Beschränkungen der „liberalen" Vertragsfreiheit dem Schutz der sozial Schwächeren, aber auch dazu, materielle Handlungsfreiheit für möglichst viele zu erhalten, sie insbesondere vor einer partiellen Selbstvernichtung – z. B. durch Kartellabreden – zu bewahren. Die zum Schutz der Einzelnen notwendige Gewährleistung von Ordnung und Rechtsfrieden kann mit dem Bedürfnis nach ungehemmter persönlicher Entfaltungsfreiheit in Konflikt geraten. Bei der Lösung solcher Konflikte geht es weitgehend darum, das rechte Maß zu finden, in dem der eine und der andere dieser Zwecke zu verwirklichen ist. Eine Frage des Maßes entsteht z. B. auch beim staatlichen Engagement für sozial- und wirtschaftspolitische Zwecke: Einerseits soll die staatliche Regulierung weitestmöglich für öffentliche Wohlfahrt und soziale Gerechtigkeit sorgen, andererseits soll sie nicht die individuelle Entfaltungsfreiheit aushöhlen, die Privatinitiative ersticken und die Auslesefunktion des Wettbewerbs lähmen.

Auch ein Staat, der sich grundsätzlich für ein „individualistisches" Ziel, für Freiheit und Glück seiner Bürger, entschieden hat, muß also eine Vielzahl von Zwecken in seine Entscheidungen einbeziehen. Er muß zwischen widerstreitenden Zwecken wählen, noch häufiger aber das richtige Maß bestimmen, in dem er den einen und den anderen Zweck verfolgen will. Das Gerechtigkeitsproblem läuft hier also meist auf einen verständigen Kompromiß hinaus. Auf Schritt und Tritt stellt sich diese Aufgabe, verschiedene, je für sich legitime, oft interdependente und konkurrierende Zwecke im optimalen, jedenfalls aber systemverträglichen Maß zu verwirklichen. Wie aber für die verschiedenen Zwecke, die in einer Gesellschaft zu verwirklichen sind, immer das rechte Maß zu bestimmen und mit welchen Mitteln dieses rechte Maß zu verwirklichen sei, bleibt eine konkret zu entscheidende Frage (hierzu § 20 III, IV).

IV. Sinnorientierung in der „offenen Gesellschaft"

Literatur: *F. Kaulbach*, Einheit als Thema des transzendentalen Perspektivismus, in: K. Gloy/D. Schmidig (Hg), Einheitskonzepte in der idealistischen und in der gegenwärtigen Philosophie, 1987, S. 15 ff.; *ders.*, Experiment, Perspektive und Urteilskraft bei der Rechtserkenntnis, in: ARSP 1989, S. 447 ff.; *St. Huster*, Die ethische Neutralität des Staates, 2002; *E. Hilgendorf*, Strafrecht und Interkulturalität, JZ 2009, S. 139 ff.

Ideologiekritik und historische Erfahrungen haben den dogmatischen Weltanschauungen ihren Absolutheitsanspruch genommen (§ 11 II 2; Zippelius RS,

§ 2). In der „offenen Gesellschaft" gelten alle Bemühungen, die Welt und die Gerechtigkeit in Begriffe zu fassen, als bloße Denkversuche, die kritisierbar und korrigierbar sind (§ 11 III). Zu einem umfassenderen Weltverständnis gedrängt und zugleich unvermögend, die absolute Wahrheit zu erreichen, müssen unsere Weltbilder als bloße Versuche sinnhafter Weltorientierung gelten: als Modelle eines umfassenderen Weltverständnisses, die uns unentbehrlich und doch nur Etappen in einem Prozeß von „trial and error" sind.

So spielen zwar auch in der „offenen Gesellschaft" Weltanschauungen als „Perspektiven" möglichen Weltverständnisses eine wichtige Rolle; doch treibt man hier Politik und sucht man nach Gerechtigkeit aus einer „Perspektive legitimer Perspektivenvielfalt" (§ 11 III 3 d). Die staatliche Gemeinschaft rechnet hier mit der Möglichkeit unterschiedlicher Weltanschauungen und identifiziert sich nicht dogmatisch mit einer von ihnen. Als die letzte Instanz moralischer Einsicht und damit auch der Gerechtigkeit gilt hier das Gewissen der Einzelnen. Daher gilt jeder als eine dem anderen gleich zu achtende moralische Instanz.

Für den Bereich des Staates und des Rechts führt diese Vorstellung zur Idee demokratischer Legitimität: zum Anspruch aller, in gleichberechtigter Kompetenz auch über die öffentlichen Angelegenheiten, insbesondere über die Fragen des Rechts und der Gerechtigkeit, mitzureden und wenigstens an wesentlichen Letztentscheidungen teilzunehmen. Religiöse und andere weltanschauliche Ideen können also in den Prozeß demokratischer Meinungsbildung nur insoweit eingebracht werden, als sie die Überzeugungen von Bürgern der offenen Gesellschaft prägen; auf diesem Wege können sie auch in der offenen Gesellschaft legitimen Einfluß auf staatliche Akte gewinnen. Diese „mehrheitlich konsensfähigen Gerechtigkeitsvorstellungen" sind nicht kurzerhand einer vordergründigen Mehrheitsmeinung zu entnehmen, die interessenbestimmt und manipuliert sein kann. Vielmehr muß die Konsensfähigkeit mit den Instrumenten rechtsstaatlicher Kultur „abgeklärt" werden, um zu erforschen, welche Entscheidungen vor dem vernunftgeleiteten Rechtsgefühl möglichst vieler Bestand haben können (§§ 18–21).

B. Das Rechtsgefühl

Kehren wir nach diesem Streifzug durch einige klassische Versuche, Kriterien der Gerechtigkeit zu finden, zu dem methodischen Ausgangspunkt unserer Überlegungen zurück: Den Prüfstein für alle Versuche, Fragen menschlichen Zusammenlebens gerecht zu lösen, sollten konsensfähige Gewissenseinsichten bilden (§ 11 II 4, III 3 b).

§ 18. Grundlagen

I. Übersicht

Literatur: Wie zu § 19 IV; *I. Kant,* Grundlegung zur Metaphysik der Sitten, ²1786; *ders.,* Beantwortung der Frage: Was ist Aufklärung? 1784; *ders.,* Kritik der praktischen Vernunft, 1788; *ders.,* Die Metaphysik der Sitten, II. Teil, Tugendlehre, 1797; *E. Riezler,* Das Rechtsgefühl, 1921, ³1969; *M. Rümelin,* Rechtsgefühl und Rechtsbewußtsein, 1925; *A. E. Hoche,* Das Rechtsgefühl in Justiz und

Politik, 1932; *M. Bihler,* Rechtsgefühl, System und Wertung, 1979; *M. Rehbinder,* Fragen an die Nachbarwissenschaften zum sog. Rechtsgefühl, Juristenzeitung 1982, S. 1 ff.; *E. J. Lampe* (Hg), Das sogenannte Rechtsgefühl, 1985; *Ch. Meier,* Zur Diskussion über das Rechtsgefühl, 1986.

1. Autonomie

Nachdem die autoritativ vorgegebenen Prinzipien der Gerechtigkeit fragwürdig geworden waren, erschien das individuelle Gewissen als letzte uns zugängliche moralische Instanz (§ 11 II 2, 4). Die Verunsicherung, die mit dem Verlust autoritativer Weltanschauungen verbunden war, ließ sich aber ins Positive wenden. Der Entschluß, sich auf sein eigenes Urteil zu verlassen, erschien Kant als der entscheidende Schritt zur Mündigkeit des Menschen: „Aufklärung ist der Ausgang des Menschen aus seiner selbstverschuldeten Unmündigkeit. Unmündigkeit ist das Unvermögen, sich seines Verstandes ohne Leitung eines anderen zu bedienen. Selbstverschuldet ist diese Unmündigkeit, wenn die Ursache derselben nicht am Mangel des Verstandes, sondern der Entschließung und des Muthes liegt, sich seiner ohne Leitung eines andern zu bedienen. Sapere aude! Habe Muth, dich deines eigenen Verstandes zu bedienen! ist also der Wahlspruch der Aufklärung" (Kant 1784).

Nach der Auffassung Kants ist das Gewissen „die dem Menschen ... seine Pflicht ... vorhaltende praktische Vernunft" (Kant 1797, S. 37 f.). Das moralische Gesetz drücke „nichts anderes aus, als die Autonomie der reinen praktischen Vernunft" (Kant 1788, S. 59). Auch wenn man von „Rechtsgefühl" spricht, kann dann verständigerweise nichts anderes gemeint sein, als das persönliche „Für-richtig-halten": das Gewissen, sofern es sich auf Gerechtigkeitsfragen bezieht.

Das bedeutet aber auch nach der Ansicht Kants nicht, daß jedermanns Gewissen sich „autonom" alle Inhalte seiner moralischen Einsichten schaffe. Es bedeutet nur, daß das individuelle Gewissen die letzte uns zugängliche Instanz ist, die darüber entscheidet, was wir als gerecht oder ungerecht erkennen. Dabei handelt es sich in unseren moralischen Urteilen oft nur um ein Billigen oder Mißbilligen von Vorstellungen und Normen, die dem individuellen Gewissen von anderer Seite, etwa von seiten der traditionellen Sittenanschauungen, zur Prüfung vorgelegt werden. So findet sich bei Kant der Gedanke, daß auch Rechtsnormen neben ihrer Rechtsgeltung zugleich moralische Geltung erlangen können, wenn sie vom Gewissen gutgeheißen und auch ungeachtet einer Sanktion schon aus bloßem Pflichtbewußtsein befolgt werden (s. o. § 5 II).

Wenn das Gewissen und die Vernunfteinsicht der Einzelnen die letzte uns zugängliche Erkenntnisquelle moralischer Grundsätze ist, so heißt das zugleich, daß jeder eine dem anderen gleich zu achtende moralische Instanz ist. Für den Bereich des Staates und des Rechts führt diese Vorstellung zu dem demokratischen Anspruch, daß alle in gleichberechtigter moralischer Kompetenz auch über die öffentlichen Angelegenheiten, insbesondere über die Fragen des Rechts und der Gerechtigkeit mitzureden haben und wenigstens an wesentlichen Letztentscheidungen teilnehmen. Dies ist eine der wesentlichen Grundlagen der „offenen Gesellschaft". Sie sucht die Legitimationsgrundlage ihrer Gerechtigkeitsentscheidungen in den Überzeugungen ihrer Bürger (§ 11 II 4).

2. Rationale Komponenten

Die Gewissensentscheidungen sollten nach Kants Meinung vernunftgeleitet sein. Kant verglich die moralische Beurteilung einer Handlung mit einem Richterspruch:

Der praktische Verstand gebe die Regel: den „moralischen … Imperativ", das Gesetz, das als Maßstab diene. Die Urteilskraft befinde darüber, ob die zu prüfende Handlung ein „unter dem Gesetz stehender Fall" sei. Auf diese Beurteilung folge ein Vernunftschluß, der wie ein Gerichtsspruch die Handlung verurteile oder den Handelnden lospreche. Dieses Bewußtsein eines inneren Gerichtshofes im Menschen, vor welchem die Gedanken einander verklagen oder entschuldigen, sei das Gewissen (Kant 1797, 98 f.).

Gleichgültig, ob man dieser Analyse in allen Einzelheiten zustimmt: Auch die folgenden Überlegungen werden ergeben, daß Gerechtigkeitseinsichten, die sich auf das Gewissen gründen, in rational strukturierten Erwägungen zu gewinnen sind (s. u. § 20 III).

3. Inhalte

Das Gewissen urteilt nicht nur nach den von Kant angegebenen formalen Vernunfteinsichten (s. o. § 15 I 1). Daß wir vor allem werten, wenn wir moralisch urteilen, hat die materiale Wertethik überzeugend dargetan – was nicht schon heißt, daß unsere Wertungen etwas über eine „an sich" bestehende Wertordnung aussagen (§ 19 IV 3). Zumal in Gerechtigkeitsentscheidungen spielen auch Bewertungen eine wichtige Rolle (§ 19).

4. Konsensfähigkeit

Auf Gerechtigkeitsvorstellungen, die ihre Grundlage im Gewissen der Bürger haben, läßt sich eine Gemeinschaftsordnung nur dann gründen, wenn es gelingt, die Subjektivität zu überwinden und in Fragen der Gerechtigkeit wenigstens zu einem mehrheitlichen Konsens zu gelangen (§ 11 II 4, III 3). So wird die Frage der Konsensfähigkeit von Entscheidungen, die auf das Rechtsgewissen gegründet sind, zu einem zentralen Thema:

Auch wenn das individuelle Gewissen die letzte uns zugängliche moralische Urteilsinstanz und damit Geltungsgrundlage unserer Urteile über Gerechtigkeit ist, kann man sich mit anderen über die Übereinstimmung solcher Urteile verständigen und vergewissern. Diese Übereinstimmung muß nicht Allgemeingültigkeit beanspruchen. Für inhaltliche Aussagen wird in der Regel nur ein geringerer Grad von Übereinstimmung erzielt. So gelangen Aussagen über die Gerechtigkeit oft nicht über den Gewißheitsgrad des „Meinungsmäßigen" hinaus, gemäß der Einsicht, die sich schon bei Aristoteles findet: In ethischen Untersuchungen müsse man sich mit „demjenigen Grad an Bestimmtheit bescheiden, den der gegebene Stoff zuläßt" (§ 11 III 3 b).

In dieser begrenzten Weise kann aber die Subjektivität in der Verständigung mit anderen überwunden werden. Dieser Gedanke ist – ungeachtet der unterstellten Erkenntnistheorie – immer wieder zur Grundlage menschlicher Weltorientierung gemacht worden (§ 39 I 2). Grenzen sind der Einigung insbesondere dadurch gesetzt, daß die individuellen und die hierauf fußenden, in der Gemeinschaft vorherrschenden Gerechtigkeitsvorstellungen in Relationen zu vielen Gegebenheiten stehen und in diesem Sinne „relativ" sind (§§ 20 II; 21 III). Auch das bedeutet aber nicht notwendig, daß die Relativität grenzenlos ist. Nur müssen unter den hier angenommenen Voraussetzungen die Grenzen der Relativität im Rechtsgewissen selbst „ausgeleuchtet" und erprobt werden. Demgemäß kann auch nur der Konsens darüber entscheiden, wo die Grenzen des Konsensfähigen liegen (§ 21 III).

5. „Herrschende" Gerechtigkeitsvorstellungen

Soweit man in Gerechtigkeitsfragen nicht zu Auffassungen gelangt, die von allen akzeptiert werden, muß man sich mit solchen bescheiden, die für die Mehrheit konsensfähig sind. Hierbei ist den Mängeln vordergründiger Mehrheitsentscheidungen vorzubeugen und die Konsensfähigkeit „abzuklären". Dazu bedarf es institutioneller und prozeduraler Vorkehrungen, um sich einem Ergebnis anzunähern, das vor dem Gewissen und Rechtsgefühl möglichst vieler Bestand haben kann. Dem dient insbesondere das Repräsentativsystem mit seinen rechtsstaatlichen Spielregeln, seinen Rollenverteilungen und seiner Rollendistanz. Auch die Frage, wie herrschende Gerechtigkeitsvorstellungen greifbar und „operationabel" zu machen sind, wird in diesem Zusammenhang zu prüfen sein (§ 21).

II. Das Beispiel des Fallrechts

Literatur: *Bracton,* De legibus et consuetudinibus Angliae, ed. G. E. Woodbine, Bd. II 1968; *F. Schulz,* Prinzipien des Römischen Rechts, 1934, ²1954; *G. Radbruch,* Der Geist des englischen Rechts, 1946, ⁴1958; *W. Kunkel,* Römische Rechtsgeschichte, 1948, ⁹1980, §§ 6 f.; *G. Dulckeit, F. Schwarz, W. Waldstein,* Römische Rechtsgeschichte, 1952, ⁹1995, §§ 22 ff., 33 f.; *R. David, G. Grasmann,* Einführung in die großen Rechtssysteme der Gegenwart, 1966; *P. Stein,* Regulae Iuris, 1966; *D. Blumenwitz,* Einführung in das anglo-amerikanische Recht, 1971, ⁵1994; *N. MacCormick,* Legal Reasoning and Legal Theory, 1978; *F. Wieacker,* Römische Rechtsgeschichte, 1988, §§ 22, 26 f., 34; *H. H. Jakobs,* De similibus ad similia bei Bracton und Azo, Ius commune, Sonderheft 87, 1996; *H. Siems,* Die Analogie als Wegbereiterin zur mittelalterlichen Rechtswissenschaft, in: Festschr. f. W. Goez, 2001, S. 143 ff.

Vor Eintritt in die grundsätzlicheren Überlegungen soll ein Blick auf die Entstehungsweise des römischen und des angelsächsischen Rechts geworfen werden – der beiden bedeutendsten Rechtsordnungen, die wir kennen. Beide sind in ihren wichtigsten Teilen als „Fallrecht" entstanden, also dadurch, daß an Hand konkreter Entscheidungen Rechtsgrundsätze herausgebildet wurden. Das geschah in der Weise, daß man – gleichsam in einem experimentierenden Denken – rational formulierte Antworten auf konkrete Gerechtigkeitsfragen suchte, die der Alltag aufwarf. Dabei wurden verschiedene Elemente der Entscheidungsfindung sichtbar, die schon in den bisherigen Überlegungen eine Rolle spielten (s. o. I 2–4): Wir finden rational strukturierte Erwägungen und Bewertungen. Und wir finden das Konsensprinzip; so wird durch Anknüpfung an Vorentscheidungen Konsens innerhalb der juristischen Tradition gesucht. Eine Verbindung dieser Elemente zeigt sich insbesondere im vergleichenden Denken, etwa im römischrechtlichen „a similibus ad similia procedere" und im englischen „reasoning from case to case".

Das römische Recht verdankt seine wichtigsten Entwicklungen der Rechtspflege der Jurisdiktionsmagistrate und den Rechtsgutachten der klassischen römischen Juristen. In beiden Fällen wurde eine Entscheidung konkreter Rechtsprobleme verlangt, bei deren Lösung der Prätor, der Ädil oder der Gutachter sich in beträchtlichem Ausmaß von ihrem geschulten Rechtsempfinden leiten lassen konnten, das innerhalb einer sich zunehmend verfestigenden Rechtstradition seinen Platz fand (§ 24). So konnte der Magistrat kraft seiner Amtsgewalt den iudex anweisen, unter den Voraussetzungen Rechtsschutz zu gewähren, die er, der Magistrat, formulierte. Er konnte sogar für gesetzlich begründete Ansprüche, die ihm als unbillig erschienen, den Rechtsschutz verweigern: Das Amtsrecht galt „adiuvandi vel supplendi vel corrigendi iuris civilis gratia propter utilitatem publicam" (Dig. 1, 1, 7, 1). In der Zeit des Prinzipats erhielten einige ausgewählte Juristen das Recht, „ex auctoritate principis" Rechtsgutachten zu erteilen (Dig. 1, 2, 2, 49 ff.). So wurden auch diese Gutachten, die sich bemühten, praktische Rechtsfälle nach Recht und Billigkeit zu lösen (vgl. Dig. 1, 1, 1, pr.), zu einer Quelle des Rechts (Dig. 1, 1, 7, pr.).

Es war eine der großen Leistungen der römischen Praxis und der Rechtsschulen, daß sie nicht beim konkreten Judiz stehenblieben, sondern das konkret Erfaßte auf vergleichbare Fälle übertrugen und auf diesem Wege zu allgemeinen Regeln gelangten. Behutsame Instrumente hierzu waren Analogien und Fiktionen, insbesondere die Technik, einen Tatbestand so zu beurteilen, als wäre er „quasi" einer der Tatbestände, die rechtlich schon geregelt waren (Inst. 3, 13, 2; 3, 27; 4, 5). So behandelte man etwa die Geschäftsführung ohne Auftrag als „Quasikontrakt" und unterstellte dieses vertragslose Verhältnis damit in gewissen Hinsichten den Regeln des Obligationenrechts (vgl. § 33 IV). Jemanden, von dessen Gebäude etwas auf die Straße herunterfiel, so daß ein anderer zu Schaden kam, nahm man wegen eines „Quasideliktes" in Anspruch. Iulian hat dieses Denken auf den Begriff gebracht: Es gelte, in der Rechtsfindung zu ähnlichen Fällen weiterzuschreiten, „ad similia procedere atque ita ius dicere" (Dig. 1, 3, 12).

In solchem Weiterschreiten zu ähnlichen Fällen waren diejenigen Gemeinsamkeiten der verglichenen Fälle begrifflich herauszuarbeiten, die nach judizieller Bewertung für die Anwendung eines Rechtsgedankens wesentlich waren. Auf solche Weise konnte man Fälle, die von den bestehenden Rechtsregeln nicht ausdrücklich erfaßt waren, in deren Anwendungsbereich einbeziehen. So gelangte man zu einer Generalisierung, ohne den sicheren Grund des an der Rechtserfahrung Erprobten zu verlassen und sich in den Höhenflug unsicherer Abstraktionen zu verlieren. Dieses vergleichende Denken hält sich also stets für neue Erfahrungen offen, ganz anders als ein Denken, das schon im voraus in bestimmten Absichten befangen ist und konkrete Einsichten vorschnell in einer zu ihnen passenden Weise verallgemeinert (vgl. Schulz 1954, 27 ff.; dazu auch § 24): „Die Analogie hat den Vorteil, daß sie nicht abschließt und eigentlich nichts Letztes will: dagegen *die* Induktion verderblich ist, die einen vorgesetzten Zweck im Auge trägt und, auf denselben losarbeitend, Falsches und Wahres mit sich fortreißt" (Goethe, Maximen und Reflexionen, I).

Im englischen Recht hat sich, wie im römischen, der wichtigste Teil der Rechtsbildung durch Fallrecht vollzogen. Das common law bildete sich als wichtige Rechtsquelle neben dem statute law. Es war im wesentlichen eine Schöpfung der königlichen Gerichte in Westminster, die in ihren Entscheidungen ein Werk der Vernunft (resoun) sahen, dabei aber nicht zuletzt dem Rechtsgefühl und dem Gefühl für die politische Zweckmäßigkeit ihrer Zeit Ausdruck gaben (David/Grasmann 1966, S. 338). Das Bedürfnis nach der Vorhersehbarkeit und Verläßlichkeit des Rechts führte hier zu einer Bindung an Präzedenzentscheidungen ähnlicher Fälle, genauer gesagt zu einer Bindung an deren ratio decidendi, also an einen Rechtsgedanken, jedoch mit der Möglichkeit, sich (durch „overruling") über diesen hinwegzusetzen, wenn er als offenbar unvernünftig („plainly unreasonable") erschien. Dem römisch-rechtlichen „ad similia procedere" entspricht das englische „reasoning from case to case" oder, wie es bei Bracton (Bd. II, S. 21 f.) hieß, das „a similibus procedere ad similia". Auch hier verbinden sich rationale Überlegungen und Billigkeitserwägungen. In solchen vergleichenden Erwägungen sind die Gemeinsamkeiten und die wesentlichen Unterschiede der verglichenen Fälle begrifflich herauszuarbeiten und es ist nachvollziehbar darzulegen, aus welchen Gründen der eine Fall dem anderen gleich oder ungleich zu bewerten ist. – Neben dem common law entwickelte sich eine zweite Schicht des Rechts: Seit dem 14. Jahrhundert bildete sich das Equity-Recht als Fallrecht aus der Amtsgewalt des Königs und seines Kanzlers: Wer sich durch eine Entscheidung ungerecht behandelt fühlte, die ein Gericht nach common law getroffen hatte, konnte sich unmittelbar an den König wenden und ihn bitten, gegen die Entscheidung einzuschreiten, „dem Gewissen Genüge zu tun und Milde walten zu lassen". Diese Bitte wurde beim Kanzler eingelegt und von diesem, wenn er es für angezeigt hielt, an den König weitergeleitet. In späterer Zeit wurde sie vom Kanzler selber verbeschieden. Auf diese Weise entwickelte sich eine Billigkeitsrechtsprechung des Kanzlers. Doch auch hier bildete sich, insbesondere seit dem 17. Jahrhundert, eine Bindung an Präzedenzentscheidungen, um dem Vorwurf der Willkür zu begegnen, und im Jahr 1875 wurden beide Fallrechtsordnungen verschmolzen (David/Grasmann 1966, S. 339 ff., 356 ff., 395 f.).

Die englische Praxis des „reasoning from case to case", einer Rechtsfindung also, die stets den Faden der Rechtstradition in der Hand behielt, macht deutlich, daß nicht das auf sich selbst gestellte Rechtsgefühl entscheiden sollte, sondern stets auch nach Konsens zu suchen war: Indem der Richter sich an schon getroffene Entscheidungen ähnlicher Fälle anlehnt, orientiert er sich am Judiz der Fachleute und der gesamten Rechtstradition. Er behält hierbei aber die Möglichkeit, auch sein eigenes Judiz ins Spiel zu bringen, wozu ihm insbesondere das Erwägungsmuster des „distinguishing" Gelegenheit bietet (§ 40). Konsens wird aber nicht nur innerhalb der Fachtradition, sondern auch noch in anderer Richtung gesucht: Als Repräsentant einer demokratischen Rechtsgemeinschaft hat der Richter stets auch die breitere Konsensgrundlage der Rechtsgemeinschaft im Auge zu behalten, also zu prüfen, ob seine Entscheidung mit der insgesamt herrschenden Sozialmoral vereinbar, für die Allgemeinheit also akzeptabel ist (§ 21).

In solchen Fallrechtssystemen finden wir somit ein Vorantasten von dem einen zum anderen Fall des gleichen rechtlichen Typus', das sich nie von der unmittelbaren Rechtserfahrung, aber auch nicht von der Tradition und ihrer Konsensgrundlage entfernt. Ihre Quelle der Rechtserkenntnis haben solche fallrechtlichen Ordnungen in dem immer wieder an Einzelfällen erprobten und geschulten und an die Tradition gebundenen Rechtsgefühl des Richters, das sich von Vernunftgründen leiten läßt.

Fallrechtssysteme dürfen, wenn sie Orientierungssicherheit schaffen sollen, nicht bei der Entscheidung konkreter Fälle, auch nicht bei bloßen Analogien stehen bleiben, sondern müssen zu allgemeinen Grundsätzen und Normen gelangen. Das Denken beruhigt sich nicht dabei, von einem zum anderen „ähnlichen" Fall voranzuschreiten, sondern fragt nach dem allgemeinen Rechtsgedanken, der die Gleichbehandlung der verglichenen Fälle rechtfertigt. Erst solche Generalisierungen machen das Recht transparent. Allgemeinheit erhalten die an konkreten Fällen gewonnenen Rechtseinsichten dadurch, daß bestimmte Merkmale, in denen sich die Fälle gleichen, als für die rechtliche Wertung erheblich, und andere Merkmale, in denen sich die Fälle unterscheiden, als unerheblich erkannt und unberücksichtigt gelassen werden (§ 40). Dieser Vorgang vollzieht sich schon im juristischen Analogieschluß und auch dann, wenn man von Falltypen niedrigerer zu solchen höherer Allgemeinheit fortschreitet. In all diesen Fällen sucht man nach Antworten auf die Frage, welche allgemeine Regel man voraussetzen müsse, um in den verglichenen Fällen zu gleichen Lösungen zu gelangen.

Die auf diesem Wege gewonnenen allgemeinen Rechtsgrundsätze verlieren nicht ihren hypothetischen Charakter. Als tentative Antworten auf ein Problem bleiben sie einer fortwährenden Überprüfung und Korrektur ausgesetzt (§ 11 III 1). So kann ein zu stark verallgemeinerter Rechtsgrundsatz auf Grund nachfolgender Einsichten des Rechtsgefühls wieder eingeschränkt werden. Auf diese Weise erhielt z. B. der Grundsatz „pacta sunt servanda" zahlreiche Einschränkungen, z. B.: „sofern es sich nicht um arglistig erschlichene oder um sittenwidrige Verträge handelt". – Die aus den Erfahrungen des Rechtsgefühls gewonnenen Einsichten lassen sich also teils zu allgemeineren Grundsätzen zusammenfassen, teils wieder differenzieren und dadurch präzisieren. Diese Entwicklung vollzieht sich durch bewertende Fallvergleichung (§ 40). So tastet sich das Rechtsgefühl in der Erkenntnis von Rechts- und Gerechtigkeitsgrundsätzen durch eine vergleichende Bewertung voran.

Nicht nur fallrechtlich entstandene Rechtsordnungen haben einen Bezug zum Rechtsgefühl. Auch die in einem demokratischen Gesetzgebungsverfahren ergangenen Gesetze enthalten im großen und ganzen einen Erfahrungsschatz von Rechtsvorstellungen, die dem Gerechtigkeitsempfinden des überwiegenden Teiles der Rechtsgemeinschaft als akzeptabel erscheinen. Dies wird besonders deutlich, wenn einem Gesetzesbeschluß öffentliche Diskussionen und Meinungsumfragen vorausgehen. Aber auch wo die Rückbindung an die öffentliche Meinung nicht solche spektakulären Formen annimmt, bleiben die Repräsentanten im großen und ganzen an die Konsensbereitschaft des überwiegenden Teiles der Rechtsgemeinschaft gebunden (§ 21 I 3).

Letztlich ist alles gediegene Recht aus der Lösung konkreter Rechtsprobleme hervorgegangen, die das Leben dem Juristen stellt, und es entwickelt sich durch die Lösung konkreter Rechtsprobleme fort (§ 39 I 1). So konnte Llewellyn sagen: „Case law in some form and to some extent is found wherever there is law. A mere series of decisions of individual cases does not of course in itself constitute a system of law. But in any judicial system rules of law arise sooner or later out of such decisions of cases, as rules of action arise out of the solution of practical problems, whether or not such formulations are desired, intended or consciously recognized."[1]

§ 19. Werterfahrung

Literatur: Wie zu § 18 I; *M. Scheler,* Der Formalismus in der Ethik und die materiale Wertethik, 1913/16, [4]1954; *E. Spranger,* Lebensformen, 1914, [8]1950; *N. Hartmann,* Ethik, 1925; *J. Piaget,* Das moralische Urteil beim Kinde, (frz. 1932) dt. 1973; *V. Kraft,* Die Grundlagen einer wissenschaftlichen Wertlehre, 1937, [2]1951; *H. Kasten,* Die Entwicklung der Moralvorstellungen und Moralbegriffe beim Kinde, 1976; *E. W. Böckenförde, Ch. Stark,* in: R. Dreier (Hg), Rechtspositivismus und Wertbezug des Rechts, 1990, S. 33 ff., 47 ff.; *Zippelius* RuG, Kap. 10.

I. Der empirische Ansatz

Literatur: *M. Weber,* Gesammelte Aufsätze zur Wissenschaftslehre, 1920, [3]1968; *R. Carnap,* Überwindung der Metaphysik durch logische Analyse der Sprache, in: Erkenntnis, Bd. 2 (1931), S. 219 ff.; *R. Reininger,* Wertphilosophie und Ethik, 1939, [3]1947; *H. Reichenbach,* Der Aufstieg der wissenschaftlichen Philosophie, (engl. 1951) dt. 1977.

---

[1] K. Llewellyn, Case Law, in: Encyclopedia of the Social Sciences, New York 1930, Neudr. 1950, Bd. III S. 249.

Die Gerechtigkeitsvorstellungen, die wir nach bestem Gewissen für richtig halten, sind nicht rein formaler Natur, sondern schließen inhaltliche Wertungen ein, etwa derart, daß es billig sei, einen vorsätzlich angerichteten Schaden zu ersetzen, oder unbillig, einen schuldlos Handelnden zu bestrafen. Indem wir in solcher Weise Entscheidungen und andere Verhaltensweisen billigen oder mißbilligen, also werten, drücken wir aus, daß wir das gebilligte dem mißbilligten Verhalten vorziehen, etwa das gerechte dem ungerechten, das taktvolle dem taktlosen, das besonnene dem unbesonnenen Verhalten. Hierdurch werden die erstgenannten Verhaltensweisen als verwirklichenswert, als „gesollt" dargestellt und zum Leitbild des Handelns erhoben.

Man hat gesagt, solche Wertungen seien nur subjektive Stellungnahmen oder „Willensentscheidungen" (Reichenbach 1977, Kap. 17). Mitunter wurde sogar behauptet, über Wertungen könne man gar keine sinnvollen Aussagen machen. So meinte Carnap (1931, 237): „Entweder man gibt für ‚gut' und ‚schön' und die übrigen in den Normwissenschaften verwendeten Prädikate empirische Kennzeichen an oder man tut das nicht. Ein Satz mit einem derartigen Prädikat wird im ersten Fall ein empirisches Tatsachenurteil, aber kein Werturteil; im zweiten Fall wird er ein Scheinsatz; einen Satz, der ein Werturteil ausspräche, kann man überhaupt nicht bilden."

Hier wird also das Feld sinnvoller Aussagen auf „empirische Tatsachenurteile" (und logische Aussagen) eingeengt. Diese Verengung beruht indessen auf einem erkenntnistheoretischen Vorurteil, welches besagt: Soweit eine Einsicht nicht aus der Sinneserfahrung gewonnen sei, könne sie nur aus der Vernunft stammen und sei dann insoweit von jeder Erfahrung unabhängig. Unter dieser Voraussetzung bleibt dann nur die Wahl, Verhaltensrichtlinien entweder in der Sinneserfahrung oder in der bloßen Vernunft zu suchen.

Aber nichts zwingt dazu, sich das unbefangene Erfassen von Werterfahrungen durch dieses Vorurteil zu versperren. Die Taktlosigkeit oder Ungerechtigkeit eines Verhaltens kann man nicht sehen, hören, riechen, tasten. Sie erschließt sich nicht durch Sinneserfahrung. Andererseits stammt sie auch nicht aus reiner Vernunfterkenntnis, sondern wird erst durch Werterfahrung erfaßt: Was taktlos ist, erfährt man „betroffen" in einer konkreten Situation. Was ungerecht sei, erfaßt ein Kind vielleicht zum ersten Male dann, wenn es ohne einsichtigen Grund gegenüber anderen Kindern zurückgesetzt wird. Daß unsere Werteinsicht in dieser Weise eine empirische Grundlage hat, daß sie sich „im fühlenden, lebendigen Verkehr mit der Welt (sie sei psychisch oder physisch oder was sonst), im Vorziehen und Nachsetzen, im Lieben und Hassen selbst" erschließt, hat insbesondere Scheler (1954, 88 f., 269) gesehen.

Der Erfahrungsinhalt ist auch nicht schon mit der Aussage ausgeschöpft, daß in einer Gesellschaft bestimmte Wertungen tatsächlich vorgenommen werden. Gewiß kann man sich auf diese „Außenansicht" der Wertung beschränken, also auf die bloße Feststellung, daß andere Menschen bestimmte Verhaltensweisen für gerecht, tugendhaft usw. befinden. Mit dieser Blickrichtung wird etwa eine Sittengeschichte geschrieben. In solcher Beschränkung der Frage mag sich auch die Soziologie damit begnügen, nur das tatsächliche Vorhandensein ethischer Überzeugungen festzustellen und deren tatsächliche Wirkung zu erforschen (Weber 1968, 502 f., 531 ff.). – Wertungen besitzen aber für den, der sie vollzieht, auch einen spezifischen Erfahrungsgehalt. Dieser liegt z. B. darin, daß bestimmte Handlungen als gerecht, moralisch achtenswert, taktvoll usw., d. h. als in je einem spezifischen Sinn billigens- und daher verwirklichenswert empfunden werden.

II. Erfahrungsinhalte

Diese Erfahrungen weisen also inhaltliche Unterschiede auf. Das Empfinden der Schönheit z. B., wie es uns die Musik Mozarts oder ein Gemälde Leonardos da Vinci vermittelt, ist inhaltlich verschieden vom Gefühl der Achtung, das wir gegenüber einer mutigen Lebensrettung empfinden. Man hat gemeint, der Grund solcher inhaltlichen Unterscheidung liege nur in der Verschiedenartigkeit der tatsächlichen Verhaltensweisen oder Sachverhalte, zu denen wir wertend mit Lob oder Tadel Stellung nehmen (Kraft 1951, 13 ff., 19 ff., 98). In Wahrheit vermittelt aber z. B. die Achtung vor selbstloser Freundestreue einen anderen Empfindungs-inhalt als etwa die ästhetische Freude an einem Gemälde und wiederum einen anderen als die Genugtuung über einen gerechten Schadensausgleich oder einen sonstigen Akt der Gerechtigkeit. Kurz, die Werterfahrungen selbst sind von quali-tativer, inhaltlicher Eigenart.

Es kann sogar ein und dasselbe tatsächliche Ereignis Werterfahrungen unter-schiedlichen Inhalts vermitteln: Wenn Livius berichtet, der römische Konsul Titus Manlius habe im Latinerkrieg seinen Sohn zum Tode verurteilt, weil dieser in jugendlichem Tatendrang befehlswidrig gegen den Feind gekämpft habe,[1] so löst dieser Vorgang nicht eine undifferenzierte Zustimmung oder Ablehnung aus, son-dern ein ganzes Bündel widerstreitender Wertempfindungen: auf der einen Seite das Gefühl, Zeuge unbarmherziger Strenge und auch eines Mangels an Großmut zu sein, auf der anderen Seite aber auch die Achtung vor der selbstverleugnenden Unparteilichkeit des Vaters und schließlich „gemischte Gefühle" gegenüber einer Disziplin, die einerseits barbarische Züge trug, andererseits aber eines der Funda-mente war, auf die sich ein wohlgeordnetes Gemeinwesen gründete, das auf dem Wege war, zum Ordnungsfaktor der mediterranen Welt zu werden. Wäre mit ein und demselben tatsächlichen Vorgang nur eine inhaltlich unspezifische Billigung oder Mißbilligung verbunden, so würde dieser tragische Konflikt gar nicht in seiner inhaltlichen Wertdifferenziertheit zutage treten.

III. Unabhängigkeit der Werterfahrung von der Wertverwirklichung

Werterfahrung ist von der Sinneserfahrung „ablösbar" und erschließt ihr gegen-über einen neuen Erfahrungsbereich. Deutlich wird das an dem Umstand, daß die Werterfahrung nicht von der „Wertverwirklichung" abhängt.

Diese Andersartigkeit der Werterfahrung tritt hervor, wenn man sie der Sinnes-erfahrung gegenüberstellt: Was „heiß" ist, erfährt man nur, wenn man einen heißen Gegenstand anfaßt. Diese Erfahrung ist nur durch den Sinneseindruck, nicht aus der bloßen Vorstellung zu gewinnen und erst recht nicht dadurch, daß man einen kalten Gegenstand berührt. Bei der Werterfahrung verhält es sich anders: Den Wert der Meinungsfreiheit oder der Treue kann man auch an bloß vorgestellten, erdichteten Vorgängen erfassen, auch in Situationen, in denen die Meinungsfreiheit gerade nicht verwirklicht, sondern unterdrückt, die Treue nicht gehalten, sondern gebrochen wird. Was die Gerechtigkeit gebietet, empfindet man oft sogar besonders nach-drücklich in einer Situation, in der sie fehlt: dort, wo man Opfer oder Zeuge einer

---

[1] T. Livius, VIII, Kap. 6, 14 – Kap. 7, 22.

Ungerechtigkeit wird. So konnte Riezler (RG, 50) mit Recht sagen, daß „das Unrecht der stärkste Erwecker des Rechtsgefühles" sei.

Aus dieser Einsicht hat man gelegentlich den Schluß gezogen, daß es eine „apriorische Werterkenntnis" und ein jeder Werterfahrung vorausliegendes und von ihr unabhängiges „Reich der Werte" gebe. Der zweiten Aussage stehen gewichtige Einwände entgegen (IV 3). Von „Apriorität" aber kann man in einem anspruchslosen und unbestreitbaren Sinne sprechen: Sie bedeutet dann nicht Unabhängigkeit von jeder Werterfahrung, sondern lediglich Unabhängigkeit der Werterfahrung von der „Wertverwirklichung": Daß eine bestimmte Handlung billigenswert ist, kann unabhängig davon empfunden werden, ob diese Handlung wirklich vorgenommen wird. Will man mit dem Begriff der Apriorität nur dies bezeichnen, dann drückt er die gleiche Einsicht aus, die auch in dem ethischen Dualismus Kants steckt (§ 15 I 1): Der Maßstab des Richtigen besteht unabhängig davon, ob man sich faktisch an ihn hält.

IV. „Hinterfragbarkeit" des Wertempfindens

Literatur: Zu 1: Wie zu § 8 I.
Zu 2: Wie zu §§ 5 III; 6 VII; 8 II; 21 III; *F. A. v. Hayek,* Die drei Quellen der menschlichen Werte, 1979; *ders.,* Die überschätzte Vernunft, in: J. Riedl, F. Kreuzer, Evolution und Menschenbild, 1983, S. 164 ff.
Zu 3: *H. Coing,* Die obersten Grundsätze des Rechts, 1947; *H. Hubmann,* Naturrecht und Rechtsgefühl, AcP 153 (1954), S. 297 ff.; *U. Matz,* Rechtsgefühl und objektive Werte, 1966; *G. Luf,* Zur Problematik des Wertbegriffs in der Rechtsphilosophie, in: F. f. A. Verdroß, 1980, S. 127 ff.

Müssen wir die Werterfahrung so, wie sie uns das Wertempfinden vermittelt, als letzte Grundlage unserer Werteinsicht hinnehmen? Oder können wir die Hintergründe dieses Wertempfindens aufdecken und es von daher kritisieren oder wenigstens erklären? Wie sieht die „Rückseite des Spiegels" aus? Dies ist das Thema der „Hinterfragbarkeit" des Wertempfindens.

In einem engen, ideologiekritischen Sinn bezeichnet das Wort „hinterfragen" das Programm, den wahren Sachverhalt zu entlarven, der sich hinter verfälschenden Vorstellungen verbirgt. In diesem Sinne würde sich also die Frage stellen, ob unser Wertempfinden und Rechtsgefühl nicht irreführende Illusionen sind, hinter der ganz andere Dinge, z.B. manipulative Indoktrinationen, stehen. In einem weiteren, unbefangeneren Sinn bezeichnet jenes Wort einfach den Versuch, herauszufinden, was „eigentlich" hinter einer Vorstellung, einem Sinneseindruck oder einer Empfindung steckt.

Im folgenden sollen nur in exemplarischer Weise Möglichkeiten, das Rechtsgefühl und überhaupt das Wertempfinden zu „hinterfragen", vorgestellt und auf ihre Leistungsfähigkeit geprüft werden.

1. Naturwissenschaftlicher Ansatz

Es ist denkbar, daß uns bestimmte Wertungsdispositionen angeboren sind, ja daß man hier vielleicht Elemente eines „Naturrechts" findet, die an die inclinationes naturales der stoischen und thomistischen Naturrechtslehre[2] erinnern. Auf dieses Problem hat schon die Untersuchung der anthropologischen Grundlagen des Rechts geführt. So hat die Soziobiologie nahegelegt, daß es angeborene Verhaltens-

---

[2] Hierzu M. Forschner, Über das Handeln im Einklang mit der Natur, 1998, S. 25 ff.

dispositionen gibt und daß diese auch in unseren Wertungen zum Ausdruck kommen (§ 8 I): Man kann annehmen, daß bestimmte Schemata sozialen Verhaltens „herausgezüchtet" wurden, weil Gruppen, deren Mitglieder mit den entsprechenden Verhaltensdispositionen ausgestattet waren und in ihrem Verhalten hiervon gesteuert wurden, einen Selektionsvorteil gegenüber anderen Gruppen hatten. Beispiele bieten etwa die Tötungshemmung gegenüber Artgenossen; der mütterliche Schutz- und Pflegetrieb gegenüber den Jungen; die Aggressionshemmung gegenüber Kindern; die emotionalen Barrieren gegen den genetisch nachteiligen Inzest; eine gewisse Bereitschaft, eine fremde Paarbindung, ein fremdes Revier und auch eine einmal ausgekämpfte Rangordnung einstweilen zu respektieren und auf diese Weise die Sozietät von permanenten Konflikten zu entlasten; vielleicht sogar die Bereitschaft zur Respektierung der Älteren, die lebenswichtige Erfahrungen gesammelt haben und weitergeben können. Es liegt nahe, daß solche genetischen Programme objektiv nützlichen Verhaltens subjektiv als Triebe, Bedürfnisse, Hemmungen und Wertungsdispositionen zum Vorschein kommen. So würde sich etwa das genetische Programm der Brutpflege subjektiv in der Mutterliebe und in deren hoher Wertung zeigen, andererseits auch in der Verachtung einer Mutter, die ihr hilfloses Kind mißhandelt oder verkommen läßt. In solchen Wertungsdispositionen könnten also bruchstückhafte Elemente unseres moralischen Empfindens und damit auch unseres Rechtsgefühls liegen.

Doch wie fügt sich etwa das – tatsächlich erfahrbare – Mitleid mit Kranken und Gebrechlichen in eine Naturordnung, die auf die Auslese des Lebenskräftigsten ausgerichtet ist? Sollte es sich hier um einen hypertrophen Ableger des mütterlichen Pflegetriebes handeln? Wie soll man die sozialstaatliche Besorgtheit um die Lebensuntüchtigen und Asozialen deuten? Und wie soll man abgrenzen, welche Verhaltens- und Wertungsdispositionen in der natürlichen Anlage des Menschen stecken, wie soll man unterscheiden, was angeboren und was kulturell tradierter Bestand ist (§ 8 I 3)?

Soviel scheint gewiß, daß das biologisch-funktionalistische Denken zwar bestimmte, in der Natur zu beobachtende Gesetzmäßigkeiten beschreiben, aber keine zureichenden ethischen Beurteilungskriterien liefern kann. So ist das auf die Selektion lebenskräftiger Populationen gerichtete Naturgesetz kein Rechtfertigungsgrund für ein Handeln, das sich in den Dienst dieses Naturgesetzes stellen möchte und etwa danach trachtet, die Lebensuntüchtigen auszurotten oder die eigenen Artverwandten durch Zurückdrängung anderer Populationen zu vermehren. Eine sozialdarwinistische Hypothese könnte Verhaltensweisen wohl erklären. Aber um diese zu rechtfertigen, bedürfte es einer Begründung.

Wir leben also zwar mit einer Anzahl ererbter Instinktresiduen, die je für sich in der Entwicklungsgeschichte des Menschen eine lebens- und arterhaltende Funktion gehabt haben mögen. Aber diese natürlichen Verhaltensdispositionen bedürfen, je nach den Sozialordnungen, in denen wir leben, einer kulturellen Ergänzung und „Überformung". Erst diese schafft eine funktionsfähige Verhaltensordnung (§ 8 II): Diese kulturelle Verarbeitung resultiert in rituellen (insbesondere religiösen), moralischen und rechtlichen Institutionen, die jene Antriebe einbeziehen und zugleich deren Relevanz und Tragweite bestimmen.

Die im wörtlichen Sinn „maßgebende" kulturelle Überformung der naturbedingten Motivationen führt aber nicht aus dem prekären Bereich moralischen Räsonnements heraus. Dieses bleibt schließlich doch darauf angewiesen, an dem schlichten Tatbestand inhaltlich differenzierten moralischen Empfindens anzusetzen. An diesem Tatbestand selbst würde sich übrigens ohnehin nichts ändern, wenn man ihn funktionell zu erklären vermöchte.

2. Kulturgeschichtlicher Ansatz

Auch eine kulturgeschichtliche „Hinterfragung" vermag das Rechtsempfinden in seiner Eigenart nicht vollständig zu erklären.

Von diesem Ansatz aus wird man darauf hinweisen, daß das individuelle Wertempfinden auch ein Ergebnis überlieferter kultureller Vorstellungen ist, daß Suggestion und Tradition eine wichtige Rolle bei der Herausbildung einer konkreten Kultur und bei der Prägung des individuellen Wertempfindens spielen (§§ 5 III; 21 III). Die Menschen wachsen in die Verhaltensmuster und Wertungen ihres angestammten Lebensbereiches hinein; diese werden hierdurch zu Selbstverständlichkeiten ihres Verhaltens und Empfindens. Der Einzelne macht sich weitgehend die Erwartungen zu eigen, denen er sich in seiner sozialen Umwelt gegenübersieht. Schon Jhering hatte geschrieben, so wie ein Kind die Regeln seiner Muttersprache wie selbstverständlich lerne, und zwar nicht durch abstrakte Belehrung, sondern durch das Beispiel der lebendigen Sprache, so mache es auch praktische Bekanntschaft etwa mit dem Eigentum, das andere ihm gegenüber behaupten, oder mit der Pflicht, geliehene Sachen zurückzugeben. „So trägt die Atmosphäre, in der es lebt, wie die ersten Elemente der Bildung, so auch die des Sittlichen und des Rechts an das Kind heran, es atmet sie ein, ohne es zu wissen." Hinzu kommen die Unterweisung durch Eltern, Lehrer und andere Personen. „Ist das Kind dann herangewachsen, so sind ihm die sittlichen Anschauungen und Grundsätze, die es auf diese Weise von außen in sich aufgenommen hat, so fest zu eigen geworden, daß es in ihnen ein Stück seines inneren Menschen erblickt, ohne das es sich selber nicht zu denken vermag und von dem es daher nicht anders annehmen kann, als daß es ihm von jeher zu eigen gewesen, angeboren sei" (Jhering, wie zu § 6 VII, 1965, S. 417 f.).

Aber die Tradition erklärt weder die Ursprünge der „traditionellen" Wertvorstellungen, noch deren ständige Wandlungen, die sich immer wieder in Auseinandersetzung des individuellen Gerechtigkeitsempfindens mit den Traditionen vollziehen:

Traditionen können nicht in einem unendlich fortschreitenden Regreß in Traditionen aufgelöst werden. Vielmehr müssen sie kreative oder zufällige Ursprünge haben: Sie können aus Gewohnheiten des Zusammenlebens entstanden sein, mit denen sich alltägliche Bedürfnisse auf zweckmäßige Weise befriedigen ließen. Verhaltensregeln können auch den Lehren von Religionsstiftern oder Philosophen entsprungen sein, wie in den Fällen der buddhistischen, der konfuzianischen, der christlichen und der mohammedanischen Moral. Auch das gesetzte Recht kann durch seine Verhaltensregeln das Rechtsgefühl prägen und „erziehen" (§ 6 VII). In diesen komplexen Vorgängen, in denen sich eine Sozialmoral bildet, wird neben anderen Faktoren (vgl. § 10 I) auch ein ursprüngliches Bemühen um eine gerechte und billige Ordnung wirksam. Sehr deutlich wird dies bei einem Wandel der Traditionen. Dieser vollzieht sich oft in Auseinandersetzungen individuellen Gerechtigkeitsempfindens mit den Traditionen. Zumal bei Reformen und an revolutionären Wendepunkten der politischen und moralischen Entwicklung findet sich oft ein gehäuftes Aufbegehren des Gewissens gegen die Tradition. Kurz, das Gerechtigkeitsempfinden selbst ist wohl schon in den Ursprüngen, jedenfalls aber bei den Wandlungen der Traditionen als ein konstitutives Element wirksam, so daß es selbst nicht ausreichend aus Traditionen erklärt werden kann.

In der Entwicklung der menschlichen Verhaltensordnungen hat vermutlich auch deren „Funktionsfähigkeit" eine Rolle gespielt. So erscheint es plausibel, daß cum grano salis das Schema der Selektion nicht nur auf die vererbten Verhaltensdispositionen anwendbar ist, sondern sich auch auf die kulturell entstandenen Verhaltensmuster und Werthaltungen erstreckt, daß sich also im großen und ganzen vermutlich solche Moral- und Verhaltensregeln auf Dauer durchgesetzt haben, die den Gruppen, die sie befolgten (im Vergleich zu anderen Gruppen) bessere Überlebens- und Vermehrungschancen boten (v. Hayek 1979; s. auch § 11 III 4).

3. Philosophischer Ansatz

Eine philosophische Hinterfragung des Gerechtigkeitsempfindens kann sich an die „materiale Wertethik" Max Schelers und Nicolai Hartmanns anlehnen. Diese nahmen an, das empirische Wertempfinden gebe Zeugnis von einer idealen, „an sich seienden", unabänderlichen Wertordnung. Insbesondere sei „die ‚Rangordnung der Werte' selbst etwas absolut Invariables" (Scheler 1954, 108; Hartmann, Kap. 29 e).

Unser Bemühen um ethische Einsichten kann aber nicht über unser moralisches Bewußtsein hinausgreifen. Mag auch vielleicht ein Reich „an sich" gültiger Werte und moralischer Gesetze denkbar sein – wir könnten von ihnen immer nur wissen, was unser Bewußtsein uns von ihnen vermittelt. Dieser „phänomenologische Vorbehalt" bedeutet also, daß ein „Durchgriff" durch unsere Bewußtseinsinhalte auf „an sich" bestehende Werte nicht gelingen kann, so wenig wie wir durch die Welt unserer Sinneserfahrungen hindurch auf ein „Ding an sich" greifen können; denn es wäre sinnlos, ein „an sich" bestehendes Objekt mit der Erkenntnis von diesem Objekt vergleichen zu wollen, weil man von einem Objekt eben immer nur das wissen kann, was man von ihm erkennt (I. Kant, Logik, Einl. VII). Es wäre auch völlig unpraktikabel, hinter dem, was wir als billigenswert und berechtigt empfinden, absolute Prinzipien der Gerechtigkeit „an sich" anzunehmen; denn es gäbe kein Kriterium dafür, wann und inwiefern die aktuelle Gerechtigkeitseinsicht mit an sich gültigen Prinzipien der Gerechtigkeit übereinstimmt oder von ihnen abweicht. Es ist nicht vorstellbar, wie sich prinzipiell außerhalb dessen, was jemand z. B. als gerecht, moralisch achtenswert oder taktvoll (d. h. als je in einem spezifischen Sinne billigenswert) empfindet, eine inhaltliche Werteinsicht finden sollte: Die „Objektivität" einer Werterkenntnis bedeutet nur, daß diese auch dem Bewußtsein anderer Menschen zugänglich ist (§ 2 II 2). Kurz, unser moralisches Bewußtsein bleibt die letzte Instanz, zu der unser Bemühen um ethische Einsichten vorzudringen vermag.

§ 20. Grundlagen eines Konsenses

Aus subjektiven Gerechtigkeitsvorstellungen läßt sich eine Gemeinschaftsordnung nur dann bilden, wenn es gelingt, die Subjektivität zu überwinden und in Fragen der Gerechtigkeit zu einem Konsens zu gelangen. Daß die Überwindung der Subjektivität in der Verständigung mit anderen Menschen geschehe, dieser Gedanke ist immer wieder zur Grundlage menschlicher Weltorientierung gemacht worden (§ 39 I 2). In Fragen der Gerechtigkeit bedeutet dies die wechselseitige Vergewisserung darüber, daß alle oder doch die Mehrheit der Rechtsgenossen einer bestimmten Lösung eines Gerechtigkeitsproblemes zustimmen. Kurz, es geht darum, Regeln für ein Miteinanderleben zu finden, die für alle oder wenigstens für möglichst viele Rechtsgenossen akzeptabel sind. So stellt sich die Frage, ob Entscheidungen, die ihre letzte Grundlage im Rechtsgewissen der Einzelnen finden, überhaupt konsensfähig sein können.

I. Konsensfähigkeit von Gerechtigkeitseinsichten

Literatur: Wie zu § 11 III 3; *R. Reininger,* Wertphilosophie und Ethik, 1939, ³1947, § 15.

Aussagen über Sinneserfahrungen nennen wir dann allgemeingültig, wenn sie in unmittelbarer Erfahrung beliebig vieler Menschen bestätigt werden können. Die Aussage: „Die Äpfel fallen von den Bäumen zur Erde herab", ist dann allgemein wahr, wenn sie sich in der Erfahrung beliebig vieler Menschen bestätigen läßt, also „bewährt". Als Überprüfungskriterium dient hier die Möglichkeit unmittelbarer Konstatierung von Erfahrungsgegebenheiten.

Die Frage ist, ob auf solche Weise auch Gerechtigkeitsaussagen intersubjektiv überprüft werden können. In Betracht kommen etwa Aussagen wie: „Es ist unbillig (abzulehnen), jemanden an einem Vertrag festzuhalten, der mit vorgehaltener Pistole erzwungen wurde." „Es ist recht und billig, daß jemand für einen Schaden, den er vorsätzlich angerichtet hat, Ersatz leisten muß." „Es ist unbillig, ein hungerndes Kind wegen Mundraubes mit dem Tod zu bestrafen." Der Nachvollzug solcher Aussagen im individuellen Rechtsgefühl wäre eine Bestätigung für das Werturteil, also für die Billigungs- oder Mißbilligungswürdigkeit selbst, nicht bloß für die Tatsache des Wertungsaktes.

Für solche intersubjektive Überprüfung scheint aber ein prinzipielles Hindernis zu bestehen: Wir können uns zwar darüber verständigen, daß bestimmte Verhaltensweisen (etwa eine mutige Lebensrettung, eine selbstlose Hilfe, eine taktlose Handlung) Wertungen spezifischen Inhalts auslösen. Ob dabei anderen Menschen jeweils eine Werterfahrung genau des selben qualitativen Inhalts vermittelt wird wie mir, ist jedoch nicht im strengen Sinn überprüfbar. Aber man sollte nicht übersehen, daß die gleiche Barriere auch für Sinneserfahrungen gilt: Niemand kann strikte nachprüfen, ob der andere von einer Wiese oder einem Veilchen den gleichen Farbeindruck empfängt wie ich selbst, oder ob er den Ton einer Glocke in gleicher Weise wahrnimmt wie ich. Solche Wahrnehmungsinhalte sind in die mitteilbare Struktur unserer Wahrnehmungswelt eingeordnet: z. B. als der Farbton einer bestimmten Blume, als der Klang, der von dieser Glocke herübertönt. Der qualitative Wahrnehmungsinhalt als solcher gehört aber der Privatsphäre eines jeden an. Daß eine Wiese für den anderen ebenso grün ist wie für mich, ist ebensowenig beweisbar, wie etwa die Tatsache, daß das Miterleben einer mutigen Lebensrettung anderen Menschen Werterfahrungen des gleichen qualitativen Inhalts vermittelt wie mir. Daß gleichwohl beides der Fall sei, gehört zu den selbstverständlichen, wenn auch im strengen Sinn unbeweisbaren Hypothesen, auf denen unser tägliches Leben fußt.

Die Frage ist aber, ob wir eine breite Basis übereinstimmender Erfahrungen des Rechtsgefühls tatsächlich gewinnen können. In den oben genannten Beispielen – daß ein gewaltsam erzwungener Vertrag nicht bindend sein, daß ein Kind wegen Mundraubes nicht zum Tode verurteilt werden sollte – möchte wohl das Rechtsgewissen aller oder doch sehr vieler Menschen übereinstimmen. Ein weitgehender Konsens läßt sich vor allem auch über einige grundsätzliche, in einer Rechtsgemeinschaft zu verwirklichende Zwecke feststellen: Jeder sollte eine möglichst große Freiheit der Selbstbestimmung und Persönlichkeitsentfaltung erhalten. Dazu gehört auch eine Mehrung der realen Entfaltungsbedingungen. Einigkeit läßt sich wohl auch über das Prinzip der Gegenseitigkeit erzielen: Die Freiheits- und Entfaltungsansprüche müssen eine Grenze an den gleichen Freiheits- und Entfaltungsansprü-

chen der Mitmenschen finden. Das Gleichheitspostulat verlangt auch eine gleich-
mäßige Verteilung der realen Entfaltungschancen. Dazu tritt als weitgehend kon-
sensfähiger Zweck staatlicher Wirksamkeit die Gewährleistung eines friedlichen
Zusammenlebens. All diese Zwecke wurden teils schon von Aristoteles, teils von
Locke, Rousseau und Kant in das öffentliche ethische Räsonnement eingeführt
(Zippelius Gesch, Kap. 3 a, 13 d, 14 a, 16).

II. Zielkonflikte als relativierende Faktoren

Literatur: *R. v. Jhering,* Der Kampf ums Recht, 1872, [20]1921; *Radbruch* RPh, §§ 7, 9; *ders.* VS,
§§ 7 ff.; *E. Spranger,* Lebensformen, 1914, [8]1950; *P. Koller,* Über Sinnfälligkeit und Grenzen des
moralischen Relativismus, ARSP Beiheft 29, 1987, S. 55 ff.; *Bydlinski* RG, S. 125 ff., 295 ff.

Die genannten (und andere) Ziele sind also, für sich allein genommen, weitgehend
konsensfähig; um anwendbare Handlungs- und Entscheidungsrichtlinien zu liefern,
bedürfen sie aber erst noch einer Konkretisierung. Hierbei sind oft verschiedene
Zwecke zu berücksichtigen, die sich teils ergänzen, teils widerstreiten. Bei Konflikten stellt sich die Frage, ob und in welchem Maße der eine oder der andere
Zweck verwirklicht werden sollte (§ 17 III). So kann die Gewährleistung von
Rechtsfrieden und Ordnung einerseits mit der Forderung nach möglichst ungehemmter persönlicher Entfaltungsfreiheit in Konflikt geraten; andererseits sichert
sie aber, daß jene Rechte und Freiheiten, welche die Rechtsordnung jedem zuteilt,
verläßliche Freiheiten und Rechte sind. Die Respektierung der Menschenwürde des
einen kann eine Beschränkung der Meinungsfreiheit des anderen erfordern. In
Fragen des Schwangerschaftsabbruchs gehen das Selbstbestimmungsrecht der Mutter und gegebenenfalls auch der bevölkerungspolitische Zweck einer Geburtenbeschränkung auf Kosten des ungeborenen Lebens.

Erwägungen über die „richtige" Gemeinschaftsordnung müssen also regelmäßig
mehrere kollidierende Zwecke zugleich in Betracht ziehen und prüfen, in welchem
Maße der eine und der andere dieser Zwecke verwirklicht werden sollte. Wenn aber
zwischen verschiedenen Zwecken zu wählen und insbesondere das Maß ihrer
Verwirklichung zu bestimmen ist, gehen die Wertungen oft auseinander.

Hier machen sich die unterschiedlichen Präferenzen (Vorzugstendenzen) der
Menschen geltend. Auf diese Tatsache, daß verschiedene Menschen unterschiedliche
Wertungsdispositionen haben, gründete Eduard Spranger (1950, 121 ff., 312 ff.)
seine Typenlehre: Die Einzelnen würden (wie er in einem Bilde sagte) die Ordnung
der Werte je nach der seelischen Struktur in einer anderen Perspektive erfahren. So
hat er – nach wichtigen Vorzugstendenzen – den ökonomischen Menschen, den
Machtmenschen, den sozialen, den ästhetischen, den theoretischen und den religiösen Menschen unterschieden.

Solche Vorzugstendenzen sind zum Teil wohl anlagebedingt. Vor allem sind sie
aber auch durch die äußeren Lebensumstände mitbestimmt. Insbesondere prägen die
kulturbedingten Leitideen (§ 17), in deren Umfeld der Einzelne aufwächst, oft seine
persönlichen Präferenzen. Auch der persönliche Erfahrungskontext ist von Bedeutung. Schon Stand und Beruf können eine Rolle spielen. So schrieb Rudolf von
Jhering (1921), wir nähmen insbesondere solche Dinge wichtig, die Lebensbedingungen unseres Berufes seien. Aber auch einzelne Erlebnisse bestimmen die persönliche
Wertungsdisposition mit. Wird z. B. die Meinungsfreiheit in entwürdigender Weise
beschränkt, so kann dadurch das Gefühl für deren Wert geschärft werden, so daß sie
im Konflikt mit anderen Gütern nun besonders hoch gewichtet wird.

Das gleiche Gut kann also schon in unterschiedlichen Entscheidungen des Einzelnen und erst recht in den Entscheidungen verschiedener Menschen sehr unterschiedlich „ins Gewicht fallen". Die Verschiedenheit der Vorzugstendenzen verhindert es schon, daß die individuellen Abwägungen von Zwecken durchwegs konstant bleiben. Sie verhindern es erst recht, daß über die Richtigkeit aller Abwägungen Einigkeit zwischen allen Menschen hergestellt werden kann. In den konkreten Situationen findet das Handeln seine Richtschnur aber regelmäßig erst durch solche Abwägungen. Daher ist über die Rechtfertigung der praktisch relevanten Verhaltensrichtlinien oft kein völliges Einverständnis zu erzielen.

III. Konsensleitende Grundsätze vernünftigen Entscheidens

Literatur: *Zippelius* VSt, Kap. 8.
    Zu 1: Wie zu § 39; *H. Garrn*, Zur Rationalität rechtlicher Entscheidungen, 1986; *A. Kaufmann*, Recht und Rationalität, in: F. f. W. Maihofer, 1988, S. 11 ff.
    Zu 2: *Zippelius* AStL, §§ 23 II 5; 30 I.
    Zu 3: *Zippelius* ML, § 10.
    Zu 4: *G. Gäfgen*, Theorie der wirtschaftlichen Entscheidung, 1963, ³1974, insbes. Kap. 4 ff.; *R. C. Jeffrey*, Logik der Entscheidungen, (engl. 1965) dt. 1967; *W. Krelle*, Präferenz- und Entscheidungstheorie, 1968; *A. Nagel*, Leistungsfähige Entscheidungen in Politik und Verwaltung durch Systemanalyse, 1971; *H. Hubmann*, Wertung und Abwägung im Recht, 1977; *W. Spohn*, Grundlagen der Entscheidungstheorie, 1978; *F. Wieacker*, Geschichtliche Wurzeln des Prinzips der verhältnismäßigen Rechtsanwendung, in: F. f. R. Fischer, 1979, S. 867 ff.; *J. R. Sieckmann*, Zur Begründung von Abwägungsurteilen, Rechtstheorie 1995, S. 45 ff.; *W. Leisner*, Der Abwägungsstaat, 1997, S. 72 ff.; *E. Hofmann*, Abwägung im Recht, 2007; w. Nachw. bei *Zippelius* ML, § 10 V.

1. Das Programm einer rationalen Verständigung in Gerechtigkeitsfragen

Auch wenn es als aussichtslos erscheint, in allen Entscheidungen von Interessenkonflikten zu einer restlosen Übereinstimmung zu kommen, sollten doch so viele Meinungsverschiedenheiten wie möglich ausgeräumt werden. Dies kann in begrenzt rationaler Weise geschehen. Der spanische Rechtsphilosoph Recaséns Siches und der belgische Logiker Perelman haben die eigentümliche Rationalität praktischer Erwägungen hervorgehoben: Den praktischen, zweckbestimmten Fragen des menschlichen Lebens und damit auch der Funktion des Rechts, zu erstrebenswerten Wirkungen in der sozialen Wirklichkeit zu führen, sei, so meinte Recaséns Siches, eine besondere Art von Logik angemessen, nämlich eine Logik vernünftiger Argumentation. In ähnlicher Weise beschrieb Perelman die juristische Logik als eine Logik argumentativer Auseinandersetzung, in der Problemlösungen für praktische Fragen gesucht und gerechtfertigt werden, in der es insbesondere darum geht, die Gerechtigkeit von Entscheidungen in konsensfähiger Weise zu verteidigen. Später hat sich die Diskursethik um die rationale Strukturierung ethischer Erwägungen bemüht (§ 39 I). Grundsätze und Erwägungsmuster, welche die Rechtsfindung in rationale Bahnen leiten, sind aber den Juristen ohnedies vertraut:

2. Rechtsstaatliche Verfassungsprinzipien

Wichtige Grundsätze vernünftiger Entscheidungsfindung gehören zum klassischen Bestand rechtsstaatlicher Verfassungen. Diese sind Ergebnisse eines den Tagesstreitigkeiten vorweggenommenen Nachdenkens darüber, welche Grundsätze das Zusammenleben einer Rechtsgemeinschaft bestimmen sollen.

Der Rationalität der Entscheidungen und insbesondere der Distanz gegenüber einem konkreten, einseitigen Interessen-Engagement dient es insbesondere, wenn staatliches Handeln sich nach generellen Regeln, also nach dem Grundsatz der Gesetzmäßigkeit, vollzieht, mit anderen Worten: wenn es verallgemeinerungsfähig ist. Auf diese Weise kommt in wichtigen Hinsichten der Grundsatz der Gleichbehandlung zur Geltung. Zugleich verwirklicht sich der Gedanke Kants, daß eine Entscheidungsmaxime jedenfalls nur dann richtig sein kann, wenn sie verallgemeinerungsfähig ist (§ 15). Damit wird im wesentlichen auch die Funktion erfüllt, die Rawls dem Gedankenexperiment des „veil of ignorance" zugedacht hat (§ 16 III). Freilich wird, wie gesagt, auf diese Weise nur eine notwendige, nicht schon eine zureichende Bedingung für gerechte Entscheidungen hergestellt: Nicht alles, was verallgemeinerungsfähig ist, ist schon aus diesem Grund auch gerecht.

Distanz gegenüber einem konkreten Interessen-Engagement und damit die Verminderung unsachlicher Entscheidungsmotive wird ferner dadurch gesucht, daß man neutrale Entscheidungsinstanzen schafft; hierauf ist unter dem Gesichtspunkt des Repräsentativsystems einzugehen (IV).

Hinzu kommen Sicherungen einer offenen und von Vernunftgründen geleiteten Auseinandersetzung. Eine grundlegende Spielregel ist hier das Offenhalten der öffentlichen Meinungs- und Willensbildung für Auseinandersetzung und Kritik. Sie steht herkömmlicherweise unter den Garantien von Meinungs-, Versammlungs- und Vereinigungsfreiheit. Auch die Öffentlichkeit der parlamentarischen und gerichtlichen Verhandlungen und überhaupt ein Publizitätsgebot für staatliches Handeln dienen jenem Ziel: So soll jeder die Möglichkeit erhalten, die erwogenen Tatsachen und Argumente kennenzulernen und sich davon zu überzeugen, daß korrekt verfahren wurde und alles mit rechten Dingen zugegangen ist. Bei staatlichen Entscheidungen müssen auch noch andere Verfahrensgrundsätze eine rationale und offene Auseinandersetzung und insgesamt ein „fair play" sichern, so vor allem der Grundsatz des rechtlichen Gehörs: des „audiatur et altera pars". Durch all diese Grundsätze soll gewährleistet werden, daß bisher verdeckte, erhebliche Tatsachen und Argumente zutage treten, daß auch einseitige Manipulationen als solche erkannt und dargestellt werden.

Der Rationalität und Kontrollierbarkeit der Entscheidungen dienen auch Begründungspflichten, wie sie für Gesetze, Gerichtsentscheidungen und Verwaltungsakte bestehen. Einer rationalen Abklärung der Konsensfähigkeit dient insbesondere das Bemühen, die zu findende Entscheidung an vergleichbaren Vorentscheidungen zu orientieren und sie in einen widerspruchsfreien Zusammenhang zu den in der Rechtsgemeinschaft herrschenden Gerechtigkeitsvorstellungen zu bringen; für diese finden sich wichtige Anhaltspunkte in der Verfassung und in anderen Normen des überkommenen Rechts, in den Rechtsgrundsätzen der Rechtsprechung und der Verwaltung, in der Verkehrssitte und in den Institutionen des sozialen Lebens (§ 21 II). Auf diese Weise vergewissert man sich darüber, ob die beabsichtigte Entscheidung innerhalb der Fachtradition und auch darüber hinaus in der Rechtsgemeinschaft konsensfähig ist.

3. Auslegungsregeln

Auch die Gesetzesauslegung hat einen Gerechtigkeitsbezug: Hier ist die Aufgabe gestellt, unter den möglichen Auslegungen (also den Bedeutungsvarianten, die innerhalb des Bedeutungsspielraumes der Gesetzesworte liegen) diejenige zu wählen und zu präzisieren, die den Gesetzesworten in der vorliegenden Norm „richtigerweise" zukommt. Dies spielt sich nach Regeln vernünftigen Entscheidens ab, die darlegen und rechtfertigen sollen, warum man sich für eine bestimmte Auslegungsalternative entscheidet. So hat die Auslegung „den Charakter eines Diskurses, in dem ... Gründe geltend gemacht, andere Gründe dagegengestellt werden und schließlich die besseren Gründe den Ausschlag geben sollen" (BVerfGE 82, 38 f.).

Diese Auslegung bedient sich typischer Argumente (Auslegungskriterien): Sie soll den „Gesetzeszweck" verwirklichen. Dies hat eine rationale Grundlage in der staatlichen Funktionenteilung: Es sollen die Zweck- und Zweckmäßigkeitsvorstellungen verwirklicht werden, die dem Gesetzgeber insbesondere nach der Vor- und Entstehungsgeschichte der Norm zu unterstellen sind. Die Auslegung soll ferner die „Einheit des Rechts" wahren; das heißt, eine Norm soll so ausgelegt werden, daß sie sich logisch widerspruchsfrei in das übrige Recht einfügt und daß sie auch auf die Zwecke der übrigen Rechtsnormen abgestimmt ist. Auch typisierender Fallvergleich dient dazu, die Auslegung in rationale Bahnen zu lenken (§ 40). Ferner können „Folgenerwägungen" Argumente zu einer gerechten Problemlösung beitragen; sie prüfen, zu welchen realen Konsequenzen die eine oder die andere Interpretation führen würde, und streben eine Auslegung an, die eine optimale (4) und gerechte Befriedigung der betroffenen Interessen nach sich zieht.

Insgesamt ist so eine Vielzahl von Auslegungsargumenten in Betracht zu ziehen, die teils sich ergänzen, teils auch einander widerstreiten können. Innerhalb dessen, was sprachlich und logisch möglich und mit dem erkennbaren Gesetzeszweck vereinbar ist, soll sich die Wahl und Gewichtung konkurrierender Auslegungsargumente vor allem von dem Bestreben leiten lassen, zu einem gerechten Ergebnis zu kommen. Wo die Regeln der Auslegung nicht zu einem billigenswerten Ergebnis führen, bleibt als letzter Ausweg die Feststellung und Ausfüllung einer Gesetzeslücke (§ 39 III 2).

4. Entscheidungsanalysen

Das Recht soll ein System vernünftiger Ordnung der Freiheit (§ 26 I, III) sein. Daher hat es die mit dem Freiheitsgebrauch verknüpften Interessenkonflikte nach Grundsätzen vernünftiger Abwägung zu entscheiden. Diese Aufgabe stellt sich bei der Gesetzgebung und bei der Gesetzesauslegung. Zu ihrer Lösung sind Entscheidungsanalysen einsetzbar. Sie machen die Vielfalt der Faktoren sichtbar, die in zweckorientierten Entscheidungen eine Rolle spielen. Das erleichtert es, über Zielkonflikte rational zu diskutieren und jene Entscheidungsalternative zu finden, die diese Ziele in optimaler Weise und in optimalem Maße verwirklicht. In solchen Entscheidungsanalysen ist teils von „Zielen" oder „Zwecken", teils von „Gütern", teils von „Interessen" die Rede. Jede dieser Terminologien ist zulässig: „Ziele" oder „Zwecke" bezeichnen das Erstrebte, nämlich das Erlangen oder Bewahren bestimmter „Güter" oder Zustände und damit die Befriedigung bestimmter „Interessen" (Bedürfnisse).

Zunächst gilt es, einen möglichst umfassenden Überblick zu gewinnen, auf welche schutzwürdigen Güter sich die erwogene Entscheidung einerseits positiv, andererseits negativ auswirken kann. Die „Wünschbarkeit" oder „Nichtwünschbarkeit" dieser Auswirkungen läßt sich gesondert für jedes der betroffenen Güter gewichten. Dies sollte in möglichst konsensfähiger Weise geschehen. Hierbei werden für das Recht regelmäßig die fundamentaleren Güter, also solche, durch welche die anderen Güter erst ermöglicht werden, auch die gewichtigeren sein; so wird eine notwendige Lebensmittelversorgung Vorrang vor der Kulturförderung haben. Der Wert eines Güterzuwachses und der Unwert einer Beeinträchtigung hängen auch davon ab, in welcher Menge ein Gut zur Verfügung steht. Von Bedeutung sind ferner die Intensität und das Ausmaß, in denen ein Gut, z. B. die Ehre, etwa durch eine Pressemitteilung, betroffen wird; hierbei kommt es in diesem Beispiel nicht nur auf den Grad der Ehrenrührigkeit, sondern auch auf den Verbreitungsgrad der ehrenrührigen Äußerung an.

Neben der „Wünschbarkeit" oder „Nichtwünschbarkeit" möglicher Entscheidungswirkungen kommt es auch darauf an, wie hoch die Wahrscheinlichkeit ist, daß die Entscheidung diese Auswirkungen tatsächlich herbeiführt. Diese Wahrscheinlichkeit ist nach den einwirkenden Naturgesetzen und sozialwissenschaftlichen Erfahrungsgesetzen zu bemessen. Aus den Faktoren „Wünschbarkeit" (oder „Nichtwünschbarkeit") und „Wahrscheinlichkeit" ergibt sich so hinsichtlich jedes betroffenen Gutes eine abschätzbare Nützlichkeit oder Schädlichkeit der Entscheidung. Die Gesamtwürdigung dieser Entscheidung bemißt sich dann nach der Summe der Vor- und Nachteile, insbesondere auch nach der Anzahl einerseits der positiv, andererseits der negativ betroffenen Güter.

Darauf, die Interessenbefriedigung in einer Gemeinschaft zu optimieren und so viel Freiheit wie möglich zu erhalten, zielen insbesondere der Grundsatz der Verhältnismäßigkeit und das Übermaßverbot. Jener verlangt, daß Eingriff und Nutzen in einem angemessenen Verhältnis zueinander stehen; das ist nur dann der Fall, wenn der Nutzen den Nachteil überwiegt. Stehen verschiedene Eingriffe zur Wahl, von denen jeder durch den Nutzen aufgewogen würde (also „verhältnisgemäß" wäre), so verlangt das Übermaßverbot, unter ihnen diejenige Maßnahme zu wählen, die entgegenstehende Interessen am wenigsten schmälert, das erforderliche Maß einer Interessenbeeinträchtigung also nicht überschreitet; es ist also der schonendste Eingriff und insbesondere das schonendste Mittel zu wählen, und wo es möglich ist, den erstrebten Zweck zu erreichen, ohne andere Interessen zu schmälern, ist diese Lösung vorzuziehen (Ausweichprinzip).

Durch solche Entscheidungsanalysen lassen sich Meinungsverschiedenheiten vermeiden oder beheben, die ihre Ursache darin haben, daß erhebliche Gesichtspunkte übersehen werden. Sie können die rationale Diskutierbarkeit einer Interessenabwägung erhöhen, indem sie durchsichtig machen, welche Interessen in welchem Maße durch die Entscheidung berührt werden können und mit welcher Wahrscheinlichkeit das geschieht. Auf Grund solcher Analysen lassen sich Entscheidungen dann in Gedanken modifizieren und Entscheidungsalternativen vergleichen; das verbessert die Chancen, daß sich ein mehrheitlich konsensfähiger Kompromiß zwischen den Vor- und Nachteilen findet. Die Leistungsfähigkeit solcher Analysen ist dennoch begrenzt: In den komplexen Situationen des sozialen Lebens, mit denen das Recht es zu tun hat, spielt häufig eine nicht voll überschaubare Vielzahl von (oft gegensätzlichen) Interessen eine Rolle. Zudem hat die Rationalisierbarkeit von Wertentscheidungen eine prinzipielle Grenze dort, wo verschiedene, miteinander kollidierende Entscheidungszwecke gewichtet werden müssen; in dieser Gewichtung machen sich unterschiedliche Präferenzen geltend, die sich rational nicht auflösen lassen (II). Auch für die Grundsätze der Interessenabwägung bewahrheitet sich, was allgemein für die Erschließung von Gerechtigkeitsfragen gilt: Sie sind regelmäßig einer rational strukturierten Erörterung, aber keiner exakten Lösungsmethode zugänglich (Zippelius WdR, Kap. 8 und 9).

5. „Systemvergleiche" (Vergleiche komplexer Lösungsansätze)

In jeder Gemeinschaft bilden sich für typische Lebenssituationen typische Regelungsmodelle, etwa ein Familienrecht, ein Kaufrecht, ein Verfassungsrecht (eine Ordnung der politischen Gewalten und eine Gewährleistung bürgerlicher Freiheiten) heraus. Solche Normengefüge, die bestimmte Lebensbereiche ordnen, werden regelmäßig auch dem vorherrschenden Rechtsempfinden der durch sie gebildeten Gemeinschaft entsprechen. Versteht man das Wort „System" (= Zusammenhang) so, wie es dem schlichten Wortsinn entspricht, dann kann man Normengefüge, die größere oder kleinere Lebensbereiche ordnen, als Teilsysteme des Rechts bezeichnen. Sie erscheinen als mehr oder minder geglückte Schemata zur Regelung der Interessen in diesen Lebensbereichen.

Man kann solche Normengefüge – etwa das Familienrecht oder das Verfassungsrecht – verschiedener Rechtsgemeinschaften miteinander vergleichen. Hierzu kann man sich insbesondere den Experimentierfeldern der Rechts- und Verfassungsgeschichte und der Verfassungs- und Rechtsvergleichung zuwenden: Aus den Verfassungsordnungen, Familienrechtsordnungen usw., die im Leben der Völker „auf die Probe gestellt" wurden, lassen sich jene auswählen, die als praktizierte rechtliche Normengefüge den Bedürfnissen der Bürger nach überwiegender Meinung insgesamt besser gerecht werden als andere.

Auch dieser Ansatz, Gerechtigkeitsfragen zu lösen, bleibt offen für „trial and error": Was zu einem bestimmten Zeitpunkt als „einstweilen beste Lösung" erscheint, kann im Fortgang der Geschichte wieder in Frage gestellt und durch vorziehenswertere soziale Ordnungsmuster verdrängt werden.

6. Grenzen der Rationalisierbarkeit

Auf die eine oder andere Weise dienen problemerschließende „Schlüsselbegriffe" (§ 40 I 1), Grundsätze und Erwägungsstrukturen also dazu, Gerechtigkeitserwägungen in rationale Bahnen zu lenken und gedanklich zu strukturieren. Sie bilden aber keine Grundlage einer exakten Methode (Zippelius ML, §§ 3 I c; 10 VII). In Gerechtigkeitsfragen, die regelmäßig Bewertungen, insbesondere die Gewichtung kollidierender Zwecke und Interessen einschließen, kann die rationale Strukturierung des Denkens nur darauf zielen, zu einem Ergebnis zu gelangen, das weitgehend konsensfähig ist, d. h. vor dem Gewissen möglichst vieler bestehen kann (§ 21). Die letzte Instanz, die über die Gerechtigkeit dieses Ergebnisses und damit über die Überzeugungskraft der zugrundeliegenden Argumente entscheidet, bleibt also jener „innere Gerichtshof", als welchen Kant das Gewissen der Einzelnen dargestellt hat (§ 18 I 1, 2).

IV. Institutionelle Absicherungen vernünftigen Entscheidens

Literatur: *Zippelius* AStL, §§ 23 I; 27 II.

Im Rechtsstaat sind wichtige Grundsätze vernünftigen Entscheidens institutionell gesichert. Das geschieht durch die schon genannten rechtsstaatlichen Verfassungsprinzipien (III 2) und insbesondere durch das rechtsstaatliche Repräsentativsystem:

Dieses verbessert die Rationalität und die Kontrollierbarkeit der Entscheidungen und die Distanz gegenüber konkretem Interessen-Engagement und schafft wichtige Voraussetzungen dafür, daß Entscheidungsprozesse in kontrollierter, wenigstens begrenzt rationaler, „kultivierter" Form ablaufen:

Die Schaffung von Repräsentativorganen ist geradezu die „technische" Voraussetzung dafür, die Regelungs- und Entscheidungsfunktionen in einer Rechtsgemeinschaft geordnet zu verteilen und ein System rechtsstaatlicher Gewaltenkontrolle herzustellen: Nur organisatorisch unterschiedene politische Gewalten kann man in institutionalisierter Weise gegeneinander ins Spiel bringen.

Ferner kann man im Repräsentativsystem Entscheidungsinstanzen ausgliedern und in eine größtmögliche Distanz zu den Interessenkonflikten setzen, über die sie entscheiden. Diese Funktionen distanzierter und rationaler Erwägung werden in hohem Maße von unabhängigen Gerichten erfüllt (§ 36 II 1). Weniger wirksam ist die Ausgliederung bürokratischer oder gar parlamentarischer Rollen. Die Forderung nach distanzierten Entscheidungen gilt aber auch hier; für die mit Fachbeamten besetzten Bürokratien kommt das in dem – oft verletzten – Gebot der Unparteilichkeit und für die Parlamentarier in dem – oft mißachteten – Grundsatz der auftragsfreien Repräsentation zum Ausdruck.

Wo die staatlichen Akte einer gerichtsförmigen Kontrolle unterliegen, wird schon hierdurch die Staatstätigkeit nachdrücklich in die Bahnen des rechtlich und vor allem verfassungsrechtlich Begründbaren und Haltbaren gelenkt; daher werden die Interessenkonflikte zum Teil im Gewande rechtlicher Argumentationen ausgetragen, im übrigen in dem Rahmen und in den Spielräumen, die durch das Recht abgesteckt sind.

Aber auch hiervon abgesehen, kommen im parlamentarischen Verfahren und im Handeln der Exekutive rationale Elemente zur Geltung, insbesondere dadurch, daß die Repräsentanten an die Kontrolle der Öffentlichkeit gebunden sind: Die periodischen Wahlen schaffen in einem Mehrparteiensystem einen „Legitimationsdruck" für repräsentatives Handeln, der dazu drängt, alle rechtlichen Entscheidungen, die ein öffentliches Interesse finden, vor dem „Auditorium" der Rechtsgemeinschaft (wenn schon nicht vor einem „universellen Auditorium"[1]) zu rechtfertigen (§ 21 I 3).

Durch das Repräsentativsystem wird es also möglich, stellvertretend für die Gesamtheit Entscheidungen zu erwägen, dabei Distanz gegenüber konkreten Interessenverwicklungen zu schaffen und die Rationalität der Entscheidungen zu verbessern. Auch gegenüber der öffentlichen Meinung bleibt selbst den periodisch gewählten Repräsentanten ein Spielraum, aus staatsmännischer Erwägung kurzfristig auch einmal gegen den Wind der öffentlichen Tagesstimmung zu segeln – mit der Chance, bis zur nächsten Wahl die Bevölkerung von der Richtigkeit ihrer Politik zu überzeugen, und mit dem Risiko, es nicht zu vermögen und bei der Wahl dafür zu bezahlen. Zwischen die Tagesereignisse und den „Abrechnungstag" der Wahl schieben sich also „Abkühlungs- und Bedenkzeiten", innerhalb deren sich eine Chance eröffnet, aus besserer staatsmännischer Einsicht entgegen den öffentlichen Tagesmeinungen zu handeln. Auch darin liegt eine der kultivierenden Leistungen des Repräsentativsystems.

Es ist eine legitime Aufgabe der Repräsentanten und zumal der hohen Gerichte, auf diese Weise als „Pfadfinder" der sich entwickelnden öffentlichen Rechtsanschauungen zu wirken und diese in die Bahnen vernünftiger Argumentationen zu lenken. Indem man hierbei die beabsichtige Entscheidung auch in den Kontext

---

[1] Vgl. Ch. Perelman, Droit, Morale et Philosophie, ²1976, S. 59.

vergleichbarer Entscheidungen einpaßt, vergewissert man sich darüber, ob sie systemkonform (§ 38 III) und innerhalb der Fachtradition konsensfähig (§ 18 II) ist.

All dies dient aber nur einer Abklärung, ob die Entscheidung für die gesamte Rechtsgemeinschaft akzeptabel ist. An deren Konsensbereitschaft bleiben die Repräsentanten gebunden: Sie müssen Entscheidungen anstreben, die geeignet sind, die Mehrheit zu überzeugen (§ 21 I 3).

Später (§ 32 II) wird unter dem Aspekt „Führung und Mitbestimmung" auf die repräsentative Willensbildung zurückzukommen und auch ihre Problematik darzustellen sein.

§ 21. Die herrschenden Gerechtigkeitsvorstellungen

I. Maßgeblichkeit der herrschenden Gerechtigkeitsvorstellungen

Literatur: *Th. Würtenberger*, Zeitgeist und Recht, 1987, ²1991, S. 191 ff.; *Zippelius* RuG, Kap. 11.

1. Gründe praktischer Legitimität

Soweit man in Gerechtigkeitsfragen zu keiner von allen Menschen und für alle Zeiten nachvollziehbaren Einsicht gelangt, muß man sich notgedrungen damit begnügen, solche Fragen auf der Grundlage des breitestmöglichen Konsenses zu entscheiden (§ 11 III 3). Hierfür sprechen wichtige Gründe praktischer Legitimität:

So zu verfahren, entspricht vor allem dem Prinzip der Demokratie, demzufolge möglichst viele an der Festlegung der rechtlichen Ordnung teilhaben sollen: Die politische und rechtliche Willensbildung soll ihre Grundlage in einer größtmöglichen Mitbestimmung möglichst vieler Bürger haben. Auf diese Weise soll der Autonomie der Einzelnen eine größtmögliche Chance eröffnet werden, sich auch in den politisch-rechtlichen Bereich hinein zu entfalten (§ 11 II 4). Wo Einigkeit nicht erreichbar ist, bietet, faute de mieux, das Mehrheitsprinzip die größte Chance, daß in der Gemeinschaft immerhin diejenigen Gerechtigkeitsvorstellungen zur Geltung kommen, die ihre Grundlage im Gewissen und Rechtsgefühl möglichst vieler haben. Dabei findet das Mehrheitsprinzip aber eine Grenze an den grundlegenden Prämissen des Demokratieprinzips selbst: daß die Würde eines jeden und seine gleichberechtigte Mitwirkungskompetenz zu achten ist.

Auch das Bedürfnis nach Rechtssicherheit gebietet es, Gerechtigkeitsfragen dort, wo das Gesetz keine zuverlässige Verhaltensrichtlinie gibt, nach den mehrheitlich konsensfähigen Vorstellungen, etwa nach der Verkehrssitte, zu entscheiden. Nach ihnen muß der Einzelne sein Handeln ausrichten dürfen, und er muß sich darauf verlassen können, daß auch der Richter diesen Maßstab, und nicht etwa sein höchstpersönliches Rechtsgefühl, seinen Wertungen zugrunde legt. Als das englische Equity-Recht das Gewissen des Kanzlers zum Maßstab seiner Billigkeitsentscheidungen erhob, wandte der englische Jurist John Selden mit Recht ein: Das Gewissen des Kanzlers zum Richtmaß zu machen, sei, als ob man den Fuß des jeweiligen Kanzlers zum Längenmaß machen wollte – was für ein unsicheres Maß![1]

---

[1] G. Radbruch, Der Geist des englischen Rechts, ⁴1958, S. 32.

Auch der Grundsatz der Gleichbehandlung fordert, daß, wo immer möglich, in der gleichen Gemeinschaft an gleiche Fälle gleiche Bewertungsmaßstäbe angelegt werden, d. h. Bewertungsmaßstäbe, die eine möglichst breite Anerkennung gefunden haben und nicht etwa von unterschiedlichen persönlichen Auffassungen der Richter abhängen.

Zudem dient es der Wirksamkeit des Rechts, solche Verhaltensmuster rechtsverbindlich zu machen, die der herrschenden Sozialmoral entsprechen und in deren Bahnen sich das soziale Verhalten schon ohnedies (insbesondere als „Verkehrssitte") einzurichten pflegt: Ein Recht, das von den meisten als gerecht empfunden wird, hat die besten Aussichten auf allgemeinen Rechtsgehorsam.

2. Erfordernis einer Abklärung herrschender Vorstellungen

Soll im Einklang mit der bestmöglichen Einsicht der meisten entschieden werden, so kann diese Entscheidungsgrundlage jedenfalls nicht schon durch bloßes Abfragen einer vordergründigen Mehrheitsmeinung gefunden werden. Der demokratische Prozeß zwingt die Bürger nicht, stets nach ihrem Gewissen zu handeln, sondern gestattet ihnen, als Interessenten zu entscheiden. Zudem besteht die Gefahr, daß die Mehrheitsmeinung eine vordergründige, oft von Interessenten manipulierte „Mitläuferansicht" ist (IV), die wichtige Entscheidungsgründe übersieht oder unbedacht gewichtet. Auch deshalb bedarf das demokratische Prinzip der schon genannten Ergänzung durch rechtsstaatliche Grundsätze und Institutionen, es bedarf institutioneller und prozeduraler Vorkehrungen, um zu rational erwogenen Entscheidungen zu gelangen, die vor dem Gewissen möglichst vieler Bestand haben können (§ 20 III, IV).

3. Auswirkungen auf das Repräsentativprinzip

Ist der mehrheitliche Konsens die Legitimationsgrundlage für Gerechtigkeitsentscheidungen, so haben die Repräsentanten Entscheidungen anzustreben, die geeignet sind, die Mehrheit zu überzeugen, also für den überwiegenden Teil der Rechtsgemeinschaft annehmbar sind (Erfordernis der „Akzeptanz"). Andernfalls verlieren sie die demokratische „Autorität". Diese bezeichnet in ihrem subtilsten Sinn die Identifikationsbereitschaft der Bürger, d. h. deren Bereitschaft, sich auch selbst als Urheber (auctores) der von den Repräsentanten getroffenen Entscheidungen zu denken, sich also vorzustellen: „So hätte ich es auch gemacht."

Eine solche Bindung an die Konsensbereitschaft des Volkes oder jedenfalls an dessen Mehrheit ist aber nicht nur ein ideales Leitbild, sondern zugleich ein höchst realer Zwang. Das zeigt sich besonders bei den Regierungen und Parlamenten: Diese müssen in laufender Auseinandersetzung nicht nur mit der parlamentarischen Opposition, sondern auch mit der öffentlichen Meinung fortwährend ihre Entscheidungen rechtfertigen (§ 20 IV). Nur wenn Regierung und Parlamentsmehrheit die Billigung des überwiegenden Teiles der Gemeinschaft für den überwiegenden Teil ihrer Entscheidungen finden, jedenfalls jener Entscheidungen, die in das Blickfeld des öffentlichen Interesses treten, haben sie in einem Mehrparteiensystem die Chance, bei der nächsten Wahl wieder die Mehrheit der Wählerstimmen zu gewinnen.

Aber auch die Gerichte, zumal die hohen Gerichte, stehen unter einem realen „Legitimationsdruck" gegenüber der Rechtsgemeinschaft, nämlich für alle die Fragen, in denen die Gesetze den Gerichten einen eigenen Anteil an der Lösung von Gerechtigkeitsproblemen lassen. Diesen „Legitimationsdruck" empfinden offensichtlich die Gerichte, die sehr darauf bedacht sind, nicht die demokratische Autorität – eben die Identifikationsbereitschaft der Bürger – zu verlieren. Die „Sanktion" liegt hier in dem Risiko, daß die Gerichte mit ihrem Ansehen auch ihren Einfluß einbüßen, den sie auf die in der Gemeinschaft herrschenden Rechtsauffassungen haben, eingeschlossen die Leitfunktion, die sie in weitem Umfang für die parlamentarische Gesetzgebung besitzen.

Im System der repräsentativen Demokratie ist also, auch in den Rechts- und Gerechtigkeitsentscheidungen, zwar eine „Elite" am Werk, aber eine „Elite auf Zeit", die auf längere Sicht ihre Wirkungsmöglichkeit nur behält, solange sie im großen und ganzen den Konsens der Mehrheit findet.

In dem hier beschriebenen Zusammenspiel von repräsentativem Handeln und öffentlicher Meinung tritt das erwähnte Ineinandergreifen einer „Legitimation durch Verfahren" und einer „Legitimation durch Konsens" zutage (§ 11 II 4), nämlich der „rationalisierende", „kultivierende" Anteil der Verfahrensregeln repräsentativen Handelns einerseits und dessen Rückbindung an die breite Konsensbasis der Rechtsgemeinschaft andererseits. Volksmeinung und repräsentatives Handeln müssen also einander korrespondieren, das heißt: einander konstruktiv Antwort geben. Die „Pfadfinderrolle" der Repräsentanten (§ 20 IV) schließt daher die Aufgabe ein, zu führen und sich zugleich von der eigenen Entfaltung der Geführten leiten zu lassen. So erweist sich die alte Sokratische Hebammenkunst als eine unvergängliche Aufgabe nicht nur der Philosophen und Pädagogen, sondern auch der Repräsentanten einer politischen Gemeinschaft.

Nimmt man alles zusammen, so erscheint die rechtsstaatliche repräsentative Demokratie nicht als Verlegenheitslösung, sondern als die bessere Alternative der Demokratie, in der nach Möglichkeit darauf hingewirkt wird, daß die Staatsgeschäfte in kontrollierter Weise geführt und daß mit Sachkunde und Sachlichkeit rechtliche und politische Entscheidungen getroffen werden, die sich über die Regungen und Torheiten des Augenblicks erheben. So wird zugleich ein stabilisierendes Element im Wandel der Tagesmeinungen geschaffen. Nicht zuletzt kann auf diese Weise auch eine staatsmännische Komponente in die Demokratie eingebracht werden, eine Chance, die nicht immer genutzt wird.

Trotz aller institutionellen Vorsorgen für eine rationale Abklärung rechtlicher Entscheidungen und trotz der Rückbindung an die Konsensbereitschaft der Mehrheit bleibt aber auch die rechtsstaatliche repräsentative Demokratie hinter dem Ideal zurück, durch ein politisches System die Koexistenz vernunftgeleiteter individueller Autonomie zu verwirklichen (§ 26 III 1). Das gilt zum einen schon deshalb, weil die Gerechtigkeitsvorstellungen der verschiedenen Menschen auseinandergehen (§ 20 II). Zum anderen kann auch das rechtsstaatliche Repräsentativsystem nicht gewährleisten, daß Gerechtigkeitsfragen ausschließlich auf der Grundlage des Rechtsgewissens der meisten und nicht auch auf der Grundlage persönlicher Interessiertheit oder manipulierter Anschauungen und Stimmungen entschieden werden. Zudem bringt das Repräsentativsystem seinerseits Machtstrukturen hervor, die in den Dienst einseitiger Interessen gestellt werden können (dazu: § 32 II). Im ganzen besteht aber die Chance, daß im gewaltenteiligen Rechtsstaat ein ausgewogener, vernünftiger Interessenausgleich immerhin gefördert, der Anteil unsachlicher Einflüsse vermindert und die Entscheidungen dem Rechtsempfinden der Mehrheit nähergebracht werden.

Dieses Rechts- und Verfassungssystem bietet gute Bedingungen dafür, daß juristische Einsichten sich in einem komplizierten und vielschichtigen Prozeß von „trial and error" vorantasten. Auf diese Weise bildet sich, unter Einschaltung mannigfaltiger Absicherung distanzierten und rationalen Erwägens, ein Thesaurus von Regeln und Rechtsgrundsätzen, die von der Zustimmung der Mehrheit des Volkes getragen sind.

II. Anhaltspunkte für die herrschenden Gerechtigkeitsvorstellungen

Literatur: *Th. Würtenberger* (wie zu I), S. 45 ff., 218 ff.

Der Vorschlag, sich an den herrschenden, d. h. für die Mehrheit akzeptablen Gerechtigkeitsvorstellungen zu orientieren, führt zu der Frage, wie man solche Vorstellungen greifbar und „operationabel" machen könne, wo man Anhaltspunkte für sie finde. Nun gibt es in einer Gemeinschaft schon keine einheitliche, gegenständlich undifferenzierte öffentliche Meinung, sondern nur unterschiedliche, nach Themen gegliederte (artikulierte) Meinungen, die teils eine breitere, teils eine weniger breite Zustimmung finden (Zippelius AStL, § 28 IV 1). Aber auch der Ermittlung thematisch eingegrenzter Vorstellungen, die von den meisten geteilt werden, sind Schranken gesetzt (§ 5 III). Gerade für die in einer Gemeinschaft herrschenden Gerechtigkeitsvorstellungen bestehen aber Anhaltspunkte: in der Verfassung und in anderen Normen der überkommenen Rechtsordnung, aber auch in den Rechtsgrundsätzen der Rechtsprechung und der Verwaltung, in der Verkehrssitte und in den Institutionen des sozialen Lebens.

Den wichtigsten Anhalt für solche Gerechtigkeitsvorstellungen bildet hierbei die Rechtsordnung in ihrer Gesamtheit. Dem liegt die Annahme zugrunde, daß sich – wenigstens in der großen Linie der Rechtsentwicklung – solche Auffassungen durchsetzen und erhalten, die in dieser Gemeinschaft konsensfähig sind: Schon der Gesetzgeber orientiert sich regelmäßig an den herrschenden Wertvorstellungen, insbesondere dadurch, daß er an die Verkehrssitte und an überkommene Grundsätze der Rechtsprechung anknüpft und, zumal in parlamentarischen Auseinandersetzungen, ganz allgemein auch auf die öffentliche Meinung Rücksicht nimmt (I 3). Selbst dort aber, wo das nicht der Fall ist, fügt sich meist die Allgemeinheit in ihren Gerechtigkeitsvorstellungen dem geltenden Recht und schließt sich ihm an (§ 6 VII). Diese Vermutung, Ausdruck der herrschenden rechtsethischen Vorstellungen zu sein, gilt besonders für jene Gerechtigkeitsprinzipien, die in der Staatsverfassung, zumal in den Grundrechtsgarantien, niedergelegt sind. – Auch in den von der Rechtsprechung entwickelten Rechtsgrundsätzen finden sich Gerechtigkeitseinsichten. Generationen von Juristen erarbeiten in ihren Entscheidungen schrittweise eine rechtsethische Tradition. Hierbei orientieren sie sich – in wechselseitiger Vergewisserung – fortlaufend an vergleichbaren juristischen Problemlösungen, zugleich aber an der Frage, ob die gefundene Lösung auch der gesamten Rechtsgemeinschaft als akzeptabel erscheint (I 3). Traditionsbildend ist nur, was konsensfähig ist.

Die im Rechtssystem hervorgebrachten Normen und Grundsätze sind also, jedenfalls im demokratischen Staat, im großen und ganzen Ausdruck mehrheitlich konsensfähiger Rechtsauffassungen. Innerhalb des Rechtssystems kann der Konsens über bestimmte Fragen des Rechts und der Gerechtigkeit gleichsam auf verschiedenen Stufen und mit verschiedenen Graden der Verbindlichkeit „gerinnen": auf den Ebenen der Verfassungsnormen, der einfachen Gesetze, der untergesetzlichen Normen und der Rechtsanwendungspraxis. Hierbei geben die Verfassungsnormen den Rahmen vor, innerhalb dessen die Inhaber anderer Kompetenzen nach konsensfähigen Entscheidungen von Rechtsproblemen zu suchen haben, innerhalb dessen sich insbesondere das gesetzgeberische Ermessen zu halten hat. Andererseits haben die Verfassungsnormen und die nachrangigen Normen Auslegungsspielräume und Lücken, die den rechtsanwendenden Gewalten die Aufgabe stellen, an der Findung gerechter Problemlösungen mitzuwirken. Solche Interpretationen und Lückenausfüllungen können sich zu einer festen Praxis verdichten. – Auf all diesen Ebenen kann die Frage nach konsensfähigen Gerechtigkeitsentscheidungen auch wieder „flüssig" werden: Eine herrschende Praxis, die ein Gesetz in bestimmter Weise interpretiert oder durch Lückenausfüllung ergänzt, kann wieder in Frage gestellt und aufgegeben werden. Gesetze können unter einen Änderungsdruck geraten und aufgehoben werden. Selbst die Normen der Verfassung stehen nicht auf Dauer außer jeder Diskussion, sondern können (oft unter erschwerten Bedingungen) einer legalen Verfassungsrevision und äußerstenfalls einer revolutionären Änderung ausgesetzt sein.

Einen rechtsethischen Kontext bilden nicht nur die Rechtsgrundsätze des nationalen Rechts, sondern auch jene des weiteren Kulturkreises, dem man zugehört. Auf solche Rechtsgrundsätze, die in einem größeren Kulturbereich allgemeine Anerkennung gefunden haben – das ius gentium – hat schon die römische Rechtspraxis zurückgegriffen. Sie zu erschließen ist wichtige Aufgabe der Rechtsvergleichung. Doch auch darüber hinaus kann ein Vergleich, wie bestimmte Rechtsprobleme in verwandten Rechtsordnungen gelöst wurden, Anregungen und Argumente für die eigenen Problemlösungen liefern (§§ 20 III 5; 39 II 1).[2]

Herrschende sozialethische Vorstellungen können ferner in der Verkehrssitte und in bestimmten Einrichtungen des sozialen Lebens, etwa in der überlieferten Form der Ehe, ihren Niederschlag finden. So hebt schon Ulpian in seiner Definition der Rechtswissenschaft auch die Bedeutung der humanarum rerum notitia hervor (Dig. 1, 1, 10, 2). Die lebendig gewachsene Ordnung des menschlichen Zusammenlebens war schon immer eine große Lehrmeisterin der Jurisprudenz, ihr mußten besonders in den frühen Epochen des Rechts Richter und Schöffen das Recht ablauschen, bei ihr gingen die Verfasser der mittelalterlichen Rechtsspiegel in die Schule, sie verbirgt sich, auch in der modernen Rechtsanwendung, oft hinter der „Natur der Sache" (§ 12 V), und ohne sie wären etwa das römische oder das englische Staatsrecht überhaupt nicht greifbar. Die lebendig gewachsenen Institutionen des sozialen Lebens (z. B. Konventionen des Verfassungslebens, ein Familientypus bestimmten Gepräges, bestimmte Einrichtungen und Gepflogenheiten des Handelsverkehrs) bilden sich dadurch, daß das Verhalten der Beteiligten sich an bestimmten normativen Leitbildern orientiert, die schon als vorrechtliche Verhaltensnormen das Zusammenleben lenken. Die Praxis des sozialen Zusammenlebens ist also Anhaltspunkt für solche „vorrechtlichen" Verhaltensnormen, nämlich Ausdruck herrschender Vorstellungen über angemessenes, richtiges Verhalten. Eine hergebrachte Gepflogenheit oder Einrichtung kann also nicht als bloße Tatsache ein Richtmaß für rechtliche Wertentscheidungen sein, sondern nur dann, wenn sie Ausdruck der herrschenden sozialethischen Vorstellungen ist, und nur deshalb, weil sie das ist. Sie kann also Anhaltspunkt für Gerechtigkeitsentscheidungen nur dann sein, wenn sie als gute Sitte und nicht als Unsitte empfunden wird.

Nicht zuletzt lassen sich Methoden der empirischen Meinungsforschung einsetzen, um zu ermitteln, in welchem Maße welche rechtsethischen Vorstellungen zu bestimmten Fragen verbreitet sind, etwa zu der Frage, ob und unter welchen Bedingungen und Begrenzungen Schwangerschaftsabbruch oder Sterbehilfe freigegeben werden sollten. Freilich, in Angelegenheiten, die auch die Interessen der

---

[2] Ch. Starck, Rechtsvergleichung im öffentlichen Recht, JZ 1997, S. 1023 ff.; das Bundesverfassungsgericht (E 112, 350 ff.) greift auf die Tradition und auf die Rechtsvergleichung zurück.

Befragten berühren, werden diese ihre Antwort oft nicht in der Rolle einer unbefangenen „moralischen Instanz", sondern in der Rolle betroffener Interessenten geben – so als würde die Frage nicht lauten: „Was hältst du nach deinem Gewissen für richtig?", sondern: „Was ist deiner Person am zuträglichsten?" Wir stoßen hier also auf die gleiche Verfälschungsgefahr, die uns schon beim Problem der demokratischen Mehrheitsentscheidung begegnet ist (I 2).

All diese Indizien erschließen kein lückenloses und widerspruchsfreies System herrschender rechtsethischer Vorstellungen. Auf Schritt und Tritt wird sichtbar, daß das Ethos eines Kulturkreises, auch die Rechtsmoral, ein vielschichtiges und lückenhaftes, mit ungelösten Konflikten belastetes Gebilde ist.

III. Die Relativität herrschender Gerechtigkeitsvorstellungen

Literatur: *M. Scheler* (wie zu § 19), S. 309 ff.; *N. Hartmann* (wie zu § 19); *Fechner* RPh, S. 87 ff.; *R. Zippelius,* Wertungsprobleme im System der Grundrechte, 1962, S. 158 ff.; *Th. Würtenberger* (wie zu I), S. 104 ff., 207 ff.; *ders.,* Rechtsprechung und sich wandelndes Rechtsbewußtsein, in: W. Hoppe u. a. (Hg), Rechtsprechungslehre, 1992, S. 545 ff.; *B. Rüthers,* Das Ungerechte an der Gerechtigkeit, ³2009.

Die Relativität des individuellen Rechtsempfindens (§ 20 II) muß sich in den herrschenden – d. h. eben nur: mehrheitlich konsensfähigen – Gerechtigkeitsvorstellungen widerspiegeln.

Diese können sich, wie die individuellen Gerechtigkeitsauffassungen, dadurch wandeln, daß neue Gerechtigkeitserfahrungen gemacht werden und andere aus dem Blickfeld verschwinden (vgl. Hartmann 1925, Kap. 6 a).

Ein relativierender Faktor sind sodann in den herrschenden (wie in den individuellen) Gerechtigkeitsvorstellungen die unterschiedlichen Präferenzen, mit denen man bald diesen bald jenen Zwecken größeres Gewicht beimißt:

Auch hier gibt es möglicherweise anlagebedingte Vorzugstendenzen, die dann eine Rolle spielen könnten, wenn sie sich in einem Volke häufen, also den „Volkscharakter" bestimmen (Riezler RG, 49 f.); doch ist schwerlich feststellbar, in welchem Ausmaß vorhandene Wertungsdispositionen auf vererbliche Anlagen oder aber auf Erziehung und Tradition zurückzuführen sind.

Greifbarer ist der Einfluß von historischen und sozialen „Umweltbedingungen" auf die Sozialmoral. Eine spezifische Situation kann bestimmten Zielen ein erhöhtes Gewicht und Macht über die Gemüter verleihen:

So konnte etwa der Absolutismus durch sein System von Privilegien und dadurch, daß er die individuelle Freiheit für breite Bevölkerungsschichten mißachtete, die Forderungen nach Freiheit und Gleichheit wachrütteln, bis sie das Bewußtsein der Menschen fast übermächtig ergriffen.

Unbestreitbar beeinflussen auch die ökonomischen Bedingungen die in einer Gemeinschaft herrschenden Gerechtigkeitsvorstellungen. Zum Beispiel hat der frühindustrielle Kapitalismus durch die unwürdige Behandlung Tausender von Arbeitnehmern das öffentliche Bewußtsein darauf gelenkt, daß das Gemeinwesen auch für soziale Gerechtigkeit und ausgewogene ökonomische Verhältnisse zu sorgen habe.

Nicht zuletzt spielen die kulturbedingten Leitideen (§ 17) eine bedeutende Rolle bei der Formung der herrschenden Gerechtigkeitsvorstellungen. So wurde etwa die sozialstaatliche Bewegung nicht nur durch die ökonomischen Bedingungen, sondern wohl auch dadurch mitbestimmt, daß die christliche Tradition das Gefühl der moralischen Pflichten gegenüber Notleidenden und Schwachen wachgehalten hatte.

Auch einem Wandel der vorherrschenden Ideen sind die Völker ausgesetzt. Oft werden neue politische und moralische Vorstellungen zunächst von Einzelnen formuliert und von anderen aufgenommen. Vor allem leiten Missionierungen, Reformationen, Renaissancen und Revolutionen solche Umbildungen der vorherrschenden Wertvorstellungen ein. Haben diese eine hinreichend breite oder mächtige Anhängerschaft gewonnen, dann entsteht jener eigenartige Anpassungsdruck von Denkmoden, den schon John Locke beschrieben hat: „Niemand entgeht der Strafe des Tadels und des Mißfallens, der gegen die Mode und die Ansicht derjenigen Gemeinschaft verstößt, der er angehört und der er sich empfehlen möchte. Unter zehntausend ist nicht einer so unbeugsam und so unempfindlich, daß er die fortgesetzte Mißbilligung und Geringschätzung seitens seiner eigenen Gemeinschaft ertragen könnte."[3] Oft werden Vorstellungen, die zunächst nur äußerlich übernommen wurden, allmählich auch vom Gewissen akzeptiert. Wichtige Gründe für solche moralische Anpassung sind das elementare Bedürfnis nach Orientierungsgewißheit und der erwähnte Konformitätsdruck, nämlich der Antrieb, psychisch belastende Dissonanzen zwischen den eigenen Überzeugungen und den in der Umwelt vorgefundenen Vorstellungen abzubauen, also nicht ständig in Widerspruch zu den Auffassungen zu leben, die einen umgeben. Wer aber könnte dann, wenn sich neue moralische Auffassungen herausgebildet haben und nun der Gewissensüberzeugung der meisten entsprechen, sich zum Richter aufwerfen und nachweisen, sie seien unrichtig?

Zu den Faktoren, die auf die herrschende Rechtsmoral einwirken, gehört auch das Recht selbst. Was rechtsethisch relevante Gesetze, etwa die Verfassung oder das Strafgesetz, bestimmen oder was die Gerichte in fester Praxis für Rechtens erklären, wird weitgehend auch als Wertauffassung akzeptiert, wenn es nicht schon ohnehin den herrschenden Gerechtigkeitsvorstellungen entspricht: Ein Recht, das sich durchzusetzen vermag, hat eine prägende Kraft auch für die Rechtsmoral (§ 6 VII). Ursache dafür ist auch hier der jeder Gemeinschaft eingewurzelte Ordnungssinn und das Bedürfnis nach Orientierungsgewißheit.

Doch im Laufe der Zeit wandelt sich vieles, was für die Mehrheit „nach bestem Wissen und Gewissen" konsensfähig ist und daher nach demokratischem Legitimitätsverständnis auch rechtsverbindlich gemacht werden darf. Wie weit der Spielraum für solche Veränderungen mehrheitlicher Gerechtigkeitsvorstellungen reicht, zeigt etwa der rasche Wandel konsensfähiger Vorstellungen über strafwürdiges Verhalten, der sich in jüngster Zeit vollzogen hat: Bis vor wenigen Jahrzehnten galt jede Homosexualität unter Männern als strafwürdig.[4] Und als schwere Kuppelei war es mit Zuchthaus bedroht, wenn Eltern ihrer erwachsenen Tochter erlaubten, mit ihrem Verlobten im elterlichen Haus zu schlafen.[5] In beiden Fällen haben sich die Anschauungen und die Gesetze gründlich geändert. So wird heute das eheähnliche Zusammenleben der Homosexuellen in Deutschland sogar gesetzlich gebilligt. Andererseits fehlten damals im deutschen Strafrecht die Umweltdelikte, die heute auf Grund gewandelter Vorstellungen und Umstände für strafwürdig erachtet werden.

Wo in Fragen der Moral und der Gerechtigkeit die Grenzen des Konsensfähigen liegen, darüber kann letztlich nur der Konsens entscheiden (§ 18 I 4). Es gibt mo-

---

[3] J. Locke, An Essay concerning human Understanding, 1689, 2. Buch, Kap. XX VIII, Nr. 12; ähnlich A. de Tocqueville, De la démocratie en Amérique, 1. Tl., 1835, II Kap. 7 (Von der Macht, welche die Mehrheit über das Denken in Amerika ausübt).

[4] § 175 StGB alter Fassung, gegen den auch das Bundesverfassungsgericht nichts einzuwenden hatte, BVerfGE 6, 432 ff.

[5] § 181 Abs. 1 Nr. 2 StGB alter Fassung; hierzu BGHSt 6, 46, 52.

ralische Regeln, die vermutlich durch keinen Wandel verlorengehen und einen festen Bestand jeder Sozialmoral bilden, die dauerhaft konsensfähig und nie ernsthaft streitig waren. Wahrscheinlich sind schon durch das „biologische Programm" einige solcher Regeln festgelegt (§§ 8 I; 19 IV 1).

IV. Irrwege der Sozialmoral

Literatur: *G. Le Bon,* Psychologie der Massen, (frz. 1895) dt. [11]1961; *N. Hartmann,* Das Problem des geistigen Seins, 1933, Kap. 23 e, 37 ff.; *L. Festinger,* A Theory of Cognitive Dissonance, 1957; *E. Noelle-Neumann,* Öffentliche Meinung, 1991.

Unter den herrschenden Wertauffassungen kann auch „falsche Münze" im Umlauf sein. „Falsche" Wertvorstellungen können auf unterschiedliche Weise zustande kommen:

Sie entstehen dann, wenn man der Bewertung einen Sachverhalt zugrunde legt, der gar nicht so existiert, wie man annimmt. Wenn jemand sich mit dem Teufel verbündet und andere Menschen behext, so daß sie an ihrer Gesundheit oder an ihrem Gut Schaden nehmen, so ist das mißbilligenswert und verdient Strafe. In diesem Satz steckt wohl kein unrichtiger Wertmaßstab. Nur liegt nach unserer Sachkenntnis der angenommene Sachverhalt nie vor. In der Bewertung des unterstellten Sachverhalts unterscheiden wir uns also nicht grundsätzlich von den Hexenverfolgern, wohl aber in der Kenntnis des Sachverhalts. Die Hexenverfolger waren das Opfer eines Irrtums über den Sachverhalt. Zeigt man, daß ein solcher Irrtum einem Werturteil zugrunde liegt, so ist es als unrichtig entlarvt.

Aber auch die Wertvorstellungen selbst können fehlgehen, so, wenn die Mehrheitsmeinung sich ohne viel eigene Überlegung bei Wertvorstellungen beruhigt, die durch Massenmedien oder einfach durch das „Gerede" suggeriert werden. Das moralische Mitläufertum ist nicht viel seltener als das geschmackliche. Gerade aus Kriegs- und Bürgerkriegszeiten weiß man, wie sehr Suggestionen – etwa Entstellungen eines fremden Volkes oder anderer Gruppen – viele mitreißen können, ohne sie eigentlich zu überzeugen.

Geht man davon aus, daß die Quelle, aber auch die Grenze moralischer Einsicht im individuellen Gewissen liegt (§ 18 I), so ist Prüfstein für öffentlich verbreitete Vorstellungen die Frage, ob diese von der Mehrheit in eigener Gewissensüberzeugung nachvollzogen werden können.

Nun kann aber im Alltag rechtlichen Entscheidens nicht durchwegs auf Gerechtigkeitsvorstellungen zurückgegriffen werden, welche die Probe vor dem Gewissen der Mehrheit bestanden haben: Das eigene Gewissen wird meist erst dann aufgerufen, wenn einem der ethische Konflikt im Ernst der erlebten Situation zum Bewußtsein kommt und man sich vor die konkrete Frage gestellt sieht, was recht und unrecht ist. Es liegt auf der Hand, daß keineswegs alle Gerechtigkeitsvorstellungen, die in der Gemeinschaft verbreitet sind, auch vor dem Gewissen der Mehrheit erprobt sind. So bleibt als Prüfstein oft nur die hypothetische Frage, welche Vorstellungen mutmaßlich vor dem Gewissen der meisten standhalten würden.

Die Frage, welche Gerechtigkeitsvorstellungen diese Prüfung bestünden, wird durch den Wandel der herrschenden Sozialmoral noch erschwert. So kann es vorkommen, daß Anschauungen, die zunächst nur suggeriert waren, allmählich in den moralischen Überzeugungen der Mehrheit Fuß fassen. Was zunächst nur unbedacht nachgeredet wurde, kann auch das Gerechtigkeitsempfinden umstimmen, insbesondere bestimmte Präferenzen zurückdrängen und andere bestärken. Auf solche Weise können sich die in der Gemeinschaft lebendigen Präferenzen verschieben, und das, was zunächst vor dem Gewissen der Mehrheit nicht stand-gehalten hätte, kann auf das Rechtsgefühl wirken und es umerziehen (III).

§ 22. „Gewagte" Entscheidungen

Literatur: *N. Hartmann,* Ethik, 1925; *M. Heidegger,* Sein und Zeit, 1927; *K. Jaspers,* Die geistige Situation der Zeit, 1931, [5]1932, S. 160 ff.; *ders.,* Philosophie, 1932, [3]1956; *E. Spranger,* Zur Frage der Erneuerung des Naturrechts, in: Universitas 1948, S. 411 ff.; *M. Heidegger,* Holzwege, 1950, [3]1957; *K. Jaspers,* Einführung in die Philosophie, 1950, [20]1980, S. 24 ff.; *Fechner* RPh, S. 223 ff.

I. Die „Beschränktheit" des Rechtsgefühls

Der Bestand der für die Mehrheit konsensfähigen Gerechtigkeitsvorstellungen betrifft zumeist typische Lebensvorgänge. Er stellt sich nicht als lückenloses, wider-spruchsfreies System der Gerechtigkeit dar, aus dem sich auf alle Gerechtigkeits-probleme dieser Gemeinschaft eine sichere Antwort entnehmen ließe.

Die Ermittlung der je herrschenden Gerechtigkeitsvorstellungen wird dadurch noch erschwert, daß diese sich fortlaufend wandeln, vor allem dadurch, daß Präferenzen sich verschieben, sei es durch den Wandel der äußeren Umstände oder durch das Auftauchen neuer und überzeugender Argumente (§ 21 III). So stellt die herrschende Rechtsmoral auch kein beständiges Forschungsobjekt dar, wie es z.B. die Geographie vor sich hatte, die in jahrhundertelanger Kontinuität daran arbeiten konnte, die weißen Flecken auf der Landkarte auszufüllen.

Wo auch die herrschende Sozialmoral keine verläßliche Entscheidungsgrundlage bietet, kann die Suche nach der gerechten Entscheidung nur auf das persönliche Rechtsgefühl, in all seiner Relativität (§ 20 II), zurückgreifen. Es sind aber auch Entscheidungen denkbar, die selbst im persönlichen Rechtsempfinden des Entschei-denden keinen eindeutigen Rückhalt finden und daher nur in einem rechtsethischen Wagnis gewonnen werden können.

II. Gerechtigkeit und „gewagte" Entscheidungen

Auch die Suche nach Gerechtigkeit kann also in die Not höchstpersönlicher Ent-scheidung führen, in der die Probleme nur in radikaler Subjektivität gelöst werden können.

So hat Nicolai Hartmann festgestellt, daß hinter dem Wählen und Entscheiden nicht immer eine verläßliche Einsicht stehe, sondern nicht selten „die Verzweiflung des gewissenhaft Suchenden". „Könnte der Mensch den Konflikt lösen, d.h. seine axiologisch zureichende Lösung erschauen, so brauchte er … gar nicht zu ent-scheiden; er brauchte nur der geschauten Lösung zu folgen. So sind aber die gegebenen Situationen des Lebens nicht. Der Mensch muß sie von Schritt zu Schritt im Leben entscheiden, ohne sie lösen zu können" (Hartmann 1925, Kap. 80 g, 31 b, 50 b).

Mit größerem Widerhall hat dann die Existenzphilosophie das Wagnis, den Entwurfscharakter, die Entobjektivierung ethischer Entscheidungen verkündet. Für Heidegger (1889–1976) war die Eigenart der existenziellen Handlung gerade das Auf-sich-selbst-gestellt-Sein, die Unbestimmtheit, die Entschlossenheit, die nicht „lediglich ein aufnehmendes Zugreifen gegenüber vorgelegten und anempfohlenen Möglichkeiten (ist). Der Entschluß ist gerade erst das erschließende Entwerfen und Bestimmen" (1927, § 60). Und Jaspers (1883–1969) schrieb: „Es gibt nicht das zeitlose Sein, das systematisch nur zu ergreifen wäre, um der Unruhe der Entscheidungsmöglichkeit entronnen zu sein; es gibt nicht die richtige Lebensführung für immer, der ich nur zu folgen brauche, um recht zu entscheiden, nicht die absolute Wahrheit als das Wißbare, unter das ich nur zu subsumieren brauche, was ich bin und tue" (1956 I, 275).

Vor dem Hintergrund einer solchen Weltanschauung ist gerade die Unzulänglichkeit und Lückenhaftigkeit menschlicher Gerechtigkeitserkenntnis Bürge der lebendigen Gerechtigkeit, die eben nicht ein für alle Male in einem toten Schema erstarren kann, sondern immer wieder neu geschaffen werden muß. Aus den immer neuen Antinomien der Zwecke, die in einer Gemeinschaft als erstrebenswert erscheinen, findet eine ständige Neugeburt der Gerechtigkeit statt. Die lebendige Freiheit mit all ihren Unsicherheiten, aber auch ihren Chancen, etwas neu zu gestalten, wäre verloren, wenn alles schon gewiß wäre. „Geltung und Dauer müssen brüchig sein, wenn Freiheit ist." Das Sein als Freiheit kann nie zum festen Bestand werden. „Es ist, indem es sich erwirbt, und hört auf, wenn es als geworden beständig sein möchte" (Jaspers 1956 III, 227).

So weichen die nicht zu Ende gedachten Entwürfe materialer „Wertsysteme" – ebenso wie das naive naturrechtliche Gerechtigkeitspathos und die Hegelsche Zuversicht in eine sich in der Geschichte objektiv entfaltende Vernunft – der Einsicht in das unvermeidliche, immer wieder neue Wagnis der Gerechtigkeit, das an den Grenzen eines scheinbar gesicherten Bestandes objektiver Gerechtigkeitsvorstellungen immer wieder herausgefordert wird.

Weil Gerechtigkeitseinsicht allein keine hinreichend sicheren, allgemein anerkannten Handlungsrichtlinien liefert, muß die notwendige Orientierungsgewißheit auf andere Weise geschaffen werden:

Um der Rechtssicherheit und des Rechtsfriedens willen bedarf es bestimmter Instanzen und Verfahren, die verbindlich und effizient festlegen, was in der Gemeinschaft Rechtens sein soll (§ 23 I 2, II). Zwar ist das nicht die einzige Wurzel der Dualität von Gerechtigkeit und autoritativer Entscheidung. Aber ungeachtet der sonstigen Gründe dieser Dualität ist es schon aus der Not der Gerechtigkeit selbst unvermeidlich, bestimmte Kompetenzen und Verfahren bereitzustellen, die dort mit ihrer Entscheidung eintreten können, wo die Gerechtigkeitserkenntnis Grenzen findet.

Der Orientierungsgewißheit, der Verläßlichkeit der sozialen Dispositionsgrundlagen, dient auch das Prinzip der Kontinuität des Rechts. Es gebietet, einmal festgelegte Verhaltensrichtlinien nur dann aufzugeben, wenn Gründe das fordern, die schwerer wiegen als das Bedürfnis nach Stabilität der Normenordnung (§ 23 IV).

Kapitel V. Die Rechtssicherheit

§ 23. Grundsätzliche Bedeutung und Erscheinungsformen

Literatur: *L. Bendix,* Das Problem der Rechtssicherheit, 1914; *M. Rümelin,* Die Rechtssicherheit, 1924; *S. Brassloff,* Die Rechtssicherheit, 1928; *F. Scholz,* Die Rechtssicherheit, 1955; *E. Bodenheimer,* Jurisprudence, 1962, [2]1974, S. 171 ff., 236 ff., 253 ff.; *A. v. Arnauld,* Rechtssicherheit, 2006.

I. Das Bedürfnis nach Orientierungssicherheit im allgemeinen

Literatur: *A. Gehlen,* Moral und Hypermoral, 1969, [3]1973.

1. Das Defizit an angeborener Verhaltenssteuerung.

Anthropologisch hat sich der Mensch als das „nicht festgelegte Tier" dargestellt, dessen soziales Verhalten nicht in ausreichendem Maße durch angeborene Verhaltensmuster reguliert ist (§§ 8 II; 19 IV 1): Instinkte geben ihm keine hinreichende Orientierungsgewißheit, kaum für das Zusammenleben in der Familie und schon gar nicht für das Verhalten in komplexeren, arbeitsteiligen Gemeinschaften, etwa für die gemeinschaftliche Produktion, den Güteraustausch oder gar für den Straßenverkehr. Verhaltensnormen, nach denen Menschen ihr Handeln in vorhersehbarer und verläßlicher Weise aufeinander einstellen können, mußten daher künstlich geschaffen werden. Erst wenn Menschen ihren Platz in normativ geordneten Lebensbereichen („Institutionen") haben, befinden sie sich „in stabilen Gefügen" (Gehlen 1973, 96 ff.). Einmal ausgewählte und erprobte Verhaltensmuster entlasten auch von Entscheidungsdruck: Weil vieles durch die Verhaltensnormen der Gemeinschaft schon vorentschieden ist, braucht der Einzelne nicht selber für jede Situation alle möglichen Handlungsalternativen zu erwägen und zwischen ihnen zu entscheiden. So dient normative Orientierungsgewißheit nicht nur der sozialen, sondern auch der individualpsychischen Stabilität. Gewiß sind solche normativen Orientierungsschemata einer Kritik zugänglich, sie sind zeitbedingt und situationsgebunden. Sie sind also „überholungsfähig" und oft auch überholungsbedürftig (§ 11 III). Wenn aber dieser Wandel sich so rasch vollzieht, daß die soziale und die individuelle Orientierungsgewißheit stark erschüttert werden, so führt das oft zur Freisetzung von Affekten und insbesondere von Aggressivität. So sind Zeiten, in denen die traditionellen Normen und Ordnungen fragwürdig werden, oft auch Zeiten vermehrter Gewalttätigkeit. (Selbst in der individuellen Entwicklung kommen viele dann in die „Flegeljahre", wenn die kindliche Selbstverständlichkeit der normativen Orientierungen verlorengeht.)

Schon um eine komplexe Gemeinschaft überhaupt zu bilden, bedarf es also verläßlicher normativer Verhaltensmuster. Gemeinschaft entsteht als Gefüge sinnorientierten Verhaltens: dadurch, daß eine Mehrzahl von Menschen ihr Handeln nach den selben Verhaltensnormen richtet und es dadurch koordiniert (§ 27 I).

131

2. Das Defizit an allgemein anerkannten Gerechtigkeitseinsichten.

Es hat sich ferner gezeigt, daß Gerechtigkeitseinsicht allein keine hinreichend sicheren, allgemein anerkannten Verhaltensrichtlinien liefert. Darum bedarf es verbindlicher Entscheidungen darüber, wie man sich verhalten soll. Eben darin liegt eine Wurzel und Legitimation des Gesetzespositivismus (§ 11 II 3).

Eine verläßliche Verhaltensordnung ist aber nur gewährleistet, wenn diese Entscheidungen von einer Autorität ausgehen, die in der Lage ist, das, was sie als Verhaltensnormen festsetzt, auch durchzusetzen. Die Orientierungssicherheit ist also mit der Realisierungsgewißheit verknüpft (II). Hieraus erwächst gerade dem Staat die Aufgabe, die ungelösten Fragen der Gerechtigkeit zu „lösen". Thomas Hobbes (1588–1679) hat das in aller Schärfe formuliert: Jeden Tag tauchen neue Meinungen darüber auf, was Recht und Unrecht sei, und werden zur Ursache von Streit, Mord und Totschlag. Daher muß die Staatsgewalt „diese Wolken zerteilen" (De cive, Vorwort). Gerade weil die Menschen in ihren Anschauungen über Recht und Unrecht, über Gut und Böse nicht übereinstimmen, muß verbindlich entschieden werden, was zu geschehen hat.

II. Funktion und Komponenten der Rechtssicherheit im besonderen

Literatur: *Th. Hobbes*, De cive, 1642, Vorwort und Kap. 1 und 5; *ders.*, Leviathan, 1651, Kap. 26; *J. Bentham*, Principles of the Civil Code, Teil I Kap. 7 (in: Works, 1838 ff.).

Unter dem Aspekt des Rechts erscheint der Bedarf an verläßlichen, normativ bestimmten Verhaltensstrukturen als das Bedürfnis nach Rechtssicherheit. Dieses verlangt erstens, daß überhaupt klargestellt wird, welche Normen für das zwischenmenschliche Verhalten gelten sollen. Hierzu kommt zweitens das Interesse an einer Kontinuität des Rechts. Erst diese schafft Orientierungssicherheit für die Zukunft und damit auch die Grundlage für Planung und Dispositionen. In solcher Weise für Rechtsfrieden, Ordnung, Verläßlichkeit, Kontinuität zu sorgen, ist eine der Hauptaufgaben jeder Rechtsgemeinschaft. Hobbes, der die Schattenseiten einer Verunsicherung des öffentlichen Lebens während des englischen Bürgerkriegs erfahren mußte, hat in der ordnung- und friedenstiftenden Funktion die eigentliche Legitimation des Staates gesehen. Jeremias Bentham hat es für den wichtigsten Zweck der Gesetzgebung erklärt, Sicherheit zu schaffen und zu gewähren. Diese sei geradezu das entscheidende Kennzeichen der Zivilisation: Die durch Gesetze begründete Sicherheit erst schafft dauerhaften Besitz, der den Namen eines Eigentums verdient. Die Gesetze sichern die Früchte der Arbeit und ermutigen so dazu, für die Zukunft zu arbeiten. Die durch sie erwirkte Sicherheit erlaubt es, Pläne zu machen, und sorgt für Kontinuität, die über das individuelle Leben hinaus zu der folgenden Generation reichen kann.

Die Rechtssicherheit hat als Komponenten die Orientierungssicherheit und die Realisierungssicherheit (Geiger RS, 63 ff.):

Das Interesse an Orientierungssicherheit bedeutet, daß man wissen muß, welches Verhalten von einem selbst gefordert wird und welches Verhalten man von anderen zu erwarten hat. Aus dieser Sicht erscheint eine klare, eindeutige, übersichtliche und kontinuierliche Verhaltensregelung erstrebenswert. Geiger nannte diese Seite der Rechtssicherheit „certitudo". Sie leidet insbesondere dann, wenn die Normen vage abgefaßt sind, also sehr unbestimmte Begriffe enthalten, oder wenn sie den Behörden so weite Ermessensspielräume zubilligen, daß es unberechenbar ist, wie die Behörden entscheiden werden. Die Orientierungssicherheit vermindert sich auch in Zeiten einer Normeninflation, in denen das Recht unüberschaubar wird. Die Rechtsgemeinschaft wird schließlich auch dann verunsichert, wenn das Recht einem allzu raschen Wandel unterliegt. Das Interesse an „certitudo" besteht nicht nur hinsichtlich der Normenordnung. Auch von einzelnen hoheitlichen Entscheidungen erwartet man inhaltliche Klarheit und Bestimmtheit, so daß sie eine eindeutige Richtschnur des Verhaltens bilden.

Eine andere Komponente der Rechtssicherheit ist die Realisierungsgewißheit, die „securitas": Man muß sich darauf verlassen dürfen, daß die bestehenden Normen beachtet und durchgesetzt, die eingegangenen Verträge gehalten, die ergangenen Urteile vollstreckt werden. Aus dieser Sicht verlangt die Rechtssicherheit insbesondere, daß die Rechtsfindungsverfahren einen geregelten und zügigen Verlauf nehmen und einen Abschluß finden, dessen Rechtsbeständigkeit und Durchsetzung gesichert ist. Die Realisierungssicherheit leidet vor allem auch dann, wenn man sich trotz der bestehenden Strafgesetze nachts nicht auf die Straße wagen kann, ohne Gefahr zu laufen, ausgeraubt zu werden, oder wenn der Pöbel durch die Straßen toben, Fahrzeuge beschädigen, Fenster einschlagen und Polizisten verprügeln kann, ohne daß die strafrechtlichen Sanktionen angewandt würden. Die Realisierungssicherheit leidet auch dann, wenn Verwaltungsentscheidungen oder Gerichtsurteile nicht vollzogen werden, etwa weil man der Willkür eines Tyrannen oder dem Drucke der Straße weicht.

Realisierungsgewißheit und Orientierungssicherheit hängen zusammen: Die Realisierungsgewißheit ist eine wesentliche Bedingung dafür, daß Normen und Einzelentscheidungen Orientierungsgewißheit schaffen. Die Normen und Entscheidungen gewähren nur dann Orientierungssicherheit, wenn die sichere Chance besteht, daß sie verwirklicht und durchgesetzt werden. Daher hat Hobbes gerade der Staatsgewalt die Kompetenz zugedacht, zu bestimmen, was Rechtens ist, und daher ist auch aus heutiger Sicht die Wirksamkeit rechtlicher Normen Bedingung ihres Geltungsanspruchs (§ 5 I).

Die rechtstechnischen Mittel zur Realisierung der Normen sind vor allem in den Prozeßordnungen zur Verfügung gestellt, die Mittel zur Durchsetzung der Einzelentscheidungen in den Vollstreckungsvorschriften (§ 28 III).

III. Insbesondere die Klarheit und Transparenz des Rechts

Literatur: *H.-D. Weiß*, Verrechtlichung als Selbstgefährdung des Rechts, DÖV 1978, S. 601 ff.; *W. Leisner*, „Gesetz wird Unsinn …", DVBl 1981, S. 849 ff; *A. Heldrich*, Normüberflutung, in: F. f. K. Zweigert, 1981, S. 811 ff.; *K. M. Groll*, In der Flut der Gesetze, 1985; *J. Isensee*, Mehr Recht durch weniger Gesetze? ZRP 1985, S. 139 ff.; *K. Schmidt*, Die Zukunft der Kodifikationsidee, 1985; *K. F. Röhl*, Rechtssoziologie, 1987, § 31; *D. Strempel* (Hg), Mehr Recht durch weniger Gesetze?, 1987.

Präzise Orientierungsgewißheit schafft das Recht nur insoweit, als es unmißverständlich und klar ist. Daher besteht die Forderung nach semantischer Eindeutigkeit der Rechtsnormen: Diese sollten die Klassen der subsumierbaren Personen und Sachverhalte eindeutig umgrenzen und die Rechtsfolgen eindeutig bezeichnen (Ideal der „Berechenbarkeit" des Rechts). Diese Forderung ist aber nur annäherungsweise erfüllbar, und zwar schon wegen der unumgänglichen semantischen Unschärfe der Gesetzessprache, also deshalb, weil die Gesetzesworte unvermeidlich einen Bedeutungsspielraum haben (§ 38 II). Und in gewisser Hinsicht wäre eine völlig exakte Gesetzessprache sogar nachteilig: Die Vielgestaltigkeit des Lebens erlaubt es nicht, für alle Einzelfälle eine abstrakte, eindeutige und zugleich billige Regelung zu schaffen (§ 24). Der Bedeutungsspielraum der Gesetzesworte, der unter dem Gesichtspunkt der Rechtssicherheit (nämlich der Berechenbarkeit und Voraussehbarkeit des Rechts) als Nachteil erscheint, erweist sich unter dem Aspekt der „Schmiegsamkeit" des Rechts als Vorteil; verleiht er doch den generellen Gesetzesworten eine gewisse Anpassungsfähigkeit an die Vielfalt der geregelten Lebensumstände, vor allem auch an den Wandel der tatsächlichen Gesamtsituation und der herrschenden sozialethischen Vorstellungen.

Im Interesse der Rechtssicherheit liegt nicht nur die Klarheit der einzelnen Rechtsnormen, sondern auch die Übersichtlichkeit („Transparenz") der Rechtsordnung insgesamt. Ein Großteil der gesetzgeberischen und rechtsdogmatischen Tätigkeiten zielt auf die Gewinnung solcher Transparenz: Verstreute Detailregelungen werden zu Kodifikationen zusammengefaßt, sei es auch nur für Teilrechtsgebiete, wie das Sozialrecht oder das Arbeitsrecht; solche Kodifikationen sollen Rechtsfragen eines größeren Lebensbereichs in übersichtlich geordneter Weise regeln; hierbei dient es der Rechtssicherheit insbesondere, wenn Rechtsfragen, die sich im Wandel der Rechtsverhältnisse durchgängig stellen, eine grundsätzliche und hinreichend allgemeine Lösung finden. Die Rechtsdogmatik hat nicht zuletzt allgemeine Grundsätze und Leitgedanken des Rechts herauszuarbeiten und es dadurch überschaubar und gedanklich beherrschbar zu machen.

Das Bedürfnis nach rechtlicher Orientierungsgewißheit wird schwer gefährdet, wenn die Gesetzgebung aufgebläht und ungezügelt wird, nicht mehr von überschaubaren Prinzipien durchgeformt ist und dadurch die große Linie und Übersichtlichkeit verliert (§ 30 III). Inflationen führen zur Entwertung, auch im Bereich der Normen. Ein nicht mehr voll überschaubares Recht wird zum nicht mehr voll beachteten Recht. Die Willkür, die man durch Normen einschränken wollte, erhält im wuchernden Normendickicht eine neue Chance. „Corruptissima re publica plurimae leges" (Tacitus, Annalen, III 27, 3). Die Verunsicherung wird verstärkt, wenn solche Normeninflation sich im Milieu eines weltanschaulichen Pluralismus vollzieht, in welchem auch keine unangefochtenen außerrechtlichen Grundsätze der Rechts- und Sozialmoral als Orientierungsmuster bereitstehen, denen sich die rechtlichen Einzelregelungen übersichtlich zuordnen ließen. Aus den Naturwissenschaften stammt die Einsicht, daß „Chaos" nicht notwendig Gesetzlosigkeit bedeutet, sondern auch eine nicht mehr durchschaubare Komplexität gesetzmäßiger Vorgänge bezeichnen kann.

IV. Insbesondere die Kontinuität der Rechtsordnung

Literatur: *H. Mitteis,* Vom Lebenswert der Rechtsgeschichte, 1947, S. 105 ff.; *Zippelius* ML, § 13 II (zur Kontinuität in der Rechtsprechung); *H. Maurer,* Kontinuitätsgewähr und Vertrauensschutz, in: Hdb.d.Staatsrechts, III ²1996, § 60; *A. Leisner,* Kontinuität als Verfassungsprinzip, 2002; *Th. Würtenberger, D. Jeannerod,* Vertrauen in den Gesetzgeber, in: Th. Würtenberger u.a. (Hg), Wahrnehmungs- und Betätigungsformen des Vertrauens, 2002, S. 153 ff.

Mit dem Interesse daran, daß überhaupt entschieden sei, welche Normen für das Verhalten maßgeblich sein sollen, und mit der Forderung nach Klarheit und Transparenz verbindet sich das Interesse an einer Kontinuität des Rechts, d.h. daran, daß auch im Zeitablauf wesentlich Gleiches gleich behandelt wird, wie das anschaulich im angelsächsischen „reasoning from case to case" geschieht (§ 18 II). Dieses Beispiel zeigt aber auch, daß es im Recht nicht einer starren, sondern einer dem Wandel der Umstände angepaßten Kontinuität bedarf.

Erst die zeitliche Dimension der Rechtssicherheit schafft die Grundlage für Planung und Dispositionen (§ 10 II). Hierauf gründet sich das Verbot rückwirkender Besteuerung und das Verbot sonstiger rückwirkender Gesetze, wenn sie rückwirkend solche Eingriffe vornehmen oder vorsehen, mit denen der Betroffene im Zeitpunkt seines Verhaltens bei verständiger Vorausschau nicht zu rechnen brauchte, wenn also das berechtigte Vertrauen in die Kontinuität des Rechts enttäuscht wird.

Auch das Verbot rückwirkender Strafgesetze soll Rechtssicherheit gewährleisten (§ 37 II). Verdient aber einen strafausschließenden Vertrauensschutz auch, wer unter dem Schutz fehlender Strafdrohung schwerste Verbrechen – etwa gegen die Menschlichkeit – begangen hat und später deshalb zur Rechenschaft gezogen werden soll? Hat also Vertrauensschutz einen „Höchstwert um jeden Preis"? Oder kann er in seltenen Fällen gegen ein überragendes Sühnebedürfnis (§ 37 I 4) abzuwägen sein, ohne daß es hierzu einer „naturrechtlichen" Scheinbegründung bedürfte (Zippelius WdR, Kap. 9 f)? Und wie wäre dann die Grenze für solche Ausnahmefälle wirksam zu ziehen?

Über die bisher erwogenen Fälle hinaus gilt die Forderung nach einer größtmöglichen Stabilität der Normenordnung und nach Konsequenz in der Rechtsentwicklung ganz allgemein: Sie dient nicht nur der Orientierungsgewißheit. Selbstbindungen sind auch ein bewährter „Schutz gegen die aus unkontrollierbaren Tiefen aufsteigenden Affekte" (Mitteis 1947, 105). Das gilt nicht nur für jene Selbstbindungen, die wir uns als Einzelne auferlegen, um gegen die Wankelmütigkeit der menschlichen Natur Dämme zu errichten. Es gilt auch für die Selbstbindungen, denen sich ganze Rechtsgemeinschaften durch ihr eigenes Recht unterstellen, etwa durch Grundrechtsgarantien, die auch den Gesetzgeber binden. Dazu kommt eine weitere Funktion der Kontinuität: Das Überkommene ist weitgehend auch Ergebnis historischer Erfahrungen und hat eine Probe seiner Funktionsfähigkeit schon bestanden.

Aus diesen Gründen darf das Recht „nicht allzu leicht der Abänderung unterliegen, nicht einer Gelegenheitsgesetzgebung anheimfallen, die die Umprägung jeden Einfalls in Gesetzesform ohne Hemmung ermöglicht". Auch die Umständlichkeit des Gesetzgebungsverfahrens ist, so betrachtet, nicht nur ein Nachteil: „Die ‚checks and balances' der Gewaltenteilungslehre, die Schwerfälligkeit des parlamentarischen Apparates sind unter diesem Gesichtspunkt eine Garantie der Rechtssicherheit" (Radbruch VS, § 9).

Das Interesse an der Kontinuität des Rechts, an der Verläßlichkeit der sozialen Dispositionsgrundlagen, an der Stabilität der sozialen Ordnungsstrukturen tritt aber in Widerstreit zu einem entgegengesetzten Interesse: Das Recht ist laufend dem Wandel der gesellschaftlichen Verhältnisse und der herrschenden Vorstellungen über die optimale Gesellschaftsstruktur anzupassen (§ 10 III); sonst „erben sich Gesetz' und Rechte wie eine ew'ge Krankheit fort". In diesem Konflikt ist zwischen dem Bedürfnis nach Orientierungsgewißheit und Stabilität einerseits und dem Bedürfnis nach Fortschritt und Anpassung andererseits abzuwägen. Jeder Wandel der Normenordnung bedarf also einer Rechtfertigung, die nachzuweisen hat, daß im vorliegenden Fall das Bedürfnis nach Anpassung des Rechts schwerer wiegt als das Interesse an seiner Kontinuität.

Das Interesse an der Kontinuität einer von der Staatsgewalt für verbindlich erklärten Richtschnur besteht nicht nur für die vom Gesetzgeber erlassenen Vorschriften, sondern auch für die von den Gerichten oder von sonstigen Staatsorganen entwickelten Auslegungen und allgemeinen Rechtsgrundsätze. Aus der einmal gefällten Entscheidung erwächst eine gewisse Verbindlichkeit, auch in künftigen Fällen nach den gleichen Grundsätzen zu entscheiden. Diese Verbindlichkeit festigt sich mit der wiederholten Anwendung der gleichen Entscheidungsregel: Die Rechtssicherheit fordert, im Recht nicht ohne triftigen Grund einen Weg zu verlassen, den die Staatsgewalt einmal gewählt hat. Auch mit dem Gleichheitsgrundsatz wäre es nicht vereinbar, gleichliegende Fälle einmal so und einmal anders zu entscheiden. Wenn Gründe (etwa Veränderungen in der Sozialmoral) es nahelegen, die bisherige Auslegungspraxis aufzugeben, so ist auch hier abzuwägen, ob diese Gründe schwerer wiegen als das Kontinuitätsinteresse (Zippelius ML, § 13 II).

Der Vertrauensschutz, daß die Staatsgewalt und insbesondere die Rechtsprechung sich selber treu bleibe, hat eine Grundlage gerade auch darin, daß die Erkenntnis des Rechts und der Gerechtigkeit Grenzen hat. Würden die rechtlichen Entscheidungen immer auf einer unzweifelhaften Erkenntnis beruhen, bedürfte es keines Vertrauensschutzes. Für mathematische Resultate gibt es keinen Vertrauensschutz. Aber weil im Recht die Verläßlichkeit eines Ergebnisses nicht stets durch eine unzweifelhafte Erkenntnis gewährleistet ist, treten die Prinzipien der Gleichbehandlung und der Rechtssicherheit ein und gebieten, eine Gerechtigkeitsfrage, die die Staatsgewalt einmal so oder anders entschieden hat, auch künftig in gleicher Weise zu entscheiden, wenn nicht überwiegende Gründe dagegen sprechen.

Durch solche Entscheidungen bindet die Staatsgewalt nicht nur sich selbst, sondern sie gestaltet das rechtsethische Milieu mit. Entscheidet sich der Gesetzgeber oder ein hohes Gericht für eine bestimmte rechtsethisch relevante Auffassung, so werden dadurch oft auch die in der Gemeinschaft herrschenden Gerechtigkeitsvorstellungen beeinflußt. Dieser Einfluß beruht nicht zuletzt auf dem Ordnungssinn der Gemeinschaft und dem damit verbundenen Prinzip der Rechtssicherheit (§§ 6 VII; 21 III).

V. Orientierungssicherheit durch Einzelentscheidungen

Literatur: *O. Jauernig,* Zivilprozeßrecht, [29]2007, §§ 61, 62; *C. Roxin,* Strafverfahrensrecht, [25]1998, § 50; *H. U. Erichsen, P. Badura,* in: Erichsen (Hg), Allg. Verwaltungsrecht, [11]1998, §§ 15 II 2, 38 V.

Auch staatlichen Einzelentscheidungen kann nicht nur die Funktion zukommen, Rechtsgewißheit zu offenbaren, sondern auch die Funktion, Rechtsgewißheit dort zu schaffen, wo eine Entscheidung nicht durch strenge und eindeutige Rechtserkenntnis zu gewinnen ist. Ja man kann zugespitzt sagen, eine richterliche Entscheidung tue gerade in den Fällen besonders not, in denen man sie nicht vorausberechnen kann; denn wo die Rechtslage klar ist, werden verständige Leute sich den Prozeß ersparen.

Die Verläßlichkeit gerichtlicher Einzelentscheidungen wird auf verschiedene Weise gesichert: durch die Unabänderlichkeit der Entscheidung seitens des erlassenden Gerichts und, falls kein Rechtsmittel (mehr) zulässig ist, durch die Rechtskraft, und zwar in Gestalt der formellen Rechtskraft (Unanfechtbarkeit der Entscheidung durch die Prozeßbeteiligten) und der materiellen Rechtskraft (Ausschluß einer abweichenden Entscheidung über die gleiche Sache in einem anderen Prozeß). Hier erhebt sich die Frage, unter welchen Bedingungen und mit welchen Begrenzungen materiell unrichtige und damit regelmäßig auch ungerechte Entscheidungen in Rechtskraft erwachsen sollen. In solchen Fällen entsteht ein Widerstreit zwischen Rechtssicherheit und materieller Gerechtigkeit, der in unterschiedlicher Weise gelöst werden kann, so daß dem Gesetzgeber ein gewisser Gestaltungsspielraum verbleibt. Eine verbreitete Lösung des Rechtskraftproblems gibt grundsätzlich der Verläßlichkeit der Entscheidung den Vorrang vor dem Interesse an ihrer materiellen Richtigkeit; Ausnahmen gelten nur bei bestimmten, sehr schweren Verfahrensfehlern oder Mängeln in den Entscheidungsgrundlagen, die dann entweder zur Nichtigkeit der Entscheidung führen oder zu einer Möglichkeit, das Verfahren wieder aufzunehmen.

Der Verläßlichkeit staatlicher Entscheidungen dient auch der Grundsatz, daß selbst fehlerhafte Verwaltungsakte regelmäßig zu beachten sind, solange sie nicht aufgehoben wurden; sie sind nur dann nichtig und damit von vornherein rechtlich unbeachtlich, wenn sie bestimmte, schwere Mängel aufweisen. Am deutlichsten tritt der Bezug zum Vertrauensschutz in der „Evidenztheorie" zutage: Nach ihr ist ein fehlerhafter Verwaltungsakt nur dann nichtig, wenn man verständigerweise nicht auf seinen Bestand vertrauen kann, genauer: wenn er an einem besonders schwerwiegenden Fehler leidet und dies bei verständiger Würdigung aller in Betracht kommenden Umstände offensichtlich ist (§ 44 I des Verwaltungsverfahrensgesetzes).

VI. Orientierungssicherheit über rechtserhebliche Sachverhalte

Literatur: *M. Wellspacher*, Das Vertrauen auf äußere Tatbestände im bürgerlichen Recht, 1906; *E. Riezler*, Venire contra factum proprium, 1912; *N. Hartmann*, Ethik, 1925, Kap. 51, 52; *C. W. Canaris*, Die Vertrauenshaftung im deutschen Privatrecht, 1971; *E. J. Cohn*, Estoppel, in: Hwb. z. dt. Rechtsgesch., I 1971, Sp. 1017 ff.; *Larenz* RR, S. 80 ff.; *H. W. Dette*, Venire contra factum proprium nulli conceditur, 1985.

Nicht nur die Verläßlichkeit von Normen und staatlichen Einzelentscheidungen, auch die Konsequenz persönlichen Verhaltens und insbesondere die Verläßlichkeit persönlicher Abreden ist eine wesentliche Grundlage menschlichen Zusammenlebens, und zwar nicht nur im Rechtsverkehr, sondern auch im außerrechtlichen Umgang. Gerechtigkeit, schrieb Cicero, beruhe auf der „fides", nämlich auf der „Beständigkeit und Wahrhaftigkeit der Aussagen und Übereinkünfte". Zu Beginn der Neuzeit hielt Hugo Grotius das „stare pactis" oder, wie die heute geläufigere Formel lautet, den Grundsatz „pacta sunt servanda" für ein grundlegendes Prinzip des natürlichen Rechts. Dieser Gedanke, daß man sein gegebenes Wort zu halten habe und ein darein gesetztes Vertrauen nicht enttäuschen dürfe, bildet, zusammen mit dem Autonomieprinzip, auch nach heutigem Verständnis die Grundlage des Vertragsrechts (§ 33 II 1).

Aber auch sonst wird im Recht Konsequenz gefordert: Wer seine Rechte während einer längeren Zeit nicht ausübt, schafft dadurch einen Vertrauenstatbestand: Nach Ablauf einer bestimmten Frist darf man sich von Rechts wegen darauf verlassen, daß jene Rechte überhaupt nicht mehr ausgeübt werden. Das ist der deutschrechtliche Gedanke der Verschweigung: Wer eine Zeitlang schweigt – oft handelte es sich im alten Recht um „Jahr und Tag" – muß immer schweigen. Wer es jahrelang schweigend hingenommen hat, daß sein Konkurrent ein ähnliches Warenzeichen benützt wie er, darf ihm die Führung dieses Zeichens nicht mehr verbieten. Vor allem begegnet uns dieser Rechtsgedanke heute im Rechtsinstitut der Ausschlußfristen. Verwandt damit ist die Verjährung einer jahrelang nicht geltend gemachten Forderung; sie läßt das Recht zwar nicht ganz erlöschen, gibt aber eine

Einrede und nimmt ihm so die gerichtliche Durchsetzbarkeit. Das Gebot, sich konsequent zu verhalten, läßt es auch nicht zu, sich gegen Treu und Glauben mit dem eigenen Verhalten in Widerspruch zu setzen (Verbot des venire contra factum proprium); wer z. B. seinen Gläubiger veranlaßt, die Verjährung seiner Schuld nicht zu unterbrechen, darf sich später nicht auf die Verjährung berufen. Dieser Rechtsgedanke findet sich auch im angelsächsischen Estoppel-Prinzip. Schutzwürdig ist auch das Vertrauen in die Stabilität einer objektiven Situation, daher die Möglichkeit, Eigentum an einer Sache durch langjährigen, gutgläubigen und ungestörten Eigenbesitz zu ersitzen.

Im Interesse einer sicheren Orientierung über rechtserhebliche Sachverhalte schützt das Recht auch das Vertrauen auf wahrnehmbare Tatbestände, die typischerweise mit bestimmten Rechtslagen verknüpft sind. Dieser Vertrauensschutz gilt z. B. zugunsten dessen, der vom Besitzer gutgläubig eine Sache erwirbt, die diesem nicht gehört. Er gilt auch zugunsten dessen, der sich auf die Richtigkeit einer Grundbucheintragung verläßt. Und wer im Rechtsverkehr als Kaufmann auftritt, ohne Kaufmann zu sein, ist zugunsten Dritter, die auf seine Kaufmannseigenschaft vertrauen, in wichtigen Hinsichten wie ein Kaufmann zu behandeln.

§ 24. Generelle Norm und Billigkeit

Literatur: *Platon,* Staatsmann, 294 f.; *Aristoteles* NE, 1137 b; *ders.,* Politik, 1286 a; *D. Hume,* Treatise on human Nature, Buch 3, 1740, Teil II Abschn. 6 Nr. 3; *F. Pringsheim,* Jus aequum und jus strictum (1921), in: Ges. Abhandl. Bd. I, 1961, S. 131 ff.; *M. Rümelin,* Die Billigkeit im Recht, 1921; *M. E. Mayer,* Rechtsphilosophie, 1922; *Binder* RPh, 396 ff.; *W. Seagle,* Weltgeschichte des Rechts, (engl. 1941) dt. 1951, S. 267 ff.; *H. Ridder,* Aequitas und Equity, ARSP 1950/51, S. 181 ff.; *K. Engisch,* Die Idee der Konkretisierung, 1953, ²1968, S. 199 ff.; *H. Lange,* Jus aequum und ius strictum bei den Glossatoren, Savigny Ztschr., Rom. Abt. 1954, S. 319 ff.; *N. Horn,* Aequitas in den Lehren des Baldus, 1968; *A. Kaufmann,* Recht und Gnade in der Literatur, Neue Juristische Wochenschrift 1984, S. 1062 ff.; *F. Bydlinski,* Allgemeines Gesetz und Einzelfallgerechtigkeit, in: Ch. Starck (Hg), Die Allgemeinheit des Gesetzes, 1987, S. 49 ff.; *I. Pernice,* Billigkeit und Härteklauseln im öffentlichen Recht, 1991.

Die Orientierungsgewißheit verlangt, daß die Ordnung menschlichen Zusammenlebens generellen Regeln folgt. Darin verwirklicht sich auch ein Prinzip der Gerechtigkeit (§ 15).

Aber in ihrer allgemeinen Form können Normen auch Fälle erfassen, denen sie billigerweise nicht angemessen sind. Soll man hier nach der allgemeinen Regel oder nach dem Billigkeitsempfinden entscheiden? Diese Frage gewinnt Gestalt in dem Gegensatz von formalem Recht und Billigkeit, von ius strictum und aequitas, von common law und equity.

Besonders kraß zeigt sich der Konflikt zwischen der Rechtssicherheit, die in einer allgemeinen Norm zu achten ist, und der Billigkeit in noch unentwickelten Rechtsordnungen. In diesen ist das Recht noch nicht differenziert und noch nicht mit Wertbegriffen und Generalklauseln durchsetzt; sondern es gilt erst ein Grundbestand einfacher, auf den Normalfall abgestellter Regeln, die den Ausnahmesituationen nicht gerecht werden. Völlig beseitigen läßt sich aber die Spannung in keiner Rechtsordnung.

Schon Aristoteles beschrieb die Antinomie zwischen den Prinzipien der Generalisierung und der Billigkeit (NE, 1137 b): Eine allgemeine Regel kann nicht immer ausnahmslos allen Einzelfällen gerecht werden. So orientiert sie sich dann an der

Mehrzahl der Fälle. Damit ist eine Fehlerquelle geschaffen, die in der Natur der Sache liegt, in dem Umstand nämlich, daß eine generelle Norm prinzipiell nicht der Vielgestaltigkeit des Lebens in all seinen Varianten durchwegs gerecht werden kann.

In solchen Konflikten wollte Aristoteles der Billigkeit grundsätzlich den Vorrang vor der allgemeinen Norm geben: Wenn das Recht eine allgemeine Regelung treffe und in deren Geltungsbereich ein Fall vorkomme, auf den sie nicht paßt, so sei es in Ordnung, hier, wo der Gesetzgeber einen Fall außer acht gelassen und durch die Verallgemeinerung einen Fehler verursacht habe, das Versäumnis im Sinne des Gesetzgebers zu berichtigen: Man solle also so entscheiden, wie er selbst die Bestimmung treffen würde, wenn er zugegen wäre, und wie er den Fall, wenn dieser ihm bewußt geworden wäre, in seinem Gesetz geregelt hätte. Die Billigkeit habe also die Funktion, das Gesetz da zu berichtigen, wo es durch seine allgemeine Fassung die gerechte Lösung verfehle.

Ähnliche Vorstellungen finden sich bei Max Ernst Mayer (1922, 79 ff.): „Normierung, Typisierung ist die Seele des Rechts …, Individualisierung die der Gerechtigkeit. Denn das Recht sucht, die Moral flieht die Schablone … Recht ist auf Normen gegründete Ordnung. Wer aber Normen sät, kann keine Gerechtigkeit ernten. Die Norm … verbürgt Rechtssicherheit, … die Norm mißt mit gleichem Maße, sie verbürgt Rechtsgleichheit, die Gerechtigkeit läßt aber keine Ungleichheit unbeachtet."

Auch die Gnade im Strafrecht hat man aus dieser Spannung von genereller Norm und Einzelfallgerechtigkeit erklärt. Jhering bezeichnete sie „als Korrektur des als unvollkommen erkannten Gesetzes im einzelnen Falle".[1] – Es gibt noch einen anderen, hier nicht zu untersuchenden Begriff der Gnade: den der erbarmenden Gnade. Diese hat ihren Platz nicht innerhalb des Rechts, um hier die Spannung zwischen generalisierter und individualisierender Gerechtigkeit zu lösen, sondern gehört einer anderen Sphäre an. Nach dem Vorbild christlichen Erbarmens mit dem Sünder sucht sie nicht nach Argumenten, auch nicht nach Gründen der (Einzelfall-)Gerechtigkeit (Radbruch VS, § 15 IV).

Den Stimmen, die für einen Vorrang der Einzelfallgerechtigkeit vor der Regelfallgerechtigkeit sprechen, stehen andere gegenüber, die befürchten, daß eine Einzelfallgerechtigkeit zu Willkür und Rechtsunsicherheit führe. David Hume meinte: „Nähmen sich die Menschen die Freiheit, den Gesetzen der Gesellschaft gegenüber so zu handeln, wie sie es in jeder anderen Sache tun, so würden sie in den meisten Fällen nach Urteilen verfahren, die den besonderen Umständen angepaßt sind, d. h. sie würden jedesmal den Charakter und die Verhältnisse der Personen ebensosehr wie die allgemeine Natur der betreffenden Frage in Betracht ziehen. Es liegt aber auf der Hand, daß dies eine unendliche Verwirrung in der menschlichen Gesellschaft hervorrufen und daß die Begehrlichkeit und Parteilichkeit der Menschen schnell Unordnung in die Welt bringen würden, wenn die Menschen nicht durch allgemeine und unbeugsame Gesetze in Schranken gehalten wären."

Eine Stellungnahme in diesem Meinungsstreit muß zunächst bedenken, daß die Entscheidung streng nach den bestehenden generellen Normen der Rechtssicherheit und dem Ausschluß von Willkür dient. Sie verwirklicht damit Zwecke, die auch vom Rechtsgefühl respektiert werden. Diese Zwecke verleihen der strengen Normentreue ein Eigengewicht, das auch auf der Waage der Gerechtigkeit schwerer wiegen kann als das Bedürfnis, den Einzelfall wegen seiner Besonderheiten anders zu entscheiden, als die Norm es verlangt.

---

[1] R. v. Jhering, Der Zweck im Recht, ⁵1916, Bd. I, S. 333.

Es kann aber auch vorkommen, daß die Billigkeit sich gegen das Gewicht der Rechtssicherheit durchsetzt: Dann muß sie schwerer wiegen als diese. Wo das Recht in einen erheblichen Widerspruch zum Rechtsgefühl geriet, hat die aequitas, die equity, sich immer einen Weg in das Recht zu bahnen gewußt – um sich dann ihrerseits zunehmend in generellen Regeln zu verfestigen: In solcher Weise gewann das „Billigkeitsrecht" des römischen Prätors festere Konturen, zunächst schon durch die Gepflogenheit der Prätoren, zu Beginn ihrer Amtszeit die Grundsätze, nach denen sie Recht zu gewähren gedachten, in einem Edikt bekanntzugeben; dann durch die hinzutretende Gewohnheit, das Edikt des Amtsvorgängers weitgehend, mit einigen Modifikationen, zu übernehmen (edictum tralaticium); eine weitere Stabilisierung brachte eine lex Cornelia (67 v. Chr.), die es dem Prätor untersagte, von seinem eigenen Edikt abzuweichen; einen gewissen Abschluß fand diese Entwicklung im Edictum perpetuum Hadrians (um 130 n. Chr.), das den Inhalt des prätorischen und des ädilizischen Edikts auf Dauer festlegte, so daß von diesen nur noch „ex auctoritate principis" abgewichen werden durfte (§ 18 II). Auch die englische Equity-Rechtsprechung, die ursprünglich ihren Maßstab im Gewissen des Königs oder des Kanzlers finden sollte, drängte auf eine Konsolidierung hin: auf eine Bindung an Präzedenzentscheidungen und auf die Bildung von allgemeinen Grundsätzen und Regeln (§ 18 II).

So führen Rechtssicherheit und Gleichheitssatz wiederum zu einer Generalisierung der Billigkeitsentscheidungen. Diese korrigieren zwar eine zu stark verallgemeinernde Norm, wenden sich gegen eine Gleichbehandlung des Ungleichen und streben eine Lösung an, die den Besonderheiten des vorliegenden Falles gerecht wird. Aber zugleich erheben sie den Anspruch, auf gleichartige – spezifische – Fälle in gleicher Weise anwendbar zu sein. Kurz, selbst Billigkeitsentscheidungen laufen – entgegen verbreiteter Meinung – nicht auf Einzelfallgerechtigkeit, sondern auf eine sachgerechte Differenzierung des Normensystems hinaus, darauf nämlich, zwar in zunehmender Subtilität, aber generell wesentlich Gleiches gleich und wesentlich Ungleiches ungleich zu behandeln (§ 40).

In dem Wechselspiel von ius strictum und aequitas und in der Tendenz des Billigkeitsrechts, selbst wieder zu festen Grundsätzen zu gerinnen, zeigt sich die unauflösliche, ständig lebendige und wirksame Spannung zwischen dem Wunsch nach billigen Entscheidungen einerseits und dem Bedürfnis nach Rechtssicherheit und folglich nach generellen und beständigen Normen andererseits. Wie dieser Widerstreit zu lösen sei und wo immer Gesetzgebung und Rechtsanwendung die rechte Mitte zwischen Rechtssicherheit und Billigkeit zu finden haben, auf diese Frage wird nicht in allen Rechtsordnungen und zu allen Zeiten die gleiche Antwort gegeben. In manchen juristischen Epochen geht der Zug stärker zur Rechtssicherheit, in anderen stärker zur Billigkeitsjurisprudenz.

Im großen und ganzen pflegt das Recht einen mittleren Weg zu gehen. Es gibt in seinen generellen Normen dem Rechtsanwender Auslegungsspielräume und Handlungsermessen und ermöglicht es sogar, das Gesetzesrecht durch Feststellung und Ausfüllung von Lücken dort zu ergänzen, wo Gesetzesnormen in ihrem gegenwärtigen Begriffsumfang den Erfordernissen der Gerechtigkeit nicht genügen (§ 39 III 2).

Kapitel VI. Die Freiheit

§ 25. Das Problem der Willensfreiheit

Literatur: *N. Hartmann,* Ethik, 1925, Kap. 65 ff.; *A. Gehlen,* Theorie der Willensfreiheit, 1933, [2]1965; *K. Engisch,* Die Lehre von der Willensfreiheit usw., 1963, [2]1965; *U. Pothast,* Die Unzulänglichkeit der Freiheitsbeweise, 1980; *E. Dreher,* Die Willensfreiheit, 1987; *M. Forschner,* Willensfreiheit als philosophisches Problem, und *A. Kaufmann,* Strafrecht und Freiheit, in: Fundamenta Psychiatrica, 1988, S. 131 ff., 146 ff.; *U. Steinvorth,* Freiheitstheorien in der Philosophie der Neuzeit, 1987, [2]1994; *F. A. Koch,* Kein Abschied von der Willensfreiheit, ARSP 2006, S. 223 ff.

Darf ich ausführen, was ich will? ist die Frage der rechtlichen und der moralischen Freiheit (§ 26). Kann ich ausführen, was ich will? ist die Frage der Handlungs- und Realisierungsfreiheit. Habe ich einen Spielraum, frei zu wählen, was ich wollen werde? ist die Frage der Willensfreiheit.

Die „Willensfreiheit" spielt im Recht insbesondere dort eine Rolle, wo dieses an persönliche Verantwortlichkeit anknüpft, vor allem also im Strafrecht (§ 37 I 3). Diese Freiheit, zwischen verschiedenen Handlungsmöglichkeiten aus eigener geistiger Initiative zu wählen, könnte aus zwei Gründen ausgeschlossen sein: zum einen dadurch, daß alles reale Geschehen lückenlos und in strenger Geltung des Kausalgesetzes durch natürliche Ursachen bewirkt würde (I); zum anderen dadurch, daß – ohne Rücksicht auf naturgesetzliche Kausalitäten – das Handeln durch eine unentrinnbare Gesetzlichkeit der subjektiv erlebten Motivation determiniert wäre (II).

I. Die Frage des naturgesetzlichen Determinismus

Literatur: *K. R. Popper,* Objektive Erkenntnis, (engl. 1972) dt. 1973, S. 230 ff.; *K. R. Popper, J. C. Eccles,* Das Ich und sein Gehirn, (engl. 1977) dt. [6]1987; *M. Hochhuth,* Die Bedeutung der neuen Willensfreiheitsdebatte für das Recht, JZ 2005, S. 745 ff.; *W. Heun,* Die grundgesetzliche Autonomie des Einzelnen im Lichte der Neurowissenschaften, JZ 2005, S. 853 ff.
Zu 1: *I. Kant,* Kritik der reinen Vernunft, 1781, [2]1787; *ders.,* Kritik der praktischen Vernunft, 1788.
Zu 2: *W. Stegmüller,* Hauptströmungen der Gegenwartsphilosophie, Bd. I, 1952, [7]1989; *G. Roth,* Das Gehirn und seine Wirklichkeit, 1994, [4]1996; *ders.,* Fühlen, Denken, Handeln, 2001; *ders.,* in: F. f. E.-J. Lampe, 2003, S. 52 ff.; *M. Pauen, G. Roth* (Hg), Neurowissenschaften und Philosophie, 2001; *W. Singer,* Ein neues Menschenbild? 2003; *ders.,* in: Ch. Geyer (Hg), Hirnforschung und Willensfreiheit, 2004, S. 30 ff.; *B. Libet,* ebendort, S. 268 ff.

Das alte Problem, ob unser Handeln naturgesetzlich lückenlos determiniert sei, ist für das Recht in mehreren Hinsichten von Bedeutung: Wenn man keinen (wenn auch begrenzten) Spielraum hat, frei zu wählen, stehen wir z. B. einem Mord gegenüber wie einem Blitzschlag, der nach Naturgesetzen einen Menschen getötet hat. Doch erscheint es sinnlos, die Tat dem Mörder vorzuwerfen und ihn zu bestrafen, wenn er gar nicht anders handeln konnte als er gehandelt hat. Die Androhung und der Vollzug von „Strafen" können dann allenfalls die Funktion haben, künftiges Verhalten zu motivieren und von Rechtsverletzungen abzuhalten;

dies hatte z. B. Feuerbach mit seiner Theorie des psychischen Zwanges im Sinn (§ 37 I 3). Doch selbst solche Motivation würde nur naturgesetzliche Gehirnprozesse widerspiegeln. Die „Zurechnungsfähigkeit" des Täters könnte dann nur mehr als Bedingung „normaler" Motivierbarkeit, aber nicht mehr als Schuldfähigkeit verstanden werden.

Es stellt sich sogar die Frage, ob Gebote überhaupt auf naturgesetzlich determinierte Kausalabläufe einwirken können (s. u. 1) oder ob sie nur etwas fordern, was ohnehin nach Naturgesetzen geschieht. Dann wäre die Motivation durch Gebote nur ein Gaukelspiel des Bewußtseins, das unabänderliche Kausalprozesse begleitet, die sich im Gehirn und im Handeln vollziehen. Popper (1973, 242) nannte diese Vorstellung „den Alptraum des physikalischen Deterministen": Hiernach könnten „alle unsere Gedanken, Gefühle und Anstrengungen keinen praktischen Einfluß darauf haben, was in der physikalischen Welt geschieht: sie sind, wenn nicht bloße Einbildungen, bestenfalls überflüssige Nebenprodukte (‚Epiphänomene') der physikalischen Ereignisse."

Die Frage des naturgesetzlichen Determinismus ist unter zwei Aspekten zu diskutieren: zum einen unter der Annahme, daß die Kategorie der Kausalität a priori für alle Erscheinungen, also auch für alles sichtbare Handeln gelte, zum andern unter der Annahme einer nur empirischen Geltung des Kausalgesetzes, das alle Gehirnprozesse beherrsche und hierdurch das Handeln determiniere.

1. Apriorische Geltung des Kausalgesetzes?

Nach der Erkenntnistheorie Kants „macht" das Bewußtsein seine Erfahrung, das heißt, die Strukturen unserer Wahrnehmungswelt werden im Wahrnehmungsprozeß durch das erkennende Bewußtsein selbst geformt. Unter dieser Voraussetzung beherrscht auch die Kategorie der Kausalität a priori, notwendig und lückenlos die gesamte Welt der wahrnehmbaren Erscheinungen, so daß auch jede Handlung als Teil der Erfahrungswelt streng und lückenlos determiniert sein muß. Aus dieser Sicht kann es keine Willensfreiheit geben.

Man kann zwar erwägen, ob sich diese nicht doch retten lasse, indem man annimmt, der Kausalzusammenhang könne zwar nicht abbrechen, aber er könne zusätzliche Determinanten aus dem Bereich des Sollens und der Willensentscheidung aufnehmen. Der Kausalzusammenhang könne also durch eine neu anhebende Kausalreihe (durch eine möglicherweise vom Sollen motivierte Willensentscheidung) eine zusätzliche Determination erfahren. In die natürlichen Kausalzusammenhänge könne mithin aus einer anderen Schicht eine neu beginnende Determinante hineinwirken. So vermöchte nach der Kategorienlehre Hartmanns „das geistige Wesen … geschickt mit den Naturprozessen umzugehen und sie zu Mitteln seiner Zwecke zu machen" (§ 7 II). Auf diese Weise wäre dann Freiheit im positiven Verstande möglich (Hartmann 1925, Kap. 68).

Doch unter der Voraussetzung Kants, daß das erkennende Bewußtsein die Strukturen unserer Wahrnehmungswelt nach a priori gegebenen Kategorien – auch nach der Kategorie der Kausalität – formt, hat nicht nur jede Ursache ihre Wirkungen, sondern ist auch jede Wirkung vollständig durch Ursachen bedingt. Dann ist nicht nur das Abbrechen einer begonnenen Kausalität, sondern auch das Hinzutreten einer neu beginnenden Kausalreihe unmöglich. Kant war hier völlig konsequent: Es „sind alle Handlungen des Menschen in der Erscheinung aus seinem empirischen Charakter und den mitwirkenden anderen Ursachen nach der Ordnung der Natur bestimmt, und wenn wir alle Erscheinungen seiner Willkür bis auf den Grund erforschen könnten, so würde es keine einzige menschliche Handlung geben, die wir nicht mit Gewißheit vorhersagen und aus ihren vorhergehenden Bedingungen als notwendig erkennen könnten. In Ansehung dieses empirischen Charakters gibt es also keine Freiheit" (Kant 1787, 577 f.). Nur wenn ich den Menschen nicht als Erscheinung, nicht als Phänomenon, betrachte, sondern ihn als Ding an sich denke, könne ich ihn als frei vorstellen. „Nach seinem empirischen Charakter würde also dieses Subjekt, als Erscheinung, allen Gesetzen der Bestimmung nach, der Kausalverbindung unterworfen sein, und es wäre sofern nichts, als ein Teil der Sinnenwelt, dessen Wirkungen, so wie jede andere Erscheinung, aus der Natur unausbleiblich abflössen … Nach dem intelligibelen Charakter desselben aber (ob wir zwar davon nichts als bloß den allgemeinen Begriff desselben haben können) würde dasselbe Subjekt dennoch von allem Einflusse der Sinnlichkeit und Bestimmung durch Erscheinungen freigesprochen werden müssen" (Kant 1787, 568 f.). Das ist also der Schlüssel zu dem bekannten Satz: „Man kann also einräumen, daß, wenn es für uns möglich wäre, in eines Menschen Denkungsart, so wie sie sich durch innere sowohl als äußere Handlungen zeigt, so tiefe Einsicht zu haben, daß jede, auch die mindeste Triebfeder dazu uns bekannt würde, imgleichen alle auf diese wirkende äußere Veranlassungen, man eines Menschen Verhalten auf die Zukunft mit Gewißheit, so wie eine Mond- oder Sonnenfinsternis, ausrechnen könnte, und dennoch dabei behaupten, daß der Mensch frei sei" (Kant 1788, 177).

Kant (1787, 566) meinte also, man könne die Kausalität eines Subjekts „auf zwei Seiten betrachten, als intelligibel nach ihrer Handlung, als eines Dinges an sich selbst, und als sensibel, nach den Wirkungen derselben, als einer Erscheinung in der Sinnenwelt". Doch wie soll man sich, unter den Voraussetzungen Kants, Freiheit – als in der Erscheinungswelt wirkende Freiheit – vorstellen? Wie ist die Kausalität eines „Dinges an sich", das den Kategorien der Erfahrungswelt und also auch dem Kausalgesetz nicht unterworfen ist, zu begreifen? Wie tritt die Freiheit des Subjekts, als Ding an sich gedacht, in eine Welt, die nach Ursachen und Wirkungen (s. o.) streng determiniert ist? Kurz, auf welchem Wege wird aus Freiheit ein den Erscheinungen zugehöriges Ergebnis bewirkt? Wie geschieht es, daß ein Kausalprozeß der Erfahrungswelt und eine als frei vorgestellte Handlung auf ein und dasselbe empirische Ergebnis hinauslaufen? All das wird von der Kantschen Erkenntnistheorie her nicht einsichtig.

2. Bloß empirische Geltung des Kausalgesetzes?

Wenn das erkennende Bewußtsein die Zusammenhänge in unserer Erfahrungswelt selbst formt, wie Kant meinte, dann beherrscht also das Kausalgesetz a priori, notwendig und lückenlos die gesamte wahrnehmbare Erscheinungswelt, so daß auch jede Handlung – als wahrnehmbare Erscheinung – dem Kausalgesetz streng und lückenlos unterworfen sein muß (1).

Es ist aber auch denkbar, daß die Strukturen unserer Wahrnehmungswelt nicht primär im Wahrnehmungsprozeß geformt werden, sondern daß vorgegebene Strukturen unserer Erfahrungswelt in einem (möglicherweise komplexen) Bewußtseinsprozeß nur nachvollziehend erfaßt werden. Mit anderen Worten: Die „Konstruktion" unserer Wahrnehmungsinhalte (Roth 1996, Kap. 11) würde dann bestimmten Strukturen folgen, die schon außerhalb des Bewußtseins vorgegeben sind. Unter dieser Voraussetzung besäßen wir hinsichtlich dieser Strukturen nur ein Erfahrungswissen, d.h. sie wären dann nicht mit apriorischer Notwendigkeit gewiß

(Stegmüller 1989, 357 f.). Auch das Kausalgesetz hätte dann nur eine empirische Geltung. Sein – einstweiliger – Geltungsbereich würde unter dieser Voraussetzung nur so weit reichen, wie die Annahme solcher Kausalität durch nachvollziehbare Erfahrung bestätigt wird, etwa durch neurophysiologische Untersuchungen, die nachweisen, daß unsere Entscheidungen durch chemische und physikalische Prozesse zwangsläufig herbeigeführt werden.

Solche Feststellungen können nicht vom Handelnden selbst, sondern nur aus der Sicht eines Dritten getroffen werden, der den Handelnden beobachtet. Denn mein Entscheiden ist für mich selbst kein Wahrnehmungsgegenstand (III), wohl aber ist es für einen außenstehenden Betrachter ein mögliches Untersuchungsobjekt. Sollte diesem der empirische Nachweis gelingen, daß meine Entscheidungen lückenlos und streng naturgesetzlich determiniert sind, und sollte ich mein Entscheiden gleichwohl als „frei" empfinden, so müßte dies also eine Täuschung sein. Daß dies so sei, legten Libets berühmte Experimente – allerdings nur in den von ihm untersuchten Fallkonstellationen – nahe (Libet 2004, 269 ff.). Deren Ergebnisse verallgemeinernd, sprach man etwa von der konsensfähigen „Feststellung der Neurobiologen, dass alle Prozesse im Gehirn deterministisch sind und Ursache für die je folgende Handlung der unmittelbar vorangehende Gesamtzustand des Gehirns ist" (Singer 2003, 32 f.).

Noch fehlt aber der gültige Nachweis, daß alle Bewußtseinsprozesse und die aus ihnen hervorgehenden Handlungen lückenlos und streng naturgesetzlich determiniert sind. Wer diese Determiniertheit des Handelns und Denkens behauptet, hat eine nicht leicht zu tragende Beweislast:

Er muß insbesondere nachweisen, daß alle Bewußtseinprozesse ihre Ursachen oder strengen Parallelen in naturgesetzlich ablaufenden Gehirnprozessen haben. So muß er zeigen, in welchen (oder parallel zu welchen) physikalischen und chemischen Kausalverläufen sich z.B. die Gerechtigkeitsvorstellungen, die unseren Entscheidungen vorausgehen, in sinnvollen Erwägungen klären. Er muß auch die Unvermeidbarkeit unserer bösen Entschlüsse offenlegen. Gewiß tauchen in uns Gedanken aus dem Unbewußten auf, die wir nicht verhindern können (vgl. Libet 2004, 282 f.). Doch, hat nicht Luther recht, wenn er sagt: Wir können nicht hindern, daß die Vögel über unsere Köpfe hinwegfliegen, wohl aber, daß sie auf unseren Köpfen Nester bauen? So hält auch Libet es, ungeachtet seiner erwähnten Versuche, für möglich, daß wir unser Handeln kontrollieren, ohne daß diese Kontrollen selbst naturgesetzlich lückenlos determiniert sein müßten (Libet 2004, 279).

Der Vertreter eines Kausaldeterminismus hat ferner aufzuweisen, wie aus physikalisch-chemischen Vorgängen im Gehirn eine persönliche Vorstellungswelt und das Bewußtsein der Einheit der Persönlichkeit hervorgehen: die Vorstellungswelt einer Person, die sich ihrer selbst bewußt wird. Die Gehirnforschung kann aber auf die Frage, „wer die alles koordinierende Instanz sein könnte, die wir mit dem ‚Ich' gleichsetzen", „derzeit keine konsensfähigen Interpretationen anbieten" (Singer 2004, 36, 43, 46).

Nicht zuletzt muß der naturwissenschaftliche Determinist die kreative Einbildungskraft des Bewußtseins kausal erklären. Diese Kreativität ist nicht nur am Werk, wenn wir künftiges Handeln planen, Modelle künftiger Ereignisse entwerfen, sie gegeneinander abwägen und uns hiervon in unserem Handeln leiten lassen. Geistiger Kreativität entstammen auch Homers Odyssee, die Dramen Shakespeares, Goethes Faust und Beethovens Pastorale. Wie solche kreativen Leistungen allein durch physikalisch-chemische Abläufe zustandekommen, all dies ist noch nicht mit der erforderlichen Klarheit und Stringenz aufgewiesen.

II. Die Frage des Motivationsdeterminismus

Literatur: *A. Schopenhauer,* Die beiden Grundprobleme der Ethik, 1841, Teil I; *W. Windelband,* Über Willensfreiheit, 1904, ⁴1923; *A. Hoche,* Die Freiheit des Willens, 1902; *M. Danner,* Gibt es einen freien Willen?, 1967, ⁴1977.

Man kann die Frage des Determinismus aber auch mit Blick auf die Bewußtseins- inhalte selbst stellen und die Frage der zugrundeliegenden physikalisch-chemischen Gehirnvorgänge offenlassen: Um die Entscheidungsfreiheit auszuschließen, würde es genügen, wenn das Handeln durch eine unentrinnbare Gesetzlichkeit der sub- jektiv erlebten Motivation vorherbestimmt wäre. Man könnte also annehmen, ein Willensentschluß sei, wenn schon nicht durch naturgesetzliche Kausalitäten, so doch durch Gefühle und Vorstellungen restlos determiniert, er gehe gleichsam als Resultante aus dem Kräfteparallelogramm der gerade wirksamen Motive hervor, so daß aus gleichen Motiven unter gleichen Umständen notwendig immer der gleiche Entschluß folge. Eine solche Hypothese überträgt die Unausweichlichkeit der Determination, wie sie in der Außenwelt – zwischen einer beobachtbaren physika- lischen oder chemischen Ursache und ihrer Wirkung – feststellbar ist, auf den Prozeß der Handlungsmotivation, der sich im Bewußtsein abspielt. Es ist aber nicht bewiesen, daß man das subjektiv erlebte Motiviertwerden und Entscheiden nach einem Kausalmodell konstruieren dürfte, das aus der Wahrnehmung bestimmter Naturvorgänge gewonnen ist. Das Verhältnis zwischen einer Vorstellung (etwa von einer Pflicht) und der hierdurch motivierten Handlung ist nicht ohne weiteres mit dem Verhältnis zwischen natürlichen Kräften gleichzusetzen. Insbesondere gibt es keinen schlüssigen Beweis dafür, daß solche Motivation sich mit gleicher Zwangs- läufigkeit vollziehe wie die Verursachung wahrnehmbarer Naturvorgänge. Nichts steht der alltäglichen Anschauung entgegen, daß der Mensch die Fähigkeit habe, „zu Meinungen ein freies Verhältnis einzunehmen, sie distanziert zu betrachten und zu prüfen, ehe man sie sich zu eigen macht oder verwirft oder bis auf weiteres in der Schwebe hält" (Forschner 1988, S. 133).

Ist also schon die strikte Determiniertheit des Handelns durch „natürliche" Ursachen bisher nicht bewiesen, so erst recht nicht ihre strikte und lückenlose Determiniertheit durch Bedürfnisziele und andere handlungsleitende Vorstellungen. Daher erscheint es zum mindesten als möglich, daß der Einzelne z. B. die Ent- scheidungsfreiheit hat, Pflichten zu erfüllen oder zu verweigern.

III. Die positive Existenz der Freiheit

Literatur: *M. Scheler,* Der Formalismus in der Ethik und die materiale Wertethik, 1913/16, ⁴1954; *M. Heidegger,* Sein und Zeit, 1927, § 10; *K. Jaspers,* Philosophie, 1932, ³1956; *ders.,* Einführung in die Philosophie, 1950, ²²1983.

Damit ist aber nicht schon dargetan, daß es Freiheit auch wirklich gibt.

Die naheliegende Methode, die Wahlfreiheit experimentell nachzuweisen, versagt (Engisch 1965, 23): Sie würde voraussetzen, daß man eine „Person als genau die- selbe Individualität wiederholt in die gleiche konkrete Situation versetzen könnte und dann beobachten könnte, ob einmal ein anderes Handeln herausspringt" als in einem vorhergehenden Fall. Aber hier wirkt schon das Gedächtnis als Störfaktor, der eine Wiederholung des Experiments unter völlig gleichen Bedingungen verhindert. Schon durch die Erinnerung an die frühere Situation, die frühere Entscheidung und deren Folgen ist der zum zweitenmal vor die „gleiche" Entscheidung gestellte Mensch nun anders beschaffen als bei der ersten Entscheidung.

Geht man davon aus, daß die Freiheit, zwischen verschiedenen Verhaltensalternativen zu wählen, bisher weder strikte bewiesen noch widerlegt ist, so stellt sich die Frage, ob eine größere Plausibilität für eine strenge Determiniertheit des Handelns oder für eine (durch die Umstände begrenzte) Wahlfreiheit spricht.

Gute Gründe für eine Plausibilität solcher Wahlfreiheit – keinen „Beweis" für die Willensfreiheit – hat Nicolai Hartmann (1925, Kap. 75–80) angeführt. Er sieht eine Bestätigung für das Vorhandensein der Willensfreiheit im Bewußtsein der Selbstbestimmung und in den Tatsachen der Verantwortung, der Schuld und der Reue. Schon das Bewußtsein der Selbstbestimmung muß einen Grund haben; dieser muß nicht notwendig in der wirklichen Selbstbestimmung liegen; er könnte auch in der Undurchschaubarkeit des eigenen Motiviertwerdens gesucht werden. Immerhin: Gerade auch das, was in einem Konfliktsfall „die Verzweiflung des gewissenhaft Suchenden ausmacht … ist der stärkste Hinweis, daß hinter den Tatsachenkomplexen von Verantwortung und Zurechnung persönliche Freiheit als reale Macht steht" (Kap. 80 g). Zumal Schuldbewußtsein und Reue legen mittelbar Zeugnis von einer vorausgegangenen Selbstbestimmung ab. Der Vertreter eines strengen Kausaldeterminismus könnte in Schuldbewußtsein und Reue aber nur einen Ausdruck dessen sehen, daß jemand sich als Ursache eines von ihm angerichteten Schadens erkennt. Aus seiner Sicht läge z. B. stets ein streng kausalgesetzliches Geschehen vor, wenn jemand einen anderen durch einen Stoß verletzt, gleichgültig, ob diese Bewegung mit Überlegung oder im Affekt oder unvorsichtigerweise oder in einem epileptischen Anfall oder zwar bei Bewußtsein, aber in einem krampfartigen Zucken ausgeführt wird. Doch nur in den ersten Fällen fühlt der Verletzer sich verantwortlich. Zwar erkennt er sich auch in den beiden letzten Fällen als Ursache der Verletzung, aber er fühlt sich nicht schuldig. Er bedauert allenfalls, aber er bereut nicht. Schuldbewußtsein und Reue stellen sich nur dann ein, wenn er die Verletzung durch willentliches Handeln herbeigeführt hat. Auch diese spezifischen Bewußtseinszustände müßte der Determinist erklären. Für ein unbefangenes Denken spiegeln sie eine besondere, nämlich als vermeidbar gedachte Verursachung wider. Auch ist eine Selbsttäuschung über diese Vermeidbarkeit nicht sehr wahrscheinlich; denn sie stünde geradewegs im Widerspruch zu der natürlichen Tendenz, sich zu entlasten.

Freilich sind Willensentscheidungen und Wahlfreiheit nicht „objektiv" greifbar. Hier kommt eine Seite unserer Existenz zum Vorschein, die sich prinzipiell einer „Verobjektivierung" entzieht; es wird sichtbar, daß unser Sein sich nicht restlos in gegenständlicher, „objektiver" Erkenntnis erfassen läßt: Die wahrnehmende und entscheidende Tätigkeit des Subjekts selbst kann sich im letzten Grunde nie zum „Objekt" – d. h. der Bewußtseinstätigkeit „gegenübergestellt" – werden. Das unmittelbare Erleben des eigenen Handelns, Liebens, Hassens und Vorstellens selber ist etwas grundsätzlich anderes als das Erfassen eines Gegenstandes (Scheler 1954, S. 385). Desgleichen ist die erlebte Einheit des individuellen Bewußtseins kein „Gegenstand" unseres Bewußtseins. Auch wenn wir über uns selbst reflektieren, uns also zum Objekt unserer Betrachtung machen, stehen wir schon wieder als Subjekt diesem Objekt unserer Selbstbetrachtung gegenüber, können die Subjektivität aus diesem Prozeß also nicht ausschalten, uns daher nie restlos verobjektivieren (Jaspers 1983, S. 25); sondern im letzten Grunde seiner betrachtenden und entscheidenden Tätigkeit kann das Subjekt sich nur im Vollzug erleben. Wer sich das eigene Entscheiden und den eigenen Erkenntnisprozeß wie Abläufe der gegenständlichen Erfahrungswelt vorstellt, macht damit Erfahrungsgegebenheiten seiner Objektwelt zum umfassenden Erklärungsmodell und überträgt dieses auch auf Vorgänge, die grundsätzlich nicht seiner Objektwelt zugehören.[1] Kurz: Das Subjekt und seine Tätigkeit kann sich selbst grundsätzlich nicht nach dem Modell „gegenständlicher", d. h. der Wahrnehmungswelt entnommener Erkenntnisse vollständig begreifen.

Auf das Problem der Willensfreiheit angewandt, bedeutet dies, daß auch die eigene Freiheit sich nicht durch gegenständliche Einsicht, sondern nur im Handeln und Entscheiden selbst zeigt, oder, wie Jaspers sagt, daß der Entschluß als solcher „erst im Sprunge" ist (1956 II, S. 181), ich mir der Freiheit also nur im Existieren gewiß bin, nicht im Betrachten, sondern im Vollziehen (1956 II, S. 185).

Bis zum schlüssigen Beweis des Gegenteils (I 2) dürfen wir also mit der Möglichkeit rechnen, daß unser Handeln nicht lückenlos gesetzlich determiniert ist. Auch die deterministischen Hypothesen stehen unter dem Popperschen Vorbehalt, daß jeder Versuch, unsere Welt rational zu erklären, immer nur eine vorläufige Erkenntnis vermittelt, die mit dem Risiko behaftet ist, zu scheitern. Dabei ist auch zu bedenken, daß unsere Erkenntnis zwar auch, aber nicht nur auf der Wahrnehmung von Sinneseindrücken beruht. So hat schon der gescheite Lichtenberg ins Feld geführt: „Wir wissen mit weit mehr Deutlichkeit, daß unser Wille frei ist, als daß alles, was geschieht, eine Ursache haben müsse. Könnte man also nicht einmal das Argument umkehren und sagen: Unsre Begriffe von Ursache und Wirkung müssen sehr unrichtig sein, weil unser Wille nicht frei sein könnte, wenn die Vorstellung richtig wäre?"[2]

§ 26. Die rechtliche Freiheit

Literatur: *J. J. Rousseau,* Contrat social, 1762; *I. Kant,* Über den Gemeinspruch: Das mag in der Theorie richtig sein, taugt aber nicht für die Praxis, 1793; *J. G. Fichte,* Grundlage des Naturrechts, 1796; *Kant* MS.

I. Die Wechselbezüglichkeit der rechtlichen Freiheit

Der Spielraum, zu tun was man will, ist zweifach begrenzt: durch die Realitäten, die festlegen, was man faktisch ausführen kann, und durch Normen, die bestimmen, was man ausführen darf. Insbesondere die Rechtsnormen ziehen der erlaubten Tätigkeit Grenzen. Die rechtliche Freiheit betrifft also die Frage: Darf ich ausführen, was ich will?

Wie andere Sozialnormen, so haben auch die Rechtsnormen einen sozialen Bezug: Sie grenzen im Verhältnis der Menschen untereinander die Bereiche der rechtlichen Freiheit ab und teilen damit jedem den Spielraum möglichen legalen Verhaltens zu. Dadurch steht die rechtliche Freiheit des einen immer in Beziehung zu derjenigen anderer.

---

[1] Ähnlich schon A. Schopenhauer, Über die vierfache Wurzel des Satzes vom zureichenden Grunde, ²1847, §§ 41 f.; E. Schrödinger, Der Geist der Naturwissenschaft, Eranos-Jahrb. 14 (1946), S. 491.

[2] G. Ch. Lichtenberg, Sudelbücher, Heft J, Nr. 790.

Auch das Jahrhundert der Aufklärung und des Individualismus hat diese Wechselbezüglichkeit der rechtlichen Freiheit gesehen: Eine gesicherte rechtliche Freiheit läßt sich nur um den Preis einer wechselseitigen Einschränkung der Willkür erkaufen. „Durch den Gesellschaftsvertrag", schrieb Rousseau (1762, I 8, 9), „verliert der Mensch seine natürliche Freiheit und das unbeschränkte Recht auf alles, was ihn reizt und er erreichen kann; hingegen gewinnt er die bürgerliche Freiheit und das Eigentumsrecht auf alles, was ihm gehört". Man muß also auseinanderhalten: „die natürliche Freiheit, die keine anderen Grenzen hat als die Kräfte des Individuums, und die bürgerliche Freiheit, die der allgemeine Wille begrenzt; den Besitz, der nur eine Wirkung der Stärke ist ... und das Eigentum, das sich auf ein gesichertes Recht gründet". „Von Natur aus hat jeder Mensch ein Recht auf alles, was er braucht; aber der Rechtsakt, der ihn zum Eigentümer des einen Gutes macht, schließt ihn von dem anderen aus."

Dies ist eine grundlegende Einsicht: Um den Freiheitsbereich des einen zu sichern, muß die Freiheit des anderen begrenzt werden.

Am eindrucksvollsten beschrieb dann Fichte (1796, § 8) die Wechselbezüglichkeit der Freiheit und die Aufgabe des Rechts: „Eine Anzahl freier Wesen vereinigen sich, heißt: Sie wollen miteinander leben. Aber sie können gar nicht beieinander bestehen, wenn nicht jeder seine Freiheit durch die Freiheit aller übrigen beschränkt. Wenn eine Million Menschen beisammen sind, so mag wohl jeder Einzelne für sich selbst so viel Freiheit wollen, als nur immer möglich ist. Aber man vereinige den Willen aller, in Einen Begriff, als Einen Willen, so teilt derselbe die Summe der möglichen Freiheit zu gleichen Teilen, er geht darauf, daß alle miteinander frei seien, daß daher die Freiheit eines jeden beschränkt sei durch die Freiheit aller übrigen." Und eben diese Grenzziehung, auf die sich der Wille aller einigen könne, geschehe durch das Recht. Ganz in diesem Sinne hatte zuvor schon Kant das Recht definiert als „die Einschränkung der Freiheit eines jeden auf die Bedingung ihrer Zusammenstimmung mit der Freiheit von jedermann, insofern diese nach einem allgemeinen Gesetze möglich ist" (Kant 1793, Abschn. II). Dieser Gedanke fand wiederum ein Vorbild in der französischen Erklärung der Menschen- und Bürgerrechte vom 26. August 1789; diese bestimmte in Art. 4 Satz 1: „... die Ausübung der natürlichen Rechte jedes Menschen hat keine anderen Grenzen als jene, die den übrigen Gliedern der Gesellschaft den Genuß der gleichen Rechte sichern". In diesen Freiheitsdefinitionen zeigt sich auch die genannte (§ 16 III) Konvergenz des Gleichheitsgedankens mit der Funktion, die Kant dem allgemeinen Gesetz zugedacht hat: Die Abgrenzung der individuellen Freiheitsbereiche nach einem allgemeinen Gesetz bedeutet wegen dieser Allgemeinheit auch eine für alle gleichartige Abgrenzung.

So wird unter verschiedenen Aspekten das Prinzip und die Funktion des Rechts als Abgrenzung und Regulierung des Freiheitsgebrauchs definiert. Um Abgrenzungen rechtlich gewährleisteter Freiheiten handelt es sich selbst dort, wo das Recht dem einen ein („rechtfertigendes") Eingriffsrecht gegen einen anderen einräumt, z. B. Angegriffenen ein Notwehrrecht gegen Angreifer gibt oder in Not Geratenen ein Notrecht zum Eingriff in fremde Güter verleiht, das es z. B. erlaubt, in einem Schneesturm eine fremde Hütte aufzubrechen, um das eigene Leben zu retten. Auch damit legt das Recht für bestimmte Arten von Interessenkonflikten Grenzen rechtlich gewährleisteter Freiheiten (z. B. der Eigentümerrechte, § 35 I 1, 3) fest.[1]

---

[1] Entsprechendes gilt für den umstrittenen Versuch, Grenzen grundrechtlicher Freiheiten weitgehend in der Denkform von „Schutzbereich" und „Grundrechtseingriff" zu bestimmen.

Damit, daß das Recht als Abgrenzung des Freiheitsgebrauchs definiert wird, ist noch nicht hinreichend bestimmt, wie diese Grenzziehung erfolgen solle. In der Frage, wie im einzelnen die Freiheiten der Menschen zu bemessen und gegeneinander abzugrenzen sind, spiegelt sich die schon diskutierte Problematik der Gerechtigkeit.

II. Varianten der Freiheit

Literatur: Zu 1: *A. de Tocqueville,* Die Demokratie in Amerika, (frz. Buch 1, 1835, Buch 2, 1840) dt. 1976; *J. St. Mill,* Die Freiheit, (engl. 1859) dt. 1945; *Radbruch* RPh, § 8; *Zippelius* AStL, §§ 17 III, 29 II.
Zu 2: *J. G. Fichte,* Grundlage des Naturrechts, 1796; *ders.,* Der geschloßne Handelsstaat, 1800; *L. v. Stein,* Geschichte der sozialen Bewegung in Frankreich, Einleitung, 1850; *K. Marx, F. Engels,* Manifest der Kommunistischen Partei, 1848 (MEW 4, S. 459 ff.); *K. Marx,* Zur Kritik der politischen Ökonomie, Vorwort, 1859 (MEW 13, S. 7 ff.); *ders.,* Kritik des Gothaer Programms, 1875 (MEW 19, S. 11 ff.); *F. Engels,* Die Entwicklung des Sozialismus von der Utopie zur Wissenschaft, 1882 (MEW 19, S. 189 ff.); *V. I. Lenin,* Staat und Revolution, 1917; *R. Garaudy,* Die Freiheit als philosophische und historische Kategorie, (frz. 1955) dt. 1959, 3. Teil; *I. Fetscher,* Die Freiheit im Lichte des Marxismus-Leninismus, 1957, ⁴1963.
Zu 3: *Zippelius* AStL, §§ 17 I 1, 34 I 3, II 4; *D. Suhr,* Entfaltung der Menschen durch die Menschen, 1976; *U. Steinvorth,* Gleiche Freiheit. Politische Philosophie und Verteilungsgerechtigkeit, 1999.

„Freiheit" ist ein vieldeutiger und facettenreicher Begriff: Er bedeutet nicht nur die Freihaltung eines individuellen Handlungsspielraums, sondern auch die Freiheit der Teilhabe an der Bildung des gemeinschaftlichen Willens; nicht nur die formale Gewährleistung privater „Autonomie", sondern auch die „materielle" Chance zu persönlicher Entfaltung.

1. Liberale und demokratische Freiheit

Über die ersten beiden Varianten der Freiheit schrieb Aristoteles (Politik, 1317 b), „Freiheit" bedeute, daß man einerseits im Wechsel mit anderen an der Herrschaft teilhaben, andererseits nach seinem Belieben leben dürfe. Mit seinen eigenen Worten: „Ein Bestandteil der Freiheit ist es, abwechselnd zu regieren und regiert zu werden. Das demokratische Recht besteht nämlich darin, daß alle der Zahl nach (nicht der Würde nach) gleichberechtigt sind, und ... so herrscht notwendig die Menge, und das, was die Mehrheit beschließt, ist gültig und Rechtens ... Ein Zweites aber ist, daß man lebt, wie man will. ... Dieses Moment ... treibt aber das Prinzip, daß man womöglich keinem oder doch nur abwechselnd gehorcht, aus sich hervor und erfüllt insofern das Postulat der gleichen Freiheit für alle." Das ist eine frühe Fassung der Gegenüberstellung von demokratischer und liberaler Freiheitsidee. Die erste will jedem die Möglichkeit geben, an der staatlichen Willensbildung teilzunehmen. Die andere will jedem einen größtmöglichen Spielraum zu ungehinderter individueller Betätigung und Selbstentfaltung einräumen.

Die demokratische Freiheitsidee hat ihren wirksamsten Protagonisten in Jean-Jacques Rousseau (1712–1778). Er stellte sich die Aufgabe, „eine Gesellschaftsform zu finden, die mit der ganzen gemeinsamen Kraft die Person und das Eigentum eines jeden Mitgliedes schützt und verteidigt und in der jeder, obwohl er sich mit allen zusammenschließt, dennoch nur sich selbst gehorcht und ebenso frei bleibt wie zuvor". Die Lösung liege darin, daß jeder seine Person unter die oberste Leitung des allgemeinen Willens stelle, an dessen Bildung er selber teilhabe (1762, I 6). Der Einzelne hat also eine Doppelfunktion: Er nimmt einerseits als Staatsbürger an der verbindlichen Regelung des Freiheitsgebrauches Anteil und ist andererseits als Untertan dieser Regelung unterworfen.

Doch stellte sich heraus, daß jemand, der sich dem demokratisch gebildeten Willen einer Gemeinschaft unterwerfen muß, keineswegs „ebenso frei bleibt wie zuvor". Eine verbreitete Ansicht setzte das demokratische Freiheitsprinzip sogar in strikten Gegensatz zum liberalen, also zum Grundsatz einer möglichst ungehinderten individuellen Betätigungsfreiheit. In geschliffenen Antithesen hat Gustav Radbruch (RPh, § 8) jene beiden Freiheitsbegriffe gegenübergestellt: „Hier Mehrheit, dort Freiheit; hier Teilnahme am Staat und damit möglicherweise an der Mehrheit, dort Freiheit vom Staat; hier ‚staatsbürgerliche Freiheit', dort ‚bürgerliche Freiheit'; hier vom Staate erst gewährte politische Freiheitsrechte, dort vom Staate belassene natürliche Freiheiten". Alexis de Tocqueville (1805–1859) hat aufgewiesen, wie sehr die demokratische Mehrheit die individuelle Freiheit in Bedrängnis bringen kann (1835, II Kap. 7). John Stuart Mill (1806–1873) hat die Gefahren beschworen, in welche die Freiheit durch eine Herrschaft des „Volkswillens" geraten kann: „Was man Volkswillen heißt, bedeutet praktisch den Willen des zahlreichsten oder rührigsten Teils des Volkes, der Mehrheit oder derer, denen es glückt, sich als Mehrheit durchzusetzen. Infolgedessen kann das Volk durchaus den Wunsch hegen, einen Teil seiner selbst zu bedrücken" (1859, Kap. 1).

Trotz dieser bestechenden Antithetik und der zutreffenden Beobachtungen von Tocqueville und Mill entspräche die Annahme einer völligen Divergenz zwischen Demokratie und Liberalismus nicht dem Geiste Rousseaus. Diesem sollte die Demokratie das Modell zur Lösung einer im Grunde liberalistischen Aufgabe sein: mit einer rechtlich gesicherten Ordnung ein Höchstmaß an Selbstbestimmung zu vereinen. Daß die simple Lösung Rousseaus dieser Aufgabe nicht gerecht wird, ist allerdings unbestritten (§ 11 II 4).

Führt man das Prinzip der Demokratie darauf zurück, daß alle eine gleichberechtigte Mitwirkungskompetenz haben, weil jeder jedem als moralische Instanz gleichzuachten ist (§ 11 II 4), dann ist der demokratische Entscheidungsprozeß schon von dieser Prämisse her prinzipiell begrenzt: nämlich durch das Gebot, eben diese gleichberechtigte Mitwirkungskompetenz und Würde eines jeden fortwährend zu achten und zu erhalten (§ 30 II 1). Dies allein schon stünde einem legitimen „Mehrheitsabsolutismus" im Wege.

2. „Formale" und „materielle" Freiheit

Die Freiheit wäre sehr unzulänglich gewährleistet, wenn die persönliche Betätigungsfreiheit nur gegen Eingriffe gesichert würde. Zur Freiheit gehören auch die „realen" Bedingungen der persönlichen Entfaltung, insbesondere Bildungschancen und die ökonomischen Bedingungen zum eigenen Gütererwerb. Bei der Verteilung der Freiheit geht es daher nicht nur um formalrechtliche Absicherungen von Handlungsspielräumen, sondern auch um ein materielles Verteilungsproblem (vgl. § 35 III). Aus dieser Einsicht hat Fichte (1762–1814) gefordert, jedem die Chance zu verschaffen, sich durch seine eigene Arbeit zu erhalten (1796, § 18). Zu diesem Zweck habe der Staat nicht nur die Einzelnen in ihrem Eigentum zu schützen, sondern auch die Güter richtig zu verteilen, also „jedem erst das Seinige zu geben, ihn in sein Eigentum erst einzusetzen" (1800, I Kap. 1). Ähnlich schrieb später

Lorenz von Stein (1815–1890): Selbstbestimmung könne nicht gedacht und wirklich werden ohne Herrschaft über geistige und materielle Güter (1850, IV 2, 3).

Die Unzulänglichkeit einer Gewährleistung nur formalrechtlicher Freiheiten hat dann besonders nachdrücklich der Marxismus betont. In den kapitalistischen Systemen, wie sie durch abstrakte liberale Freiheitsrechte ermöglicht werden, herrsche eine Freiheit, wie sie „der freie Fuchs in einem freien Hühnerhof" besitze (Garaudy 1959, 306). Die Forderung nach einer Koexistenz „abstrakter", formalrechtlicher Freiheit wird deshalb ersetzt durch das Ideal einer Harmonie sozialer Freiheit: Ziel sei eine klassenlose, von aller ökonomischen Bedrängnis freie Gesellschaft, in der „alle Produktion in den Händen der assoziierten Individuen konzentriert" und „die freie Entwicklung eines jeden die Bedingung für die freie Entwicklung aller" sei (Marx-Engels 1848, II). Hier gelte dann: „Jeder nach seinen Fähigkeiten, jedem nach seinen Bedürfnissen!" (Marx 1875, I 3). – Die historischen Erfahrungen, die man inzwischen in und mit marxistischen Staaten gesammelt hat, haben indessen nicht den Nachweis erbracht, daß jene Harmonie sozialer Freiheit verwirklicht werden könne (Zippelius AStL, § 18 IV, V).

Festzuhalten bleibt aber, daß die Freiheit auch reale – und zwar nicht nur ökonomische – Komponenten hat. Das gilt für die private Entfaltungsfreiheit, wie für die demokratischen Freiheiten. So wurde im Zeitalter des frühindustriellen Kapitalismus die von Rechts wegen bestehende Privatautonomie durch die ökonomischen Verhältnisse für breite Schichten zu unerträglicher persönlicher Unfreiheit eingeschnürt. Welches Maß tatsächlicher Selbständigkeit andererseits hinter dem demokratischen Recht auf Teilnahme an der staatlichen Willensbildung steht, hängt z. B. auch von der Art und dem Ausmaß ab, in dem die öffentliche Meinung manipuliert wird. Wird der Bürger, etwa durch einen Staatsrundfunk und eine staatlich überwachte Presse, einseitig und unrichtig informiert, dann legt er seiner politischen Entscheidung falsche Annahmen zugrunde. Werden ihm bei der Wahl nur bedeutungslose Alternativen angeboten, die nicht die Ablösung der Regierung und ihres Programms bewirken können, dann wird seine Stimmabgabe zur bloßen Akklamation, die nichts zu steuern vermag (§ 32 II).

3. Die Verteilung gemeinschaftsbedingter Chancen und Güter

Mit anderen in Gemeinschaft zu leben, bedeutet nicht nur eine wechselseitige Begrenzung (III 1), sondern in vielen Hinsichten auch eine Bereicherung von Handlungsmöglichkeiten und damit von Freiheiten. Das Zusammenleben in Gemeinschaften hat insbesondere die Fülle der Kulturen und Zivilisationen mit ihrem reichen Angebot an realen Entfaltungsmöglichkeiten geschaffen: Erst in der Gemeinschaft und durch sie eröffnet sich dem Einzelnen die Chance, zwischen den unterschiedlichsten Berufen zu wählen, fremde Kontinente zu bereisen und ins Konzert zu gehen. In der und durch die Gemeinschaft vermehrt sich also auch die Vielfalt wählbarer Handlungsräume und damit die reale Freiheit.

Da die Freiheit auch reale Komponenten hat (s. o. 2), stellt sich das Freiheitsproblem auch als Aufgabe gerechter Verteilung gemeinschaftsbedingter Entfaltungschancen und Güter dar. Hier eröffnet sich eine fundamentale Frage der sozialen Gerechtigkeit: der Zwiespalt zwischen den Idealtypen des Liberalismus und des Sozialismus (§ 17 III):

Dem Liberalismus geht es um eine gleiche Verteilung der Chancen, durch persönliche Leistung etwas zu erwerben. Jeder soll also zusehen, daß er seine Chancen nützt; und es muß, um ein Wort Fichtes zu gebrauchen, „nur an ihm selbst liegen, wenn einer unangenehmer lebt" (1800, I Kap. 1). Doch, was heißt Chancengleichheit? Zum mindesten sollten gleiche Startbedingungen für jeden Menschen hergestellt werden. Die Chancen seines sozialen Aufstieges sollten möglichst unabhängig von vererbbaren Privilegien sein, und auf dem Bildungsweg sollten ungleiche, milieubedingte Ausgangsbedingungen während einer angemessenen Anlaufzeit ausgeglichen werden (Zippelius AStL, § 34 II 4).

Der Sozialismus erstrebt darüber hinaus auch eine gleiche Verteilung des persönlich Erworbenen – auch aus der Erwägung, daß das selbst Erworbene oft nicht nur Ertrag persönlicher Leistung und persönlichen Verdienstes ist. Die damit zusammenhängenden, schwierigen Fragen versucht der Sozialstaat zu lösen (Zippelius AStL, §§ 34 II 3–5; 35 IV).

Da in der pluralistischen Gesellschaft die reale Freiheit und Gleichheit durch individuelle Konkurrenten, Verbandsmacht und Massenmedien gefährdet werden, geht es auch darum, Ungleichgewichten in der Repräsentanz der Interessen und Meinungen zu begegnen, womöglich auch institutionell zu gewährleisten, daß alle in Betracht kommenden Interessen und Meinungen ausgewogen zur Geltung kommen – ein Thema, das unter dem Stichwort „Staat und Gesellschaft" seinen festen Platz in der Staatstheorie hat (Zippelius AStL, §§ 26 V, VI; 27; 28 IV 4).

All dies sind „regulative Ideen", hinter denen die Wirklichkeit bald mehr, bald weniger zurückbleibt.

III. Das Recht als System vernünftiger Ordnung der Freiheit

Literatur: Zu 1: Wie zu § 5 II; *Kant* MS; *G. Funke,* Fiat iustitia, ne pereat mundus, 1979; *W. Kersting,* Wohlgeordnete Freiheit, 1984; *O. Höffe,* Politische Gerechtigkeit, 1987, S. 382 ff.
   Zu 2: *Hegel* RPh; *ders.,* Vorlesungen über die Philosophie der Geschichte, ed. Suhrkamp 1982.

1. Die Lehre Kants

Unmittelbar mit dem Freiheitsproblem befaßt sich die Rechtstheorie Kants. Er bestimmte den Begriff des Rechts geradezu als den „Inbegriff der Bedingungen, unter denen die Willkür des einen mit der Willkür des andern nach einem allgemeinen Gesetze der Freiheit zusammen vereinigt werden kann" (MS, 33). Hier ist das Recht mit Bezug auf die Freiheit definiert, nämlich als Instrument, die Freiheit des einen gegen die Freiheit der anderen abzugrenzen.

Für die Frage, nach welchem Kriterium das Recht diese Abgrenzung vornehmen solle, knüpfte Kant an Grundsätze an, die er für die Moralphilosophie gewonnen hatte: „Das allgemeine Kriterium, woran man überhaupt Recht sowohl als Unrecht erkennen könne", werde nur sichtbar, wenn man die „empirischen Prinzipien verläßt" (MS, 32). Insbesondere aus Interessengegenständen oder, wie Kant sagt, aus „Objekten des Begehrungsvermögens" könne kein ethischer Maßstab gewonnen werden. Denn diese bildeten nur die Grundlage der „Glückseligkeit". Diese sei aber ein bloßes Faktum, und Fakten seien keine geeigneten Maßstäbe richtigen Verhaltens (§ 15 I 1). So zog Kant auch für die Frage nach dem richtigen Recht die schon genannten Folgerungen: Das Kriterium der Richtigkeit dürfe nicht in der „Materie der Willkür", sondern müsse „in der bloßen Vernunft" gesucht werden. So bleibe dann als Kriterium der Richtigkeit nur das Prinzip, die Freiheit eines jeden so einzugrenzen, daß sie nach einem allgemeinen Gesetze mit der Freiheit von jedermann zusammenbestehen könne (I). Wenn es aber nur darauf ankommt, die Freiheiten „nach einem allgemeinen Gesetze" gegeneinander abzugrenzen, so zählt nur die „Form im Verhältnis der beiderseitigen Willkür, sofern sie bloß als frei betrachtet wird" (MS, 32 f.).

Auch hiergegen erhebt sich der schon (§ 15 II) genannte Vorbehalt: Das formale Prinzip liefert zwar ein notwendiges, aber kein zureichendes Kriterium für die Ordnung des Freiheitsgebrauchs, das den Gerechtigkeitsfragen in ihrer Differenziertheit genügen würde. Daher grenzt das Recht die Freiheiten der Einzelnen auch auf Grund interessenbezogener Erwägungen und Wertungen ab (§§ 19–21).

Noch ein anderer Punkt ist bedenkenswert. Man findet gelegentlich die Ansicht, das Rechtsgesetz Kants laufe darauf hinaus, eine Koexistenz individueller moralischer Autonomie zu sichern. Diese Vorstellung liegt aus folgenden Gründen nahe: Nach dem kategorischen Imperativ soll das autonom entscheidende Gewissen den eigenen Freiheitsgebrauch nach Grundsätzen einrichten, die zugleich als allgemeine Gesetze gelten dürften. Nach dem gleichen formalen Vernunftprinzip soll auch das Recht die Freiheiten der Menschen gegeneinander abgrenzen. Das allgemeine Sittengesetz und das allgemeine Rechtsgesetz sollen also den Freiheitsgebrauch nach dem selben Prinzip regeln. Und in der Tat spricht Kant davon, das Heil des Staates liege in einem „Zustand der größten Übereinstimmung der Verfassung mit Rechtsprinzipien ..., als nach welchen zu streben uns die Vernunft durch einen kategorischen Imperativ verbindlich macht" (MS, 203). Das heißt aber: Was uns die Vernunft moralisch gebietet, sollten uns auch Verfassung und Recht gebieten.

So liegt es nahe, das Recht auf der Grundlage eines möglichst breiten Konsenses zu schaffen, der sich auf vernünftige Gewissensentscheidungen der Bürger gründen sollte und von ihrer Autonomie so viel wie möglich verwirklicht. Doch die Gewissensmeinungen der Einzelnen weichen oft voneinander ab (§§ 11 II 4; 20 II). Zudem ist nicht gewährleistet, daß das positive Recht stets dem Gebot der Vernunft und dem Gewissen der meisten zu folgen bereit ist (§ 6 II).

Schon aus diesen Gründen muß zwischen Rechtsgeboten und individuellen Gewissenspflichten unterschieden werden. Die rechtlichen Schranken der Freiheit gelten auch für den, der sie nicht aus Gewissen akzeptiert: „Die Pflichten nach der rechtlichen Gesetzgebung können nur äußere Pflichten sein, weil diese Gesetzgebung nicht verlangt, daß die Idee dieser Pflicht, welche innerlich ist, für sich selbst Bestimmungsgrund der Willkür des Handelnden sei" (MS, 15, 34). Kurz, das Recht gebietet mir, unabhängig davon, ob ich das, was es mir gebietet, aus eigenem Gewissen akzeptiere oder nicht.

2. Die Lehre Hegels

Hegel wählte indessen einen anderen Weg: Nicht die Gewissenseinsicht der Bürger und ein auf ihr beruhender Konsens sollte zur Richtschnur werden, sondern jene Vernunft, die sich nach Hegels Meinung im Gang der Weltgeschichte entfaltet (§ 13 I): „Das Recht, nichts anzuerkennen, was Ich nicht als vernünftig einsehe, ist das höchste Recht des Subjekts, aber ... das Recht des Vernünftigen als des Objektiven an das Subjekt bleibt dagegen fest stehen" (Hegel RPh, § 132). „Gegen das Prinzip des einzelnen Willens ist an den Grundbegriff zu erinnern, daß der objektive Wille das an sich in seinem Begriffe Vernünftige ist, ob es von einzelnen erkannt und von ihrem Belieben gewollt werde oder nicht: – daß das Entgegen-

gesetzte, das Wissen und Wollen, die Subjektivität der Freiheit, die in jenem
Prinzip *allein* festgehalten ist, nur das *eine,* darum einseitige Moment der Idee des
vernünftigen Willens enthält, der dies nur dadurch ist, daß er ebenso an sich, als
daß er für sich ist" (RPh, § 258).

Dem Einzelnen bleibe hierbei die alleinige Aufgabe, die „Allgemeinheit des
Guten" zu ergreifen und zur Geltung zu bringen: „Die sittliche Substantialität ist
auf diese Weise zu ihrem *Rechte* und dieses zu seinem *Gelten* gekommen, daß in ihr
nämlich die Eigenwilligkeit und das eigene Gewissen des Einzelnen, das für sich
wäre und einen Gegensatz gegen sie machte, verschwunden, indem der sittliche
Charakter das unbewegte, aber in seinen Bestimmungen zur wirklichen Vernünftigkeit aufgeschlossene Allgemeine als seinen bewegenden Zweck weiß, und seine
Würde, sowie alles Bestehen der besonderen Zwecke in ihm gegründet erkennt
und wirklich darin hat" (RPh, § 152). Das ist der Grundgedanke jenes merkwürdi-
gen Begriffs einer Freiheit, die in Wahrheit bloßer Konformismus ist, einer Freiheit,
die „Wissen, Glauben und Wollen des Allgemeinen ist". Dieser Philosophie sind
„Recht, Sittlichkeit, Staat, und nur sie, die positive Wirklichkeit und Befriedigung
der Freiheit" (Hegel 1982, 55 f.). „Denn das Gesetz ist die Objektivität des Geistes
und der Wille in seiner Wahrheit; und nur der Wille, der dem Gesetze gehorcht, ist
frei" (Hegel 1982, 57).

Hegel will also die Einzelnen als unselbständige Momente in eine Ordnung
hineinflechten, deren bewegendes Prinzip jene Vernunft sein soll, die sich angeblich
im Fortgang der Weltgeschichte in den einzelnen Volksgeistern enthüllt. Träfe die
Hegelsche Vernunftmetaphysik zu, so hätte die Regelung des Freiheitsgebrauchs
sich in Einklang mit jener historischen Vernunft zu halten. Mit dieser Vernunftmetaphysik fällt auch die Begründung für den Freiheitsbegriff Hegels (§ 13 II).

Kapitel VII. Die Gemeinschaft

Gemeinschaften sind Gefüge sinnorientierten Verhaltens (§ 8 II), bei deren Bildung Normen, nicht zuletzt auch Rechtsnormen, eine Schlüsselrolle spielen (§§ 10 II; 27). Rechtliche Normen entstehen nur in einer Gemeinschaft. Und es bedarf einer organisierten Gemeinschaft, um diese Normen verläßlich durchzusetzen (§§ 5 IV; 28 III).

§ 27. Die Grundstruktur von Gemeinschaften

I. Gemeinschaften als Gefüge sinnorientierten Verhaltens

Literatur: *Zippelius* AStL, §§ 4–7.

Im Zeitalter des Individualismus und des Rationalismus wollte man die Gesellschaft aus Individuen und Vertragsbeziehungen konstruieren: So führten die Lehren von einem Gesellschafts- oder Herrschaftsvertrag die Entstehung von Gesellschaft und Staat (oder auch nur deren Begriff und Rechtfertigung) auf einen freien Konsens zwischen den Einzelnen zurück (Zippelius Gesch, Kap. 12 c, 13, 14 a, 15 a, b, e).

In der folgenden Zeit wandten sich aber die Organismustheorien gegen diesen Individualismus der Aufklärung: Die menschlichen Verbände seien nicht auf einzelne Individuen und bloß vertragliche oder vertragsähnliche Beziehungen zurückführbar. Vielmehr seien sie lebendige Ganzheiten, in denen, wie in einem lebendigen Organismus, das Ganze und die Teile aufeinander angewiesen seien. In manchen Organismustheorien herrschte die Ansicht, Gemeinschaften seien durch einen überpersönlichen realen Zusammenhang verbunden. Einen solchen glaubte Otto v. Gierke[1] in einem überpersönlichen Gemeinschaftswillen zu finden: Die Gemeinschaft sei „ein Ganzes, dem eine reale Einheit innewohnt". Es gebe überpersönliche „psychische Zusammenhänge, die in unser Innerstes hineinreichen". Doch damit entfernte man sich von den Erfahrungsgegebenheiten.

So wandte die Beziehungssoziologie Georg Simmels und Leopold v. Wieses ein, als erfahrbare und nachprüfbare Tatsachen gebe es nur einzelne Menschen, die zueinander in Beziehungen und Wechselwirkungen treten: Die Einzelnen stellen ihr Handeln in bestimmter Weise aufeinander ein. Man arbeitet, vergnügt sich, argumentiert und treibt Geschäfte miteinander. Gemeinschaft bestehe dort, wo ein geordnetes Gefüge zwischenmenschlichen Handelns sich gebildet habe. Dieses werde durch individuelle, psychische Vorstellungen geleitet.

Kelsen stimmte mit der Beziehungssoziologie darin überein, daß es kein überindividuelles reales Substrat der Gemeinschaft gibt. Seine Kritik wandte sich aber dagegen, die Gemeinschaften auf bloß tatsächliche Beziehungen und psychische Tatbestände zurückzuführen; denn in bloß psychischen Vorgängen, die in den Köpfen der Einzel-

---

[1] O. v. Gierke, Das Wesen der menschlichen Verbände, 1902, Nachdr. 1962, S. 14, 25.

nen stattfinden, lasse sich keine die Einzelnen zusammenfassende Einheit finden. Die Kernfrage lautet also, worin der einheitsstiftende Faktor liege, der eine Koordination der einzelnen Handlungen bewirke: Identisch kann für eine Mehrzahl von Menschen nie ein psychischer Prozeß, sondern immer nur ein objektiver Sachverhalt oder Sinngehalt sein (§ 2 II 2). Diese Überlegung bildet auch die Grundlage der normativen Staatstheorie Kelsens: Wenn man die Gesellschaft als „Gemeinschaft" bezeichne, so sei „im wesentlichen die das gegenseitige Verhalten der Menschen regelnde Ordnung das diesen Menschen Gemeinsame" (Kelsen RR, 90); ja die Gemeinschaft bestehe in nichts anderem als in dieser Ordnung (RR, 154).

Ein Vergleich macht die Konzeption Kelsens anschaulich: Ein Konzert kommt dadurch zustande, daß sich alle Musikanten an der Komposition, mithin an dem objektiven Ordnungsplan orientieren, den sie im Notenblatt vor sich liegen haben, so daß man – frei nach Kelsen – sagen könnte, das eigentlich Konstitutive im Konzert sei die Komposition. Dem entsprechend hat die Existenz einer Gemeinschaft ihren Grund darin, daß sich die Beteiligten an eine objektive Normenordnung halten und nach dieser ihr Verhalten aufeinander abstimmen, so daß hierdurch das Verhaltensgefüge einer Gemeinschaft entsteht. So wird im Straßenverkehr das Handeln dadurch koordiniert, daß die Verkehrsteilnehmer ihr Verhalten nach ein und denselben Verkehrsregeln richten. Auf dem Markt stellt man das Handeln nach den Regeln des Kaufrechts aufeinander ein. Kurz, Menschen werden nicht durch Naturgesetze oder bloß psychische Mechanismen zu einer Gemeinschaft koordiniert, sondern dadurch, daß sie ihr Handeln nach normativen Verhaltensmustern aufeinander abstimmen: Gemeinschaft bildet sich als ein Gefüge sinnorientierten Verhaltens.

Andererseits läßt sich die Gemeinschaft, so wenig wie das Recht, „rein normativ" konstruieren. Praktische Normen konstituieren eine Gemeinschaft nur dann, wenn sich menschliches Verhalten auch tatsächlich nach ihnen richtet. Die Rechtsnormen, die im Reiche Hammurabis das Handeln bestimmten, sind heute zwar noch ihrem Sinngehalt nach vorhanden und in Gedanken nachvollziehbar. Aber sie existieren nicht mehr als wirksames Recht und haben keine gemeinschaftsbildende Kraft mehr: Die Menschen richten ihr Verhalten nicht mehr nach diesem „Orientierungsplan", sondern nach anderen Rechtsnormen. Er ist also nicht mehr als aktuelles (d.h. durch subjektive Akte vollzogenes) Integrationsschema wirksam. Auch der Unterschied zwischen einer vorrevolutionären und einer nachrevolutionären Verfassungs- und Rechtsordnung läßt sich nicht „rein" normativ erfassen. Auch er liegt darin, daß die alte Normenordnung die verläßliche Chance kontinuierlicher Anwendung und Durchsetzung verloren und daß die neue Verfassungsordnung diese Chance gewonnen hat. Erst der faktische Vollzug bringt eine Normenordnung zur Wirkung und eine bestimmte staatliche Gemeinschaft zur Existenz (§ 4).

II. Verhaltensleitende Normen

Als wirksame Verhaltensorientierungen dienen rechtliche und außerrechtliche Normen, nicht zuletzt auch umfassendere, weltanschauliche „Leitbilder" der menschlichen Gemeinschaft (§ 17). Insbesondere Normen der Sitte, etwa über den Ablauf einer Kindstaufe, einer Hochzeit oder einer Beerdigung, dienen als Handlungsmuster, nach denen man sein Verhalten richtet. Es gibt viele Handlungen, die nur durch solche Normen geregelt, aber rechtlich weder geboten noch verboten sind, z.B. Freunde einzuladen, Bekannte auf der Straße zu grüßen, Nahestehenden beim Tod eines Verwandten zu kondolieren. Eine Gemeinschaft wird also von verschieden-artigen Normen konstituiert und von verschiedenartigen Motivationen getragen: von Normen des garantierten Rechts und von Normen der Sitte und der Sozialmoral, hinter denen bloß gesellschaftliche Sanktionen stehen (§ 5 III, IV). Diese Normen, auch jene des Rechts, werden aus unterschiedlichen Motiven befolgt: teils weil man dem rechtlichen oder gesellschaftlichen Zwang, auch einer gesellschaftlichen Mißbilligung, zuvorkommen will, teils aus Überzeugung, Anstand, Takt oder aus der Hoffnung auf Erwiderung. – Die Rechtsnormen bilden also nur einen Teil jener Verhaltensnormen, welche die sozialen Lebensverhältnisse regeln. Im Alltag sehr enger Lebensbeziehungen, etwa in der Familie oder in den Beziehungen einer Freundschaft oder guter Nachbarschaft, tritt das Recht hinter nichtrechtlichen Verhaltensnormen zurück: hinter Anstandsgeboten und Pflichten zu gegenseitiger Rücksichtnahme und wechselseitiger Hilfe. Selbst im Geschäftsleben regelt sich manches nach nichtrechtlichen Normen, etwa nach Geboten kaufmännischer Kulanz.

Das gute Funktionieren einer Familie, eines Betriebes, eines Vereins und anderer Gemeinschaften hängt gerade auch von der Beachtung solcher außerrechtlichen Normen der Loyalität, der Fürsorge, des Anstandes, des Taktes, des „Stils" ab und ist keineswegs schon durch die Normen des Rechts allein gewährleistet. Auch das gute Funktionieren des Staates hängt nicht nur an Rechtsnormen, sondern auch an außerrechtlichen Normen des politischen Stils und der Fairneß und insgesamt an der von Politikern und Bürgern geübten Selbstdisziplin. So kommt es etwa auch darauf an, daß politische Auseinandersetzungen sachlich geführt, daß Abstimmungs- und Wahlniederlagen mit Anstand hingenommen werden, daß man den unterlegenen Gegner fair behandelt und daß ein Minister, der sich blamiert hat, weiß, wann er sein Amt niederzulegen hat. Daß der englische Parlamentarismus über so lange Zeit hinweg funktioniert hat, hängt nicht zuletzt mit der Fähigkeit und Bereitschaft der Engländer zusammen, Konventionen zu bilden und zu beachten, nicht nur im gesellschaftlichen, sondern auch im politischen Leben. Wenn das Verfassungsrecht in einer Verfassungsurkunde kodifiziert wird und wenn auf diese Weise die rechtlichen Grundlagen des Verfassungslebens isoliert herausgehoben werden, so darf das nicht zu dem Irrtum verleiten, es seien damit die normativen Grundlagen einer wohlgeordneten politischen Gemeinschaft schon vollständig dargestellt.

Weil aber außerrechtliche Normen nicht immer genügende Motivationskraft besitzen, um sich durchzusetzen, muß das Recht bereitstehen, um wenigstens zu verhindern, daß die zwischenmenschlichen Beziehungen in sozial unerträglichem Ausmaß pathologisch werden; insofern muß das Recht ein „ethisches Minimum" gewährleisten.[2] Auch in anderen Bereichen muß das Recht den reibungslosen Ablauf sozialer Lebensvorgänge und staatlichen Funktionierens dort garantieren, wo er durch andere Sozialnormen nicht hinreichend gesichert ist. Unter diesem Aspekt gehören etwa der Straßenverkehr und staatliche Steuern zu den regelungsbedürftigen Materien. Hierbei muß die gemeinschaftsbildende Funktion des positiven Rechts um so stärker in den Vordergrund treten, je mehr außerrechtliche Verhaltensorientierungen der Sozialmoral und der Religion ihre Kraft verlieren, das Verhalten in einer Gemeinschaft zu lenken. Es ist eine nicht immer leichte Aufgabe, verständig eine Grenze zu ziehen zwischen Pflichten, die als bloße Gebote der Sitte oder der Sozialmoral bestehen bleiben sollen, und Pflichten, die mit rechtlichen Sanktionen auszustatten sind. So kennt etwa die Sozialmoral mannigfaltige Hilfspflichten unter nahen Verwandten, und ein Gesetzgeber muß sich bei

---

[2] G. Jellinek, Die sozialethische Bedeutung von Recht, Unrecht und Strafe, ²1908, S. 45.

Schaffung eines bürgerlichen Gesetzbuches entscheiden, welche von ihnen er zu Rechtspflichten erheben soll. Steht ein Unterlassungsdelikt zur Diskussion, so kann sich dem Strafrichter die schwierige Frage stellen, ob der Angeklagte eine Rechtspflicht (eine „Garantenstellung") oder nur eine sittliche Pflicht hatte, die Verletzung eines vom Strafrecht geschützten Gutes abzuwenden.

§ 28. Die organisierte Rechtsgemeinschaft

I. Begriff und Funktion der staatlichen Gemeinschaft

Literatur: *Zippelius* AStL, §§ 8, 9, 17 ff.

Um Rechtssicherheit und Rechtsfrieden zu gewährleisten (§ 23 II), muß das Recht ein widerspruchsfrei (II) und verläßlich (III) geordnetes Zusammenleben garantieren. Um eine widerspruchsfreie, verläßliche Gemeinschaftsordnung zu schaffen, bedarf es einer Institution, die mit übergeordneter Regelungs- und Durchsetzungsmacht ausgestattet ist. Ebendies wurde am Begriff des „Staates" durchdacht, der das Grundmodell einer organisierten Rechtsgemeinschaft darstellt: Mit anderen in einem Staate zu leben, bedeutet, daß man sich mit ihnen in einem Zustand („status") geordneten Zusammenlebens befindet, das in dieser Weise rechtlich geregelt ist. Die Herausbildung eines durchorganisierten „staatlichen" Macht- und Wirkungsgefüges und „garantierten Rechts" sind nur zwei Seiten der selben historischen Entwicklung (§ 5 IV 2).

Der Anarchismus leugnet die Notwendigkeit staatlicher Macht, meist aus einem unrealistischen Optimismus heraus: Gemeinsinn, Vernünftigkeit und natürliche Friedfertigkeit der Menschen allein sollen das Funktionieren einer gerechten und friedensichernden Ordnung ausreichend gewährleisten; zum mindesten könne man die Sozialstrukturen oder die menschliche Gesinnung oder beide zusammen dahingehend verändern, daß die Menschen friedlich und wohlgeordnet zusammenleben, ohne daß es der Staatsgewalt bedürfe. In der Tat gab und gibt es auf frühen Stufen der Menschheitsentwicklung Gemeinschaften ohne staatliche Organisation (§ 5 IV 2). Es handelt sich um Kleingruppengemeinschaften, in denen ein großer Teil der Lebensenergien auf die Existenzsicherung verwendet werden muß, in denen ferner der Einzelne eng in seine Gruppe eingebunden und in lebensnotwendiger Weise darauf angewiesen ist, von seiner Gruppe akzeptiert zu werden, und in denen es oft schon genügt, daß die Gruppe ein asoziales Mitglied ausstößt, um diesem die Existenzgrundlage zu nehmen. In einer solchen Welt können nichtstaatliche Schemata sozialer Kontrolle ein einigermaßen befriedetes Zusammenleben innerhalb der Gruppe sichern. Auch im Verhältnis zwischen den Gruppen kann eine übergreifende staatliche Ordnung entbehrlich sein, solange die Konflikte zwischen den Gruppen durch „Ausweichmöglichkeiten" auf ein erträgliches Maß begrenzt bleiben.

Unter den ganz anderen Bedingungen späterer Gesellschaften reichen solche Kontrollen nicht aus. Dies zeigen alle historischen Erfahrungen: Um zu verhindern, daß in einer enger gewordenen Welt das Zusammenleben der Menschen in einen Krieg aller gegen alle, in ein „bellum omnium contra omnes", ausartet, bedarf es einer friedensichernden politischen Gewalt (Hobbes, De cive, Vorwort und Kap. I 12 und V 6 ff.). In der frühen europäischen Geschichte wurde dies insbesondere in Zeiten geschwächter Königsgewalt sichtbar, so im Aufflackern der mittelalterlichen Fehden nach dem Niedergang der deutschen Königsgewalt oder in der Zeit der französischen Hugenottenkriege oder der deutschen und englischen Bürgerkriege des siebzehnten Jahrhunderts. Gerade aus den Erfahrungen solcher Zeiten erwuchs die Forderung nach einer konsolidierten, starken Staatsgewalt, die Ordnung und Frieden zu sichern vermag. In der Souveränitätslehre Bodins und in der Staatstheorie von Hobbes wurde diese Forderung zu einem Schlüsselbegriff des Staatsverständnisses.

Bodin sah es so: Um die befriedete Ordnung einer politischen Gemeinschaft zu gewährleisten, ist deren Regierung mit souveräner Gewalt auszustatten. Dieser Gewalt gab Bodin eine rechtliche Fassung: Ihr Angelpunkt sollte in einer übergeordneten Befugnis liegen, Recht zu setzen. Dieser Befugnis sollten alle anderen rechtlichen Befugnisse untergeordnet sein (Zippelius AStL, § 9 III). Man kann es auch so formulieren: Durch die umfassende Verfügung über das normative Steuerungsinstrument soll das Handeln der Menschen rechtswirksam so geregelt werden, daß der soziale Frieden dauerhaft gesichert wird.

Die organisierte Staatlichkeit findet ihre Rechtfertigung aber nicht nur in der Sicherung des Rechtsfriedens, sondern auch in einer Vielzahl anderer Zwecke, denen sie dient. So sind die Einzelnen zur Befriedigung vielfältiger Bedürfnisse und insbesondere zur Entfaltung ihrer Persönlichkeit darauf angewiesen, in einer verläßlich geordneten Gemeinschaft mit anderen zu leben (Zippelius AStL, § 17 I).

Die Rechtfertigung organisierter Staatlichkeit und staatlichen Rechts läuft also auf den Nachweis hinaus, daß wichtige Zwecke nur durch die Existenz einer staatlichen Gemeinschaft erreicht werden können, und zwar Zwecke, die schwerer wiegen als die Einschränkungen, welche die Existenz einer Staatsgewalt für die Einzelnen mit sich bringt. So kommt im Gewande solcher Rechtfertigung die Lehre von den Staatszwecken zum Vorschein (§ 17 III). Je mehr sich aber die Fragestellung von der Rechtfertigung des Staates überhaupt zur Rechtfertigung spezifischer Ausgestaltungen der Staatlichkeit und insbesondere des staatlichen Rechts verschiebt, desto mehr gerät man in ein Feld relativer Stellungnahmen. Hier sieht sich die Staatsgewalt fortwährend herausgefordert, Recht und Gemeinschaftsordnung dem Wandel der Einsichten und der sonstigen historischen Bedingungen anzupassen, sich für bestimmte Zwecke und für ein verständiges Maß ihrer Verwirklichung zu entscheiden und hierbei auch die richtige Mitte zwischen Stabilität und Anpassung, zwischen Erstarrung und unzuträglicher Verunsicherung zu finden (Zippelius AStL, § 17 IV).

II. Die „Einheit" der gewährleisteten Rechtsordnung

Literatur: *K. Engisch,* Die Einheit der Rechtsordnung, 1935; *M. Baldus,* Die Einheit der Rechtsordnung, 1995; *D. Felix,* Einheit der Rechtsordnung, 1998; *B. Grzeszick,* Staat, Verfassung und Einheit der Rechtsordnung, in: F. f. J. Isensee, 2007, S. 93 ff.

1. Die Verfassung als Grundlage einer homogenen staatlichen Rechtsordnung

Alle Kompetenzen (rechtlichen Regelungsbefugnisse) im souveränen Staat haben ihre Grundlage unmittelbar oder mittelbar in der (geschriebenen oder ungeschriebenen) Verfassung. Oberste Kompetenz ist die verfassungsrechtliche Befugnis, über den übrigen staatlichen Normen- und Kompetenzenbestand zu verfügen. Diese

„Kompetenz-Kompetenz" prägt die Staatsform. Sie kann bei einem „Monarchen", einem oligarchisch-aristokratischen Kollegialorgan (wie einst beim Großen Rat von Venedig), einer demokratisch gewählten Volksvertretung, in sehr kleinen Staaten auch bei einer Volksversammlung liegen, sie kann im Bundesstaat auch in rechtlich geordneter Weise zwischen den Zentralorganen des Bundes und den Länderorganen aufgeteilt sein.

Die Verfassung selbst hat ihren Ursprung in der rechtlich nicht abgeleiteten verfassunggebenden Gewalt, dem „pouvoir constituant". Nach demokratischer Vorstellung sollte diese Ursprungsgewalt der Verfassung das Volk sein, was aber nur besagt, daß es der einzig legitime Verfassunggeber sei. Daß es nicht der einzig mögliche Verfassunggeber ist, lehrt die historische Erfahrung.

2. Die Kompetenzenordnung als Instrument der Rechtseinheit

Die Kompetenzenordnung hat eine doppelte Funktion: Sie hat Regelungsbefugnisse aufzuteilen und Spielräume für eigenverantwortliche Entscheidungen zu gewähren (§ 31 II 4). Zugleich hat sie zu steuern und zu koordinieren: Die verschiedenen Regelungsfunktionen müssen aufeinander abgestimmt werden und sich zweckentsprechend ergänzen, so daß auch widersprechende Normen und Entscheidungen vermieden werden. Kurz, die Kompetenzenordnung bildet das Rückgrat rationaler Strukturierung staatlicher und supranationaler Ordnungssysteme.

Die Einheit des Rechts wird in erster Linie durch einen „Stufenbau" der Kompetenzen gewährleistet: Der Gesetzgeber leitet seine Regelungsmacht von der verfassunggebenden Gewalt, der Verordnunggeber leitet sie (unmittelbar von der Verfassung oder) vom Gesetzgeber her, und nur auf Grund normativer Ermächtigungen können pflichtbegründende individuelle Rechtsakte ergehen. Für Verwaltungsakte gilt demnach der „Vorbehalt des Gesetzes"; darin liegt zugleich eine kooperative Verknüpfung zwischen dem Erlaß genereller Normen (Gesetzgebungsfunktion) und deren konkretisierendem Vollzug (Verwaltungsfunktion); Gesetzgebung und Vollzug stehen hier also im Verhältnis programmierender und programmierter Entscheidungen zueinander. Aber auch Akte der Privatautonomie – also der Selbstregulierung privater Rechtsbeziehungen – bringen rechtlich gewährleistete Rechtspflichten (§ 5 IV 1) nur hervor, wenn und weil sie auf Grund einer normativen Ermächtigung geschehen; so läßt z. B. ein schuldrechtlicher Vertrag Rechtspflichten darum entstehen, weil eine Rechtsnorm des Schuldrechts hierzu ermächtigt (§§ 3 I; 33 II 1).

Nicht nur für ein widerspruchsfreies Ineinandergreifen der Regelungsfunktionen muß gesorgt werden. Auch Widersprüchen zwischen den ergangenen Normen muß vorgebeugt werden. Darum korrespondiert der Rangordnung der Kompetenzen eine Rangordnung der Vorschriften, die auf ihrer Grundlage erlassen werden: Eine nachrangige (auf Grund einer nachrangigen Kompetenz ergangene) Norm ist ungültig, wenn sie einer höherrangigen Norm widerspricht. Ungültig ist also ein der Verfassung widersprechendes Gesetz oder eine dem Gesetz (oder der Verfassung) widersprechende Rechtsverordnung. Gleichrangige Normen berauben sich gegenseitig der Anwendbarkeit, soweit sie miteinander in Widerspruch stehen. Ferner darf kein rechtserheblicher Einzelakt in Widerspruch zu einer Rechtsnorm stehen: Verwaltungsakte, die einer Rechtsnorm widersprechen, sind anfechtbar oder nichtig („Vorrang des Gesetzes"); privatrechtliche Rechtsgeschäfte, die einer Rechtsnorm widersprechen, sind ungültig.

Zur Vermeidung von Widersprüchen werden auch richterliche Auslegungskompetenzen eingesetzt. So dienen die verfassungskonforme Auslegung von Gesetzen, die gesetzeskonforme Auslegung von Verordnungen und die systematische Auslegung gleichrangiger Normen dazu, Widerprüche zwischen Normen zu vermeiden (Zippelius ML, §§ 7 g, 10 III).

Durch Zuständigkeitsschemata gegliedert und koordiniert sind auch die Funktionen der Verwaltung und der Rechtsprechung: In der Verwaltung üben übergeordnete Behörden Aufsicht über die Rechtmäßigkeit und Zweckmäßigkeit des Handelns nachgeordneter Behörden und können deren Ermessensentscheidungen steuern: für den Einzelfall durch „Weisungen" und generell durch „allgemeine Verwaltungsvorschriften". Durch Rechtsmittel gegen die Entscheidung einer nachgeordneten Behörde kann die Entscheidung der höheren Instanz begehrt werden. – Die Gerichtsbarkeit ist in Gerichtszweige und Instanzen gegliedert; durch Rechtsmittel kann ein Rechtsstreit vor die höheren Instanzen gebracht werden, die in der Spitze für eine einheitliche Auslegung und Fortbildung des Rechts sorgen können.

3. Rechtseinheit trotz Aufteilung der Regelungsmacht

Bei aller Vorsorge für eine widerspruchsfreie Rechtsordnung bleibt aber Raum für eine organisatorische Gewaltenteilung. Die „Einheit des Rechts" erfordert nur, daß die Rechtsordnung eine rechtlich organisierte Wirkungseinheit bildet. Zu diesem Zweck muß zwar die Verfügung über die Instrumente rechtlicher Verhaltenssteuerung insoweit zentralisiert und rechtlich koordiniert sein, daß widersprechende Normen und Einzelentscheidungen vermieden werden und die verschiedenen Regelungsfunktionen sich gegenseitig ergänzen und widerspruchsfrei ineinandergreifen. Das schließt es jedoch nicht aus, rechtliche Kompetenzen z. B. so zu verteilen, daß eine Gewaltenbalance entsteht. Innerhalb des Staates kann über das zentrale, in der Staatsverfassung begründete Kompetenzenschema, auf das alle anderen Kompetenzen zurückführbar sind, zwar nur zentral verfügt werden. Sofern das nicht durch einen revolutionären Akt des „pouvoir constituant" geschieht, sondern durch eine legale Verfassungsänderung, ist es aber denkbar, daß selbst diese höchste Regelungskompetenz durch das Zusammenspiel mehrerer Staatsorgane ausgeübt wird, etwa durch das Zusammenwirken zweier Kammern der gesetzgebenden Körperschaft.

Zudem hat das überkommene Staatsverständnis sich durch das Entstehen supranationaler Organisationen gewandelt: Einst hatten Bürgerkriege die Forderung nach einer Institution entstehen lassen, die solche Konflikte rechtsverbindlich entscheide, und damit das moderne Staatsverständnis begründet (I). Im zwanzigsten Jahrhundert weckten die europäischen Bruderkriege, besonders die beiden Weltkriege, die Forderung nach verbindlichen, supranationalen Konfliktsregelungen. Daher wurden auch Organisationen, wie die Europäische Union, mit Kompetenzen ausgestattet, die in das Recht der Mitgliedstaaten hineinwirken. Dies hat zu Einbrüchen in den traditionellen staatlichen Kompetenzenbereich geführt. Auf diese Weise wurde das Modell der Staaten, als „geschlossener" Systeme von Hoheitsrechten, abgelöst durch ein Modell internationaler Interdependenzen und internationaler Kooperation der Staaten, in dem auch supranationale Organisationen Regelungsmacht besitzen (Zippelius AStL, §§ 10 III, IV; 40 V).

Sollen gleichwohl auch in einer so erweiterten Gemeinschaft die – Rechtssicherheit gewährleistenden – Funktionen einer organisierten Rechtsgemeinschaft erhalten bleiben, dann sind die staatlichen und die supranationalen Kompetenzen in rechtlich definierter Weise so zu verteilen und zu koordinieren, daß die auf dieser Grundlage gebildeten verhaltensregelnden Normen sich widerspruchsfrei zu einer funktionsfähigen Verhaltensordnung zusammenfügen. Das ist kein fundamental neues Problem: In ähnlicher Weise fügen sich schon herkömmlich im Bundesstaat die Kompetenzen der Zentralorgane und der Länder ineinander.

Mit der „Einheit" einer gewährleisteten rechtlichen Ordnung ist also eine Vielfalt rechtlicher „Subsysteme" vereinbar, die in ein übergreifendes System einer „Steuerung der Selbststeuerung" (§ 31 II 4) eingefügt sein können. Auch dafür bietet der Bundesstaat ein Beispiel. Hier können in verschiedenen Ländern z. B. unterschiedliche Gemeindeordnungen, Polizeigesetze oder Forstgesetze gelten; nur dürfen die Geltungsbereiche dieser Normen sich nicht in einer Weise überschneiden, daß ein und derselbe Adressat sich widersprechenden Geboten gegenübersähe. Um diese Widerspruchsfreiheit zu gewährleisten, bedarf es aber einer Letztentscheidungskompetenz innerhalb des Rechtssystems.

Auch bei Kompetenzkonflikten zwischen staatlicher und supranationaler Regelungsgewalt taucht die Frage nach der Letztentscheidungskompetenz auf. Diese ist der Prüfstein dafür, ob die Souveränität bei den Mitgliedstaaten verblieben ist oder bereits abgewandert. Wer definitiv und effizient über einen solchen Kompetenzkonflikt entscheidet, übt eine zwar nur partielle, aber wichtige Höchstkompetenz aus (Zippelius AStL, §§ 8 II 2; 9 III 3; 10 III).

III. Gewährleistungen der Rechtswirksamkeit

Um Orientierungsgewißheit zu schaffen, muß die Normenordnung nicht nur widerspruchsfrei sein, sondern auch zuverlässig verwirklicht werden: Die Orientierungsgewißheit hängt mit der Realisierungsgewißheit zusammen (§ 23 II). Das Recht wird erst dadurch zu einer verläßlichen Schutz- und Friedensordnung, daß es durch organisierte – „staatliche" – Gewalt eine sichere Durchsetzungschance erhält (näher dazu: § 5 IV 1). Insbesondere als Rechtsstaat kann ein Gemeinwesen nur dann funktionieren, wenn das Recht effektiv durchgesetzt wird (Zippelius AStL, § 9 I 1; BVerfGE 54, 291; 94, 226). Die Waage, als Sinnbild der Gerechtigkeit, und das Schwert gehören zusammen. Dem widerspricht die Tatsache nicht, daß das Recht weitgehend freiwilligen Gehorsam findet; je mehr das der Fall ist, desto mehr kann die Rechtsgarantie der Staatsgewalt latent bleiben.

Der Durchsetzung des Rechts dienen verschiedene Mechanismen der Rechtsgewährleistung (Sanktionen): Am nächstliegenden ist die direkte Erzwingung bestehender Rechtspflichten. Erfüllt ein Schuldner seine Zahlungspflicht nicht, so wird er auf Klage des Gläubigers vom Gericht zur Zahlung verurteilt; zahlt er auch dann noch nicht, kann aus dem Urteil gegen ihn vollstreckt werden.

Ist aber z. B. ein Totschlag geschehen, dann ist es zu spät, den Täter für diesen Fall zur Achtung fremden Lebens zu zwingen. Hier kann nur noch eine Strafsanktion eingreifen und wenigstens für die Zukunft das normale Funktionieren der Norm stärken (§ 37 I 1): Die für die Pflichtverletzung angedrohte und im Einzelfall auch prompt verhängte Strafe sichert die generelle Motivationskraft der Norm (Generalprävention) und kann auch den Täter selbst vor zukünftigen Normübertretungen warnen oder ihm diese unmöglich machen (Spezialprävention).

Die Einhaltung des Rechts kann ferner dadurch gewährleistet werden, daß rechtswidrige Akte für nichtig erklärt oder aufgehoben werden: So können verfassungswidrige Gesetze in einem verfassungsgerichtlichen Normenkontrollverfahren für ungültig erklärt, rechtswidrige Verwaltungsakte in einem verwaltungsgerichtlichen Verfahren aufgehoben und unrichtige Gerichtsurteile auf ein Rechts-mittel hin durch eine höhere Instanz kassiert werden.

Für eine Selbsthilfe, d. h. für eine zwangsweise Durchsetzung des Rechts durch den, dem gegenüber das Recht gebrochen wurde, ist in einem System organisierter Rechtsgewährleistung nur noch ein bescheidener Raum. Und auch soweit sie statt-haft ist, ist sie kein unkontrolliertes Faustrecht; vielmehr stehen Rechtsverfahren zur Nachprüfung bereit, ob die gesetzlichen Voraussetzungen der Selbsthilfe vorlagen und ob deren erlaubte Grenzen nicht überschritten wurden. Solche Selbsthilfe spielt vor allem in Situationen eine Rolle, in denen staatliche Rechtsgewährleistung nicht rasch genug zur Stelle ist. Wenn jemand das Messer gegen mich zieht, kann ich nicht erst zum Gericht laufen. In Fällen dieser Art ist Notwehr erlaubt, also eine Verteidigungshandlung, die erforderlich ist, um einen gegenwärtigen rechtswidrigen Angriff von sich oder einem anderen abzuwehren. Auch gibt es ein Abwehrrecht gegen gefahrbringende Sachen, ein Notrecht zur Sicherung der Rechtsverwirk-lichung und ein Abwehr- und Besitzbemächtigungsrecht gegen den, der einen anderen unbefugt im Besitz einer Sache stört. Von solchen Ausnahmen abgesehen, hat aber der Staat, um des Rechtsfriedens willen, den Einzelnen die Rechtsdurch-setzung aus der Hand genommen.

Um diese Einbuße an eigener Durchsetzungsmacht auszugleichen, muß jeder sich darauf verlassen können, daß staatliche Instanzen ihm zu seinem Recht verhelfen (BVerfGE 74, 261 f.). Darum ist jedes Zivilgericht verpflichtet, eine bei ihm anhängige Klage zu prüfen und, wenn sie zulässig und begründet ist, dem Kläger durch eine Gerichtsentscheidung zur Durchsetzung seines Rechts zu verhelfen. Im Strafrecht ist dem Einzelnen regelmäßig sogar die Möglichkeit genommen, selber den Rechts-brecher vor Gericht anzuklagen: Nach deutschem Recht hat hier die Staatsanwalt-schaft das „Anklagemonopol" (sofern es sich nicht um ein „Privatklagedelikt" han-delt). Um aber auch hier die Rechtsgewährleistung sicherzustellen, entspricht diesem Anklagemonopol grundsätzlich eine Anklagepflicht („Legalitätsprinzip"), die nur unbedeutende Ausnahmen duldet.

Kapitel VIII. Rechtsphilosophische Aspekte spezifischer Problembereiche

§ 29. Übersicht

Es ist eine Grundanschauung dieser „Rechtsphilosophie", daß unter Zuhilfenahme rationaler Erwägungen und des Rechtsgefühls im Laufe der Kulturentwicklung organisatorische Strukturen und konsensfähige Gerechtigkeitsvorstellungen „herausexperimentiert" wurden und daß nach dem Selbstverständnis und unter den Bedingungen einer „offenen Gesellschaft" die Rechtsbildung auch legitimerweise so verlaufen müsse (§§ 11 III; 39 I).

Die Suche nach einer richtigen Ordnung menschlichen Verhaltens und Zusammenlebens hat für typische Lebensbereiche und Sachverhalte zu spezifischen Fragen und Lösungsgesichtspunkten geführt. So finden wir Probleme einer „Verfassungsgerechtigkeit", einer „ausgleichenden Gerechtigkeit", einer „Verkehrsgerechtigkeit", einer „verteilenden Gerechtigkeit", einer „Verfahrensgerechtigkeit" und einer „Strafgerechtigkeit". Dies sind aber nur einige besonders wichtige Sachbereiche und Aspekte. Auch jenseits dieser Problemfelder gibt es Situationen, z. B. Notlagen, die ihre spezifischen Gerechtigkeitsprobleme und -prinzipien haben.

I. „Verfassungsgerechtigkeit"

Fragen der richtigen Ordnung stellen sich schon hinsichtlich der in einer Gemeinschaft auszuübenden Macht-, d. h. Regelungsbefugnisse („Kompetenzen"): insbesondere hinsichtlich ihrer Verteilung, Ausübung, Beschränkung und Kontrolle und hinsichtlich des Zugangs zu diesen Kompetenzen (§§ 30–32).

Wichtige Probleme dieser „Verfassungsgerechtigkeit" existieren nicht nur für den Staat, sondern für alle organisierten Gemeinschaften, auch etwa für Gemeinden, Vereine oder Aktiengesellschaften: Überall hier müssen leitende Organe bestellt, muß dieser Zugang zur „Macht" in legitimer Weise geschehen und muß die Regelungsmacht „richtig" verteilt, begrenzt, in ihrer Ausübung geregelt und kontrolliert werden.

Im Staat begegnen uns Prinzipien der Verfassungsgerechtigkeit vor allem als Regeln des legitimen Zugangs zu staatlichen Ämtern – der etwa auf Grund einer demokratischen Wahl zu geschehen hat – und als Grundsätze der Gewaltenteilung, der parlamentarischen und verfassungsgerichtlichen Machtkontrolle und als Begrenzungen der Regelungsmacht, die insbesondere durch Grundrechtsgarantien geschieht.

Nach demokratischem Verfassungsverständnis müssen die Inhaber der Regelungsmacht von der Zustimmung der Mehrheit der Bürger getragen sein und unter deren Kontrolle stehen. Soll die „Rückkoppelung" an den Willen der Mehrheit funktionieren, so müssen den Bürgern regelmäßig, im Abstand weniger Jahre, erhebliche Alternativen zur Wahl vorgelegt werden. Das ist nur dann der Fall, wenn die Wahl auf die Regierungsbildung „durchzuschlagen" vermag, also dazu führen kann, daß die Regierung und ihr politisches Programm durch konkurrierende Bewerber und politische Zielvorstellungen abgelöst werden. Unter dieser Bedingung bleiben die Repräsentanten an die Konsensbereitschaft der Bürger gebunden (§§ 21 I 3; 32 II).

II. „Ausgleichende Gerechtigkeit" und „Verkehrsgerechtigkeit"

Literatur: Wie zu § 16 II; *Henkel* RPh, S. 410 ff.

Die „ausgleichende Gerechtigkeit" betrifft die Frage des gerechten Güter- und Schadensausgleichs zwischen den Mitgliedern einer Rechtsgemeinschaft. In diesen Bereich gehört zunächst die Frage, unter welchen Voraussetzungen und auf welche Weise jemand, der von einem anderen geschädigt wurde, gerechterweise einen Ausgleich erhalten sollte: ob dies etwa unter den Voraussetzungen einer „Verschuldenshaftung" oder einer „Gefährdungshaftung" zu geschehen habe, ob ferner nur schädigendes Handeln oder unter Umständen auch ein Unterlassen zu einem Schadensausgleich verpflichte (§ 34 I, II). Unter dem Aspekt der ausgleichenden Gerechtigkeit stellen sich auch Fragen des Ausgleichs einer ungerechtfertigten Bereicherung, die jemand auf Kosten eines anderen erhalten hat (§ 34 IV). Vor allem aber fällt der rechtsgeschäftlich vereinbarte Güteraustausch in diesen Problembereich; und gerade hier stellt sich die ewig umstrittene Frage nach der Gleichwertigkeit der auszutauschenden Güter und Leistungen (§ 16 II 2).

Für diesen wichtigen Bereich des Güteraustausches überschneiden sich Fragen der ausgleichenden Gerechtigkeit mit jenen der „Verkehrsgerechtigkeit". Diese betrifft allgemein die Grundsätze des Rechtsverkehrs, die dann zum Zuge kommen, wenn die Mitglieder einer Gemeinschaft ihre Rechtsbeziehungen – nicht nur den Güteraustausch, sondern z. B. auch familienrechtliche Verhältnisse – untereinander selbst regeln (§ 33). Zu diesen Prinzipien gehört vor allem der Grundsatz „pacta sunt servanda". Zum Problemkreis der Verkehrsgerechtigkeit zählt auch die Frage, unter welchen Bedingungen Willensmängel ein zureichender Grund sein können, sich von den Vertragspflichten zu lösen, ferner die Frage, wo die Grenzen der Privatautonomie liegen sollten: etwa dort, wo ein Rechtsgeschäft gegen die guten Sitten verstößt oder wo der Privatautonomie im Interesse der Rechtssicherheit oder zum Schutze eines schwächeren Partners oder zum Schutze Dritter oder der Öffentlichkeit gesetzliche Schranken gezogen werden müssen.

III. „Verteilende Gerechtigkeit"

Literatur: Wie zu § 16 II; *Henkel* RPh, S. 395 ff.

Unter dem Aspekt der „verteilenden Gerechtigkeit" geht es um die Verteilung von Gütern und Lasten in einer Gemeinschaft. Solche Verteilungsprobleme sind nach anderen Grundsätzen zu lösen als die Fragen der ausgleichenden Gerechtigkeit (§ 16 II 1): Diese gilt grundsätzlich „ohne Ansehen der Person": Ob ein Armer oder ein Reicher eine fremde Vase zerschlagen hat, soll für die Höhe des Schadensersatzanspruches keine Rolle spielen. Die verteilende Gerechtigkeit hingegen gilt „mit Ansehen der Person": Wohlhabende sollen höhere Steuern zahlen als Arme, Fähige bessere Chancen haben, ein öffentliches Amt zu erhalten, als Unfähige. Es hat sich aber auch gezeigt, daß dies sogleich in offene Fragen führt: Nach welchem genauen Schlüssel sollen die Steuerlasten verteilt werden? Wie soll die Eignung für öffentliche Ämter richtigerweise festgestellt werden?

Auch die sozialpolitische Frage, wie das Volksvermögen insgesamt gerechterweise verteilt und erforderlichenfalls mit Hilfe öffentlicher Steuern umverteilt werden soll, ist ein Problem der verteilenden Gerechtigkeit.

Probleme der iustitia distributiva sind aber auch im privaten Bereich hervorgetreten (§ 16 II 1): So ist z. B. im Erbrecht zu regeln, wie der Nachlaß im Verhältnis zwischen dem hinterbliebenen Ehegatten und den Kindern aufzuteilen ist.

Selbst für die Völkergemeinschaft gewinnt die verteilende Gerechtigkeit an Bedeutung. Die politische Brisanz von Gerechtigkeitsprinzipien wird spürbar, wenn Entwicklungsländer den Anspruch erheben, an den Gütern dieser Welt und insbesondere am Wohlstand der besitzenden Nationen gerecht beteiligt zu werden.

IV. „Verfahrensgerechtigkeit"

Für Verfahren, die einer geordneten Konfliktsregelung dienen oder zu einer Bestrafung führen sollen, gelten Grundsätze der „Verfahrensgerechtigkeit" (§ 36): Die Entscheidungen sollten in einem Verfahren vorbereitet werden, das allen Betroffenen eine faire Chance einräumt, ihre Sachdarstellung und ihren Rechtsstandpunkt vorzutragen. Es gilt also der Grundsatz des rechtlichen Gehörs. Das Prinzip einer „fairen Chance für alle Beteiligten" verlangt aber auch in anderen Hinsichten „Waffengleichheit", daher notfalls die Bestellung eines Pflichtverteidigers im Strafverfahren und die Gewährung von Prozeßkostenhilfe in Zivil- und Verwaltungsgerichtsverfahren. Damit jeder sich davon überzeugen kann, daß das Verfahren unparteiisch, fair und mit gleichwertigen Waffen geführt wird, gilt ferner der Grundsatz der Öffentlichkeit des Verfahrens.

Eine Grundvoraussetzung für ein gerechtes Verfahren ist nicht zuletzt die Unparteilichkeit des Richters. Dieser darf weder unmittelbar noch mittelbar jenen Interessen verbunden sein, über die er entscheidet, und darf auch sonst keinen Einflüssen ausgesetzt sein, die seine Neutralität und Unbefangenheit stören könnten. Daher gilt die Forderung nach sachlicher und persönlicher Unabhängigkeit des Richters. Dieser soll aber auch nicht durch ein verfahrenstechnisches Engagement mit Voreingenommenheiten belastet sein.

V. „Strafgerechtigkeit"

Thomas von Aquin wollte die Strafgerechtigkeit in die ausgleichende Gerechtigkeit einbeziehen: Neben die Wiedergutmachung des verursachten Schadens trete eine zusätzliche Buße als Ausgleich dafür, daß der Rechtsbrecher auch den Rechtsfrieden gestört und damit auch das Gemeinwesen geschädigt habe (Summa theologica II II 61, 4; 62, 3). Aber mit dem Gedanken des Ausgleichs lassen sich die differenzierten Fragen der Strafgerechtigkeit nicht erfassen (s. auch § 16 I). Der Rechtsbruch ist schon qualitativ etwas anderes als die dafür verhängte Strafe. Es wird auch nicht jeder Rechtsbruch, z. B. nicht jeder fahrlässige Bruch fremden

Gewahrsams, durch eine Strafe „aufgewogen". Ja, es fragt sich, ob die Vergeltung eines Rechtsbruches überhaupt der alleinige Zweck der Strafe ist:

Es ist ein Hauptproblem der Strafgerechtigkeit, zu welchen Zwecken Strafe eingesetzt werden darf: ob sie eine Sühne für begangenes Unrecht ist oder auch, vielleicht sogar nur, ein Mittel zur Verhütung künftigen sozialschädlichen Verhaltens sein soll; ob sie, wenn das zweite zutrifft, nur Delikte dieses Täters verhüten soll (Spezialprävention) oder ob sie (auch) der Warnung und Abschreckung anderer vor Straftaten dienen soll (Generalprävention); ob sie im Falle der Spezialprävention vor allem ein Mittel sein soll, den Täter zu erziehen, oder vor allem ein Mittel, die Gesellschaft vor diesem zu schützen (§ 37 I).

Zu den Voraussetzungen der Strafe gehört Schuld, sofern die Strafe Sühnefunktion hat und nicht zu einem Mittel „psychischen Zwanges" oder zu einer bloßen Maßnahme der Sicherung und Besserung geschrumpft ist. Schuld aber setzt die Möglichkeit voraus, daß man überhaupt anders handeln konnte als man gehandelt hat. Daher steht das Problem des Schuld- und Sühnestrafrechts in engem Zusammenhang mit der Frage nach der Willensfreiheit (§ 37 I 3).

Auch zur Rechtssicherheit steht die Strafgerechtigkeit in Beziehung: Jeder sollte die strafrechtlichen Folgen seines Handelns voraussehen können. Darum soll jemand wegen einer Tat nur dann bestraft werden können, wenn die Strafbarkeit seiner Handlung schon zur Tatzeit gesetzlich bestimmt war (§§ 23 IV; 37 II).

Zu den Problemen der Strafgerechtigkeit gehört auch die Frage nach der Art und dem Maß der Strafe, einschließlich der Frage, ob als äußerste Sanktion auch die Todesstrafe zur Verfügung stehen sollte.

§ 30. Verfassungsgerechtigkeit: Rechtsstaatlichkeit

Literatur: *Zippelius* AStL, §§ 30 ff. mit Nachweisen.

I. Formelle und materielle Rechtsstaatlichkeit

Ein Staat, der die Macht hat, seine Bürger wirksam zu schützen, hat auch die Macht, sie zu bedrücken. So stellt sich mit der Forderung nach einer wirksamen Staatsgewalt zugleich die Aufgabe, dafür zu sorgen, daß diese Staatsgewalt nur unter rechtsstaatlichen Kontrollen und mit rechtsstaatlichen Begrenzungen ausgeübt wird.

Einer Kontrolle und Begrenzung staatlicher Macht dient es zunächst, die Staatsgewalt auf verschiedene Organe ausgewogen zu verteilen (§ 31 II). Das staatliche Handeln soll mit solcher Rollenverteilung, aber auch sonst nach gesicherten „Spielregeln" ablaufen. So vollziehen sich Gesetzgebung, Verwaltung und Rechtsprechung in rechtlich geordneten Verfahren. Verwaltung und Rechtsprechung werden an Gesetz und Recht gebunden und hierdurch wenigstens in gewissem Umfang vorhersehbar und kontrollierbar gemacht: Sie dürfen sich nicht in Widerspruch zu den generellen Normen setzen („Vorrang des Gesetzes"). Und jeder Einzelakt, der jemandem Pflichten auferlegt oder ihn in seinen Rechten schmälert, bedarf einer gesetzlichen Ermächtigung („Vorbehalt des Gesetzes"). Durch gerichtliche und andere Kontrollverfahren wird darüber gewacht, daß die Normen des rechtlichen Regelungssystems eingehalten werden.

Zu den rechtsstaatlichen „Spielregeln" gehören auch die Grundsätze fairen Verfahrens: so die Neutralität der Richter, die Öffentlichkeit der Verfahren, die Gewährung fairer Chancen für alle Beteiligten (§ 36 II) – Grundsätze, unter denen am ehesten eine gerechte Entscheidung erwartet werden kann.

Rechtsstaatlichkeit erschöpft sich aber nicht darin, formale Strukturen staatlichen Handelns zu regeln. Ihr dienen auch andere Prinzipien: Rechtssicherheit, Verhältnismäßigkeit, Übermaßverbot und Grundrechtsgarantien: Das Prinzip der Rechtssicherheit gewährleistet verläßliche Dispositionsgrundlagen (§ 23). Der Grundsatz der Verhältnismäßigkeit und das Übermaßverbot wirken dahin, die Interessenbefriedigung in einer Gemeinschaft zu optimieren und soviel Freiheit wie möglich zu erhalten (§ 20 III 4). Eine weit über bloß „formale" Prinzipien hinausreichende inhaltliche Ausgestaltung erfuhr der Rechtsstaat sodann durch die Grundrechtsgarantien (II).

Insgesamt geht die Forderung nach „materieller" Rechtsstaatlichkeit dahin, daß der Staat konsensfähige, gerechte Regelungen anzustreben hat. Dies ist ein Erfordernis nicht nur der Legitimität, sondern auch der Stabilität: Auf Dauer läßt sich eine Rechts- und Herrschaftsordnung nur darauf stützen, daß der überwiegende Teil des Volkes diese Ordnung als richtige, billigenswerte Ordnung akzeptiert: „Auch der Stärkste ist nicht stark genug, seine Herrschaft auf Dauer zu behaupten, wenn er nicht die Gewalt in Recht und den Gehorsam in Pflicht verwandelt" (Rousseau, Contrat social, I 3; s. u. § 32 I).

II. Insbesondere die Grundrechte

Literatur: *R. Schnur* (Hg), Zur Geschichte der Erklärung der Menschenrechte, 1964; *Zippelius* AStL, §§ 32 ff. m. Nachw.; *G. Birtsch* (Hg), Grund- und Freiheitsrechte im Wandel von Gesellschaft und Geschichte, 1981; *ders.* (Hg), Grund- und Freiheitsrechte von der ständischen zur spätbürgerlichen Gesellschaft, 1987; *L. Kühnhardt*, Die Universalität der Menschenrechte, 1987; *K. Stern*, Staatsrecht, Bd. III 1, 1988, §§ 59, 61, 62; *D. Merten, H. J. Papier* (Hg), Handbuch der Grundrechte, 2004 ff.

1. Zur Entstehungs- und Begründungsgeschichte

In einem wechselvollen historischen Prozeß setzte sich das Bestreben durch, den Regelungs- und Eingriffsbefugnissen politischer Gewalten Grenzen zu ziehen und nicht nur elementare individuelle Freiheiten, sondern auch eine angemessene Gleichbehandlung zu sichern. Wurzeln allgemeiner Freiheitsgarantien liegen zum einen in einer „Verbürgerlichung" ständischer Freiheitsprivilegien, zum andern im emanzipatorischen Individualismus der frühen Neuzeit, der sich insbesondere in einer Individualisierung religiöser Achtungsansprüche geltend machte:

Ein wichtiger Schritt zur Gewinnung individueller Rechte gegen den Staat war der Schutz gegen willkürliche Verhaftungen, wie er in England durch Art. 39 der Magna Carta Libertatum von 1215 zunächst einem begrenzten Personenkreis zugesichert wurde. Dort hieß es: „Kein freier Mann soll verhaftet oder eingekerkert oder um seinen Besitz gebracht oder gerichtet oder verbannt oder sonst in irgendeiner Weise zugrunde gerichtet werden. Und wir werden nicht gegen ihn vorgehen oder gegen ihn vorgehen lassen, es sei denn auf Grund eines gesetzlichen Urteiles von Standesgenossen und gemäß dem Gesetze des Landes." „Freie" waren damals aber nur die Freisassen, nicht auch die große Masse der villains. Im Laufe der Jahrhunderte wurde der Begriff des freien Mannes aber in einem weiteren Sinne verstanden. So wurde etwa in der Petition of Right (1628), im Gewande einer Bestätigung alter Rechte, der Schutz vor willkürlicher Verhaftung für alle englischen Untertanen in Anspruch genommen, bis dann die Habeas Corpus Acte von 1679 auch förmlich gewährleistete, daß niemand ohne begründete richterliche Entscheidung in Haft gehalten werden dürfe. Gerade in diesem Schutz vor willkürlichen Verhaftungen hat de Lolme eine der Hauptstützen für jenes Unabhängigkeitsgefühl gesehen, „das die Gesetze jedem Bürger in England geben" (Zippelius AStL, § 30 I 2).

Daß es für die Staatsgewalt äußerste und unübersteigbare Schranken geben könne, wurde lange vor der Entstehung des modernen Rechtsstaates gegenüber den Ansprüchen der Religion bewußt. Es war ein frühes Zugeständnis christlicher Obrigkeit, daß der weltliche Herrscher die Gebote der Religion und die Institution der Kirche zu respektieren habe. Zu Beginn der Neuzeit wurde dieser Anspruch auf Respektierung „individualisiert": durch die Forderung, die Einzelnen in ihrer religiösen Gewissensentscheidung nicht von Staats wegen zu bevormunden. Luther hatte den Anspruch, der Heiligen Schrift nach dem Gebot des Gewissens zu gehorchen, gegen die päpstliche Lehrautorität erhoben. Nun wurde dieser Anspruch auch gegenüber der Staatsgewalt geltend gemacht. So spielte der Satz der Apostelgeschichte (5, 29): „Du sollst Gott mehr gehorchen als den Menschen" im englischen Bürgerkrieg des siebzehnten Jahrhunderts eine Rolle und bildete einen frühen Kristallisationspunkt für die Grundrechtsidee, d. h. für den Gedanken, daß es prinzipiell eine unantastbare Individualsphäre gebe, die der Staat zu achten habe.

Der hier zutage getretene Anspruch auf individuelle Kompetenz und Freiheit machte sich auch sonst im politischen Bereich geltend, insbesondere in der Lehre vom Herrschaftsvertrag. John Locke gab ihr in seinen „Two Treatises of Government" folgende Fassung: Eine politische Gemeinschaft entstehe durch freiwilligen Zusammenschluß der Einzelnen, die von Natur aus frei und gleich seien (Locke, II § 4). Die Staatsgewalt sei nichts anderes als die vereinigte Gewalt aller Mitglieder der Gesellschaft, die man dem Gesetzgeber übertragen habe. Niemand könne aber der Gemeinschaft eine Gewalt übertragen, die er von Natur aus selbst nicht besitze, insbesondere keine willkürliche Gewalt über das eigene Leben oder über das Leben, die Freiheit oder den Besitz anderer Menschen. Also könne auch die Gemeinschaft diese Gewalt nicht haben (Locke, II §§ 23, 135).

Waren individuelle Kompetenz und Freiheit die Grundlagen politischer Gemeinschaften, so folgte daraus nicht nur eine Begrenzung der Staatsgewalt, sondern auch das Erfordernis demokratischer Legitimation der Staatsgewalt. Nach heutigem Verständnis kann man diesen Gedanken wie folgt fassen (§ 11 II 4): Für die Lösung der Gerechtigkeitsprobleme und der sonstigen Fragen, die im politischen Prozeß zu bewältigen sind, muß die Gewissensüberzeugung eines jeden gleich viel gelten. Darum sind die rechtlichen und politischen Entscheidungen einer Gemeinschaft in freiem Wettbewerb der Überzeugungen und auf Grund eines demokratischen Mitbestimmungsrechts aller zu treffen. Zwar ist hierbei die individuelle Autonomie aller nicht voll zu verwirklichen, zwar sind Mehrheitsentscheide und repräsentative Entscheidungsfindung unvermeidlich (§§ 11 II 4; 26 III 1). Aber sie dürfen nicht die Prämissen beseitigen, auf denen das Gesamtsystem beruht. Dies bedeutet auch, daß die Achtung der Menschenwürde und die fortwährende und gleichberechtigte Mitwirkungskompetenz eines jeden, insbesondere seine Meinungsfreiheit, zu achten sind und auch nicht durch Mehrheitsbeschluß aufgehoben werden dürfen.

Auf solchen Wegen kamen die Grundrechte zur Geltung: verfassungsrechtlich garantierte, unantastbare individuelle Freiheiten, über die der Staat nicht verfügen darf, und ein elementares Recht auf Gleichbehandlung. Unabhängig von ihrer Ent-

wicklungsgeschichte gehören die Grundrechtsgarantien nach heute herrschendem
Kulturverständnis zu den unerläßlichen Bedingungen menschenwürdigen Daseins.

2. Inhaltliche Ausgestaltung

Der Ruf der Französischen Revolution nach Freiheit, Gleichheit und Brüderlichkeit spiegelt sich noch heute wider in der Einteilung der Grundrechte in Freiheitsrechte und Gleichheitsrechte und in dem sozialstaatlichen Anspruch, an den materiellen Bedingungen zur Persönlichkeitsentfaltung teilzuhaben.

Grundgedanke der liberalen Freiheitsrechte ist es, einen Spielraum für die freie
Entfaltung der Persönlichkeit zu gewährleisten: insbesondere Glaubens-, Gewissens-
und Bekenntnisfreiheit, Freizügigkeit, Berufsfreiheit und Eigentum, das gleichfalls
eine wichtige Bedingung individueller Entfaltung darstellt (§ 35 I 3). Hinzu tritt das
allgemeine Recht auf Achtung der Menschenwürde; in ihm liegt ein Anspruch nicht
nur auf Autonomie und Selbstentfaltung, sondern auch auf eine Privatsphäre, in die
man sich ungestört zurückziehen kann, in der man in Frieden gelassen wird und auch
nicht jedes Wort „auf die Goldwaage legen" muß. Mit dem tiefverwurzelten Bedürfnis nach einem solchen Bereich hängt auch die Forderung nach Unverletzlichkeit
der Wohnung und nach einem Brief- und Postgeheimnis zusammen. Eine mit der
Menschenwürde unvereinbare Zudringlichkeit wäre auch die schrankenlose allseitige
Erfassung der persönlichen Verhältnisse, die den Bürger zum „gläsernen Menschen"
machte, eine Gefahr, die im Zeitalter elektronischer Datenverarbeitung hervortritt.

Manche Freiheitsrechte enthalten neben der liberalen auch eine demokratische
Komponente. Zielt der liberale Freiheitsanspruch darauf, einen Freiheitsbereich von
staatlicher Einmischung freizuhalten, so richtet der demokratische sich auf aktive
Teilhabe an der politischen Willensbildung. Die Konvergenz zwischen beiden
Aspekten der Freiheit zeigt sich an jenen Grundrechten, die mit der individuellen
Entfaltungsfreiheit dem Einzelnen auch eine Chance geben, an der Vorformung des
politischen Willens mitzuwirken, so die Meinungs- und Pressefreiheit, die Versammlungsfreiheit und die Vereinigungsfreiheit; auch die Gewissens- und Bekenntnisfreiheit geben zugleich ein Recht, nach eigener Überzeugung an der Bildung der
öffentlichen Meinung und des politischen Willens einer Gemeinschaft teilzuhaben.

Zu den Freiheitsrechten tritt eine Garantie der Gleichbehandlung. Auch sie hat
„demokratische" Komponenten, vor allem in dem Grundsatz, daß ein wichtiger
Teil demokratischer Willensbildung durch und auf Grund allgemeiner und gleicher
Wahlen stattzufinden habe. Die Chancengleichheit bei der Mitwirkung im Staate
kommt auch darin zum Ausdruck, daß allen Bürgern bei gleicher Eignung gleicher
Zugang zu allen öffentlichen Ämtern offensteht.

Eine verbreitete Meinung sieht heute die Funktion von Grundrechtsgarantien
nicht nur darin, Grenzen der Macht festzusetzen, sondern auch darin, Ansprüche
auf positive Leistungen des Staates zu gewähren. Eben dies sei die Aufgabe „sozialer
Grundrechte". Dem liegt die Einsicht zugrunde, daß Freiheit und Gleichheit auch
eine materielle Komponente haben: Menschen können sich nur dann frei entfalten,
wenn sie auch über die materiellen Bedingungen zu solcher Entfaltung verfügen
und insbesondere Zugang zu den Bildungseinrichtungen haben (§ 26 II 2, 3). Auch
enthält der Gleichheitsgrundsatz einen Auftrag nicht bloß zu formaler rechtlicher
Gleichstellung, sondern auch zu sozialer Gerechtigkeit, zu „materieller" Angleichung, er stellt dem Staat die Aufgabe einer „Stützung der Schwachen und Beschränkung der Starken" (Radbruch RPh, § 8): Der Staat wird so zum Sachwalter

der verteilenden Gerechtigkeit. Doch läßt dieser Auftrag, für die materiellen Bedingungen der Persönlichkeitsentfaltung und für soziale Gerechtigkeit zu sorgen, sich nicht zu einem festen Katalog „sozialer Grundrechte" ausformen: Grundrechtsnormen können wohl mehr oder minder präzise Zielvorstellungen setzen, Mindestgarantien geben und Grenzen ziehen. Im einzelnen bleibt Sozialpolitik aber immer situationsbedingt: Art und Maß der Leistungen, die der Staat anzubieten hat, sind abhängig vom jeweiligen Stand der gesellschaftlichen und wirtschaftlichen Entwicklung, vom Wandel der Bedürfnisse und von den wechselnden Mitteln, die dem Staate zur Verfügung stehen (näher dazu Zippelius AStL, § 34 III).

3. Konkurrenten der individuellen Freiheit

Die Entstehungsgeschichte der Grundrechte und die Auswüchse des modernen Verwaltungsstaates könnten dazu verleiten, in der Staatsgewalt den alleinigen Bedränger der individuellen Freiheiten zu sehen und zu glauben, mit dem radikalen Abbau staatlicher Gewalt werde sich eine größtmögliche Freiheit für alle ergeben. Dies wäre ein Trugschluß: Es geht nicht zuletzt auch um eine Abgrenzung der Freiheit zwischen den Einzelnen selbst. Denn in einer Gemeinschaft geht die Freiheit des einen immer auf Kosten der Freiheit anderer; so konnte etwa Abraham Lincoln sagen, der Freiheit, Sklaven zu halten, entspreche die Unfreiheit der Sklaven. Daher stellt sich ganz von selbst die Aufgabe, die Kant dem Recht zugewiesen hat: die Freiheit der einen gegen die Freiheit der anderen nach allgemeinen Gesetzen so abzugrenzen, daß sie zusammenbestehen können (§ 26 I).

So sind die Grenzen der individuellen Grundfreiheiten schon im Interesse der Mitbürger zu bestimmen, etwa nach dem Schema: Gewährleistung des Eigentums, zugleich aber dessen Begrenzung, soweit diese im Interesse und vor allem zum Schutz der Grundfreiheiten anderer nötig ist (§ 35 II); Garantie der Pressefreiheit, zugleich aber Gewährleistung schutzwürdiger Interessen, insbesondere der Privat- und Intimsphäre anderer Bürger. Die Staatsgewalt, die allzu einfach als alleiniger Bedränger der individuellen Freiheit gedacht war, stellt sich daher auch als Regulator bürgerlicher Freiheit dar.

Die Grundrechte begrenzen also nicht nur die staatlichen Regelungskompetenzen, sondern stellen der Staatsgewalt auch die Aufgabe, durch Gesetze und deren Auslegung die Rechte der Einzelnen gegeneinander abzugrenzen und zu sichern, und zwar in einer Weise, daß die grundrechtlich verbürgten Freiheiten und Güter, wie Leben, Gesundheit, Ehre und Freiheit von Zwang, gewährleistet werden. So werden im Verhältnis der Bürger untereinander die Freiheitsgewährleistungen der Grundrechte weitgehend durch Gesetze und deren Auslegung „vermittelt". Wo aber diese „mittelbare Drittwirkung" unzureichend ausgestaltet ist, wie dies in der Bundesrepublik im Falle des allgemeinen Persönlichkeitsrechts zutraf, erhebt sich der Anspruch, den Grundrechten auch im Verhältnis zwischen den Bürgern eine unmittelbar verpflichtende Wirkung zu geben (Zippelius AStL, § 33 II).

Gleichwohl unterscheidet sich die Stellung des Bürgers zum Bürger wesentlich von der Stellung des Bürgers zum Staat: Dort herrscht grundsätzlich Gleichordnung und Privatautonomie, also die Selbstgestaltung der Rechtsbeziehungen, hier dagegen grundsätzlich die Überordnung einer mit einseitiger Regelungsmacht ausgestatteten Institution über den Bürger. Wo aber die staatliche Rechtsordnung dem Einzelnen die Befugnis einräumt, „privatautonom" über seine Rechte zu verfügen und Bindungen einzugehen, ist dieses Selbstbestimmungsrecht weitgehend zu respektieren und der Grundrechtsschutz im gleichen Maße zurückzuziehen – sofern der Einzelne hierbei rechtlich und tatsächlich frei handelt, insbesondere die Vertragsparität nicht gestört ist (§ 33 III).

III. Fragen des Maßes

Literatur: Wie zu § 23 III; *Zippelius* AStL, § 35 IV.

Auch für das Bestreben, das Zusammenleben in einer Rechtsgemeinschaft und insbesondere das staatliche Handeln durch Rechtsnormen berechenbar, vorhersehbar und kontrollierbar zu machen, ist das rechte Maß zu finden.

So hat sich gezeigt, daß selbst die Rechtssicherheit unter einer ungezügelten Normeninflation leidet (§ 23 III). Ein Übermaß an Verrechtlichung verliert sich zudem in Banalitäten, bringt eine unzuträgliche Schematisierung von Lebensvorgängen mit sich und bedrängt die Freiheiten der Bürger.

Manches treibt die Normeninflation an: Dazu gehört der unerfüllbare Wunsch, Gerechtigkeit umfassend durch Gesetze zu verwirklichen. Oft ist man geneigt, auf gelegentliche Unbilligkeiten oder Mißstände mit subtilen gesetzlichen Regelungen zu reagieren, anstatt Spielräume für situationsgerechte Einzelfallentscheidungen zu schaffen (*Zippelius* AStL, § 30 III 2). Nicht selten verleitet zudem die Nachgiebigkeit gegenüber dem Drängen von Verbänden und lautstarken Gruppen oder die Rücksicht auf hochgehende Tagesmeinungen den Gesetzgeber zu entbehrlichen Regelungen. Auch das Bestreben von Politikern und Bürokraten, sich mit Gesetzesinitiativen hervorzutun, spielt eine Rolle.

§ 31. Verfassungsgerechtigkeit: Die Verteilung der Macht

Literatur: *O. W. Kägi,* Zur Entstehung, Wandlung und Problematik des Gewaltenteilungsprinzips, 1937; *H. Rausch* (Hg), Zur heutigen Problematik der Gewaltentrennung, 1969; *M. Rostock,* Die Lehre von der Gewaltenteilung in der politischen Theorie von John Locke, 1974; *U. Lange,* Teilung und Trennung der Gewalten bei Montesquieu, in: Der Staat 1980, S. 213 ff.; *Zippelius* AStL, § 31.

I. Machtverteilung als umfassendes Problem

Machtstrukturen sind in größeren Gemeinschaften unvermeidlich. Nicht nur im Staat, auch schon in Städten, Religionsgemeinschaften, Handelsgesellschaften, Gewerkschaften und anderen Interessentenverbänden werden auf Grund besonderer Fähigkeiten, persönlichen Durchsetzungsvermögens, auch persönlichen Charismas, Leitungsfunktionen und damit auch Entscheidungsbefugnisse erlangt. Dies führt nach einem „ehernen Gesetz der Oligarchie" (Robert Michels) in allen größeren Verbänden zu Machtstrukturen.

Sind solche unvermeidlich, so stellt sich die Aufgabe, die Macht in den Gemeinschaften richtig zu ordnen: Regelungsbefugnisse, Einflußmöglichkeiten und Kontrollrechte angemessen zu verteilen, auszubalancieren und womöglich an die Zustimmung und Kontrolle der Mehrheit der Verbandsmitglieder zu binden. Probleme dieser

Art tauchen nicht nur im Staat auf. So spiegelt z. B. selbst im Aktienrecht die jeweilige Ausgestaltung der Rechtsstellungen von Vorstand, Aufsichtsrat und Hauptversammlung eine bestimmte Konzeption von einer angemessenen Verteilung der Unternehmensmacht, von Regelungsbefugnissen und Kontrollrechten, wider.

Staatsrechtlich stellt sich die Frage der Gewaltenteilung vor allem als Aufgabe dar, die Kompetenzen zum Erlaß rechtsverbindlicher Regelungen und Entscheidungen innerhalb des Staates richtig zu verteilen (II).

In diesem Gefüge der rechtlichen Zuständigkeiten bringen sich die gesellschaftlichen Kräfte rechtlich zur Wirkung; so resultieren z. B. in einem Gesetz des pluralistischen Staates vielfältige wirtschaftliche und weltanschauliche Kräfte, die im Parlament ihre Befürworter finden. Das Problem der Gewaltenbalance würde darum nur einseitig und unzureichend erfaßt, wenn man nur auf die Kompetenzenverteilung und nicht auch auf die Verteilung der gesellschaftlichen Kräfte achten würde, die sich der rechtlichen Zuständigkeiten bedienen. Neben der formalrechtlichen Kompetenzenverteilung muß daher auch das ältere und fundamentalere Prinzip einer Balance der realen Gewalten zur Geltung kommen, damit in Gesetzen und anderen rechtsverbindlichen Akten eine ausgewogene, der Zahl und Bedeutung der betroffenen Interessen angemessene Interessenregelung zum Ausdruck kommt.

Nicht nur für die innerstaatliche Kompetenzenverteilung und die Kräfte einer pluralistischen Gesellschaft, sondern auch im zwischenstaatlichen Verhältnis spielt das Problem einer ausgewogenen Verteilung der Macht eine Rolle. Dieser Gedanke hat, als Prinzip des europäischen Gleichgewichts, bis in die jüngste Vergangenheit die europäische Außenpolitik beherrscht. Nach dem Zweiten Weltkrieg trat die Frage in anderer Weise hervor: Die Weltherrschaft hatte sich polarisiert und lag nun in den Händen von zwei Großmächten, die jeweils innerhalb ihrer Einflußsphäre die Übermacht gewonnen hatten und in politischen Existenzfragen den Ausschlag geben konnten. So ergab sich damals die bleibende Forderung, die Macht in der Welt auf eine Mehrzahl von Staaten und Staatengruppierungen aufzuteilen. Durch eine ausgewogene Verteilung der Weltmacht sollte den mittleren und kleineren Staaten die Sorge genommen werden, zum bloßen Verhandlungs- oder Verfügungsobjekt einzelner weltbeherrschender Mächte zu werden.

II. Die Verteilung der rechtlichen Regelungsfunktionen im Staat

Literatur: *Kelsen* RR, S. 228 ff.; *Zippelius* AStL, §§ 3 III, 31.

Zu 4: *F. Kirchhof*, Private Rechtssetzung, 1987; *W. Brohm*, Alternative Steuerungsmöglichkeiten, in: H. Hill (Hg), Zustand und Perspektiven der Gesetzgebung, 1989, S. 217 ff.; *H. H. Trute*, Die Verwaltung und das Verwaltungsrecht zwischen gesellschaftlicher Selbstregulierung und staatlicher Steuerung, DVBl. 1996, S. 950 ff.; *M. Schmidt-Preuß, U. Di Fabio*, Verwaltung und Verwaltungsrecht zwischen gesellschaftlicher Selbstregulierung und staatlicher Steuerung, in: Veröffentl. d. Vereinigung Dt. Staatsrechtslehrer 56 (1997), S. 160 ff., 235 ff.; *Zippelius* VSt, S. 131 ff., 161 ff.

1. Das Problem einer organisatorischen Gewaltenteilung

Durch geordnete Verteilung und Koordination der Regelungsfunktionen sollen verschiedene Machtfaktoren sich gegenseitig hemmen, beeinflussen und ausbalancieren. Diese Forderung findet sich schon in den „Historien" des Polybios. Sie wurde dann im Gefolge der englischen Verfassungsentwicklung erneut von John

Locke formuliert und in abgewandelter Fassung von Montesquieu ins allgemeine Bewußtsein gerückt (Zippelius Gesch, Kap. 4 d, 14). Von dem Bestreben, einer Monopolisierung staatlicher Macht vorzubeugen, war insbesondere die Beratung und Beschlußfassung über die nordamerikanische Bundesverfassung bestimmt: Man verteilte die gesetzgebende Gewalt, die als besonders expansiv erschien, auf zwei Kammern (das Repräsentantenhaus und den Senat), stellte ihr eine machtvolle Exekutive (in Gestalt des Präsidenten) gegenüber und institutionalisierte eine starke und unabhängige Gerichtsbarkeit.

2. Die Regelungsfunktionen

Eine Kompetenzengliederung muß an die sachlichen Unterschiede der Regelungsaufgaben anknüpfen:

Erstens müssen die grundsätzlichen Ziele der Staatstätigkeit, besonders die Ziele der Außen- und Verteidigungspolitik, der Wirtschafts- und Sozialpolitik, der Kulturpolitik und der Sicherheitspolitik laufend erarbeitet, aufeinander abgestimmt, präzisiert und erforderlichenfalls auch umorientiert werden. Auch müssen die juristischen und politischen Mittel zur Verwirklichung dieser Ziele untersucht und (z. B. in Gestalt von Gesetzentwürfen) bereitgestellt werden. Darin liegt die spezifische Funktion der Regierung, deren Tätigkeit also weit über einen bloßen Gesetzesvollzug hinausreicht.

Zweitens müssen zur Verwirklichung jener Ziele im Wege der Gesetzgebung allgemeine Normen erlassen werden, also Regeln, welche die betroffenen Personen und Sachverhalte der Gattung nach erfassen.

Drittens muß durch Rechtsprechung für die Fälle vorgesorgt werden, in denen Rechtspflichten zuwidergehandelt wird: Es muß verbindlich festgestellt werden, ob eine solche Zuwiderhandlung vorliegt. Wenn nötig, muß die Erfüllung der Rechtspflicht erzwungen oder es muß der rechtswidrige Akt aufgehoben oder für eine Bestrafung der Pflichtverletzung gesorgt werden (§ 28 III).

Viertens müssen Verwaltungsaufgaben erfüllt werden: konkrete öffentliche Aufgaben, die weder Funktion der Regierung noch der Rechtsprechung sind. Während die Rechtsprechung um der Rechtsverwirklichung selbst willen feststellt, was Rechtens ist, macht die Verwaltung vom Recht einen „instrumentellen" Gebrauch, indem sie zur Erfüllung öffentlicher Aufgaben rechtliche und tatsächliche Verhältnisse auf Grund und im Rahmen der Gesetze gestaltet und regelt, wenn möglich nach sachlicher Zweckmäßigkeit. Zu solcher Verwaltungstätigkeit gehört teils schlichter Gesetzesvollzug (wie die Gewährung einer gesetzlich vorgeschriebenen Sozialhilfeleistung); teils eine planende Tätigkeit, die – mit bescheidenerer Zielsetzung – der Regierungstätigkeit ähnelt und an die sich die Planverwirklichung anschließt (z. B. die Planung und Anlage von Sport- und Erholungseinrichtungen für eine Stadt); teils die Erfüllung sonstiger öffentlicher Aufgaben (z. B. meteorologische Beobachtungen, der Betrieb einer Universitätsbibliothek, die Müllabfuhr).

Nicht in das klassische Gewaltenteilungsschema fügt sich die Funktion des modernen Staatsoberhauptes, etwa des britischen Königs. Bei normalem Funktionieren der Staatsgeschäfte hat es die Aufgabe würdiger Repräsentation des Staates, auch die Funktion, wichtigen Staatsakten das definitive, verbindliche Plazet zu geben, insbesondere Gesetze auszufertigen. Für Krisensituationen steht das Staatsoberhaupt auch als „Reservegewalt" zur Verfügung: Es wird als Regulator des Verfassungslebens beansprucht, wenn infolge von Kabinettskrisen die Regierung versagt. Daß in

Krisenzeiten der repräsentative Platz des Staatsoberhauptes besetzt gehalten wird, erschwert es zudem einem Machtusurpator, sich mit dem Anschein der Legitimität einer umfassenden obersten Gewalt im Staate zu bemächtigen.

3. Die organisatorische Zuordnung dieser Funktionen

Soll der eine Kompetenzeninhaber durch die anderen an einem Machtmißbrauch gehindert werden, muß die funktionelle Unterscheidung mit einer organisatorischen Gliederung verkoppelt werden: Für die Funktionen der Gesetzgebung, der Verwaltung und der Rechtsprechung sollen, wie das Bonner Grundgesetz sagt (Art. 20 Abs. 2), „besondere Organe" (gesetzgebende Körperschaften, Verwaltungsbehörden, Gerichte) bestehen; jedes dieser Organe soll sich grundsätzlich auf die ihm zugeordneten Funktionen beschränken.

Abgesehen von der Machtkontrolle, bringt die Zuweisung spezifischer Funktionen an eigens dafür eingerichtete Organe auch den Vorteil zweckdienlicher Spezialisierung: Einerseits sollten Struktur und Verfahren der verschiedenen Staatsorgane auf die Aufgaben zugeschnitten sein, die gerade von ihnen wahrzunehmen sind. Andererseits sollten die Staatsorgane sich, auch im Interesse zweckdienlicher und rationeller Sacherledigung, grundsätzlich auf die Funktionen beschränken, für die sie eingerichtet wurden („organadäquate Funktionenteilung", Zippelius AStL § 31 III 3). So wäre z.B. ein Parlament für Rechtsprechungsakte wenig geeignet, weil Parlamentarier nicht die persönlichen Sicherungen richterlicher Unabhängigkeit genießen, auch nicht notwendigerweise die fachliche Befähigung für ein solches Richteramt besitzen und weil das Parlament ein für Rechtsprechungsakte unnötig großes Gremium wäre. Andererseits sind Parlamente besser als Gerichte geeignet, rechtspolitische Entscheidungen zu treffen (§ 39 III 2).

In der politischen Wirklichkeit der parlamentarischen Demokratie funktioniert das System der Gewaltenteilung nicht „modellgetreu". Gut ausgegliedert pflegt die Gerichtsbarkeit zu sein. Aber im Verhältnis zwischen Legislative und Exekutive wurde die Gewaltenteilung von Anfang an nicht rigoros durchgeführt. So erlassen Verwaltungsbehörden allgemeinverbindliche Rechtsnormen als „Rechtsverordnungen". Andererseits beschließt das Parlament über den Haushaltsplan und beeinflußt auf diese Weise finanziell das Verwaltungshandeln. Der Forderung nach Gewaltenteilung ist genügt, solange trotz solcher Grenzüberschreitungen ein System wirksamer wechselseitiger Kontrollen bestehen bleibt.

4. Steuerung der Selbststeuerung

Der Staat hat ein wichtiges Charakteristikum nicht nur darin, wie die zentralen Regelungsfunktionen in horizontaler Gewaltenteilung gegliedert sind. Von Bedeutung ist es auch, in welchem Ausmaß Regelungsbefugnisse anderen Institutionen oder auch den Einzelnen überlassen sind. So kann Regelungsmacht zwischen den Zentralorganen eines Bundesstaates und den Gliedstaaten aufgeteilt, sie kann auch an öffentlich-rechtliche Körperschaften und Anstalten zur Selbstverwaltung delegiert werden. Solche Aufgliederung der Kompetenzen schafft Spielräume für eigenverantwortliches Handeln. Auf diese Weise wird die Lebendigkeit, insbesondere die Innovationskraft eines politischen Systems gestärkt. Denn ein Höchstmaß gemeinverträglicher Initiativen läßt sich nur dadurch wecken, daß selbstverantwortliches Handeln möglichst vieler herausgefordert wird. Überläßt man den

Subsystemen eine weitreichende Kompetenz, Angelegenheiten, die sie betreffen, selbst zu regeln, dann nützt man ihre Fähigkeit und Findigkeit, ihre Probleme selbst zu lösen. Oft werden sie unterschiedliche Problemlösungen finden, z. B. in verschiedenen Gliedstaaten unterschiedliche Schulformen oder in verschiedenen Städten unterschiedliche Methoden der Müllbeseitigung entwickeln. Die so gefundenen Lösungen kann man dann auf ihre Vorzüge und Nachteile prüfen. Durch solche Experimentier- und Vergleichsmöglichkeiten erhöht sich die Lernfähigkeit des Gesamtsystems. Und auf den unteren Ebenen wird die Eigenverantwortlichkeit der Bürger mobilisiert.

Auf der anderen Seite werden die übergeordneten Instanzen von Aufgaben entlastet; sie haben dann nur, soweit nötig, zu koordinieren und richtungweisend und korrigierend auf ein erwünschtes Gesamtergebnis hinzuwirken, insbesondere die Rahmenbedingungen festzulegen, innerhalb deren sich nachgeordnete Regelungsbefugnisse entfalten können. Hierbei liegen in der Kompetenzenordnung wichtige Steuerungen: in der Bestimmung des Ermächtigten, in der Regelung des Verfahrens, in dem von der Ermächtigung Gebrauch gemacht werden kann, und vor allem in Begrenzungen und inhaltlichen Vorgaben, die mit den Ermächtigungen verbunden sind, insbesondere in den Grundrechtsnormen und rechtsstaatlichen Grundsätzen. Hier kommen wichtige Elemente der Gerechtigkeit „steuernd" mit zur Geltung.

Kurz, die Kompetenzenordnung bewirkt eine Steuerung der Selbststeuerung. Sie bringt im politischen Gefüge rationale Ordnung und lebendige Vielfalt miteinander in Einklang, indem sie einerseits Entscheidungsspielräume gewährt und andererseits in der Stufenfolge der Ermächtigungen Schritt für Schritt auch steuernde Elemente enthält, durch welche die Einheit und Funktionsfähigkeit des Rechts gewahrt wird. Auf diese Weise erfüllt sie eine Hauptaufgabe der Staatsorganisation, Ordnung und lebendige Vielfalt „unter ein Dach" zu bringen.

Nicht zuletzt kann den Bürgern die rechtsverbindliche Regelung eigener Angelegenheiten in Gestalt einer „Privatautonomie" überlassen werden (§ 33 I). Das Selbstbestimmungsrecht der Bürger kann sich nicht nur durch eine demokratische Teilhabe an staatlichen Regelungsprozessen verwirklichen, sondern sehr viel unmittelbarer und wirksamer durch dieses Recht, ihre gegenseitigen Rechtsbeziehungen selbst zu regeln und an der konkreten Ausgestaltung ihrer Pflichten und Rechte unmittelbar mitzuwirken. Aus liberalistischer Sicht erscheinen insbesondere Vertrag und Markt als wesentliche Regelungsmuster des sozialen Systems: Der Vertrag ist Ausdruck und Instrument der Privatautonomie. Durch ihn gestalten die Beteiligten selbst die Rechte und Pflichten, die sie betreffen. Dieses Regelungsmuster steht im Gegensatz zum „Verwaltet-werden": zur Fremdbestimmtheit dieser Rechtsbeziehungen durch eine übergeordnete Institution. – Markt bedeutet selbstbestimmten, also vertraglichen Güteraustausch auf Grund eigener Einschätzung des Güterwertes. Hier soll also die Frage nach dem gerechten Preis und dem gerechten Lohn von den Beteiligten selbst beantwortet werden (§ 16 II 2). Der freie Markt ist das Gegenbild zur fremdbestimmten, typischerweise zentral verwalteten und planwirtschaftlichen Zuweisung von Leistungen und Leistungspflichten. – Andererseits lassen die Erfahrungen mit dem liberalistischen Staat des 19. Jahrhunderts es geraten erscheinen, den Spielraum der Privatautonomie so zu bemessen, daß diese sich nicht bis zu einem sozialen Mißstand entfalten kann.

In der Kultivierung einer verständigen Funktionenteilung, in der Stärkung und Förderung der Privatautonomie und solcher Teilsysteme, durch welche die Einzelnen einen überschaubaren, wichtigen Lebensbereich mitverantworten und über ihn mitbestimmen, liegt heute der wichtigste Ausweg aus den vielfältigen Abhängigkeiten von einem anonymen staatlichen Apparat. Übergeordnete Gemeinschaften sollten nur solche Aufgaben wahrnehmen, die nachgeordnete, kleinere Gemeinschaften oder die Bürger in unmittelbar eigener Verantwortung nicht eben so gut oder besser erfüllen können. Kurz, die Kompetenzenordnung sollte in abgestufter Weise einer Steuerung weitgehender Selbststeuerung dienen. Oder in traditionellen Begriffen: Die rechtlichen Regelungsbefugnisse sollten nach dem „Subsidiaritätsprinzip" aufgeteilt werden (Zippelius AStL, §§ 17 I 3; 23 III 2).

Doch auch dieses hat, wie andere Prinzipien im Recht, nur eine begrenzte Aussagekraft: Auf der Suche nach konkreten Lösungen führt es weithin nicht zu eindeutigen Antworten, sondern gibt nur einen Richtpunkt für die Suche nach einer Lösung, ist, mit Kant zu sprechen, nur eine „regulative", richtungweisende Idee, aber kein sicherer Weg zu präzisen Lösungen. Nicht selten bleiben Antinomien: So entspricht eine weitgehende Dezentralisierung zwar auch dem demokratischen Ideal. Andererseits ist es aber oft nötig, weiträumig Rechtseinheit, einen organisatorischen Gesamtzusammenhang und einen übergreifenden, gerechten Interessenausgleich herzustellen. Das System der Verkehrswege oder das der Bildungseinrichtungen kann nicht kleinräumig geplant, das organisierte Verbrechertum nicht von Gemeinden wirksam bekämpft werden. Auch kann der Einzelne gerade in kleinen Gemeinschaften einer ungerechten Behandlung ausgesetzt sein, gegen die er in einer übergeordneten Gemeinschaft Schutz findet. Dem Bestreben, der Privatautonomie, der Entfaltungsfreiheit und Initiative einen größtmöglichen Spielraum einzuräumen, steht die Notwendigkeit gegenüber, dem privaten Entfaltungs-, Erwerbs- und Machtstreben, aber auch der Macht der Verbände gemeinverträgliche Grenzen zu setzen. Überall stellt sich die Frage nach dem angemessenen Regelungsbedarf. Diese Frage läßt sich durch das Subsidiaritätsprinzip zwar rational erfassen, als Aufgabe „begreifen", aber nicht eindeutig lösen. Kurz, auch das Subsidiaritätsprinzip ist nur ein „Schlüsselbegriff": Es eröffnet zwar den Zugang zu der rationalen Erörterung eines Problems, führt dann aber zu Punkten, an denen gewertet und entschieden werden muß. Diese Eigenart teilt das Subsidiaritätsprinzip mit vielen Begriffen der Staatstheorie; denn das Leben entzieht sich allen Versuchen, seine Probleme lückenlos exakt in Begriffe zu fassen und rational zu lösen.

Es bleibt also eine täglich neu herausgeforderte Aufgabe und Kunst der Politik, je nach den wechselnden Situationen ein optimales Verhältnis zu finden zwischen dem unentbehrlichen Anteil an staatlicher Regelung einerseits und „autonomer" Gestaltung der Rechtsbeziehungen andererseits (§ 28 II 1).

Insbesondere nach dem Maß der Privatautonomie, die dabei den Bürgern verbleibt, bemißt es sich, ob ein Staat totalitäre oder liberale Züge aufweist. Nicht nur der absolutistische Wohlfahrtstaat war ein umfassend reglementierender Staat: mit seinem merkantilistischen Wirtschaftsdirigismus, seiner Einmischung in den religiösen Bereich, ja selbst in Eßgewohnheiten, Kleidersitten und andere sehr persönliche Angelegenheiten. Auch ein demokratischer Rechtsstaat kann totalitäre Züge annehmen, wenn er sich anschickt, das Leben der Gemeinschaft umfassend zu regeln (Zippelius AStL, § 35 IV). Daher sind der Grundsatz der Verhältnismäßigkeit und das Übermaßverbot – deren Sinn es ist, Interessenbefriedigung und Freiheitsräume zu optimieren (§ 20 III 4) – auch dann zu beachten, wenn entschieden wird, ob bestimmte Lebensverhältnisse überhaupt einer öffentlich-rechtlichen Regelung unterworfen werden sollen.

§ 32. Verfassungsgerechtigkeit: Führung und Mitbestimmung

I. Angewiesenheit der Regierenden auf Zustimmung

Literatur: *M. Weber* WuG, 16 ff., 122 ff.; *A. Bergstraesser,* Führung in der modernen Welt, 1961; *R. Schmidt,* Lebensgefühl und Legitimität, Juristenzeitung 1983, S. 725 ff.; *Th. Würtenberger,* Die Akzeptanz von Gesetzen, in: J. Friedrichs u. a. (Hg), Soziale Integration, 1999, 380 ff.

Alle Macht über Menschen ist nur das Gegenstück zu deren Gehorsam. Oboedientia facit imperantem. Nun verfügt kein Einzelner über die Mittel, um solchen Gehorsam eines ganzen Volkes zu erzwingen. Er muß wenigstens bei einer Anzahl von Menschen freiwilligen Gehorsam finden. Diese müssen nicht stets die Mehrheit des Volkes bilden; es kann sich auch um eine herrschende Schicht handeln, die mit hinreichenden Machtmitteln ausgestattet und willens ist, dem oder den Machthabern bei den Widerspenstigen Gehorsam zu verschaffen. Doch auch die Tyrannei kann „nicht dauernd auf Bajonetten sitzen" (§ 30 I).

Wird die staatliche Herrschaftsordnung vom überwiegenden Teil des Volkes auf Dauer nicht akzeptiert, schwindet also die Legitimität der staatlichen Ordnung, so wird der Protest gegen die Ungerechtigkeit regelmäßig früher oder später zu einem revolutionären Aufbegehren führen.[1] Die Legitimitätsfrage ist der wichtigste Treibstoff der Revolutionen. So sind der deutsche Bauernkrieg, der nordamerikanische Unabhängigkeitskrieg und die Französische Revolution im Namen der Gerechtigkeit unternommen worden:[2] Im Bauernkrieg stritt man gegen die erblichen Vorrechte des Adels: „Als Adam grub und Eva spann, wo war denn da der Edelmann?" Der nordamerikanische Unabhängigkeitskrieg entzündete sich am Widerstand gegen eine ungerechte Besteuerung. Und in der Französischen Revolution wurden die „natürlichen" Rechte der Menschen zurückgefordert: „liberté, egalité, fraternité".

Das demokratische Staatsverständnis begnügt sich aber nicht mit willigem Bürgergehorsam. Es will der Selbstbestimmung des Menschen auch im politischen Bereich Geltung verschaffen. Dieses Staatsverständnis hat seine Wurzeln in dem Anspruch auf individuelle Kompetenz, der in der frühen Neuzeit die überkommenen Autoritäten verdrängte: nicht nur in der Religion (§ 30 II 1) und der Moral (§§ 11 II 2; 18 I 1): auch die politische Gewalt sollte nun in der Selbstverantwortung der Bürger stehen, wenn auch mit den schon genannten Modifikationen (§ 11 II 4). Alle Staatsgewalt soll vom Volke ausgehen. Alle, die über das Volk Staatsgewalt ausüben, sollen an die Zustimmung und Kontrolle der Mehrheit des Volkes gebunden sein. Diese Zustimmung soll nicht manipuliert, sondern in freier Meinungsbildung gewonnen sein. Dieses Zustimmungserfordernis und die Kontrolle des Volkes müssen wirksam gemacht werden, vor allem dadurch, daß dem Volk periodisch durch Wahlen eine Alternative angeboten wird, die vorhandene Führung samt ihrem Programm durch eine andere zu ersetzen (s. u. II).

Der Zusammenhang von Führung und Zustimmungsbedürftigkeit kommt auch im Begriff der Autorität zum Vorschein, wenn man diese in dem früher (§ 21 I 3) beschriebenen Sinn begreift: Staatliche Handlungen sind dann von der Autorität (der Mehrheit) des Volkes getragen, wenn die Mehrheit der Bürger bereit ist, sich

---

[1] Ähnlich schon J. Locke, Two Treatises of Government, II § 224.
[2] H. Fehr, Die Tragik im Recht, 1945, S. 68 ff.

mit ihnen zu identifizieren. Auf diese Weise sind also Führung, Autorität und eine gewisse Freiheit des Gehorchens (weil man sich mit den Anordnungen der Führung zu identifizieren vermag) miteinander verbunden.

II. Das Beispiel der repräsentativen Demokratie

Literatur: *Zippelius* AStL, §§ 23 II, 24, 28 III m. Nachw.

Nach demokratischem Verständnis handeln die Funktionäre des Staates als Repräsentanten des Volkes und leiten ihre Gewalt vom Volk ab, sei es, daß sie unmittelbar von diesem gewählt werden oder ihr Amt von gewählten Organen empfangen oder es wenigstens mittelbar von diesen herleiten. Als Repräsentanten haben sie legitimerweise die im Volke mehrheitsfähigen sozialethischen und politischen Vorstellungen in ihren großen Linien zu berücksichtigen.

Im Repräsentativsystem liegt eine wichtige institutionelle Sicherung vernünftiger Entscheidungsfindung (§ 20 IV): Es besteht ein struktureller Unterschied zwischen einem radikal-demokratischen und einem repräsentativen System: Die Repräsentanten sollen Entscheidungen treffen und Konzeptionen entwerfen, die sich über die Stimmungen und Torheiten des Augenblicks erheben, also kein bloßes Vollzugsorgan wechselnder Tagesmeinungen sein, sondern ihre rechtlichen und politischen Entscheidungen auf längere Sicht mit Sachlichkeit und Sachkunde treffen und auch als stabilisierender Faktor wirken. Sie sollen auch eigene Leitbilder und Programme aufstellen, mit denen die öffentliche Meinung sich dann erst noch auseinandersetzen muß. Repräsentation verlangt also zwar Orientierung an der großen Linie der öffentlichen Meinung, an der herrschenden Sozialmoral, bedeutet aber kein bloßes Sichtreibenlassen durch wechselnde Tagesmeinungen.

Die Repräsentanten bleiben nach demokratischem Legitimitätsverständnis an die Konsensbereitschaft der Rechtsgemeinschaft gebunden; sie stehen auch unter einem durchaus realen „Legitimationsdruck" (§ 21 I 3), sofern die maßgebenden Repräsentanten periodisch vom Volk gewählt werden und diese Wahlen die Möglichkeit einschließen, die staatsleitenden Repräsentanten, vor allem die Parlamentsmehrheit und die Regierung, samt ihrem Programm abzulösen. Solange die Wahlen Alternativen bieten, die auf die Regierungsbildung durchschlagen, stehen sie als Pauschalabrechnungen am Ende einer abgelaufenen Legislaturperiode und zwingen dadurch Regierung und Opposition, auch zwischen den Wahlterminen sich an der öffentlichen Meinung zu orientieren, sich deren Zustimmung zu erhalten oder sie zu gewinnen.

Da die Gesamtheit ihre Zustimmung oder Ablehnung und ihre Kontrollrechte gegenüber der Führung nur dann verständig ausüben kann, wenn sie über die dazugehörigen Beurteilungsgrundlagen verfügt, entsteht auch die Forderung nach Öffentlichkeit (Publizität) des staatlichen Handelns. Publizität erfordert also – grundsätzlich – ein Agieren vor dem Publikum, und zwar nicht ein manipulierendes Agieren, sondern ein Handeln, das sich fortlaufend den Aufklärungswünschen und Stellungnahmen der Allgemeinheit aussetzt. Es soll der Öffentlichkeit insbesondere durch Meinungs-, Presse- und Versammlungsfreiheit die Möglichkeit gesichert werden, sich in freier Auseinandersetzung eine Meinung auch über die Regierungspolitik zu bilden. Zur Publizität des Regierungshandelns gehört es auch, daß die großen politischen Entscheidungen zum Zweck der Fühlungnahme mit der Gesamtheit öffentlich erwogen werden. Dem dienen nicht zuletzt die parlamentarischen Debatten, deren Reden zum guten Teil „zum Fenster hinaus" gehalten werden, also in der Absicht, Argumente des politischen Entscheidens der Öffentlichkeit kundzutun, damit diese die Argumente in ihre Diskussion einbeziehen kann.

Dem Leitbild einer vom Volkswillen getragenen Repräsentation sind aber Vorbehalte anzufügen. Sie betreffen vor allem die Manipulierbarkeit der Repräsentierten und die Tatsache, daß sich auch in Repräsentativsystemen das „eherne Gesetz der Oligarchie" zu verwirklichen pflegt.

Der erste Vorbehalt gründet sich auf die Erfahrung – nicht nur mit den neuzeitlichen Diktaturen – daß Völker auch durch ihre Repräsentanten auf Irrwege der Sozialmoral geführt (§ 21 IV) und sogar zu religiösem, rassistischem, nationalistischem oder sozialrevolutionärem Fanatismus aufgeputscht werden können. Diese Erfahrung hat im Laufe der Geschichte nicht selten das Vertrauen auf die in einem Volk herrschenden Vorstellungen und auf die darauf gestützten politischen Ordnungen erschüttert. Anscheinend gedeihen Gerechtigkeit und Menschlichkeit repräsentativer Demokratien nur auf dem Boden einer staatsbürgerlichen Kultur, in der sich neben dem Sinn für Rechtlichkeit auch der Wirklichkeitssinn der Bürger und deren politische Urteilskraft entwickelt hat (Zippelius AStL, § 17 III 6).

Der zweite Vorbehalt gilt der Tatsache, daß in Repräsentativsystemen auch ein oligarchisches Element steckt. Jede Herrschaftsorganisation saugt unvermeidlich einen Teil der politischen Gewalt des von ihr repräsentierten Volkes auf. Im modernen Parteienstaat tritt oligarchische Eigenmächtigkeit sichtbar zutage, wenn die politische Klasse sich über eine rational ausdiskutierte, klar erkennbare Mehrheitsmeinung hinwegsetzt. Einen Störfaktor im System rechtsstaatlicher Gewaltenteilung bilden oligarchische Eigenmächtigkeiten, wenn parteipolitische Ämterpatronage sich der Gerichtsbarkeit oder des Berufsbeamtentums bemächtigt, also solcher Institutionen, die ein ausgleichendes Gegengewicht gegen die politischen Instanzen bilden und im Widerstreit der politischen Kräfte Sachwalter eines unparteiischen Interessenausgleichs sein sollen (BVerfGE 7, 162; Zippelius AStL, §§ 23 II 3, 8; 27 II 3; 37 IV).

III. Führung und Mitbestimmung in Unternehmen und Betrieben

Literatur: *O. v. Nell-Breuning,* Gerechtigkeit und Freiheit, 1980, S. 229 ff.; *H. Pohl* (Hg), Mitbestimmung, 1981; *P. Trappe* (Hg), Mitbestimmung in Wirtschaft und Gesellschaft, 1983; *W. Zöllner, K. G. Loritz, C. W. Hergenröder,* Arbeitsrecht, [6]2008, § 16 VI, VII, § 45; *D. Reuter,* Die Mitarbeiterbeteiligung – Modell für die zukünftige Verfassung der deutschen Unternehmen? in: Zeitschrift f. Rechtspolitik 1986, S. 8 ff.; *O. Sievert,* Für Investivlöhne, 1992.

Der Zusammenhang von Führung und Bindung an die Gesamtheit spielt nicht nur im Staat, sondern auch in anderen Bereichen eine Rolle. Eine gewisse Strukturverwandtschaft besteht, trotz aller sachlichen Unterschiede, auch zwischen dem ökonomischen und dem politischen Bereich.

Der Industrieuntertan will, nach einem bekannten Wort, zum Industriebürger werden. Die Arbeitnehmer eines Produktionsbetriebes verstehen sich zunehmend als Teil einer Produktionsgemeinschaft, innerhalb deren der Kapitaleigner nur eine (wenn auch besondere) Rolle unter anderen spielt. Das Eigentum am Betriebskapital wird nicht mehr fraglos als Legitimationsgrundlage eines ungebundenen Direktionsrechts angesehen. Nach einer alten Formel Radbruchs wird (in einer gewissen Parallele zur vorausgegangenen Demokratisierung des Staates) die Maxime des alleinherrschenden Unternehmers: „Der Betrieb bin ich", verdrängt durch die Maxime der Betriebsgemeinschaft: „Der Betrieb sind wir alle."[3]

Man kann verschiedene Wege beschreiten, um das Unternehmensrecht diesem Ziel anzunähern:

So kann man den Arbeitnehmern entweder durch innerbetriebliche oder durch überbetriebliche Mitbestimmungsrechte, insbesondere mittels der Tarifautonomie, eine Mitgestaltung ihrer Lohn- und Arbeitsbedingungen einräumen. Bei der Ausgestaltung solcher Mitbestimmungsrechte ist nicht nur ein angemessenes Verhältnis zwischen Kapital- und Arbeitnehmereinfluß zu finden, sondern auch die Entscheidungsfähigkeit der Unternehmensleitung zu gewährleisten.

Die Chance, daß die Betriebsangehörigen verantwortungsvoll mit der Mitbestimmung umgehen, ist um so höher, je enger ihre Entscheidungen mit dem Unternehmensertrag und dem Betriebsrisiko verbunden, d. h. je betriebsgebundener die Mitbestimmung ist. Werden hingegen die Mitwirkungsrechte stark „verorganisiert", werden sie etwa rechtlich oder auch nur faktisch von zentral gelenkten Gewerkschaften übernommen, so schafft man keine „Industriebürger", sondern bewirkt nur, daß ein Teil der Unternehmensmacht von kapitalistischen Managern auf Verbandsfunktionäre übergeht.

Ein anderer Vorschlag will aus „Industrieuntertanen" verantwortlich mitentscheidende „Industriegesellschafter" machen, indem man diese selbst an der Substanz des Unternehmens und dadurch an unternehmerischen Mitwirkungsrechten, Gewinnchancen und begrenzten Risiken beteiligt und für ihr Unternehmen engagiert. Dahinter steckt ein ähnlicher Gedanke wie einst hinter der Kommunalreform des Freiherrn vom Stein, der die Bürger durch eine verantwortliche Mitbestimmung am Schicksal ihrer Stadt oder Gemeinde teilhaben lassen wollte. Ein bisher noch tastender Versuch, sich dem genannten Ziel zu nähern, ist es, Arbeitnehmern durch Belegschaftsaktien und andere Formen eines „Investivlohnes" einen steigenden Anteil am Unternehmen zuzuwenden.

§ 33. Verkehrsgerechtigkeit: Der Vertrag

Literatur: *Radbruch* RPh, § 19; *Kelsen* RR, S. 263 ff., 284; *L. Raiser,* Vertragsfunktion und Vertragsfreiheit, in: F. f. d. Deutschen Juristentag, Bd. I, 1960, S. 101 ff.; *W. Flume,* Allg. Teil des Bürgerlichen Rechts, Bd. II, [3]1979, § 1; *Larenz* RR, S. 57 ff.; *S. Jørgensen,* Contract as a social Form of Life, Rechtstheorie 1985, S. 201 ff.; *Henke* RuSt, § 24; *Ch. Hillgruber,* Der Vertrag als Rechtsquelle, ARSP 1999, S. 348 ff.; *G. Kegel,* Vertrag und Delikt, 2002; *G. Bachmann,* Private Ordnung: Grundlagen ziviler Regelsetzung, 2006; *R. Zimmermann* (Hg), Globalisierung und Entstaatlichung des Rechts II, 2008

I. Die Funktion vertraglicher Gestaltung von Rechtsbeziehungen

Literatur: *H. J. Wolff/O. Bachof/R. Stober,* Verwaltungsrecht, Bd. II, [6]2000, § 54 I; *V. Schlette,* Die Verwaltung als Vertragspartner, 2000.

Über den Ausgleich vieler Interessen, die in einer Gesellschaft aufeinandertreffen, wird unmittelbar durch staatliche oder supranationale Rechtsnormen entschieden.

---

[3] G. Radbruch, Kulturlehre des Sozialismus, 1922, [4]1970, S. 62.

Daneben gibt es aber das weite Feld der Privatautonomie. Hier wird die rechtsverbindliche Interessenregelung weitgehend der Selbstgestaltung durch die beteiligten Interessenten überlassen (§ 31 II 4). Diese vollzieht sich im Regelfall durch einen Vertrag, d. h. durch eine Einigung der Beteiligten. Durch sie werden konkrete Rechtspflichten begründet oder modifiziert. Um rechtsverbindlich, d. h. durch staatliche oder supranationale Rechtsgewährleistung verbürgt zu sein (§ 5 IV 1), müssen Verträge auf rechtliche Ermächtigungen gestützt sein (§§ 3 I; 28 II 2). So wird in weitem Umfang – insbesondere durch Kauf-, Miet- und Dienstleistungsverträge – der Austausch von Gütern und Leistungen geregelt.

Zum Teil geschieht die Interessenregelung auch durch Verbände der pluralistischen Gesellschaft, die hierbei mit Wirkung für ihre Verbandsmitglieder handeln. Auf diese Weise können sie mehr oder minder weitgehend die Lebensbedingungen dieser Gruppe regeln und beeinflussen, etwa durch Tarifverträge, die zwischen Gewerkschaften und Arbeitgeberverbänden oder auch einzelnen Arbeitgebern geschlossen werden.

Der Vertrag – also die auf einer Einigung in gleichrangiger Koordination beruhende Gestaltung von Rechtsbeziehungen – ist nicht auf den Bereich der Privatautonomie beschränkt. Zunehmend bedient sich auch die Verwaltungspraxis öffentlich-rechtlicher und privatrechtlicher Verträge, um ihre Aufgaben zu erfüllen. Auf diese Weise versucht man, für die Verwaltung Gestaltungsspielräume unter gleichzeitiger Sicherung von Akzeptanz zu gewinnen. Dabei stellt sich die nicht einfache Aufgabe, das vertragliche Verwaltungshandeln rechtsstaatlich in angemessener Weise zu disziplinieren und insbesondere die Gleichbehandlung hinreichend zu gewährleisten.

Eine bedeutende Rolle spielt der Vertrag im Völkerrecht. Hier beruht überhaupt das geschriebene Recht auf Verträgen.

II. Autonomie und Vertrauensschutz

Literatur: *P. Bassenge*, Das Versprechen, 1930; *W. Flume*, Rechtsgeschäft und Privatautonomie, in: E. v. Caemmerer u. a. (Hg), Hundert Jahre deutsches Rechtsleben, 1960, S. 135 ff.; *F. Bydlinski*, Privatautonomie und objektive Grundlagen des verpflichtenden Rechtsgeschäfts, 1967; *K. Ipsen*, Völkerrecht, ⁵2004, § 1 III; *R. Köbler*, Die „clausula rebus sic stantibus" als allgemeiner Rechtsgrundsatz, 1991; *J. Püls*, Parteiautonomie, 1995, S. 24 ff.; *R. Singer*, Selbstbestimmung und Verkehrsschutz im Recht der Willenserklärungen, 1995.

1. Grundlagen der Verbindlichkeit

Es ist eine unverzichtbare Grundlage allen zwischenmenschlichen Verkehrs, allen Gemeinschaftslebens überhaupt, daß man sein gegebenes Wort zu halten, seinem Wort treu zu bleiben und das Vertrauen nicht zu enttäuschen habe, das andere in das Versprechen setzen. Der moralische Anspruch, daß Vereinbarungen zu halten sind, ruht auf zwei Prinzipien: auf Autonomie und Vertrauensschutz.

Autonomie bindet: Die Würde des Versprechenden, sein Anspruch auf Achtung als eines der Selbstbestimmung fähigen Menschen oder Staates verlangt, daß er die Verpflichtungen erfüllt, die er in freier Selbstbestimmung eingegangen ist. Das Risiko, Achtung und Selbstachtung zu verlieren, verleiht auch dem einseitig gegebenen „Königswort" eine Verbindlichkeit, der sich selbst der Tyrann nicht leichthin entzieht.

Das zweite Element, der Vertrauensschutz, hängt mit dem Bedürfnis nach Orientierungsgewißheit und Konsequenz zusammen: Ein geordnetes Gemeinschaftsleben kann nur funktionieren, wenn Verhaltensrichtlinien und Dispositionsgrundlagen bestehen, auf die man sich verlassen kann. Auch Verträge sollen solche verläßlichen Grundlagen der zwischenmenschlichen Beziehungen sein.

Diese Grundsätze gelten im Rahmen des staatlichen Rechts für die auf positivrechtlicher Grundlage geschlossenen und verbindlichen Verträge; hier ist die Rechtsverbindlichkeit durch gesetzliche Ermächtigungen vermittelt (§§ 3 I; 28 II 2). Sie gelten aber nach Völkerrecht auch für das Zusammenleben der Staaten. Und auch im außerrechtlichen Bereich, auf dem Gebiete „bloßer" Anstandspflichten, gilt, daß man sein Wort zu halten hat und ein begründetes Vertrauen nicht enttäuschen darf.

Schon Cicero (De officiis, I 23) hat die zentrale Rolle betont, die der Verläßlichkeit, der „fides", für die Ordnung zwischenmenschlicher Beziehungen zukommt: „Grundlage aber der Gerechtigkeit ist die Verläßlichkeit, das heißt die Beständigkeit und Wahrhaftigkeit der Aussagen und Übereinkünfte." Hugo Grotius hat das „stare pactis" oder, wie die heute geläufigere Formel lautet, den Grundsatz „pacta sunt servanda" für eine Grundbedingung jeder vernünftig geordneten Gemeinschaft erklärt (Zippelius Gesch, Kap. 15 a). Die Lehren vom Herrschaftsvertrag haben sogar den Legitimationsgrund der staatlichen Gemeinschaft und damit auch des staatlich gesetzten Rechts letztlich in der Selbstbindung der Bürger gesehen (§ 11 II 4), ein Gedanke, der auch in der modernen Staatstheorie weiterlebt, nach der sich die staatliche Regelungsmacht und deren Verbindlichkeit von den Bürgern selbst herleitet (Zippelius AStL, §§ 16 I; 17 III 4).

2. Konkretisierungen

Autonomie und Vertrauensschutz stehen in Wechselbeziehungen zueinander, die von Spannungen nicht frei sind:

Käme es bloß auf die Verwirklichung der Privatautonomie an, so dürfte ein Vertrag nur insoweit wirksam sein, als seine Rechtswirkungen dem tatsächlichen und freien Willen beider Vertragspartner entsprechen: Weicht die verkehrsübliche Bedeutung einer Vertragserklärung von den Vorstellungen des Erklärenden ab, so dürfte dieser – unter den genannten Voraussetzungen – an den Erklärungsinhalt, den er nicht in seinen Willen aufgenommen hat, nicht gebunden sein. Das gleiche müßte dann gelten, wenn der Wille unfrei gebildet wurde. – Mit dem Autonomieprinzip konkurriert jedoch der Grundsatz des Vertrauensschutzes. Dieser verlangt verläßliche Dispositionsgrundlagen im Rechtsverkehr. Käme es nur auf dieses zweite Prinzip an, so müßte jeder für seine Erklärungen in ihrer verkehrsüblichen Bedeutung voll einstehen, gleichgültig, ob sie von seinen Vorstellungen abweichen, und gleichgültig, ob er unter einem Motivationsdruck stand.

Zwischen beiden Prinzipien muß nach vernünftigen Kompromissen gesucht werden, wie sie sich in ausgereiften Zivilrechten finden. Als Beispiel kann die Lösung dienen, die man im deutschen Bürgerlichen Gesetzbuch gefunden hat: Hat sich jemand beim Abschluß eines Vertrages geirrt, so ist gleichwohl nicht nur auf den Willen des Erklärenden Rücksicht zu nehmen. Da dieser einen Vertrauenstatbestand gesetzt hat, ist auch das Interesse seines Partners zu berücksichtigen, der sich auf die abgegebene Erklärung verläßt. So muß eine Interessenabwägung stattfinden, für die vor allem die Art des Irrtums und dessen Erzeugung von Bedeutung ist: Es kommt darauf an, ob der Irrtum etwa die Erklärungshandlung oder den

Erklärungsinhalt oder nur den Beweggrund betrifft (§ 119 BGB) oder ob er etwa durch arglistige Täuschung verursacht wurde (§ 123 BGB). Auch Motivationsdruck schließt nicht immer die Rechtsgültigkeit abgegebener Erklärungen aus. Wer aber widerrechtlich durch Drohung zu einer Willensbildung bestimmt wurde, sollte nicht gegen seinen Willen an diese gebunden bleiben (§ 123 Abs. 1 BGB).

Der Satz „pacta sunt servanda" ist auf das Treueprinzip gegründet. Folgerichtigerweise sind Verträge so auszulegen und zu erfüllen, wie man es nach „Treu und Glauben" erwarten darf (§§ 157, 242 BGB). Darum steckt in jedem Vertrag auch der unausgesprochene Vorbehalt, daß das Versprochene nicht (oder nur in einer nach Billigkeit modifizierten Weise) geleistet zu werden braucht, wenn sich die tatsächlichen Umstände, die dem Vertrag zugrunde liegen, so verändern, daß nach Treu und Glauben die Einhaltung des Versprechens nicht erwartet werden kann. Diese „clausula rebus sic stantibus" enthält also nur eine verständige Ausgestaltung, nicht eigentlich eine Durchbrechung des Treueprinzips. Sie gilt als allgemeiner Rechtsgrundsatz im gesamten Recht, auch im Völkerrecht.

III. Vorgegebene Vertragsinhalte und Schranken der Vertragsfreiheit

Literatur: J. Rückert, Verfassungen und Vertragsfreiheit, in: J.-F. Kervégan u. a. (Hg), Gesellschaftliche Freiheit und vertragliche Bindung in Rechtsgeschichte und Philosophie, 1999, S. 165 ff.; *Ch. Heinrich,* Formale Freiheit und materiale Gerechtigkeit, 2000.

Soweit Rechtsbeziehungen vertraglich geregelt werden (§ 31 II 4), richtet sich autonome Privatrechtsgestaltung oft nicht darauf, diese Rechtsbeziehungen auch inhaltlich neu zu entwerfen. Nicht selten geht die Privatautonomie nur darauf, fertig bereitliegende Vertragsinhalte, z. B. das bürgerlich-rechtliche Kaufrecht, Mietrecht oder Eherecht, zwischen den Vertragspartnern in Geltung zu setzen.

Dem entsprechend gliedert sich die Vertragsfreiheit in Abschlußfreiheit und inhaltliche Gestaltungsfreiheit. Mitunter besteht nur die Abschlußfreiheit, während der Inhalt der Vertragsbeziehung ganz oder teilweise zwingend vorgeschrieben und der Verfügung der Vertragspartner entzogen ist. So steht es z. B. dem Einzelnen zwar frei, eine Ehe einzugehen oder nicht, doch kann er hierzulande rechtswirksam nur eine Ehe zu zweit, nicht eine Ehe zu dritt vereinbaren. Solche zwingenden Vertragsinhalte pflegt das Gesetz insbesondere dann aufzustellen, wenn sie zur Stabilisierung wichtiger Sozialstrukturen (Eherecht), zur Verhütung schwerer Unbilligkeiten und sozialer Ungerechtigkeiten (Mieterschutz, Arbeitnehmerschutz), zur Sicherheit des Rechtsverkehrs (Sachenrecht) oder sonst zum Schutze Dritter erforderlich sind; ferner erscheint es angemessen, der Vertragsfreiheit dann Grenzen zu ziehen, wenn die Vertragsparität gestört ist, nämlich die faktische Überlegenheit eines Vertragspartners die Gefahr mit sich bringt, daß die Interessenregelung zugunsten des potenteren Geschäftspartners unbillig verschoben wird (vgl. BVerfGE 81, 254 f.; 89, 232 ff.).

Wo solche Gründe fehlen, ist die gesetzliche Ausgestaltung von Vertragsinhalten dispositiv; diese gelten dann nur, soweit die Vertragspartner nicht Abweichendes vereinbaren. In dieser dispositiven Weise hat etwa das deutsche Kaufrecht nähere Inhalte der Verbindlichkeiten vorgezeichnet, die aus einem Kaufvertrag entstehen (§§ 433 ff. BGB): Es handelt sich um bewährte Regulierungen typischer Interessenkonflikte, die bei Kaufverträgen entstehen können und die von den Vertragspartnern oft gar nicht vorausgesehen werden, z. B. für den Fall, daß die gelieferte Sache Mängel hat. Solche vorsorglich vom Gesetz bereitgestellten, dispositiven Vertragsinhalte gelten also nur vorbehaltlich anderer Abreden der Partner.

Soweit die Vertragsbeziehungen weder durch zwingendes, noch durch dispositives Recht, noch durch vertragliche Abreden inhaltlich festgelegt sind, kann eine nähere Inhaltsbestimmung sich auch aus außerrechtlichen Normen (§ 27 II) ergeben: Insbesondere ist der nähere Inhalt der Vertragspflichten nach Treu und Glauben und der Verkehrssitte zu bemessen (§§ 157, 242 BGB).

So bedeutet also Privatautonomie in beträchtlichem Umfang lediglich den frei gewählten Zugriff auf schon bereitliegende Ordnungsmuster zwischenmenschlicher Beziehungen und nicht deren völlige Neugestaltung. Verträge können insbesondere nicht alles regeln, was die Vertragspartner vielleicht regeln möchten. Die Freiheit, Rechtsverhältnisse in Privatautonomie zu gestalten, muß vernünftigerweise Grenzen haben. Dieser Einsicht entspricht es, wenn das Bonner Grundgesetz mit der freien Persönlichkeitsentfaltung auch die Privatautonomie gewährleistet, aber zugleich Schranken dieser Freiheit bestimmt: nämlich die Rechte anderer, die verfassungsmäßige Ordnung und das Sittengesetz (Art. 2 Abs. 1 GG).

IV. Vertragsähnliche Rechtsbeziehungen ohne Vertrag

Literatur: *G. Haupt,* Über faktische Vertragsverhältnisse, 1941; *W. Siebert,* Faktische Vertragsverhältnisse, 1958; *H. Hübner,* Allg. Teil des Bürgerlichen Gesetzbuches, 1985, ²1996, § 42 A, B.

Vertragsähnliche Rechtsbeziehungen entstehen gelegentlich auch ohne Vertrag, etwa durch Quasi-Kontrakte. Ein Beispiel bietet die Geschäftsführung ohne Auftrag: Wenn jemand wie ein Beauftragter ein Geschäft für einen anderen besorgt, ohne daß ein Auftrag (also ein Vertrag) besteht, so gelten gleichwohl einige der Vorschriften, die sonst auf Grund eines Vertrages zwischen Auftraggeber und Beauftragten anzuwenden sind. Wer einen ihm zugelaufenen Hund mit Futter versorgt, bis der Eigentümer ermittelt ist, kann von diesem wie ein Beauftragter das Futtergeld verlangen. Hier kommt (gesetzlich) als eine Grundform des Rechts die Analogie zum Zuge. Sie hebt aus unterschiedlichen Sachverhalten solche Gemeinsamkeiten heraus, die eine Gleichbehandlung rechtfertigen: Wenn das typische Verhaltensmuster einer Vertragsbeziehung tatsächlich eingehalten wird, ohne daß dem ein rechtsverbindlicher Vertrag zugrunde liegt, und wenn aus dieser Situation gleichartige und gleichermaßen schutzwürdige Interessen entstehen wie aus einer Vertragsbeziehung, so können sich gleiche oder ähnliche Rechtsfolgen ergeben wie aus einem gültig abgeschlossenen Vertrag.

Es gibt noch andere Beispiele vertragsähnlicher Rechtsbeziehungen: Ist ein Arbeitsvertrag rechtsungültig, etwa deshalb, weil der Arbeitnehmer geschäftsunfähig ist, wurde aber das Arbeitsverhältnis faktisch vollzogen, so erscheint es gerechtfertigt, daß bis zur Auflösung dieses faktischen Verhältnisses eine „arbeitsrechtliche" Fürsorge- und Treuepflicht besteht und der faktische Arbeitnehmer einen Anspruch auf Arbeitslohn, nicht nur einen Anspruch aus ungerechtfertigter Bereicherung erwirbt. – Tritt im Handelsverkehr eine Gesellschaft auf, die nicht wirksam gegründet wurde, so kann es als angemessen erscheinen, auf diese „tatsächliche" Gesellschaft Regeln des Gesellschaftsrechts anzuwenden, sei es nur für das Außenoder auch für das Innenverhältnis.

Sogar aus den bloßen Vorstufen einer Vertragsbeziehung können einzelne Rechtsfolgen wie aus einem Vertrag entstehen. So erwachsen aus den Beziehungen einer

Vertragsanbahnung vorvertragliche Sorgfaltspflichten, deren Verletzung zu einer gleichartigen Haftung führt wie eine Vertragsverletzung (Haftung für culpa in contrahendo).

§ 34. Der Ausgleich von Schäden und Vorteilen

Literatur: *Larenz* RR, S. 102 ff.; *H. Lange, H. Hagen,* Wandlungen des Schadensersatzrechts, 1987.

Beim Schadensersatz geht es um ein Problem der ausgleichenden Gerechtigkeit: Hat jemand einen Schaden erlitten, so stellt sich die Frage, ob er diesen auch definitiv selber tragen solle oder ob sich nun eine Ausgleichsleistung eines anderen anzuschließen habe, die den Vermögensnachteil auf diesen überwälzt. Entscheidend ist die Frage, unter welchen Bedingungen eine solche Schadensüberwälzung, also eine Ausgleichspflicht, billigerweise eintreten sollte. Diese Frage stellt sich innerhalb schuldrechtlicher, insbesondere vertraglicher Rechtsbeziehungen für alle Schädigungen des Partners an seinem Vermögen. Sie stellt sich aber auch außerhalb schuldrechtlicher Beziehungen für den Fall, daß jemand einen anderen in einem „absoluten" Recht, d. h. in einer von allen Rechtsgenossen zu achtenden Rechtsposition schädigt, insbesondere an seiner Gesundheit, in seinen Persönlichkeitsrechten oder an seinem Eigentum.

I. Die Schadensverursachung

Literatur: *H. Lange,* Schadensersatz, ³2003, § 3.

Fast selbstverständlich drängt sich der Gedanke auf, daß gerechterweise ein Schaden nur auf jemanden abgewälzt werden dürfe, der ihn im natürlichen Sinne verursacht, also eine Bedingung für den Schaden gesetzt hat. Und doch bedarf dieser Grundsatz der Modifikation. So werden wir z. B. fordern, daß ein Arzt, der einen gebotenen Eingriff fahrlässig unterlassen und dadurch bei seinem Patienten einen Gesundheitsschaden „verursacht" hat, billigerweise zum Ersatz des Schadens verpflichtet sein sollte, obwohl er für diesen keine Ursache im naturwissenschaftlichen Sinn gesetzt hat. Es gibt also Fälle, in denen jemandem das Nichtabwenden eines Schadens ebenso zuzurechnen ist, wie das positive Verursachen, und zwar dann, wenn er zu dieser Schadensabwendung rechtlich verpflichtet und in der Lage war.

Hier wird deutlich, daß der juristische Begriff des „Verursachens" mit dem naturwissenschaftlichen Verursachungsbegriff nicht identisch ist: Er ist ein Hilfsbegriff, der dazu beiträgt, die Voraussetzungen zu präzisieren, unter denen ein Schadensausgleich als gerechtfertigt erscheint: also ein Zurechnungsbegriff innerhalb einer Gerechtigkeitserwägung. In dieser Funktion dient er dazu, ein Gedankenexperiment anzustellen: Ein Ausgleichsanspruch kann nur an eine solche Handlung anknüpfen, die nicht hinweggedacht werden kann, ohne daß der Schaden entfiele (entsprechend dem naturwissenschaftlichen Verursachungsbegriff); an ein Unterlassen kann er nur dann anknüpfen, wenn die gebotene Handlung nicht hinzugedacht werden kann, ohne daß der Schaden entfiele. Diese Hypothese muß mit einer „an Sicherheit grenzenden Wahrscheinlichkeit" aufgestellt werden können.

Im öffentlichen Recht trifft man mitunter sogar auf die Forderung, einen Schaden auf Personen abzuwälzen, die ihn auch im Sinne dieses juristischen Zurechnungsbegriffs nicht „verursacht" haben: So soll die Gesamtheit billigerweise bestimmte Lebensrisiken zu tragen haben (s. u. III). Sieht man aber von solchen Fällen einer staatlichen und von der vertraglichen (versicherungsrechtlichen) Risikoübernahme ab, dann wird man für den Schadensausgleich zwischen Einzelnen grundsätzlich daran festhalten, daß ersatzpflichtig nur ist, wer den Schaden im Sinne des juristischen Zurechnungsbegriffs verursacht hat.

Dabei muß der Kausalitätsbegriff des Schadensersatzrechts (ähnlich wie der Fahrlässigkeitsbegriff) auf das gerade hier zu lösende Gerechtigkeitsproblem der Schadensüberwälzung zugeschnitten sein (§ 39 III 1). Der Begriff der Verursachung, als Zurechnungsbegriff des Schadensersatzrechts, wurde zunächst (gegenüber dem naturwissenschaftlichen Verursachungsbegriff) im Hinblick auf das Unterlassen erweitert. In anderer Hinsicht muß er (im Vergleich zum naturwissenschaftlichen Verursachungsbegriff) eingeschränkt werden: Schlägt z. B. ein Chaote mit einer Axt Schaufenster ein, so hat auch der Arbeiter, der einst den Stil für die Axt gefertigt hat, den Schaden – im Sinne des „Nicht-wegdenken-Könnens" – verursacht. So weit hergeholten Bedingungen erscheinen aber nicht als gerechtfertigte Anknüpfungen für eine Schadensabwälzung. Darum scheiden sie aus dem Kreis der rechtserheblichen Ursachen aus. Man rechnet einer Handlung nur solche Wirkungen als (rechtserheblich) „verursacht" zu, die zur Zeit der Handlung für den Täter oder einen einsichtigen Menschen in der Lage des Täters nicht völlig unvorhersehbar waren: Die Handlung muß eine „adäquate" Ursache für den Schaden gebildet haben.

II. Widerrechtlichkeit und „Vertretenmüssen"

Literatur: *K. Larenz, C. W. Canaris*, Lehrb. d. Schuldrechts, Bd. II 2, [13]1994, §§ 75, 84 f.; *E. v. Caemmerer*, Das Verschuldensprinzip in rechtsvergleichender Sicht, Rabels Zeitschr. 42 (1978), S. 5 ff.; *W.-Th. Schneider*, Abkehr vom Verschuldensprinzip?, 2007.

Die adäquate Verursachung eines Schadens ist aber für sich allein noch kein zureichender Grund für die Schadensüberwälzung. Wer etwa einen gefährlich angreifenden, fremden Hund verletzt oder tötet, sollte billigerweise für diesen Schaden nicht aufkommen müssen: Wer fremde Güter beeinträchtigt, sollte grundsätzlich nur dann zum Schadensausgleich verpflichtet sein, wenn er das unerlaubterweise (durch „unerlaubte Handlung") tut. Nun ist die Verletzung fremder Güter in der Regel nicht erlaubt.[1] Wer aber, wie im genannten Fall, im Verteidigungsnotstand oder in Notwehr Tiere oder Menschen abwehrt und verletzt oder wem ein sonstiger Rechtfertigungsgrund zur Seite steht, der tut nichts Verbotenes, ist also nicht aus „unerlaubter" Handlung ersatzpflichtig.

Es stellt sich die weitere Frage, ob ein Schaden immer schon dann vom Geschädigten auf den Schädiger überwälzt werden sollte, wenn dieser den Schaden unerlaubt verursacht hat, oder ob dafür noch weitere Bedingungen aufgestellt werden sollten. Der Vergleich mit der strafrechtlichen Verantwortlichkeit verleitet zu dem Schluß, daß auch zivilrechtlich für einen Schaden nur eintreten sollte, wer ihn schuldhaft herbeigeführt hat. Aber dies ist nicht zwingend; denn im Schadensersatzrecht geht es nicht um gerechte Strafe, sondern um ausgleichende Gerechtigkeit:

---

[1] Hierzu G. Schiemann, Das allgemeine Schädigungsverbot: „alterum non laedere", Juristische Schulung 1989, S. 345 ff.

darum, ob der Geschädigte oder der Schädiger billigerweise den Schaden zu tragen habe.

Wenn eine Rechtsordnung Kinder oder Personen, die bei der Schädigungshandlung geistesgestört waren, von der Schadensersatzpflicht freistellt (vgl. §§ 827 Satz 1, 828 Abs. 1 BGB), so geschieht das mit Rücksicht auf die besondere Schutzwürdigkeit dieser Personen, nicht aber deshalb, weil die Schadensersatzpflicht prinzipiell ein Verschulden des Schädigers voraussetzen würde. Daher steht auch nichts im Wege, dort, wo diese besondere Schutzwürdigkeit fehlt oder weniger schwer wiegt, dem Ausgleichsinteresse des Geschädigten den Vorzug zu geben, etwa dann, wenn der Schädiger sich schuldhaft in den Zustand der Zurechnungsunfähigkeit versetzt hat, oder auch z. B. für den Fall, daß ein geisteskranker Millionär einem Schrebergartenbesitzer das Gartenhaus angezündet hat (vgl. §§ 827 Satz 2, 829 BGB).

In den meisten Fällen setzt das Zivilrecht gleichwohl für das Entstehen einer Schadensersatzpflicht voraus, daß der Schädiger unerlaubt, vorsätzlich oder fahrlässig und mit persönlicher Verantwortungsfähigkeit gehandelt hat. Gründe dafür liegen wohl auch darin, daß das Schadensersatzrecht rechtshistorisch gemeinsame Wurzeln mit dem strafrechtlichen Deliktsrecht hat. Freilich ist auch für die Regelfälle des Schadensersatzrechts das Verschuldensprinzip nicht strikte durchgeführt. So ist mit der Fahrlässigkeit nicht notwendig ein Verschulden bezeichnet. Der Begriff der im Verkehr „erforderlichen" Sorgfalt (§ 276 Abs. 2 BGB) stellt – anders als der strafrechtliche Fahrlässigkeitsbegriff – nicht darauf ab, ob der Schädiger nach seinen persönlichen Fähigkeiten in der Lage war, diese Sorgfalt aufzubringen, vielmehr nur darauf, welches Verhalten in bestimmten Situationen generell geboten ist, d. h. wie sich jeder zu verhalten hat, der sich in einer gleichen sozialen Rolle in einer gleichartigen Lage befindet. Mit dieser Typisierung ist aber eine generelle Verhaltensrichtlinie bezeichnet; daß eine solche objektiv verletzt worden sei, ist strenggenommen keine Aussage über das Verschulden, sondern eine Aussage über die Rechtswidrigkeit des Verhaltens.

Unter bestimmten Umständen kann es sogar gerecht sein, auch solche Nachteile auszugleichen, die durch einen erlaubten Eingriff entstanden sind: Wer z. B. – erlaubterweise – einen fremden Gartenzaun einreißt, um das Feuer in seinem Haus löschen zu können, sollte den Zaun ersetzen müssen (vgl. § 904 BGB). Auch wer erlaubterweise Gefahrenquellen schafft, von denen ein Schaden ausgeht, sollte billigerweise das von ihm geschaffene Schadensrisiko tragen („Gefährdungshaftung"). Auch in diesen Fällen kann es auf seiten des Schädigers schon an einer rechtswidrigen Handlung fehlen, sofern man unter „Rechtswidrigkeit" den Verstoß gegen ein rechtliches Ge- oder Verbot versteht (§ 4 III). Wer sich z. B. ein Tier hält, tut damit nichts Verbotenes; aber es erscheint gerecht, daß er grundsätzlich für die Schäden einsteht, die sein Tier anrichtet. Es kann sogar als billig erscheinen, einem Jagdberechtigten eine Ersatzpflicht für Wildschäden zu überbürden, also für Schäden, die durch wildlebende, herrenlose Tiere angerichtet werden, obgleich hier der Jagdberechtigte nichts Unerlaubtes getan, ja nicht einmal eine adäquate Ursache für den Schaden gesetzt haben muß. Gerade auch hier wird deutlich, daß es beim Schadensersatzrecht um nichts anderes als um Kriterien einer Risikoverteilung geht, die der ausgleichenden Gerechtigkeit entspricht. Eine bedeutende Rolle spielt die Überwälzung des Schadensrisikos für beträchtliche Gefahrenquellen, die in der Industriegesellschaft entstanden sind, auf den Unternehmer oder Halter: insbesondere für Schäden, die sich aus dem (erlaubten) Betrieb einer Eisenbahn, eines Kraftfahrzeuges oder Luftfahrzeuges, eines Atomkraftwerkes oder einer sonstigen Energieanlage ergeben.

III. Nachteilsausgleich im öffentlichen Recht

Literatur: *F. Ossenbühl*, Staatshaftungsrecht, [5]1998; *R. Harndt*, Völkerrechtliche Haftung für schädliche Folgen nicht verbotenen Verhaltens, 1993; *J. Ipsen*, Völkerrecht, [5]2004, § 56 Rdn. 44 ff., § 58 Rdn. 39 ff.; *R. Zippelius, Th. Würtenberger*, Deutsches Staatsrecht, [32]2008, § 31 II 5, III.

Das öffentliche Recht kennt Ausgleichsansprüche schon für eine rechtmäßige Zufügung von Nachteilen, z. B. Ansprüche auf Entschädigung für Enteignungen (vgl. § 35 II 1) und andere Sonderbelastungen. Der Grundsatz der ausgleichenden Gerechtigkeit tritt hier besonders deutlich zutage: Wird einem Eigentümer über die allgemeinen Schranken des Eigentums hinaus ein besonderes Opfer zugemutet, das ihn im Vergleich mit anderen Eigentümern ungleich belastet, dann ist es ein Gebot der Gerechtigkeit, diese Ungleichbelastung durch eine Entschädigung wieder auszugleichen. Allerdings kann schon aus Gründen der Praktikabilität nicht jede unwesentliche Ungleichbehandlung im Recht ausgeglichen werden. Daher erscheint es vernünftig, einen entschädigungspflichtigen Eingriff nur dann anzunehmen, wenn der Eingriff ein besonderes Opfer auferlegt, das nach seiner Tragweite und Schwere nicht ohne Ausgleich zumutbar ist.

Auch rechtmäßige öffentliche Tätigkeiten, die sich nicht auf einen Eingriff in das Eigentum richten, können Nebenwirkungen haben, die dem Einzelnen ein Sonderopfer auferlegen; zu denken ist etwa an eine monatelange geschäftsschädigende Beeinträchtigung des Straßenanliegers durch einen Straßenumbau. Auch für solche Fälle stellt sich die Forderung nach einem Ausgleich. Entsprechendes gilt für Eingriffe, die unmittelbar nicht das Vermögen, sondern z. B. die Gesundheit des Einzelnen betreffen.

Werden durch Ereignisse, in welche die staatliche Gemeinschaft ihre Bürger mit hineinzieht, etwa durch einen Krieg, Einzelne besonders hart betroffen, dann erhebt sich die Forderung nach einer annähernd gleichen Verteilung der Lasten („Lastenausgleich") und nach einer Entschädigung der Kriegsopfer.

Verbreitet wird es als Gebot sozialer Gerechtigkeit empfunden, auch manche Lebensrisiken, die nicht durch staatliche Aktionen geschaffen oder erhöht wurden, auszugleichen oder wenigstens zu mildern: z. B. Schäden, die durch Naturkatastrophen oder durch Gewalttaten entstanden. Hier wird dann die Rechtsgemeinschaft als Risikogemeinschaft vorgestellt und darum der Vermögensnachteil auf alle – wirtschaftlich gesehen, auf die Steuerzahler – überwälzt.

Daß der Verursacher einen Schaden wiedergutzumachen hat, gilt auch im Völkerrecht. Die moderne Staatenpraxis entscheidet sich zunehmend dafür, daß jeder adäquat und ungerechtfertigt verursachte Schaden eine Ersatzpflicht begründet.

IV. Ausgleich ungerechtfertigter Vorteile

Literatur: *K. Larenz, C. W. Canaris*, wie zu II, §§ 67 ff.; *D. Reuter, M. Martinek*, Ungerechtfertigte Bereicherung, 1983.

In den Zusammenhang der ausgleichenden Gerechtigkeit gehört auch der Ausgleich von Vorteilen, die jemand ungerechtfertigt von einem anderen erlangt hat. Anders als im Schadensersatzrecht wird hier dem Erstattungspflichtigen keine Vermögenseinbuße, sondern nur die Herausgabe eines ungerechtfertigten Vorteils auferlegt. Diese ist jedenfalls so lange zumutbar, wie die Bereicherung noch besteht, gleichgültig, ob der Bereicherte diese ungerechtfertigte Vermögenslage verursacht und zu vertreten hat oder nicht. Wann aber ist eine Vermögensverschiebung in der Weise ungerechtfertigt, daß sie rückgängig gemacht werden sollte? Zwei Arten solcher Vermögensverschiebungen kommen in Betracht:

Die Bereicherung kann unmittelbar durch die Leistung eines anderen erlangt sein. Ausgleichsbedürftig ist eine Vermögensverschiebung aber nicht schon dann, wenn jemand z. B. einen unangemessen hohen Kaufpreis für eine Ware vereinbart und erhalten hat; denn das Recht ist keine Amme, die mündige Bürger davor zu bewahren hätte, unvorteilhafte Geschäfte abzuschließen. Ungerechtfertigt und daher rückgängig zu machen ist eine Leistung aber dann, wenn sie ohne rechtlichen Grund geschehen ist, wenn also die Forderung, die der Leistende erfüllen will, von Anfang an nicht rechtsgültig bestand oder bei der Leistung schon erloschen war. Wenn allerdings die Leistung einer Anstandspflicht entsprach, etwa der wohlhabende Bruder seiner verarmten Schwester Unterhalt zahlte, in der irrigen Annahme, er sei hierzu rechtlich verpflichtet, gebietet es die Gerechtigkeit nicht, diese Leistung rückgängig zu machen.

Eine ausgleichsbedürftige Vermögensverschiebung kann auch in sonstiger Weise geschehen. Wenn etwa jemand eine fremde Sache verarbeitet, z. B. aus fremdem Leder Schuhe anfertigt, erwirbt er daran das Eigentum. Selbst wenn er sich damit nicht schadensersatzpflichtig macht, erscheint es jedenfalls angebracht, die eingetretene Vermögensverschiebung durch einen Bereicherungsanspruch auszugleichen.

Die Forderung nach einem Ausgleich ungerechtfertigten Vermögenszuwachses reicht aber weit über den Bereich bürgerlich-rechtlicher Ansprüche hinaus. Ist nicht auch der Vermögensvorteil auszugleichen, den ein Grundeigentümer dadurch erlangt, daß sein Grundstück durch Urbanisierung – durch den Erschließungsaufwand der Gemeinde – mehr wert wird?

In sehr allgemeiner, sozialkritischer Fassung findet sich die Forderung, ungerechtfertigte Bereicherungen zu vermeiden, auch in der marxistischen Doktrin über den Mehrwert: Diese Theorie befaßt sich mit dem Wert der Arbeitskraft. Es bestehe ein Unterschied zwischen deren Tauschwert (der sich im Lohn ausdrücke) und ihrem Gebrauchswert (dies sei der Marktwert der Gütermehrung, die in der entlohnten Arbeitszeit produziert wird). „Mehrwert" sei der Überschuß des Gebrauchswertes über den Tauschwert. In der kapitalistischen Wirtschaftsordnung eigne sich der Kapitalist diesen Mehrwert an, ohne eine gleichwertige Gegenleistung zu erbringen. Darin liege eine Ausbeutung der Arbeiter. Mag diese Theorie einer volkswirtschaftlichen Nachprüfung standhalten oder nicht: Auch sie wird erst dadurch zum sozialkritischen Argument, daß sie sich eines Gerechtigkeitsprinzips – der ausgleichenden Gerechtigkeit – bedient.

§ 35. Das Eigentum

Literatur: *Radbruch* RPh, § 18; *Binder* RPh, S. 467 ff.; *Th. Heckel* (Hg), Eigentum und Eigentumsverteilung, 1961; *F. Negro,* Das Eigentum, Geschichte und Zukunft, 1963; *E. Küng,* Eigentum und Eigentumspolitik, 1964; *H. Holzhey, G. Kohler* (Hg), Eigentum und seine Gründe, 1983; *R. Dreier,* Eigentum in rechtsphilosophischer Sicht, ARSP 1987, S. 159 ff.; *Henke* RuSt, § 27; *D. Hecker,* Eigentum als Sachherrschaft, 1990; *W. Leisner,* Eigentum, 1996, ²1998; *J. Lehmann,* Sachherrschaft und Sozialbindung? 2004.

I. Begriff und Funktion des Eigentums

Literatur: *J. Meyer-Abich*, Der Schutzzweck der Eigentumsgarantie: Leistung, Freiheit, Gewaltenteilung, 1980; *J. Schwartländer, D. Willoweit* (Hg), Das Recht des Menschen auf Eigentum, 1983; *E. Angehrn*, Besitz und Eigentum, ZPhilosForsch 1989, S. 94 ff.
   Zu 2: *A. Künzli*, Mein und Dein. Zur Ideengeschichte der Eigentumsfeindschaft, 1986; *R. Meyer*, Eigentum, Repräsentation und Gewaltenteilung in der politischen Theorie von J. Locke, 1991.

1. Der Begriff des Eigentums

Besitz, als tatsächliche Verfügungsmacht über eine Sache, gibt es bereits als „vorrechtlichen" Tatbestand: als Folge einer Besitzergreifung. Eigentum, als rechtlich gesicherter Besitz, ist Wirkung einer rechtlichen Ordnung, die jedem sein Gut gewährleistet und ihm zugleich Übergriffe auf fremdes Gut verwehrt: Der rechtlich gesicherten Freiheit des einen korrespondiert die rechtliche Bindung des anderen. So ist auch hier die Bindung aller der Preis für die gesicherten Freiheiten eines jeden (§ 26 I).
   Eigentum im engeren Sinn gewährt dem Eigentümer die grundsätzlich (s. u. II) umfassende tatsächliche und rechtliche Verfügungsmacht über eine Sache. Begreift man die Rechtsordnung als eine Regelung menschlichen Verhaltens (§ 3 I), so kann auch die Rechtserheblichkeit des Eigentums nur in einer Verhaltensregelung bestehen, nämlich darin, daß die Rechtsgenossen die einem anderen gehörende Sache nicht wegnehmen, nicht zerstören, nicht beschädigen und den Eigentümer auch sonst nicht im Genuß seiner Sache beeinträchtigen dürfen. Das heißt, sie sind diesem gegenüber zu bestimmten Unterlassungen verpflichtet. Im Schutze einer solchen Verhaltensordnung kann dann der Eigentümer mannigfaltige tatsächliche Beziehungen zu seiner „Sache" (etwa Beziehungen der Fürsorge zu einem Tier) entwickeln. Kurz, das Eigentum sichert einer Person die ausschließliche Möglichkeit, Sachen zu nutzen, sie zu gestalten, überhaupt nach Belieben mit ihnen zu verfahren, d. h. es schirmt durch Verhaltensnormen diese Möglichkeit gegen Störungen ab. – Der Eigentümer ist ferner ermächtigt, auch rechtlich über die Sache zu verfügen. Diese Verfügungsmacht läuft auf eine Verschiebung im eigentumsrechtlichen Pflichtengefüge hinaus: Nach der Übereignung bestehen die genannten Pflichten, die Sachherrschaft eines anderen zu achten, jetzt nicht mehr dem bisherigen, sondern dem neuen Eigentümer gegenüber.
   Insgesamt erscheint das Eigentumsrecht – wie jedes Recht (§ 26 I) – als Regulativ menschlicher Freiheit. Die Eigentümerpositionen werden grundsätzlich durch normative Vorgaben generell festgelegt. Die Verfügung über die damit vorgegebenen individuellen Rechtspositionen ist aber weitgehend der Privatautonomie überlassen (s. u. 3 und § 33 I, III) und für bestimmte Fälle auch hoheitlicher Disposition, insbesondere in Gestalt von „Enteignungen", anheimgegeben (s. u. II 1). Die staatlichen Kompetenzen zu solchen generellen Regelungen und konkreten Eingriffen werden auch hier durch Grundrechte begrenzt (§ 30 II 3).
   Grundform des Eigentums ist das bisher beschriebene Eigentum an Sachen, also an körperlichen Gegenständen. In einem weiteren Sinn gibt es aber Eigentum auch an anderen Gütern. So spricht man etwa von geistigem Eigentum und meint damit das ausschließliche Verfügungs- und Verwertungsrecht an künstlerischen und wissenschaftlichen Werken, Erfindungen und anderen verwertbaren Ideen. Es sprechen gute Gründe dafür, den Schutz des Eigentums darüber hinaus auch auf andere

vermögenswerte private Rechte zu erstrecken; selbst öffentlich-rechtliche Rechtspositionen, etwa Rentenansprüche aus der Sozialversicherung, können gleichen Schutz verdienen; denn sie bilden für viele oft in höherem Maße als das private Sacheigentum die wirtschaftliche Grundlage ihrer Existenz und Entfaltungsfreiheit (BVerfGE 69, 300 ff.).

2. Für und Wider das Eigentum

Dem Eigentum sind frühzeitig Kritiker entstanden. Platon hielt es für eine Ursache der Selbstsucht. Deshalb wollte er in seiner „Politeia" gerade die beiden staatslenkenden Schichten nicht der Verderbnis der Besitzinteressen aussetzen, sondern ihnen nur das Allernötigste zu Eigentum lassen. In der Sozialethik des frühen Christentums fand sich darüber hinaus eine prinzipielle Geringschätzung der irdischen Güter, sogar eine gewisse Eigentumsfeindlichkeit und ein Zug zum Güterkommunismus. So schrieb etwa der heilige Ambrosius: „Die Natur hat alles als Gemeingut für alle hervorgebracht. Denn nach Gottes Geheiß wurde alles so geschaffen, daß die Nahrung allen gemeinsam zustand und die Erde zum Gemeinbesitz aller wurde. Die Natur hat also ein gemeinsames Recht für alle geschaffen; erst die Usurpation hat das private Recht erzeugt." Kommunistische Anschauungen finden sich auch in den späteren Utopien. In Thomas Morus' „Utopia" erscheint das Eigentum als Instrument zur Unterdrückung von Menschen durch Menschen und als Wurzel sozialer Mißstände. In Campanellas „Civitas solis" wird das Eigentum als die Quelle der Selbstsucht dargestellt. Marx hielt das Privateigentum für das Mittel, sich das Arbeitsergebnis anderer Menschen anzueignen und diesen das Produkt ihrer eigenen Tätigkeit zu entfremden (Zippelius Gesch, Kap. 2 b, 5 c, 10, 18 b).

Demgegenüber wies bereits Aristoteles in seiner „Politik" darauf hin, daß in der menschlichen Natur auch das Bedürfnis wurzelt, etwas sein eigen zu nennen. Auch könne der Güterkommunismus die unbefriedigende Folge haben, daß einer, der wenig tut, so viel bekommt wie einer, der vieles vollbringt – ein Bedenken, das übrigens auch Thomas Morus teilte. In der Tat würde in einem solchen System der eine vom Arbeitsertrag anderer profitieren; die kapitalistische Ausbeutung fände hier also ein Gegenstück in der sozialistischen Ausnützung der Arbeit anderer. Bei Aristoteles trat aber zu der grundsätzlichen Bejahung des Privateigentums die Forderung, diesem das rechte Maß zu geben. Denn den sehr Reichen und den sehr Armen falle es schwer, vernünftig zu bleiben. So entstehe aus Reichen und Armen leicht ein Gemeinwesen von Verächtern und Neidern. Besser also ein Gemeinwesen, in dem die Bürger ein mittleres und ausreichendes Vermögen besitzen (Zippelius Gesch, Kap. 3 a).

Später hat Locke die Ansicht vertreten, jeder habe das natürliche Recht auf Selbsterhaltung. Zu diesem gehöre auch das Recht, an Dingen Eigentum zu erwerben, die für den Einzelnen notwendig oder nützlich sind. Im recht eigentlichen Sinne gehöre von Natur aus jedem das Werk seiner Hände. Aus der Zweckbestimmung des Eigentums sollten sich zugleich dessen natürliche Grenzen ergeben: Besitz werde grundsätzlich durch eigene Arbeit und Nutzungsmöglichkeit erworben und begrenzt. „So viel Land ein Mensch pflügt, bepflanzt, bebaut, kultiviert und so viel er von dem Ertrag verwerten kann, so viel ist sein Eigentum. Durch seine Arbeit hebt er es gleichsam vom Gemeingut ab." Das „erwirb es, um es zu besitzen", findet sich auch bei Goethe, freilich in einem tieferen, nicht nur vermögenspolitischen Sinn. Locke stellte jene Grundsätze übrigens nur für den Naturzustand auf. Die Geldwirtschaft könne die Lage verändern (Zippelius Gesch, Kap. 14 a).

Im deutschen Idealismus trat vor allem die Bedeutung des Eigentums für die menschliche Freiheit hervor: als eine Bedingung der menschlichen Selbstentfaltung. Durch das Eigentum gebe die Person sich „eine äußere Sphäre ihrer Freiheit" (Hegel RPh, § 41). Mit dem Eigentum, so lehrte Fichte, sei dem Einzelnen „eine gewisse Sphäre der Objekte zugestanden worden ausschließend für einen gewissen Gebrauch". Das solle es jedem ermöglichen, von seiner Arbeit zu leben. Aufgabe des Staates sei es aber nicht nur, den Einzelnen in seinem Eigentum zu schützen; sondern er habe auch die Güter richtig zu verteilen, „jedem erst das Seinige zu geben, ihn in sein Eigentum erst einzusetzen", jedem auch ökonomisch eine Chance zu geben, sich ein angenehmes Leben zu erarbeiten (§ 26 II 2, 3).

3. Eigentum als Mittel der Persönlichkeitsentfaltung

Die Freiheit hat also auch eine ökonomische Komponente. Wie mit der schuldrechtlichen Privatautonomie ein Stück bürgerlicher Eigenständigkeit und Selbstgestaltungsmöglichkeit gewährleistet ist (§ 33 I), so hat die bürgerliche Freiheit einen Rückhalt auch im Privateigentum: einen Bereich, den der Einzelne nach seinen Vorstellungen gestalten kann, in dem er nicht zuletzt auch ein Stück ökonomischer Unabhängigkeit findet – eine private Insel im Meer staatlicher Reglementierungen.

Durch eine verfassungsrechtliche Gewährleistung des Privateigentums wird aber nicht nur Einzelnen ein subjektives Recht gewährleistet. Vielmehr wird zugleich sichergestellt, daß das Rechtsinstitut des Privateigentums, als objektives Element einer Gemeinschaftsordnung, erhalten bleibt. Diese institutionelle Gewährleistung sichert, zusammen mit der Vertragsfreiheit und der Berufsfreiheit, auch eine – durch Gesetze begrenzte – Selbststeuerung des Berufs- und Wirtschaftslebens (wie auch andere individuelle und soziale Wirkungsbereiche z.B. durch Glaubens- und Religionsfreiheit, Meinungs-, Presse- und Rundfunkfreiheit, Versammlungs- und Vereinigungsfreiheit garantiert werden). Auf diese Weise dient das Eigentum zusammen mit anderen „institutionellen Garantien" auch dazu, wichtige soziale Lebens- und Funktionsbereiche mit einer begrenzten Fähigkeit zu privater Selbstgestaltung auszustatten und sie einer totalitären staatlichen Verfügungsmacht zu entziehen (§ 31 II 4).

Kurz, das Eigentum gewährleistet wichtige materielle Bedingungen für eine Freiheitsentfaltung, schützt vor der Begehrlichkeit der Mitmenschen und dient auf diese Weise dem sozialen Frieden. Es sichert insbesondere den Ertrag persönlicher Leistungen und gibt hierdurch einen Leistungsanreiz. Und es gewährleistet, daß wichtige Interessenregelungen sich in privater Selbstgestaltung vollziehen und setzt damit der staatlichen Wirksamkeit Grenzen.

II. Sozialbindung des Eigentums und Verantwortlichkeit für das Eigentum

Literatur: *W. Leisner,* Sozialbindung des Eigentums, 1972; *ders.,* Situationsgebundenheit des Eigentums, 1990; *F. Weyreuther,* Die Situationsgebundenheit des Grundeigentums, 1983.

1. Die Sozialbindung des Eigentums

Eigentum hat sich als rechtlich gewährleistete Freiheit dargestellt, wirtschaftliche Güter zu nutzen und über sie zu verfügen (I 1). Auch bei der Bestimmung dieses ökonomischen Freiheitsbereichs stellt sich die Aufgabe, die Freiheit des einen gegen die Freiheiten anderer abzugrenzen (§ 26 I), d. h. einer Sozialbindung zu unterwerfen. Diese ist verständigerweise unterschiedlich auszugestalten, je nach der Art der Gegenstände, insbesondere nach den Gefahren und Belästigungen, die von diesen auf die Gemeinschaft ausgehen können, und nach der gesellschaftlichen und wirtschaftlichen Bedeutung der Gegenstände. So spielt z. B. das große Banken- und Industriekapital volkswirtschaftlich und als soziale Mächtigkeit eine andere Rolle als ein Eigenheim. Aber auch an diesem, wie überhaupt an Grundstücken und Gebäuden, besteht ein nicht unbeträchtliches Interesse der Sozialbindung; denn durch die Grundstücksnutzung wird die Umwelt der Nachbarn, die Gestaltung der Städte und Ortschaften, das Landschaftsbild, die Erschließung von Erholungsgebieten und vieles andere bedingt und berührt. Je mehr das Eigentumsobjekt in soziale Bezüge und soziale Funktionen verstrickt ist, desto weiter muß die Befugnis des Gesetzgebers reichen, Inhalt und Schranken des Eigentums zu bestimmen.

Die Sozialbindung des Eigentums kann z. B. dadurch konkretisiert werden, daß eine betriebliche Mitbestimmung der Arbeitnehmer eingeführt, das Mietrecht sozial ausgestaltet und das Boden- und Baurecht geregelt wird, dies letzte, um für eine funktional wohlgeordnete und ästhetisch befriedigende Besiedelung sorgen zu können. Zur Erhaltung des bestehenden Landschaftsbildes und der lokalen Klimaregulierung können Forstgesetze das Abholzen bestehender Wälder verbieten oder von einer Genehmigung abhängig machen. Land- und forstwirtschaftlich genutzte Gebiete können z. B. zu Landschaftsschutzgebieten erklärt und dadurch bestimmten Benutzungsbeschränkungen unterworfen, insbesondere als Bauland unverwertbar gemacht werden.

Die Funktionsgebundenheit des Eigentums und die durch sie legitimierte staatliche Regelungsbefugnis wechselt mit den gesellschaftlichen und wirtschaftlichen Verhältnissen und muß diesen angepaßt werden. So erfüllt etwa das Gewässereigentum in unterschiedlichen Wirtschaftssystemen unterschiedliche Zwecke, in einer Agrarwirtschaft z. B. andere als in einer hochindustrialisierten Wirtschaft.

Eigentümerrechte können nicht nur generell durch Gesetze begrenzt, sondern durch Enteignung auch konkret in Anspruch genommen werden. Diese ist in einem Rechtsstaat aber nur zulässig, wenn die Grundsätze der Verhältnismäßigkeit und des Übermaßverbotes gewahrt werden (§ 30 I) und die im Eingriff liegende Sonderbelastung durch eine Entschädigung ausgeglichen wird (§ 34 III).

2. Lasten und Verantwortlichkeiten aus dem Eigentum

Den Vorteilen, die das Eigentum gewährt, stehen Grundstückslasten, z. B. Grundsteuerpflichten, gegenüber. Dazu kommt eine Pflicht, für Gefahren und Schäden einzustehen, die von einer Sache ausgehen. Entsteht etwa aus dem ordnungswidrigen Zustand eines Gebäudes einem Dritten ein Schaden oder richtet ein Tier einen Schaden an, so liegt es nahe, dem tatsächlich Verfügungsberechtigten, also regelmäßig dem Eigentümer, das privatrechtliche Schadensrisiko zu überbürden (§ 34 II). Auch die öffentlich-rechtliche Verantwortlichkeit (die „Polizeipflichtigkeit") für eine Störung oder Gefahr, die von einer Sache ausgeht, trifft mit Recht regelmäßig (auch) den Eigentümer, da er die Sache hergestellt oder angeschafft hat und er es zumeist ist, der sie nutzt und auch tatsächlich über sie verfügen kann.

§ 36. Grundsätze der Verfahrensgerechtigkeit

Literatur: *R. Hoffmann*, Verfahrensgerechtigkeit, 1992; *K. F. Röhl*, Verfahrensgerechtigkeit, ZfRechtssoziol. 1993, S. 1 ff.

I. Legitimation durch Verfahren?

Literatur: *N. Luhmann*, Legitimation durch Verfahren, 1969; *Zippelius* RuG, Kap. 6.

Es gehört mit zu den Prinzipien des Rechtsstaates, daß das staatliche Handeln sich nach bestimmten Spielregeln vollzieht (§ 30 I). Dieser Gedanke wurde gelegentlich zu der These zugespitzt: Staatliche Entscheidungen fänden ihre Legitimation nicht durch inhaltliche Kriterien der Gerechtigkeit, sondern allein durch die Art und Weise des Verfahrens, in dem sie herbeigeführt werden: Allen Betroffenen muß eine faire Chance geboten werden, sich am Verfahren zu beteiligen und ihre Sachdarstellung und Rechtsmeinung vorzutragen; die entscheidende Instanz muß unparteiisch und ohne einseitiges Engagement handeln; das Verfahren muß sich unter der Kontrolle der Öffentlichkeit abspielen. Es sind dies klassische Forderungen der „Verfahrensgerechtigkeit", und es ist ohne weiteres einsichtig, daß eine Entscheidung nur dann akzeptabel ist, wenn sie in einem Verfahren zustande gekommen ist, das diesen Grundsätzen genügt. Unbestritten ist auch, daß Entscheidungsergebnisse durch die Verfahren mitbestimmt werden, in denen sie gefunden werden. Ein (außerrechtliches) Beispiel dafür, wie schon eine Verfahrensregel zu einer inhaltlich richtigen Lösung führt, bietet die alte Teilungsregel für zwei Partner: „Der eine teilt, der andere wählt." Durch dieses Verfahren wird der Teilende veranlaßt, schon im eigenen Interesse eine möglichst gleichmäßige und damit gerechte Teilung vorzunehmen. Nur selten führt aber das Verfahren allein so zuverlässig wie hier zu einer gerechten Interessenregelung.

Vielmehr laufen die rechtlichen Entscheidungsverfahren, Gesetzgebungs- wie Gerichtsverfahren, regelmäßig auf mitunter schwierige inhaltliche Fragen einer gerechten Konfliktsregelung hinaus (§ 11 II 3). Das Problem legitimer Entscheidungen wird also nur unvollständig erfaßt, wenn man es bloß unter dem Gesichtspunkt des Verfahrens sieht. Wohl aber stehen die Prinzipien der Verfahrensgerechtigkeit im Dienste der Aufgabe, auf inhaltlich gerechte Entscheidungen hinzuführen: als prozessuale Bedingungen, unter denen sich eine inhaltlich gerechte Entscheidung am ehesten erwarten läßt. Die Zulassung aller Betroffenen zum Sachvortrag z. B. dient einer umfassenden Darstellung aller entscheidungserheblichen Tatsachen, die eine sachlich gerechte Entscheidung erst ermöglicht. Die Schaffung unabhängiger Gerichte soll verhindern, daß deren Entscheidungen durch sachfremde Motive, insbesondere durch eigene Interessen und Voreingenommenheiten der Richter, bestimmt werden. Kurz, ein einwandfreies Verfahren ist in der Regel zwar eine notwendige, aber nicht für sich allein schon die zureichende Bedingung einer gerechten Entscheidung.

II. Grundsätze eines fairen Verfahrens

Literatur: *O. Jauernig*, Zivilprozeßrecht, [29]2007, §§ 14, 27 IV, 29; *C. Roxin*, Strafverfahrensrecht, [25]1998, §§ 9, 17, 70, 73; *M. Wolf*, Gerichtsverfassungsrecht, [6]1987, §§ 18 ff., 25, 28 f.; *H. Kötz*, Justiz in Deutschland und England: ein Stilvergleich, Jur. Arbeitsbl. 1991, S. 257 ff.

1. Die Neutralität des Richters

Es gehört zu den wesentlichen Absicherungen vernünftigen Entscheidens und damit zu den wichtigsten Grundsätzen der Verfahrensgerechtigkeit, daß die Entscheidungen in größtmöglicher Distanz zu den Interessen getroffen werden, über die zu befinden ist. Ausprägungen dieses Grundsatzes finden sich für die Parlamentarier im Prinzip der auftragsfreien Repräsentation und für Beamte und Richter im Gebot der Unparteilichkeit (§ 20 IV). Im gerichtlichen Verfahren, auf das die folgenden Überlegungen sich beschränken, hat die Unparteilichkeit des Richters besonderes Gewicht. Die richterliche Rolle muß in hohem Grade sozial eigenständig, der Richter gesellschaftlich und in seiner öffentlichen Funktion unabhängig sein. Darum wird im durchorganisierten Staat das Richteramt grundsätzlich Berufsrichtern übertragen. Zu den Sicherungen der Unabhängigkeit gehört es auch, den Richter von staatlichen Weisungen freizustellen. Diese sachliche Unabhängigkeit stünde aber auf schwachen Füßen, wäre sie nicht mit einer persönlichen Unabhängigkeit des Richters verbunden; ihr dient es, wenn der Richter auf Lebenszeit ernannt und grundsätzlich unabsetzbar und unversetzbar ist und wenn er ein gesetzlich festgelegtes Gehalt bezieht.

Um die Unparteilichkeit des Richters zu sichern, ist dieser insbesondere dann von der Ausübung seines Amtes auszuschließen, wenn seine eigenen Interessen durch den zu entscheidenden Fall betroffen sind, wenn er zu einem Betroffenen in nahen familiären Beziehungen steht oder wenn sonst ein Grund vorliegt, der Mißtrauen gegen seine Unparteilichkeit rechtfertigt.

Der Richter soll auch nicht dadurch voreingenommen sein, daß er schon in anderer Rolle am gleichen Verfahren beteiligt war, z.B. als Zeuge oder Staatsanwalt oder als Richter in einer Vorinstanz. Die richterliche Unabhängigkeit soll überdies nicht durch ein verfahrenstechnisches Engagement gefährdet werden: Wenn der Richter selber einen Fall aufgreift und das Verfahren einleitet – wie im polizeistaatlichen Inquisitionsprozeß –, so kann er versucht sein, sich im Richterspruch selbst zu bestätigen: daß sein Verdacht begründet war, der ihn zur Einleitung des Verfahrens bewog. Um den Richter auch aus Voreingenommenheiten dieser Art herauszulösen und ihn in die Rolle des nicht engagierten Beurteilers zu versetzen, ist man in Strafsachen vom Inquisitionsprozeß abgerückt und im rechtsstaatlich-liberalen, „reformierten Verfahren" des neunzehnten Jahrhunderts zum „Akkusationsprozeß" übergegangen: Das Gericht befaßt sich nur auf Grund und in den Grenzen der staatsanwaltschaftlichen Anklage (in gewissen Fällen auch auf Grund einer Privatklage) mit einer Sache. Es gilt nun der Grundsatz: Wo kein Kläger, da kein Richter.

Ob und in welchem Ausmaß auch über den Zeitpunkt der Anklageerhebung hinaus der Richter Distanz zum Prozeßgeschehen halten oder aber auf den Gang des Verfahrens und die Ermittlung der Wahrheit Einfluß gewinnen soll, darüber sind die Ansichten geteilt. Im englischen Strafprozeß bleibt der Richter in großer Distanz: Hier stehen sich der Vertreter der Anklage einerseits und der Angeklagte und dessen Anwalt andererseits als Parteien gegenüber. Die Prozeßherrschaft liegt auch über die Anklageerhebung hinaus auf seiten dieser Prozeßbeteiligten: Der Anklagevertreter kann durch Rücknahme der Anklage über den Prozeß verfügen, der Angeklagte dadurch, daß er sich für schuldig erklärt, über seine Verurteilung bestimmen. Es ist grundsätzlich auch die Aufgabe von Anklagevertreter und Verteidiger, Be- und Entlastungsmaterial beizubringen, während der Richter schiedsrichterlich-neutral die Verhandlung leitet.

Demgegenüber geht im deutschen Strafverfahren nach der Erhebung der Anklage die Prozeßherrschaft auf das Gericht über; der Staatsanwalt kann nach Eröffnung des Hauptverfahrens die Anklage nicht mehr aus eigener Machtvollkommenheit zurücknehmen. Auch ist von nun an das Gericht selbst für eine möglichst umfassende und objektive Aufklärung des Sachverhalts verantwortlich, es gilt also der „Untersuchungsgrundsatz" oder „Ermittlungsgrundsatz". Selbst wenn der Angeklagte die Tat gesteht, muß das Gericht sich von der Glaubwürdigkeit des Geständnisses überzeugen. Dem Untersuchungsgrundsatz liegt die Ansicht zugrunde, die richterliche Unparteilichkeit werde nicht dadurch beeinträchtigt, daß der Richter aktiv an der Erforschung der Wahrheit mitwirkt. Immerhin geht auf diese Weise Distanz des Richters gegenüber dem Prozeßgeschehen verloren, ja es besteht die Gefahr, daß der Richter im Zuge der eigenen Ermittlungen doch in einen „Jagdeifer" gerät. Andererseits kann es der Wahrheitsfindung dienen, wenn die Vernehmungsfragen nicht (wie im angelsächsischen Modell) von einseitigen Parteistandpunkten aus zugespitzt, sondern in dem Bemühen um eine unbefangene Aufklärung des Sachverhalts gestellt werden.

Im Zivilprozeß wird, wie im Strafprozeß, die Prozeßinitiative von außen her an das Gericht herangetragen. Hier stand eine Prozeßeröffnung aus eigenem Engagement des Gerichts, anders als im Strafprozeß, nie zur Diskussion: Die Parteien disponieren über das Prozeßgeschehen. Diese Dispositionsmaxime ist Ausdruck der Privatautonomie im prozessualen Bereich: Der Kläger entscheidet durch die Klageerhebung über das Zustandekommen des Prozesses und begrenzt durch seinen Klageantrag den Streitgegenstand („ne eat judex ultra petita partium"). Die Prozeßherrschaft bleibt auch weiterhin auf seiten der Parteien, mit den Möglichkeiten eines Klageverzichts, eines Anerkenntnisses des Beklagten, einer einvernehmlichen Klagerücknahme und eines Prozeßvergleichs.

Die Nichtengagiertheit des Richters zeigt sich im Zivilprozeß auch daran, daß es grundsätzlich Sache der Parteien ist, die entscheidungserheblichen Tatsachen darzulegen und erforderlichenfalls zu beweisen („Beibringungsgrundsatz", „Verhandlungsmaxime"). Der Prozeßgegner kann durch die Art seiner Einlassung bestimmen, welche von diesen Tatsachen eines Beweises bedürfen und welche ohne weiteres als wahr zu behandeln sind. Ähnlich wie im Strafverfahren gibt es aber auch hier unterschiedliche Auffassungen darüber, ob und in welchem Ausmaß sich der Richter gleichwohl in die Suche nach Wahrheit einmischen soll und darf. Trotz gewisser Bedenken gegen den Verlust richterlicher Distanz sieht man es z. B. im deutschen Zivilprozeß nicht als Gefährdung der Unparteilichkeit an, wenn der Richter mit dem gebotenen Takt durch Fragen auf eine möglichst vollständige und wahrheitsgemäße Darlegung der entscheidungserheblichen Tatsachen hinwirkt.

Keine Gefährdung der Neutralität des Richters, vielmehr eine Hilfe zu einer rationalen und objektiven Aufarbeitung der Fragen des Falles ist es, wenn der Richter die Parteien auf entscheidungserhebliche rechtliche Gesichtspunkte hinweist, damit sie sich auf diese einstellen können und das Urteil sie nicht „wie ein Blitz aus heiterem Himmel" trifft.

2. Eine faire Chance für alle Beteiligten

Ein wichtiges Prinzip der Verfahrensgerechtigkeit ist es auch, daß alle Betroffenen eine faire Chance erhalten, ihre Tatsachen darzustellen und ihren Rechtsstandpunkt darzulegen. Dieser Forderung dient schon die Neutralität des Richters, insbesondere dann aber der Grundsatz des rechtlichen Gehörs. Für Verfahren, an denen zwei oder mehrere Parteien beteiligt sind, wird er oft in die Form des „audiatur et altera pars" gekleidet. Dieser Grundsatz erfordert aber nur, daß die Beteiligten Gelegenheit zur Stellungnahme erhalten, nicht auch, daß sie diese Gelegenheit wahrgenommen haben. Versäumnisurteile im Zivilprozeß sind durch diesen Grundsatz also nicht ausgeschlossen.

Der Grundsatz der „fairen Chance für alle Beteiligten" verlangt nicht nur, daß die Betroffenen formal eine angemessene Mitwirkungsmöglichkeit erhalten, er fordert auch Waffengleichheit für alle, die sich in einem Rechtsverfahren gegenübertreten. Darum gleicht der Staat nötigenfalls die Unterlegenheit eines Beteiligten aus, insbesondere dadurch, daß er für den erforderlichen Rechtsbeistand sorgt, im Strafprozeß etwa durch die Bestellung eines Pflichtverteidigers oder in Zivil- und Verwaltungsgerichtsprozessen durch Gewährung einer Prozeßkostenhilfe.

3. Die Öffentlichkeit des Verfahrens

Der Überwachung einer unparteiischen, fairen, waffengleichen Prozeßführung und Urteilsfindung dient die Öffentlichkeit des Verfahrens, genauer: die Öffentlichkeit der mündlich geführten Verhandlung vor dem erkennenden Gericht und der Urteilsverkündung. Es handelt sich hier um einen speziellen Fall des Publizitätsgebotes, das in einer Demokratie grundsätzlich für staatliches Handeln gilt (§ 32 II). Dieses Prinzip enthält eine Einladung an jedermann, sich selbst davon zu überzeugen, daß alles korrekt abläuft. Zugleich ist aber das Prinzip der Öffentlichkeit so auszugestalten, daß die Teilnahme der Öffentlichkeit möglichst in rationale, nicht in emotionale Bahnen gelenkt wird. Insbesondere dürfen im Zeitalter des Fernsehens die Beteiligten nicht zum „Schaustück" und Objekt der Publikumsunterhaltung werden.

§ 37. Probleme der Strafgerechtigkeit

I. Die Rechtfertigung der Strafe

Literatur: *Radbruch* RPh, §§ 22, 23; *C. Roxin*, Strafrecht, Allg.Teil I, ⁴2006, § 3; *E. J. Lampe*, Strafphilosophie, 1999; *K. Kühl*, Die Bedeutung der Rechtsphilosophie für das Strafrecht, 2001; *P. Becchi*, Vergeltung und Prävention, ARSP 2002, S. 549 ff.; *Kriele*, S. 121 ff; *G. Jakobs*, Staatliche Strafe: Bedeutung und Zweck, 2004; *M. Pawlik*, Person, Subjekt, Bürger. Zur Legitimation der Strafe, 2004; *Th. Hillenkamp*, Strafrecht ohne Willensfreiheit? JZ 2005, 313 ff.; *B. S. Byrd, J. Hruschka*, Kant zu Strafrecht und Strafe im Rechtsstaat, JZ 2007, 957 ff.; *R. Merkel*, Willensfreiheit und rechtliche Schuld, 2008.

1. „Punitur ne peccetur"?

Strafen dienen – jedenfalls auch – dazu, das rechtlich geordnete soziale System für die Zukunft zu stabilisieren, hierzu die rechtlichen Verhaltensregelungen in Funk-

tion zu halten (§§ 10 II; 28 III) und insbesondere Angriffe auf rechtlich gewährleistete Interessen zu unterbinden. Im Vordergrund des öffentlichen Bewußtseins
steht das Bedürfnis nach strafrechtlichem Schutz vor Übergriffen auf Leben,
Gesundheit, Ehre, Freiheit, sexuelle Selbstbestimmung, Hausfrieden, private Ge-
heimsphäre, Eigentum und sonstiges Vermögen, auch der Schutz der Verläßlichkeit
von Urkunden und Zeugenaussagen. Als schutzwürdig erscheinen aber auch die
Stabilität der staatlichen Ordnung, wichtige Staatsgeheimnisse, die Korrektheit der
Amtsführung, die Sicherstellung der staatlichen Finanzquellen und der Schutz der
Umwelt.

Es liegt auf der Hand, daß nicht jeder Angriff auf jedes beliebige schutzwürdige
Interesse mit Strafe bedroht werden kann. Für jeden Strafgesetzgeber erhebt sich die
Frage, welches Maß an Sozialschädlichkeit ein Verhalten erreichen muß, wenn seine
Pönalisierung gerechtfertigt sein soll. Der schwere Eingriff, der in einer Bestrafung
liegt, muß den rechtsstaatlichen Prinzipien der Verhältnismäßigkeit und des Übermaßverbotes genügen (§ 30 I). Doch noch vorher stellt sich die Frage nach dem
Begriff und den Kriterien der Sozialschädlichkeit. Wie rasch die Anschauungen
hierüber wechseln können, zeigte sich etwa im Sexualstrafrecht; so galt in Deutschland bis weit in die Nachkriegszeit hinein jede Homosexualität unter Männern als
strafwürdig, während heute schon die Sozialschädlichkeit verneint und das eheähnliche Zusammenleben Homosexueller vom Gesetz gebilligt wird (§ 21 III).

Die grundsätzliche Rechtfertigung der Strafen liegt nach der eingangs genannten
Ansicht darin, daß sie dazu dienen, künftige Angriffe auf schutzwürdige Güter zu
unterbinden. Strafen seien also auf diese Schutzzwecke bezogen und stünden zu
ihnen in einer Relation. Die hierauf gegründete Rechtfertigung der Strafe bezeichnet
man daher als eine „relative“: Es wird bestraft, damit künftige Delikte unterbleiben
(„punitur, ne peccetur“). Strafen können in zweifacher Weise künftige Delikte
verhüten und dadurch der Systemstabilisierung und dem Rechtsgüterschutz dienen:
durch Generalprävention und durch Spezialprävention.

Die generalpräventive Wirkung liegt darin, daß die Bestrafung eines Delinquenten als Motivation zu allgemeinem Rechtsgehorsam, insbesondere als allgemeine
Warnung und Abschreckung vor Straftaten wirkt. Diese Warnung wendet sich an
alle, die es angeht; und letztlich gehen Strafen uns alle an, weil wir alle latente
Delinquenten sind. Die generelle Abschreckungswirkung der Strafen ist um so
höher, je rascher und zuverlässiger die Strafe den Delikten zu folgen pflegt. Sie
wird aber wohl auch durch die Strenge der Strafen gestärkt, anders ausgedrückt: Es
besteht vermutlich ein Zusammenhang auch zwischen einer Aufweichung des Strafrechts und zunehmender Kriminalität; zum mindesten bei „kalkulierten“ Verbrechen liegt es nahe, daß potentielle Täter eine erwartete strengere Strafe als einen
Faktor erhöhten Risikos in Betracht ziehen.

Die spezialpräventive Wirkung der Strafe liegt in der Vorsorge, daß gerade dieser
Täter nicht erneut straffällig wird.[1] Unter diesem Aspekt erscheint die Strafe als
Instrument, den Täter selbst von künftigen Straftaten abzuschrecken, ihn zu erzie-
hen und, wenn er hierdurch nicht „sozialisiert“ werden kann, als Instrument, die
Gesellschaft vor diesem Täter zu sichern.

Gelegentlich findet sich die Ansicht, das Deliktsrecht solle sich überhaupt nur
vom Prinzip der Prävention leiten lassen und ganz vom Sühnegedanken absehen.
Hier wird das Strafrecht zum „social engineering“. Damit verbindet sich nicht selten
die Hoffnung, man könne auf diesem Wege eine menschenfreundliche Sozialthera-

---

[1] Vgl. F. v. Liszt, Strafrechtliche Aufsätze und Vorträge, Bd. I, 1905, S. 163 f.

pie an die Stelle einer als unmodern empfundenen Vergeltung treten lassen. Ein Deliktsrecht, das einseitig auf spezialpräventive Zwecke ausgerichtet ist, kann aber mit gleicher Folgerichtigkeit auch die Wendung zu einer drakonischen Bekämpfung von „Volksschädlingen" nehmen, wenn ihm ein begrenzendes Prinzip fehlt, wie es für die Vergeltungsstrafe im Gedanken der Schuldangemessenheit enthalten ist. Um das zu verhüten, halten viele Vertreter eines Präventivstrafrechts dann doch am Erfordernis der Schuld fest, jedoch mit dem Zusatz, das Verschulden diene nicht zur Begründung, sondern nur zur Begrenzung der Strafe. Lassen sich aber Begründungs- und Begrenzungsfunktion der Schuld scharf voneinander trennen – wenn ein höheres Verschulden eine Begründung dafür liefert, die Grenze der Strafe nach oben zu verschieben? Wie man es auch dreht und wendet: Die Schuld ist auch nach dieser Theorie eine Bedingung der Strafe, die Prävention allein also kein zureichender Grund der Strafe, kurz, bestraft wird auch „quia peccatum est".

2. „Punitur quia peccatum est"?

Nach der „absoluten" Straftheorie bildet die Vergeltung allein schon einen zureichenden Grund der Strafe. Hier denkt man sich also (anders als in den „relativen" Straftheorien) die Funktion der Strafe losgelöst („absoluta") von ihrem zukünftigen Nutzen: Der Grund der Strafe wird lediglich in der Vergangenheit gesucht („punitur quia peccatum est"). Daher ist nach dieser Theorie eine Strafe auch dann zu verhängen, wenn sie keinerlei sozialen Nutzen mehr stiftet. Am eindrucksvollsten hat das Kant (MS, 229) formuliert: „Selbst wenn sich die bürgerliche Gesellschaft mit aller Glieder Einstimmung auflösete (z.B. das eine Insel bewohnende Volk beschlösse, auseinander zu gehen und sich in alle Welt zu zerstreuen), müßte der letzte im Gefängnis befindliche Mörder vorher hingerichtet werden, damit jedermann das widerfahre, was seine Taten wert sind, und die Blutschuld nicht auf dem Volke hafte, das auf diese Bestrafung nicht gedrungen hat: weil es als Teilnehmer an dieser öffentlichen Verletzung der Gerechtigkeit betrachtet werden kann." Hier erscheint also die Strafe als reine Gerechtigkeitsaufgabe ohne Rücksicht auf ihre Nützlichkeit, als eine Art Ausgleich („Vergeltung") für die Störung der objektiven Ordnung, der dadurch stattfinden soll, daß dem Übeltäter seinerseits ein gleichwertiges Übel zugefügt wird (vgl. § 29 V). Durch Wiedervergeltung, die „dem Begriffe nach Verletzung der Verletzung ist", solle das Verbrechen aufgehoben werden (Hegel RPh, § 101).

Aber so rasch man zustimmen wird, daß die Staatsgewalt Strafe zum Schutz der Bürger einsetze, so sehr wird man zögern, sie auch zum Vollstrecker einer „absoluten" Gerechtigkeit zu ernennen. Welche menschliche Einrichtung dürfte solches Moralrichtertum für sich beanspruchen? Welcher „Gerechtigkeit" hat die öffentliche Gewalt nicht schon die Hand geliehen: Sie hat tausende von Ketzern im Namen menschlicher und göttlicher Gerechtigkeit, ja geradezu in einem Glaubensakt („Auto-da-fé") verbrannt. Sie hat gestern Homosexuelle bestraft und heute sie zur Eingehung eheähnlicher Verhältnisse ermutigt. Muß die Staatsgewalt sich angesichts solcher Fragwürdigkeiten menschlicher Gerechtigkeit nicht damit bescheiden, ein System rechtlich geordneter Freiheiten und Interessen so gerecht, wie es die wandelbaren Einsichten erlauben, zu schaffen und es – auch mit Hilfe des Strafrechts – zu stabilisieren? Hat nicht der welterfahrene Seneca recht: „nemo prudens punit, quia peccatum est, sed ne peccetur" (De ira, I 19)?

3. Nulla poena sine culpa

Nach beiden hier erwogenen Straftheorien setzt Strafe Schuld voraus, und zwar soll die Strafe in jedem Einzelfall schuldangemessen sein, d. h. in einem gerechten Verhältnis zum Maß der Schuld des Täters stehen (BVerfGE 54, 108). Schuld wiederum setzt voraus, daß man überhaupt anders handeln konnte als man gehandelt hat. Darum ist ein Schuld- und Sühnestrafrecht nur möglich unter der Voraussetzung, daß es Entscheidungsfreiheit gibt (§ 25). Gäbe es keinen Spielraum, sich zwischen verschiedenen Möglichkeiten und Motiven frei zu entscheiden, wäre also das menschliche Verhalten kausalgesetzlich oder durch Motivation lückenlos und streng determiniert, bliebe für einen Schuldvorwurf ebensowenig Raum wie für persönliche Reue und Vergeltung. Jemanden für sein Handeln zu bestrafen, wäre dann ebenso ungereimt, wie wenn man ihn für eine Erbkrankheit bestrafen wollte. Für eine deterministische Theorie, die der Strafe keine Vergeltungsfunktion zuschreiben kann, wäre „Strafrecht" also nur als Präventionsrecht möglich. Androhung und Vollzug von „Strafe" könnte dann freilich immer noch die Funktion haben, künftiges Handeln zu motivieren (Theorie des psychischen Zwanges).[2] Eine solche deterministische Theorie verstünde die Voraussetzungen der Zurechnungsfähigkeit (die Erreichung eines bestimmten Lebensalters, das Fehlen von Geisteskrankheiten usw.) als bloße Bedingungen „normaler" Motivierbarkeit. Den Maßstab der „Normalität" gäbe hierbei die überwiegende Zahl erwachsener Menschen ab. Kurz, ohne Entscheidungsfreiheit und Schuld wäre ein solches „Strafrecht" allemal ein bloßes Maßnahmerecht.

4. Das Verhältnis der Strafgründe zueinander

Schon die bisherigen Überlegungen haben zu dem Ergebnis geführt: Der Schutzzweck allein ist kein zureichender Grund für eine Strafe. Nur eine Strafe, die nicht bloß Präventivmaßnahme, sondern zugleich Vergeltung ist, achtet den Täter als Person, die einer Selbstbestimmung fähig ist. Strafe als reine Präventivmaßnahme macht aus dem Täter im Fall der Generalprävention ein bloßes Mittel zum Zweck, im Fall der Spezialprävention ein bloßes Behandlungsobjekt. Auch das hat bereits Kant (MS, 226) gesehen: „Richterliche Strafe ... kann niemals bloß als Mittel, ein anderes Gute zu befördern, für den Verbrecher selbst, oder für die bürgerliche Gesellschaft, sondern muß jederzeit nur darum wider ihn verhängt werden, weil er verbrochen hat; denn der Mensch kann nie bloß als Mittel zu den Absichten eines anderen gehandhabt und unter die Gegenstände des Sachenrechts gemengt werden, wowider ihn seine angeborne Persönlichkeit schützt ... Er muß vorher strafbar befunden sein, ehe noch daran gedacht wird, aus dieser Strafe einigen Nutzen für ihn selbst oder seine Mitbürger zu ziehen."

Andererseits ergaben sich auch Bedenken dagegen, in der Vergeltung allein schon einen zureichenden Grund der Strafe zu sehen; Strafe schien nur dann gerechtfertigt zu sein, wenn sie zugleich eingesetzt wird, um künftige Rechtsverletzungen zu verhindern (2). Und doch zögert man, diesen Gedanken konsequent zu Ende zu führen: Schuldet der Staat nicht z. B. den Hinterbliebenen eines Ermordeten, denen er die Privatrache aus der Hand genommen hat (und vielleicht nicht nur ihnen), Genugtuung, auch dann noch, wenn diese nicht zu präventiven Zwecken erforder-

---

[2] P. A. v. Feuerbach, Revision der Grundsätze und Grundbegriffe des positiven peinlichen Rechts, Tl. II, 1800, S. 94 ff., 110 f., 138 f.

lich ist? Sollte etwa der nationalsozialistische Schreibtischtäter, der im Vollzug staatlicher Weisung Tausende Unschuldiger in ein Vernichtungslager schickte, straflos ausgehen? Die Notwendigkeit einer Spezialprävention bestand in solchen Fällen dann nicht, wenn der Täter später als wohlangepaßter Bürger nicht deliktsanfälliger war als jeder andere. Über eine generalpräventive Funktion der Strafe konnte man vielleicht diskutieren. Selbst wenn man sie aber in den genannten Fällen verneinte, hätte man nicht leichthin auf eine Strafe – und das hieße dann eben doch: auf eine Vergeltung um ihrer selbst willen – verzichtet.

II. Die gesetzliche Bestimmtheit der Strafbarkeit

Literatur: *V. Krey*, Keine Strafe ohne Gesetz, 1983; *V. Erb*, Zur Legitimation von Fehlverurteilungsrisiken, in: F. f. P. Riess, 2002, S. 77 ff.

Es ist ein Gebot der Rechtssicherheit, daß jeder die rechtlichen Folgen seines Handelns sollte voraussehen können. Deshalb hat sich als rechtsstaatlicher Grundsatz durchgesetzt, daß jemand wegen einer Tat nur dann bestraft werden darf, wenn die Strafbarkeit dieser Handlung im Zeitpunkt ihrer Begehung schon gesetzlich bestimmt war: nulla poena sine lege praevia (s. aber auch § 23 IV). Es darf also die Strafbarkeit einer Handlung nicht nachträglich begründet oder verschärft werden, auch nicht durch einen Analogieschluß. Um der Rechtssicherheit willen dürfen die Strafgesetze auch nicht als Generalklauseln gefaßt, sondern müssen so genau formuliert werden, daß wenigstens annähernd sicher erkennbar ist, welches Verhalten unter die Strafdrohung fällt.

Das Prinzip der gesetzlichen Bestimmtheit der Strafe dient auch der Verwirklichung des Gleichheitsgrundsatzes: damit die Strafe gegen alle, die das gleiche tun, in gleicher Weise verhängt wird.

Daß die Strafbarkeit gesetzlich bestimmt ist, erleichtert dem Richter die moralische Verantwortung: Nicht er hat über die grundsätzliche Strafwürdigkeit bestimmter Verhaltensweisen zu entscheiden, sondern das Gesetz hat diese Frage für ihn vorentschieden. Er hat nicht aus subjektiver Autorität das Verhalten anderer Menschen zu verwerfen (I 2), sondern die gesetzlich vorgesehene Verurteilung für den konkreten Fall zu vollziehen. Die Verlegenheit, über die Strafwürdigkeit anderer Menschen urteilen zu müssen, ist für ihn dadurch entschärft, daß das Gesetz die Tat bereits gerichtet hat.

Seine Verantwortung wird gleichwohl in Anspruch genommen: Die Forderung, Strafen durch Gesetze vorherzubestimmen, steht in einer unauflösbaren Spannung zum Schuldprinzip, das für jeden Einzelfall eine schuldangemessene Strafe fordert (I 3): Gesetze können Straftaten nur typisierend beschreiben, aber die Schuld der Täter ist von Fall zu Fall verschieden. Wieder zeigt sich die Antinomie zwischen der durch Normen erstrebten Rechtssicherheit und Gleichbehandlung einerseits und der dem Einzelfall angemessenen Gerechtigkeit andererseits (§ 24). Auch hier sucht das Recht nach einem Kompromiß und räumt in vielen Strafrechtsnormen dem Richter einen Spielraum für die Strafbemessung ein. Oft bleiben aber Zweifel über das Maß der Schuld und, damit zusammenhängend, über das im Einzelfall schuldangemessene Strafmaß. Mitunter bleiben sogar letzte, nicht restlos ausräumbare Zweifel, ob ein Angeklagter die Tat begangen hat. Genügt es z. B., wenn ein Angeklagter „nur" mit einer an Sicherheit grenzenden Wahrscheinlichkeit ein Kind ermordet hat – und welche Wahrscheinlichkeit grenzt an Sicherheit?

Kapitel IX. Juristisches Denken

Wenn hier auf wenigen Seiten von juristischem Denken gehandelt wird, so kann damit nicht beabsichtigt sein, die ganze Breite jener Themen anzuschneiden, die Gegenstand der juristischen Methodenlehre und speziell der Logik sind. Vielmehr soll nur die rechtsphilosophisch wichtige Frage aufgegriffen werden, inwiefern das juristische Denken ein begrifflich-deduktives Denken und inwiefern es von anderer Art sei, nämlich ein Denken, das für konkrete Probleme Lösungen sucht und sich hierzu besonderer Techniken des In-Betracht-Ziehens, Vergleichens und Erwägens bedient.

§ 38. Begrifflich-systematisches Denken

Literatur: *K. G. Wurzel*, Das juristische Denken, 1904 (auch in: *ders.*, Rechtswissenschaft als Sozialwissenschaft, 1991); *G. Radbruch*, Rechtswissenschaft als Rechtsschöpfung, in: Archiv f. Sozialwiss. und Sozialpolitik, 1906, S. 355 ff.; *G. Boehmer*, Grundlagen der bürgerlichen Rechtsordnung, II 1, 1951, S. 59 ff.; 158 ff., 190 ff.; *F. Wieacker*, Privatrechtsgeschichte der Neuzeit, 1952, ²1967, S. 430 ff., 574 ff.; *K. Engisch*, Sinn und Tragweite juristischer Systematik, in: Studium Generale 1957, S. 173 ff.; *Larenz* ML, S. 19 ff., 49 ff., 119 ff.; *C. W. Canaris*, Systemdenken und Systembegriff in der Jurisprudenz, 1969, ²1983; *Fikentscher* MR, III, S. 87 ff., 365 ff., 373 ff.; *W. Krawietz* (Hg), Theorie und Technik der Begriffsjurisprudenz, 1976; *F.-J. Peine*, Das Recht als System, 1983; *M. Baldus*, Die Einheit der Rechtsordnung, 1995.

I. Das Programm einer Begriffsjurisprudenz

Literatur: *F. C. v. Savigny*, Juristische Methodenlehre, 1802/03, ed. v. G. Wesenberg, 1951; *ders.*, wie zu § 4 II; *Puchta*, wie zu § 4 II; *R. v. Jhering*, Geist des römischen Rechts, II 2, 1858, ⁴1883, S. 357 ff., insb. S. 386–389.

Das Vertrauen in das demokratisch beschlossene Gesetz (§ 11 II 4) und das Prinzip der Gewaltenteilung (§ 31 II) führten zu dem Wunsch, den Richter einer strengen Bindung an das Gesetz zu unterwerfen, damit über die Rechtsstreitigkeiten allein das Gesetz entscheide. So wollte Montesquieu (EL XI 6) den Richtern nur die Aufgabe zuteilen, der Mund zu sein, der die Worte des Gesetzes ausspricht; sie hätten willenlose Wesen zu sein, die des Gesetzes Schärfe und Strenge nicht mildern könnten. So sah es auch der junge Savigny: Es entscheide dann „nicht mehr die Willkür des Richters, sondern das Gesetz selbst, der Richter erkennt nur die Regeln und wendet sie auf den einzelnen Fall an. … Da das Gesetz zur Ausschließung aller Willkür gegeben wurde, so ist die einzige Behandlung und das einzige Geschäft des Richters eine rein logische Interpretation" (Savigny 1951, 14 f.; differenzierter Savigny 1814, 20 ff.).

Hiernach sollte dem Richter also eine rein dogmatische Aufgabe zukommen: Er sollte an einen autoritativ vorgegebenen Rechtssatz gebunden sein, den er in seinem Sinngehalt auszuschöpfen habe. Ein solches Modell der Rechtsfindung enthebt ihn der eigenen Sorge um die Gerechtigkeit, des Wagnisses und der Not einer eigenständigen Entscheidung. Es nimmt seinem Amt aber auch den anspruchsvollen

Rang einer „ars boni et aequi" (Dig. 1, 1, 1, pr.), einer „divinarum atque humanarum rerum notitia, iusti atque iniusti scientia" (Dig. 1, 1, 10, 2). Der Richter wird zu
einem bloßen „Gehorsamskünstler", der die feinsten Nuancen des Gesetzes zu
erkennen und zu befolgen versteht (Wurzel 1904, 33).

Sollte der Richter über jeden zulässigerweise vor ihn gebrachten Fall eine Sach-
entscheidung treffen, so war jenes Programm einer Rechtsfindung mit rein begrifflich-logischen Mitteln nur zu verwirklichen, wenn man voraussetzte, daß die
Rechtsordnung ein lückenloses, geschlossenes Normensystem sei oder jedenfalls
auf rein logische Weise zu einem solchen ergänzt werden könne.

Der Gedanke, daß man aus allgemeinen Prämissen – seien es anthropologische
oder normative Voraussetzungen – die Lösung konkreter Rechtsfragen ableiten
könne, war schon in einigen Naturrechtstheorien angelegt. Vor allem Christian
Wolff hatte sich vorgenommen, in seinen Institutionen des Natur- und Völkerrechts
alle Rechte und Pflichten aus der menschlichen Natur abzuleiten („Institutiones
juris naturae et gentium, in quibus ex ipsa hominis natura continuo nexu omnes
obligationes et jura omnia deducuntur", 1752). Bei Wolff war es der natürliche
Trieb des Menschen, sich selbst und seine Lebensumstände zu vervollkommnen, aus
dem alle Rechtssätze abgeleitet werden sollten („ratiocinationis filo deducuntur
omnia", aaO., § 43).

Einfluß auf die Rechtswissenschaft gewann der Systemgedanke dann vor allem in
der Historischen Rechtsschule. Schon bei Savigny trat neben die Idee, das Recht sei
Ergebnis einer historischen Entwicklung (§ 4 II), die Vorstellung von der Rechtsordnung als eines begrifflich-logischen Systems – ohne daß beide Auffassungen in
einen überzeugenden Zusammenhang zueinander gebracht worden wären. Savigny
erlag hier wohl der Versuchung eines der großen wissenschaftlichen und philosophischen Programme seiner Zeit: die einzelnen Erkenntnisse und Begriffe eines
Wissensgebietes oder sogar der menschlichen Erkenntnis überhaupt in ein System
zu fassen, ein Programm, an dem sich auch Fichtes Wissenschaftslehre, Hegels
Logik und Schellings Identitätsphilosophie versucht hatten. So wollte Savigny die
einzelnen Rechtssätze nicht nur in einen historischen, sondern auch in einen
systematischen Zusammenhang bringen. Aufgabe war dann „die Erkenntnis und
Darstellung des inneren Zusammenhangs oder der Verwandtschaft, wodurch die
einzelnen Rechtsbegriffe und Rechtsregeln zu einer großen Einheit verbunden
werden" (Savigny 1840, S. XXXVI, 10, 214). Die Gesamtheit der Rechtsquellen
bilde „ein Ganzes, welches zur Lösung jeder vorkommenden Aufgabe im Gebiete
des Rechts bestimmt ist. Damit es zu diesem Zweck tauglich sei, müssen wir daran
zwei Anforderungen machen: Einheit und Vollständigkeit ... Das regelmäßige
Verfahren besteht in der Bildung eines Rechtssystems aus der Gesamtheit der
Quellen." „Fehlt die Einheit, so haben wir einen Widerspruch zu entfernen, fehlt
die Vollständigkeit, so haben wir eine Lücke auszufüllen" (Savigny 1840, S. 262 f.).

Auch Puchta suchte nach einem Zusammenhang, in dem die Rechtssätze eines
Volkes untereinander stehen. Ein „organischer Zusammenhang" des Rechts ergebe
sich zunächst daraus, daß dessen Rechtssätze aus dem Geist eines Volkes hervorgehen. Ohne stichhaltige Begründung nahm Puchta dann aber an, daß diesem in
einem bestimmten Volksgeist begründeten Zusammenhang ein logisch-systemati-
scher Zusammenhang der Rechtssätze entspreche. Daraus zog er eine weitreichende
Folgerung: Es sei „die Aufgabe der Wissenschaft, die Rechtssätze in ihrem systematischen Zusammenhang, als einander bedingende und von einander abstammen-
de, zu erkennnen, um die Genealogie der einzelnen bis zu ihrem Prinzip hinauf
verfolgen, und eben so von den Prinzipien bis zu ihren äußersten Sprossen herab-

steigen zu können. Bei diesem Geschäft werden Rechtssätze zum Bewußtsein gebracht und zu Tage gefördert werden, die in dem Geist des nationellen Rechts verborgen, weder in der unmittelbaren Überzeugung der Volksglieder und ihren Handlungen, noch in den Aussprüchen des Gesetzgebers zur Erscheinung gekommen sind, die also erst als Produkt einer wissenschaftlichen Deduktion sichtbar entstehen" (Puchta 1893, § 15).

Eine positivistische Wendung erfuhr der Systemgedanke dann in der (nicht konsequent verwirklichten) Idee einer Begriffsjurisprudenz: alle juristischen Entscheidungen aus einem System von positiven Rechtssätzen und Rechtsgrundsätzen mit logischen Mitteln und ohne eigene Wertung abzuleiten.

II. Die Undurchführbarkeit dieses Programms

Literatur: *F. C. v. Savigny*, wie zu § 4 II; *O. Bülow*, Gesetz und Richteramt, 1885; *E. Ehrlich*, Freie Rechtsfindung und freie Rechtswissenschaft, 1903, Neudr. 1973; *H. Kantorowicz* (Gnaeus Flavius), Der Kampf um die Rechtswissenschaft, 1906; *Ph. Heck*, wie zu § 9; *H. Reichel*, Gesetz und Richterspruch, 1915; *E. Ehrlich*, Die juristische Logik, 1918, ²1925; *H. Isay*, Rechtsnorm und Entscheidung, 1929; *Th. Viehweg*, Topik und Jurisprudenz, 1953, ⁵1974; *O. Bachof*, Grundgesetz und Richtermacht, 1959; *J. Esser*, Vorverständnis und Methodenwahl in der Rechtsfindung, 1970, ²1972; *Zippelius* ML, §§ 9 II, 10 VII, 11, 13; ders., RuG, Kap. 34; *A. Gängel, K. A. Mollnau* (Hg) Gesetzesbindung und Richterfreiheit, 1992; *W. Hassemer*, Juristische Methodenlehre und richterliche Pragmatik, in: F. f. H. Jung, 2007.

Dieses Programm einer rein dogmatischen, den Sinn eines vorgegebenen Rechts lediglich ausschöpfenden Jurisprudenz und Rechtsanwendung hat sich als undurchführbar erwiesen. Immer wieder sind schon in der alltäglichen Auslegung von Gesetzen Fragen zu entscheiden, die sich nicht streng dogmatisch und exakt, unter Einsatz bloß sprachlicher und logischer Erkenntnismittel lösen lassen. Interessenjurisprudenz und Freirechtslehre haben nachgewiesen, daß das positive Recht unscharf und lückenhaft ist, daß es kein geschlossenes System bildet und auch nicht auf rein logische Weise zu einem solchen ergänzbar ist. Zu dieser Erkenntnis führten verschiedene Wege:

1. Die Unschärfe der Sprache

Schon die Sprache, deren sich das Gesetz bedient, ist unscharf. Das gilt vor allem für Wörter wie „Treu und Glauben" oder „sittenwidrig", die Wertungsbegriffe bezeichnen. Hier ist die Notwendigkeit einer Wertung offensichtlich. Aber auch Wörter, die einen Erfahrungstatbestand (etwa eine verbotene Handlungsweise) allgemein bezeichnen, sind mehr oder minder mehrdeutig; das ihnen zugehörige Feld von Bedeutungen hat neben einem „Bedeutungskern" einen „Bedeutungshof" (Heck 1914, 46 f., 173). Daß Wörter der genannten Art einen Bedeutungsspielraum haben, hat einen einsichtigen Grund: Die Bedeutung von Wörtern lernt der Einzelne ursprünglich „exemplarisch" kennen, also in der Weise, daß man ihm das Wort unter Hinweis („Deuten") auf den bezeichneten Gegenstand nennt (Zippelius ML, §§ 4 I; 9 II): „Das ist ein Bach"; „dort steht ein Baum" usw. Sie haben daher für jeden den Bedeutungsumfang, den gerade er mit ihnen zu verbinden (zu „assoziieren") gelernt hat. Auch für den Einzelnen selbst wird dieser Bedeutungsumfang oft nicht exakt – durch Assoziationen eines Wortes mit exakt bestimmten Gegenständen – eingeführt (vom wievielten Baum ab ist ein Baumbestand ein „Wald"; in welcher Sekunde endet die „Nacht"?).

Aufgabe der Auslegung ist es, innerhalb des Spielraumes der möglichen Wortbedeutungen, die nach dem Sprachgebrauch dieser Rechtsgemeinschaft mit den Gesetzesworten verbunden werden können, jene Bedeutungsvariante herauszufinden und zu präzisieren, die diesen Worten im vorliegenden Text richtigerweise zukommt.

Diese Auswahl vollzieht sich nicht in exakter Weise. Insbesondere führen die Auslegungskriterien (Sinnbestimmungsmittel) der Begriffsjurisprudenz – das „grammatische", das „logische", das „historische" und das „systematische" Kriterium (Savigny 1840, 213 f.) – nicht zu einer scharfen Abgrenzung der Wortbedeutungen: Der Sprachgebrauch der Sprachgemeinschaft und des Gesetzgebers, die logischen Beziehungen, in denen die Gesetzeswörter zueinander stehen, die Entwicklungs- und Entstehungsgeschichte der Rechtsnorm und deren Stellung im Gesamtsystem des Rechts: all diese Kriterien bieten nur lose zusammenhängende Anhaltspunkte, die als Argumente für diese oder jene Auslegung sprechen können. Sie fügen sich jedoch nicht zu einer exakten Methode zusammen. Ja diese Kriterien können sogar einander widerstreiten. Und wir besitzen keine gesicherte Rangordnung, aus der sich in solchen Fällen zweifelsfrei ergäbe, wann immer dem einen oder dem anderen Auslegungsargument der Vorzug gebührt. So lassen sich mit unterschiedlichen Argumenten unterschiedliche Ergebnisse „begründen".

Auslegung ist also ein argumentatives Verfahren, in welchem zwischen verschiedenen Auslegungsalternativen eine Wahl getroffen wird (Zippelius ML, § 10): Die verschiedenen Auslegungskriterien dienen dazu, Argumente für die eine oder andere Auslegung zu liefern, auch dazu, mögliche Alternativen der Auslegung überhaupt erst sichtbar zu machen. Manche Auslegungsalternativen können unzweifelhaft abgewiesen werden, insbesondere solche, die mit dem möglichen Sprachsinn eindeutig unvereinbar sind, oder solche, die in einen klaren logischen Widerspruch zu gleich- oder höherrangigen Normen geraten. Regelmäßig bleibt dann aber noch eine Wahl zwischen mehreren „vertretbaren" Auslegungsalternativen. Diese vollzieht sich nicht in „exakter" Weise; in der Regel wird sie davon bestimmt, welche Auslegung zu der Lösung führt, die das Rechtsgefühl am meisten befriedigt.

2. Das Erfordernis der Rechtsfortbildung

Die Inexaktheit der Rechtsanwendung ist nicht nur in der Unschärfe des sprachlichen Ausdrucks begründet, sondern auch in der Entwicklungsbedürftigkeit der Rechtsgrundsätze selbst. Diese bedürfen einer differenzierenden oder generalisierenden Fortbildung (§ 40). Sie kann sich, insbesondere durch Analogieschlüsse, auch über den Wortsinn der Norm hinwegsetzen, also über den Bereich der Auslegung hinausgehen.

Der Rechtsanwender steht also nicht nur aus semantischen Gründen vor offenen Fragen. Auf solche führt auch etwa das Problem der Lücken im Recht. Diese können sich daraus ergeben, daß das Gesetz schon seiner Formulierung nach unvollständig ist. Es gibt aber auch Lücken, die wir deshalb annehmen, weil das Gesetz nach vorherrschendem Rechtsempfinden als ergänzungsbedürftig erscheint (Zippelius ML, § 11 I b). Rechtsphilosophisch ist das der interessantere Fall: Gesetze können uns deshalb als ergänzungsbedürftig erscheinen, weil Fälle, die billigerweise in die Regelung einbezogen sein sollten, vom Gesetzeswortlaut nicht mit umfaßt werden. So hat man z. B. im ursprünglichen Text des Bürgerlichen Gesetzbuches einen Anspruch aus positiver Vertragsverletzung vermißt. Die Ergänzungsbedürftigkeit kann ihren Grund aber auch darin haben, daß das Gesetz seinem Wortlaut nach Fälle mit umfaßt, die es billigerweise nicht erfassen sollte.

Hier fehlt also eine Ausnahmeregelung. So galt z. B. im früheren Strafrecht ein ausnahmsloses Abtreibungsverbot, und man vermißte einen Ausnahmetatbestand für den Fall, daß ein Schwangerschaftsabbruch vorgenommen wurde, um das Leben der Mutter zu retten.

In Fällen der hier beschriebenen Art ist nicht erst die Ausfüllung der Lücke, sondern schon deren Feststellung von einer Wertung bestimmt: Wir finden wesentlich Gleiches ungleich oder wesentlich Ungleiches gleich behandelt. Im Analogieschluß wird dann die Gleichbehandlung vollzogen (§ 40 II). Weist hingegen der vorliegende Fall Besonderheiten auf, die dafür sprechen, ihn anders („ungleich") zu behandeln als den gesetzlich geregelten Normalfall, also z. B. einen medizinisch notwendigen Schwangerschaftsabbruch anders als die „normalen" Abtreibungsfälle (§ 40 I 1), dann kann das zur judikativen Einführung eines Ausnahmetatbestandes oder zu einer restriktiven Auslegung führen.

Vor einer „offenen", d. h. nicht vom Gesetzeswortlaut gedeckten Rechtsfortbildung ist noch eine weitere Wertentscheidung zu treffen: Auch wenn Gründe für eine Korrektur des Gesetzes sprechen, ist noch zu erwägen, ob diese nur de lege ferenda vom Gesetzgeber zu fordern oder schon de lege lata vom Richter selbst vorzunehmen ist (§ 39 III 2).

3. Systemkritik

Hinzu kam eine grundsätzliche Systemkritik (Viehweg 1974, § 7; Canaris 1983, 20 ff.). Sie erhob prinzipielle Bedenken dagegen, die axiomatische Methode auf das Recht anzuwenden: Die Rechtsordnung wäre nur dann ein homogenes logisches System, wenn sich alle Rechtssätze aus wenigen Axiomen herleiten ließen, deren Vollständigkeit, Verträglichkeit und Unabhängigkeit gesichert sein müßte. Diese Bedingungen eines axiomatischen Systems erfüllt aber die Rechtsordnung offensichtlich nicht. Die Rechtsnormen in ihrer Vielfalt – etwa die Regeln der gesetzlichen Erbfolge, die Vorschriften über die Mängelhaftung des Verkäufers, das Verbot der Urkundenfälschung, die Vorschriften über die Denkmalspflege, die Bestimmungen über die Hundesteuer und die Regeln des Straßenverkehrsrechts – lassen sich nicht aus einigen wenigen Axiomen des Rechts auf rein logischem Wege ableiten.

4. Konkrete Grundlagen der Rechtsgewinnung

Philipp Heck wies darauf hin, daß die Begriffsjurisprudenz auch schon deshalb prinzipiell verfehlt war, weil diese die Genese der Rechtsnormen von Grund auf verkannte: Die Begriffsjurisprudenz wollte Begriffe „produktiv" machen, wollte aus Begriffen Normen gewinnen. Rechtsnormen entstehen aber nicht aus begrifflichen Spekulationen, sondern aus zweckbestimmten Interessenabwägungen. Die allgemeinen Rechtsbegriffe sind bloße Ordnungsbegriffe, welche die so entstandenen Rechtsnormen oder deren Elemente zum Zweck einer übersichtlichen Darstellung zusammenfassen. Die Begriffsjurisprudenz stellte die Dinge auf den Kopf, wenn sie diese methodische Reihenfolge umkehren und aus Ordnungsbegriffen Rechtsnormen ableiten wollte (Heck 1932, 73). Ähnliche Gedanken fanden sich schon im römischen Recht, das auf induktivem Wege gewonnen war (§ 18 II): „Regula est, quae rem quae est breviter enarrat. Non ex regula ius sumatur, sed ex iure quod est regula fiat" (Dig. 50, 17, 1). Oder wie Ehrlich (1925, 268 f.) sagte: Die wissenschaftliche Begriffsbildung sei nur Hebamme, nicht Wöchnerin.

5. Ergebnis und Rückblick

In solcher Weise wurden die These von der logischen Geschlossenheit der Rechtsordnung und die Vorstellung, daß Rechtsfindung mit rein logischen Mitteln möglich sei, von verschiedenen Seiten her angegriffen. Rechtsfindung stellte sich zunehmend als ein argumentatives Verfahren dar: Die einzelnen Auslegungskriterien oder die bei der Lückenausfüllung verwendeten Erwägungsmuster erschienen dann als Argumente im Dienste einer Rechtsfindung, die den Zwecken des Gesetzgebers und der Gerechtigkeit möglichst nahezukommen hatte (Zippelius ML, § 3 I b). Die Freirechtsschule rückte die Wertungs- und Gerechtigkeitsfrage sogar an den Anfang und meinte, jeder Richter handle im Grunde wie der berühmte Bartolus, der im 14. Jahrhundert seine Rechtsgutachten schrieb und angeblich zuerst seine Entscheidung traf und dann erst die rechtlichen Gründe suchte, die sie trugen (Kantorowicz 1906, 20 f.). Ähnlich sagt eine neuere Lehre, der Richter gehe mit einem bestimmten Vorverständnis von Recht und Gerechtigkeit an den konkreten Fall heran. Dieses Vorverständnis bestimme die Wahl der methodischen Mittel (Esser 1972).

Bleibt noch die sekundäre Frage, ob mit der – als notwendig erkannten – Absage an die begriffsjuristische Methode eine Einbuße an Rechtssicherheit und damit an Rechtsstaatlichkeit einhergehen. Sollte doch die begrifflich-logische Methode eine feste und jederzeit kontrollierbare Bindung des Richters an das Gesetz sichern helfen. Aber selbst dieser Verlust wiegt nicht allzu schwer. Die Geschicklichkeit, mit der eine routinierte Begriffsjurisprudenz das gewünschte Ergebnis hervorzuzaubern verstand, hat gezeigt, daß man sogar den rechtsstaatlichen Wert einer stark begriffsgebundenen Jurisprudenz nicht überschätzen darf. Schon bevor man in Deutschland Gelegenheit hatte, Erfahrungen mit einer nationalsozialistischen Rechtswissenschaft und Rechtsprechung zu sammeln, hat Erich Kaufmann seine Skepsis gegen eine selbstgenügsame und selbstgewisse dogmatische Jurisprudenz in die Worte gefaßt: „Die bloß technische Rechtswissenschaft ist eine Hure, die für alle und zu allem zu haben ist. Man hat gesagt, daß jeder technisch gut ausgebildete Jurist im Grunde alles beweisen kann, und daß nur die anständigen unter ihnen von dieser Fähigkeit keinen Gebrauch machen."[1]

Die Entwicklung zur Begriffsjurisprudenz und zurück hatte historische Gründe. Im Frühliberalismus und im Frühkonstitutionalismus vereinigte sich das Vertrauen in die von der Volksvertretung beschlossenen oder wenigstens mitbeschlossenen Gesetze mit einem gewissen Mißtrauen gegen den Richter, dessen Stellung als eines Fürstendieners noch in der Erinnerung haftete. Eine begrifflich-logische Methode sollte daher eine feste und jederzeit kontrollierbare Bindung des Richters an die Normen sichern. Seither ist nicht nur der Glaube an die Berechenbarkeit einer begriffsgebundenen juristischen Methode geschwunden, sondern mehr noch das Vertrauen in die selbstverständliche Gerechtigkeit des Gesetzes, in deren Dienst jene Berechenbarkeit stehen sollte. Andererseits ist der Richter in der gegenwärtigen pluralistischen Demokratie in seiner Unabhängigkeit gefestigt und steht verhältnismäßig weit außerhalb des Einflußbereiches politischer Parteien und Interessentengruppen. Durch diese „Rollendistanz" hat die rechtsprechende Gewalt inzwischen an Vertrauen gewonnen. Richterliche Wertungen erscheinen heute darum

---

[1] E. Kaufmann, in: Veröffentlichungen der Vereinigung der Deutschen Staatsrechtslehrer, 3 (1927), S. 22.

weniger suspekt als ehedem, so daß es nicht nur als methodisch unvermeidlich, sondern auch als sachlich gerechtfertigt erscheint, der rechtsprechenden Gewalt einen gebührenden Anteil an der Lösung der Gerechtigkeitsprobleme zu überlassen.

III. Verbleibende Funktionen systematischen Denkens

Literatur: *C. Höpfner,* Die systemkonforme Auslegung, 2008.

Die Rechtsordnung läßt sich also nicht als System darstellen, das aus wenigen Axiomen ableitbar ist. Das juristische Denken erschöpft sich nicht in logischen Deduktionen. Gleichwohl behält das logisch-systematische Denken seine Funktion als eine unter mehreren Denkweisen, die zur Lösung juristischer Fragen dienen. Die grundsätzliche Systematisierungstendenz unseres Bewußtseins (§ 17 I) drängt uns, auch die Vielfalt der rechtlichen Normen in überschaubare Zusammenhänge zu bringen, auch wenn wir wissen, daß wir auf diesem Wege nicht zu einer vollständigen Systematisierung gelangen.

Im Recht ist eine Systematisierung in verschiedenen Hinsichten möglich: Als klassifizierende ordnet sie Normen oder Rechtsbegriffe nach gemeinsamen und unterscheidenden Merkmalen: So unterscheiden wir z. B. Normen des Sachenrechts – die den Schutz und die Übertragung privater Herrschaft über Sachen regeln – und Normen des Schuldrechts – die privatrechtliche Leistungsansprüche zwischen zwei oder mehreren Personen betreffen. Wir fassen schuldrechtliche Bestimmungen nach den geregelten Lebenssachverhalten als „Kaufrecht", „Mietrecht", „Recht der Dienstverhältnisse", „Gesellschaftsrecht" usw. zusammen, teilen die dinglichen Rechte in das unbeschränkte Eigentumsrecht und die beschränkten dinglichen Rechte ein und gliedern diese in Nutzungsrechte, Verwertungsrechte und Erwerbsrechte. Auf solche Weise gewinnt man Übersicht über die Normenbestände und macht das Recht „transparent". – Daneben verwenden wir eine teleologische Systematisierung, welche die Normen einander nach der Zweck-Mittel-Relation zuordnet: Zum Beispiel fassen wir im Prozeßrecht diejenigen Verfahrensvorschriften zusammen, die unmittelbar oder mittelbar eine Verfahrensbeschleunigung bezwecken, oder jene Normen, die der Feststellung des Sachverhalts dienen. – Wir benützen ferner eine geltungstheoretische Systematisierung, d. h. wir gliedern die Normenordnung nach dem Gesichtspunkt des „Geltungsgrundes": So haben die Gesetze ihren Geltungsgrund in der Verfassung, die Rechtsverordnungen und Satzungen ihren Geltungsgrund in Gesetzen. Es besteht also ein „Stufenbau" der Normenordnung. – Eines logisch-systematischen Denkens bedienen wir uns auch dann, wenn wir die Normenordnung auf Widersprüche prüfen und Normen hierzu in Beziehung zueinander setzen.

Das logisch-systematische Denken erfüllt in der Jurisprudenz also die wichtige Aufgabe, die Widerspruchsfreiheit und Übersichtlichkeit der Normenordnung zu gewährleisten: Es hat dafür zu sorgen, daß sich die einzelnen Rechtssätze widerspruchsfrei zueinanderfügen. Es hat die einzelnen Normen zu einem möglichst transparenten Normengefüge zu ordnen und eine einfache Darstellung der Rechtsordnung zu ermöglichen; dies dient der Orientierungsgewißheit und damit der Rechtssicherheit. Systematisches Denken dient auch einer teleologischen Transparenz der Rechtsordnung: Es macht sichtbar, welche grundsätzlichen Zwecke des Rechts man mit dem Erlaß spezifischer Normen folgerichtigerweise voraussetzt. Es hilft schließlich, in gleichartigen Fällen die gleichen allgemeinen Rechtsgrundsätze anzuwenden und damit das Prinzip der Gleichbehandlung zu verwirklichen.

Das systematische Denken liefert auch wichtige Auslegungskriterien (Zippelius ML, § 10 III): Die „systematische Auslegung" – d. h. die Auslegung aus dem Zusammenhang, in dem die verschiedenen Normen zueinander stehen – gebietet insbesondere, die einzelnen Normen, soweit irgend möglich, so zu interpretieren, daß sie nicht in einen logischen Widerspruch zueinander geraten. Sie sind womöglich auch so auszulegen, daß teleologische Widersprüche vermieden werden, daß sie also nicht widerstreitenden Zwecken dienen oder daß konkurrierende Zwecke wenigstens so aufeinander abgestimmt werden, daß ein optimaler und gerechter Kompromiß zwischen ihnen gefunden wird. – Der Gedanke der Einheit des Rechts führt ferner zur Aufdeckung solcher Gesetzeslücken, die in einer inneren Inkonsequenz des Gesetzes begründet sind: darin nämlich, daß das Gesetz wesentlich Gleiches ungleich oder wesentlich Ungleiches gleich behandelt (§ 40 II). Auch hier tritt das Prinzip der „Systemgerechtheit" zutage: Nach ihm soll sich die Lösung eines Rechtsproblems logisch und teleologisch folgerichtig in den Kontext der gleich- und höherrangigen Rechtsnormen einfügen (§ 11 III 3 d). – Diesem Prinzip ist auch der Gesetzgeber verpflichtet; er soll die in der Rechtsordnung zum Ausdruck gekommenen Gerechtigkeitsgedanken – die in ihrer Gesamtheit eine spezifische Rechtskultur widerspiegeln – folgerichtig zum Ausdruck bringen und fortentwickeln. So sagt das Bundesverfassungsgericht: Es seien in der Rechtsordnung „bestimmte Wertungen und Vernünftigkeitsraster normiert, innerhalb deren sich der Gleichheitsgrundsatz vor allem als Forderung nach Folgerichtigkeit der Regelungen, gemessen an den Angelpunkten der gesetzlichen Wertungen, zu Wort meldet" (BVerfGE 60, 40).

Die geltungstheoretische Systematisierung hat die schon dargestellte Ordnungsfunktion im Recht (§ 28 II 2): Die Ermächtigungen, die den rechtsverbindlichen generellen Normen und auch den individuellen Verpflichtungen zugrunde liegen, bilden in einer organisierten (staatlichen oder supranationalen) Rechtsgemeinschaft ein in Stufen gegliedertes Kompetenzengefüge. Dieses ist das Rückgrat einer rationalen Strukturierung der Rechtsordnung: In ihm müssen die verschiedenen Kompetenzen so geordnet sein, daß die auf ihrer Grundlage ergehenden Normen und Entscheidungen eine widerspruchsfreie und funktionsfähige Verhaltensordnung bilden (Zippelius 2004, Kap. 7 und 9). Aus dieser Kompetenzenordnung ergeben sich die Kriterien nicht nur für das gültige Zustandekommen rechtlicher Normen und individueller Rechtspflichten, sondern auch für die Entscheidung von Normenkollisionen.

§ 39. Argumentierendes Erwägen

Literatur: *H. Hubien* (Hg), Le raisonnement juridique, 1971; *J. Blühdorn, W. Hassemer, Th. Viehweg,* in: Jahrb. f. Rechtssoziol. und Rechtstheorie II, 1972, S. 439 ff.; *R. Alexy,* Theorie der juristischen Argumentation, 1978, ²1991; *W. Hassemer u. a.* (Hg), Argumentation und Recht, ARSP-Beiheft 14, 1980; *A. Aarnio u. a.* (Hg), Methodologie und Erkenntnistheorie der jurist. Argumentation, Rechtstheorie, Beiheft 2, 1981; *U. Neumann,* Juristische Argumentationslehre, 1986; *C. Braun,* Diskussionstheoretische Normenbegründung, Rechtstheorie 1988, S. 238 ff.; *Henke* RuSt, §§ 52, 54; *F. Haft, E. Hilgendorf,* Juristische Argumentation und Dialogik – ein Streifzug durch die Geschichte der juristischen Argumentationsmethoden, in: F. f. A. Kaufmann, 1993, S. 93 ff.; *U. Neumann,* Recht als Struktur und Argumentation, 2008.

I. Methodische Ausgangspunkte

Literatur: Zu 1: *O. Bülow,* Gesetz und Richteramt, 1885; *Ph. Heck,* wie zu § 9; *L. Recaséns Siches,* Tratado General de Filosofia del Derecho, 1959, ²1961, S. 641 ff.; *M. Kriele,* Theorie der Rechtsgewinnung, 1967, ²1976, insbes. S. 162 ff., 177 ff.
Zu 2: Wie zu § 11 III 3; *F. Schleiermacher,* Dialektik, 1822, hg. v. R. Odebrecht, (1942), 1976; *L. Feuerbach,* Grundsätze der Philosophie der Zukunft, 1843; *K. Jaspers,* Einführung in die Philosophie, 1950, ²⁰1980; *O. F. Bollnow,* Die Objektivität der Geisteswissenschaften und die Frage nach dem Wesen der Wahrheit, ZfPhilosForsch. 1962, S. 3 ff.; *P. Lorenzen,* Methodisches Denken, 1968; *Ch. Perelman,* Über die Gerechtigkeit, 1967, S. 132 ff., 149 ff.; *ders.,* Logique Juridique, 1976 (dt. 1979); *P. Lorenzen, O. Schwemmer,* Konstruktive Logik, Ethik und Wissenschaftstheorie, 1973, ²1975; *R. Gröschner,* Dialogik und Jurisprudenz, 1982; *J. Habermas,* Moralbewußtsein und kommunikatives Handeln, 1983, ⁴1991; *ders.,* Vorstudien und Ergänzungen zur Theorie des kommunikativen Handelns, 1984, S. 127 ff.; *W. Kuhlmann,* Reflexive Letztbegründung, 1985; *H. Scheit,* Wahrheit, Diskurs, Demokratie, 1987; *K. O. Apel,* Diskurs und Verantwortung, 1988; *E. Hilgendorf,* Argumentation in der Jurisprudenz. Zur Rezeption von analytischer Philosophie und kritischer Theorie in der Grundlagenforschung der Jurisprudenz, 1991; *H. Keuth,* Erkenntnis oder Entscheidung. Zur Kritik der kritischen Theorie, 1993; *R. Alexy, O. Weinberger,* in: Rechtstheorie, Beiheft 14, 1994, S. 143 ff., 253 ff.; *W. Enderlein,* Diskursethik und Privatrecht, in: F. Bydlinski u. a., Die ethischen Grundlagen des Privatrechts, 1994, S. 53 ff.; *Kaufmann* RPh, Kap. 15 I; *E. Hilgendorf,* Zur transzendentalpragmatischen Begründung von Diskursregeln, Rechtstheorie 1995, S. 183 ff.; *R. Alexy,* Grundgesetz und Diskurstheorie, in: W. Brugger (Hg), Legitimation des Grundgesetzes, 1996, S. 343 ff.; *P. Gril,* Die Möglichkeit praktischer Erkenntnis aus Sicht der Diskurstheorie, 1998; *J. Lege,* Pragmatismus und Jurisprudenz, 1999, S. 594 ff.; *A. Engländer,* Diskurs als Rechtquelle. Zur Kritik der Diskurstheorie des Rechts, 2002.

1. Rechtsbildung aus der Lösung konkreter Probleme

Die Jurisprudenz sucht Antworten auf konkrete Gerechtigkeits- und Ordnungsprobleme. Zu dieser Einsicht ist man von verschiedenen Seiten her gelangt:

Schon Oskar Bülow (1885, 17) hatte geschrieben: „Das Recht ist ein Ergebnis der Erfahrung. Es hat herausexperimentiert werden müssen: Es ist ein Erzeugnis bitterer Rechtsnot, die von Fall zu Fall dahin gedrängt hat, den Gut und Leben gefährdenden Widerstreit der menschlichen Selbstsucht und Leidenschaft durch den unparteiischen Rechtsspruch der machtvollen Staatsgewalt schlichten zu lassen." Noch an kein Gesetz gebunden, habe die richtende Gewalt einst mit der selben Freiheit gewaltet, wie später die gesetzgebende, sie sei geleitet gewesen durch das im Volke lebendige Rechtsgefühl und sei durch die Macht der Gewohnheit allmählich in beständige Bahnen gelenkt worden.

Bereits ein Blick auf die Fallrechtsjurisprudenz (§ 18 II) konnte deutlich machen, daß mit ihr der Weg der Rechtsbildung adäquater erfaßt wurde als durch das begriffsjuristische Konzept. An der Methode des „reasoning from case to case" — also des Weiterdenkens eines Rechtsgedankens an Hand konkreter Fälle — konnte man sehen, daß auch diese Rechtsfindung kein unreflektierter Zugriff auf ein irrationales Rechtsgefühl ist, sondern daß vernünftige Erwägungen Anteil an ihr haben. Zu ihnen gehört insbesondere der Fallvergleich, also die Frage, ob sich der vorentschiedene Fall von dem jetzt vorliegenden in erheblichen Punkten unterscheide oder ob der wesentliche Rechtsgedanke, nach dem der frühere Fall entschieden wurde, auch auf den jetzigen Fall zutreffe (§ 40).

Aus einer anderen Sicht hat Philipp Heck (1932, 149 f.) gezeigt, daß das Recht in einem erwägenden Denken konkrete Probleme zu lösen – nämlich Interessenkonflikte zu entscheiden – hat (§ 38 II 4): „Der Forscher sucht zunächst das Problem

möglichst bestimmt als offene Frage zu erfassen. Dann werden von dieser Grund-
haltung aus die verschiedenen denkbaren Lösungen und die Anhaltspunkte für jede
von ihnen hervorgeholt und angeschaut. Den Schluß bildet die Abwägung der
Anhaltspunkte für und wider die verschiedenen Lösungen und dadurch die schließ-
liche Entscheidung." Hier wird auch gesehen, daß die konkreten juristischen
Erwägungen weitgehend antinomisch sind: Man zieht verschiedene Lösungsmöglichkeiten in Betracht und wägt bei deren Auswahl die für und gegen sie sprechenden Argumente ab.

Auf einem anderen Wege gelangte Luis Recaséns Siches (in: Hubien 1971, 129 ff.)
zu der Ansicht, daß das Recht es mit argumentativ zu findenden Problemlösungen
zu tun habe: Rechtsnormen seien Instrumente, um in der sozialen Wirklichkeit
bestimmte, als wünschenswert erfaßte Zwecke zu erreichen. Dieser Funktion des
Rechts sei eine besondere Art von Logik angemessen, eine Logik, welche die
praktischen Fragen menschlichen Lebens betreffe, eine Logik des Vernünftigen
und der Argumentation. Bei dieser gehe es nicht, oder jedenfalls nicht in erster
Linie, um systematisches Denken, sondern um das Erwägen konkreter Probleme, in
welchem die Überzeugungskraft der verschiedenen Argumente geprüft werde.
Diese Argumentation enthalte Werturteile und insbesondere Aussagen darüber,
welche Zwecke anzustreben seien, und Überlegungen über die tatsächlichen Möglichkeiten und Mittel, solche Zwecke zu verwirklichen. Diese Argumentation sei
bedingt und beeinflußt durch die soziale Situation und überhaupt durch die konkrete Realität der Welt, in der sich das Handeln und Entscheiden abspielt.

Begreift man in dieser oder ähnlicher Weise das Recht als ein Instrument zweckmäßiger und gerechter Sozialgestaltung (§ 10 II), so müssen auch die juristischen
Erwägungen dieser Funktion des Rechts angemessen sein, dann müssen in den
juristischen Überlegungen auch Zwecke gewichtet und abgewogen und die verschiedenen Mittel auf ihre Eignung abgeschätzt und nach ihren Vor- und Nachteilen bedacht werden (§ 20 III 4).

2. Dialogisch-argumentatives Denken

Folgt man früheren Überlegungen (§§ 11 III; 20 III), so haben Problemlösungen
eine „kreative" Seite, d.h. es muß jemandem ein geeigneter Lösungsvorschlag
„einfallen" und von ihm in die Diskussion eingebracht werden. Über einen solchen
Vorschlag ist dann eine rationale Verständigung mit anderen zu suchen; diese
vollzieht sich in bestimmten Denkformen, insbesondere nach Regeln der Logik.
Hierbei ist in mehreren Hinsichten ein Konsens zu finden: über die Methode des
Argumentierens, über die Zielvorstellungen und sonstigen Wertungen, die in die
Argumentation einfließen, und über die erzielten Ergebnisse.

Dieser Weg, in einer *vernunftgeleiteten Verständigung* mit anderen Menschen
Antworten zu suchen, wurde vielfach beschritten:

Bei Schleiermacher findet sich ganz allgemein diese Vorstellung, daß unser Wissen
sich in seiner Konsistenz und in der Übereinstimmung der Denkenden untereinander
erweisen müsse. Diese Übereinstimmung könne nur durch einen „Austausch des
Bewußtseins" ans Licht gebracht werden; dieser vollziehe sich mittels der Sprache,
also eines allgemeinen und gemeinsamen Bezeichnungssystems (1976, 154 ff., 371 ff.,
458). Diese Einsicht kehrt vielfach in Variationen wieder: „Nicht allein, nur selbander
kommt man zu Begriffen, zur Vernunft überhaupt ... Was ich allein sehe, daran
zweifle ich, was der andere auch sieht, das erst ist gewiß" (Feuerbach 1843, § 41). Die

Vergewisserung hat ihre Grundlage also *in der Kommunikation* mit anderen Menschen (Jaspers 1980, 25 ff., 119 f.). Zumal in den Geisteswissenschaften gehe es um die „Überwindung der Subjektivität in der Verständigung mit einem anderen Menschen" (Bollnow 1962, 17 ff.). Speziell in Gerechtigkeitsfragen haben schon die früheren Erwägungen gezeigt, daß hier die vernunftgeleitete Verständigung mit anderen – auf der Grundlage der individuellen Gewissenseinsichten – ein Weg ist, um jedenfalls zu praktischer Legitimation zu gelangen (§§ 20 I, III; 21 I).

Zum Zweck solcher Konsensfindung hat Perelman (1976, §§ 49 ff.) – in Anknüpfung an die alte Kunst der Rhetorik – gezeigt, daß die *argumentative Logik* ein wesentliches und unentbehrliches Instrument bildet, um rational miteinander umzugehen, sich auseinanderzusetzen und zu verständigen und gemeinsame Orientierungen zu finden. Und er hat gerade im Recht ein Feld gefunden, auf dem in solcher argumentativen Auseinandersetzung Problemlösungen gesucht und gerechtfertigt werden. Diese Argumentation wende sich an ein Auditorium, dessen Zustimmung sie gewinnen wolle. Anders als die formale Logik nehme sie auf Personen und auf Situationen, insbesondere auf die Zeitumstände Rücksicht. Sie füge sich ein in einen sozialen Rahmen mit seinen Traditionen, seinen Prozeduren, etwa seinen Regeln des fair play, und mit den Wertvorstellungen und Vorurteilen einer bestimmten Gesellschaft. Nicht zuletzt müsse die Argumentation auch geeignet sein, die Entscheidung in das geltende Rechtssystem zu integrieren.

In der Tat vollzieht sich die rationale Strukturierung juristischer Erwägungen seit langem in traditionellen Argumentationsmustern (§ 20 III), d. h. in Form von Auslegungsregeln, Grundsätzen der Lückenausfüllung, typisierenden Fallvergleichen und anderen rationalen Erwägungsmustern wie dem Grundsatz der Verhältnismäßigkeit und dem Übermaßverbot (Zippelius ML, §§ 10 ff.).

Die *Diskursethik* sieht die „Letztbegründung" vernunftgeleiteter Argumentation in der Vermeidung von Selbstwidersprüchen: Man darf nicht in Widerspruch zu den Voraussetzungen seiner Argumentation geraten (Apel 1988, 114, 116 ff., 352 ff.). So würde sich jemand selbst widersprechen, wenn er mit rationalen Argumentationsregeln die Geltung rationaler Argumentationsregeln bestreiten wollte; aber auch, wenn er anderen nicht die gleichen Argumentationsregeln zugestände, deren er sich selbst bedient. Außer der Vermeidung von Selbstwidersprüchen liege ein weiteres Kriterium für die Zustimmungsfähigkeit von Verhaltensnormen in der Frage: ob jeder Teilnehmer eines Diskurses, der über die Norm geführt wird, die Konsequenzen akzeptieren könne, die sich aus einer allgemeinen Befolgung der Norm für die Befriedigung seiner Interessen ergeben (Habermas 1991, 103; Apel 1988, 122). Wir finden hier also eine interessenbezogene Variante des Universalisierungsgrundsatzes (vgl. § 15 I).

Nun können aber viele Interessenkonflikte nicht durch einen völlig einvernehmlichen Kompromiß gelöst werden, auch wenn es den Beteiligten nicht an Vernunft oder Einsichtsbereitschaft fehlt. Es gibt nicht allzu viele Normen, deren Konsequenzen allen Betroffenen als akzeptabel erscheinen. Und wie sollte man allein mit Diskursregeln eine eindeutige Antwort etwa auf die Fragen gewinnen, unter welchen Umständen welche Form der Sterbehilfe gerechtfertigt sei oder welches die Kriterien angemessener Steuerprogression seien? So räumen auch die Vertreter der Diskursethik ein, daß deren Leistungsfähigkeit eng begrenzt ist (Apel 1988, 120).

Unbestritten bleibt aber, daß Argumentationsregeln ein wichtiges Element auch der juristischen Entscheidungsfindung sind. Insbesondere die traditionellen Auslegungskriterien und die herkömmlichen Grundsätze der Interessenabwägung (§ 20 III 3, 4) dienen dazu, Entscheidungen begrifflich zu strukturieren und diese in rationalen Erwägungen durchsichtig zu machen. Doch führen diese Erwägungen immer wieder auch auf Fragen des Bewertens und Wählens, Fragen, die oft nicht von allen Beteiligten übereinstimmend beantwortet werden. Kurz, der Sinn für Gerechtigkeit läßt sich auch mit Argumentationsregeln nicht restlos ausloten.

II. Topik: Die Kunst des „Erörterns"

Literatur: Aristoteles, Topik; *M. T. Cicero,* Topik; *F. Bacon,* De dignitate et augmentis scientiarum, (1605/23) dt. 1783, V 3; *G. B. Vico,* De nostri temporis studiorum ratione, (1709) dt. 1947; *M. Salomon,* Grundlegung zur Rechtsphilosophie, 1919, [2]1925, S. 26 ff., 54 ff.; *J. Stroux,* Römische Rechtswissenschaft und Rhetorik, 1949; *Th. Viehweg,* Topik und Jurisprudenz, 1953, [5]1974; *E. Mertner,* Topos und Commonplace, in: F. f. O. Ritter, 1956, S. 178 ff.; *N. Horn,* Zur Bedeutung der Topiklehre usw., Neue Juristische Wochenschrift 1967, S. 601 ff.; *R. Zippelius,* Problemjurisprudenz und Topik, ebendort, S. 2229 ff.; *G. Otte,* Zwanzig Jahre Topik-Diskussion, in: Rechtstheorie 1970, S. 183 ff.; *O. Weinberger,* Topik und Plausibilitätsargumentation, in: ARSP 1973, S. 17 ff.; *F. Wieacker,* Zur Topikdiskussion in der zeitgenöss. Dt. Rechtswiss., in: F. f. P. J. Zepos, I 1973, S. 391 ff.; *M. Rheinstein,* Einführung in die Rechtsvergleichung, bearb. von R. v. Borries, 1974, [2]1987; *D. Breuer, H. Schanze* (Hg), Topik, 1981; *K. Rehbock,* Topik und Recht, 1988; *U. Diederichsen,* Rechtswissenschaft und Rhetorik, in: C. J. Classen u. a. (Hg), Die Macht des Wortes, 1992, S. 205 ff.; *J. Schröder,* Recht als Wissenschaft, 2001, S. 23 ff., 119 ff., 209.

Die Topik im Sinne der klassischen Rhetorik will Fundstellen für Fragen und Argumente liefern. Sie hält Ausschau, welche schon bekannte Einsicht, Norm oder Frage für die Lösung eines konkreten Problems relevant sein könnte. Topisch ist das Argument aus der Schublade, das Argument, das bereits seinen Ort, seinen Topos hat. Topisches Denken geht also darauf aus, jene Argumente hervorzuholen, die für die Lösung des vorliegenden Problems einschlägig und erheblich sind, die im Spiel der Diskussion „eine Rolle spielen" können.

Der treffsichere Zugriff auf passende Argumente und Einsichten setzt ein nicht geringes Maß an Zuordnungsvermögen, an Urteilskraft voraus, einen Blick dafür, wo im konkreten Fall „das Problem steckt" und das heißt: in welchen Hinsichten das gegenwärtige Problem einer schon bekannten Problematik gleicht, so daß diese zur Lösung des vorliegenden Falles herangezogen werden kann.

In dieser Weise haben etwa Francis Bacon und Gian Battista Vico das topische Denken verstanden: Dieses habe aus schon bereitliegenden Kenntnissen das hervorzuholen, was auf die Angelegenheit zutreffen könne, die wir gerade in Betracht ziehen (Bacon 1623, V 3). Es seien „alle loci, an denen Argumente bereitliegen, wie die Buchstaben des Alphabets zu durchlaufen", um „zu sehen, was in der jeweils vorliegenden Sache zu überzeugen vermag" (Vico 1709, III). Man habe, so veranschaulichten Quintilian und Erasmus von Rotterdam die topische Methode, gleichsam Tür für Tür abzuklopfen, ob sich etwas herauslocken lasse (Mertner 1956, 188). Kurz, die Topik, die Technik des „per omnes locos tractare", enthüllt sich als gute, alte, hausbackene Bekannte. So erörtern wir etwa die Zulässigkeit einer Klage unter geläufigen Gesichtspunkten (Zulässigkeit des Rechtsweges, sachliche Zuständigkeit, örtliche Zuständigkeit usw.) und ebenso ihre Begründetheit (ex contractu, quasi ex contractu, ex delicto usw.). Bei der Gesetzesauslegung erörtern wir die zutreffende Lösung mit Hilfe bewährter Auslegungsargumente und strukturieren auf diese Weise unsere Erwägungen (§§ 20 III 3; 39 I 2).

Nicht zuletzt haben Rechtsvergleichung und Rechtsgeschichte einen heuristischen Wert für das Auffinden von Rechtsproblemen und Lösungsmodellen. Ihn hat schon Max Salomon (1925, 33) betont: „*Rechtsvergleichung* ist Vergleichung von Lösungen eines einheitlichen Problems … So wird die einzelne Problemlösung und mehr noch werden die Lösungen in ihrer möglichst umfassenden Gesamtheit zu einem Paraklet. Nicht nur, daß die reichliche Fülle möglicher Lösungen es erleichtert, eine andere Lösung zu finden; ihnen kommt heuristischer Wert vor allem um deswillen zu, weil sie allererst ermöglichen, das Problem selbst ins Auge zu fassen." Rechtsvergleichend herangezogene Gesetze erscheinen aus dieser Sicht als mögliche Lösungsmodelle: Man sucht für ein Problem eine Lösung, die in einem anderen Rechtssystem die gleiche gesellschaftliche Funktion erfüllt, die in der eigenen Rechtsordnung erfüllt werden soll. Dieser funktionsbezogene Vergleich, der Versuch, in anderen Rechtsordnungen eine funktionsadäquate Lösung für die eigene Rechtsordnung zu entdecken, wurde von Rheinstein und anderen weiter entwickelt (Rheinstein 1987, 25 ff.). Wie die Rechtsvergleichung, so bietet auch die *Rechtsgeschichte* mögliche Lösungen für bestimmte Rechtsfragen. Rechtsgeschichte ist die Geschichte von Rechtsproblemen und von den Versuchen, sie zu lösen. Sie kann lehren, wie man zu anderen Zeiten ähnliche Probleme bewältigte und in welchem Maße diese Lösungen geglückt oder mißglückt sind. Freilich ist es immer nur ein erster Schritt, sich die Lösungsmöglichkeiten zu vergegenwärtigen, welche die Rechtsvergleichung und die Rechtsgeschichte für bestimmte Probleme anbieten. Aus der Fülle der vorliegenden und der denkbaren Lösungen eines Problems ist dann erst noch eine begründete Auswahl zu treffen.

Es geht also darum, *bereitliegende Lösungsgesichtspunkte* aufzufinden und vorhandene Einsichten, die ein bestimmtes Problem betreffen, einzusetzen, um dieses einer Lösung näherzubringen. Auf diese Weise können wir unsere Erwägungen rational so strukturieren, daß sie auf eine ausschlaggebende Erfahrung oder Wertentscheidung hinführen, so z. B. in der Frage, ob aus einem rechtswidrigen Urteil, das sittenwidrig herbeigeführt wurde, vollstreckt werden darf. Hier ist einerseits die Funktion der Rechtskraft in Betracht zu ziehen, einen Streit definitiv zu schlichten und dadurch Rechtssicherheit herzustellen; andererseits spielt der Gerechtigkeitsgedanke eine Rolle, daß das Recht niemandem dazu verhelfen solle, aus sittenwidrigem Verhalten einen Vorteil zu ziehen. Auf diese Weise erhält die genannte Frage durch schon bekannte Rechtsprinzipien einen rationalen Zuschnitt; am Ende ist aber dann noch die ausschlaggebende Wertentscheidung zu treffen, welches dieser Prinzipien hier den Vorzug verdient.

Mit fortschreitender Erkenntnis entstehen immer wieder neue Topoi. Auch das hat Bacon (1623, V 3) gesehen: „Ars inveniendi adolescit cum inventis." Wenn wir einen Weg entlang gehen, gewinnen wir nicht nur das Stück des Weges, das wir zurückgelegt haben, sondern können auch den noch vor uns liegenden Weg deutlicher überschauen; ebenso erhellt jede Stufe des Fortschritts in einer Wissenschaft das Folgende. Ist ein Problem gelöst, so kann die dabei gewonnene Einsicht ein neuer Topos werden, der von jetzt an als Lösungsgesichtspunkt für neue Fälle bereit liegt. Gerade auch die Rechtsfortbildung vollzieht sich in dieser Weise.

Neben und im Wechselspiel mit topischem Denken haben auch andere Denkweisen Anteil an der Lösung juristischer Fragen: das systematische, Normen und Begriffe zueinander in Beziehung setzende Denken (§ 38 III), das vergleichende Denken (§ 40), aber auch der Einsatz der produktiven Phantasie, also das versuchsweise Entwerfen von Lösungsmöglichkeiten, und schließlich deren Überprüfung auf ihre Vereinbarkeit mit dem Rechtsgefühl (§ 11 III).

Das topische Denken selbst ist nicht in jeder Hinsicht systemfremd. Es will Argumente und Fragen zur Verfügung stellen und vollzieht sich um so geläufiger, je besser und übersichtlicher geordnet diese bereitstehen: Je gründlicher und klarer

z. B. die Rechtswissenschaft durch eine Systematisierung von Prozeßvoraussetzungen, Anspruchstatbeständen, Einwendungen und Einreden dem Richter vorgearbeitet hat, desto rascher und zuverlässiger kann die Rechtsfindung vonstatten gehen.

Die Grenzen der Topik als Erkenntnisverfahren liegen in ihrer bloß instrumentalen Funktion. Sie deckt auf, welche bereitliegenden Einsichten und Fragen, welche problemerschließenden „Schlüsselbegriffe" (§ 20 III 6) von Fall zu Fall eine Rolle spielen können. Aber sie bleibt ein bloßer Zugriff auf schon vorhandene Einsichten und kann daher für sich allein nicht schon die zureichende Begründung für die Lösung neuartiger Probleme geben, sondern bedarf hierzu einer Ergänzung durch nichttopische, d. h. nicht schon fertig bereitliegende Einsichten.

III. Problemgerechtheit der Rechtsbegriffe und Normen

Literatur: *Zippelius* ML, §§ 3 I, 4 II, 10, 11; *G. Freund,* Richtiges Entscheiden, Goltdammers Archiv 1991, S. 387 ff.; *U. Neumann,* Die Sprache der Juristen, Universitas 1996, S. 148 ff.

Die Funktion des Rechts, zu problemgerechten Lösungen zu führen, bestimmt den gesetzlichen Zuschnitt und die Auslegung der Rechtsbegriffe. Sie kann auch den Anstoß zu Korrekturen funktionswidriger Regelungen geben.

1. Problemgerechtheit der Rechtsbegriffe

Die Rechtsbegriffe sollen darauf zugeschnitten sein, für das je anstehende Rechtsproblem eine gerade ihm angemessene Lösung zu finden.

An dieser Funktionsbezogenheit setzt die Rechtsvergleichung an, wenn sie in anderen Rechtsordnungen nach einer Lösung sucht, die dort eine gleiche Funktion erfüllt, wie sie in der eigenen Rechtsordnung erfüllt werden soll (s. o. II).

Andererseits kann es z. B. sein, daß ein und dasselbe Wort in verschiedenen Normen der selben Rechtsordnung unterschiedliche Funktionen hat und deshalb unterschiedliche Bedeutungen erhält. Das ist dann der Fall, wenn mit jenen Normen unterschiedliche Rechtsprobleme zu lösen sind. Ein Beispiel bietet der Begriff der „Fahrlässigkeit": Im Strafrecht gibt er eine der Voraussetzungen an, unter denen es gerecht erscheint, jemanden zu bestrafen. Darum setzt der strafrechtliche („subjektive") Fahrlässigkeitsbegriff voraus, daß der Täter nicht nur die objektiv erforderliche Sorgfalt verletzt hat, sondern auch persönlich fähig war, diese aufzubringen; erst dieses subjektive Element rechtfertigt einen strafbegründenden Vorwurf. Im Zivilrecht dagegen soll der Fahrlässigkeitsbegriff eine Voraussetzung gerechten Schadensausgleichs bezeichnen. Dem kann es genügen, daß die im Verkehr objektiv erforderliche Sorgfalt nicht gewahrt wurde („objektiver" Fahrlässigkeitsbegriff), weil schon dies als zureichender Grund für eine Schadensüberwälzung angesehen werden kann (§ 34 II).

Auch der Begriff der „Rechtswidrigkeit" dient der Lösung unterschiedlicher Rechtsprobleme: Im Recht der unerlaubten Handlungen bezeichnet er eine Schadensersatzvoraussetzung, im Straftatbestand ein allgemeines Deliktsmerkmal und in der Notwehrvorschrift bezeichnet er solche Angriffe, gegen die man sich wehren darf. Der Funktion der Notwehrbestimmung kann es entsprechen, auch den Angriff eines Hundes als „rechtswidrig" (d. h. hier: abwehrbar) anzusehen, während dieser gleiche Angriff andererseits keine „rechtswidrige" (d. h. hier: verbotene) Körperverletzung im Sinne des Deliktstatbestandes ist, weil der angreifende Hund kein geeigneter Adressat eines strafrechtlichen Verbotes ist.

2. Die Korrektur funktionswidriger Regelungen

Funktionsgebunden sind nicht nur die einzelnen Gesetzesbegriffe, sondern auch die gesetzlichen Regelungen als ganze. Das zeigt sich dann, wenn eine Vorschrift allen Auslegungsbemühungen zum Trotz zu Ergebnissen führt, die den mehrheitlich konsensfähigen Gerechtigkeitsvorstellungen widersprechen. Dies war etwa bei der erwähnten (§ 38 II 2), früher geltenden Abtreibungsvorschrift der Fall, bei der keine Auslegungskünste an dem Ergebnis vorbeiführten, daß auch derjenige Arzt zu bestrafen sei, der eine Abtreibung vornahm, um das Leben der Mutter zu retten. Hier genügte das Gesetz seiner Funktion nicht, das Rechtsproblem gerecht zu lösen. Der Ausweg des Richters liegt darin, daß er in solchen Fällen feststellt, das Gesetz weise eine Lücke auf, die durch eine Gesetzesergänzung auszufüllen sei. Im genannten Beispiel vermißte er einen Rechtfertigungstatbestand und füllte die „Lücke" aus, indem er einen Rechtfertigungsgrund des „übergesetzlichen Notstandes" konstruierte, der den Anwendungsbereich der Strafvorschrift einengte.

Oft wird die Einsicht in die Korrekturbedürftigkeit des Gesetzes aber nur dazu führen, vom Gesetzgeber (de lege ferenda) eine Gesetzesberichtigung zu fordern. Nur ausnahmsweise wird schon der Rechtsanwender selbst (de lege lata) zu einer Korrektur des ungerechten Gesetzes berufen sein (Zippelius ML, § 11 I c): Eine strikte Beachtung der Gesetze gewährleistet formale Gleichbehandlung und beugt richterlicher Willkür vor. Sie dient auch der Rechtssicherheit. Nicht zuletzt entspricht sie der Gewaltenteilung; insbesondere erscheint es als organadäquat, daß Fragen, die oft weit in die Rechtspolitik hineinreichen, primär vom Gesetzgeber beantwortet werden (§ 31 II 3); denn dieser trifft seine Entscheidungen in lebendiger Auseinandersetzung mit der öffentlichen Meinung und daher mit stärkerer demokratischer Rückbindung als die Gerichte. Auch können diese in den politischen Tagesstreit hineingezogen und in ihrer auf Neutralität gegründeten Autorität gefährdet werden, wenn sie umstrittene Gerechtigkeitsentscheidungen des Gesetzgebers korrigieren. Daher können nur schwerwiegende Gründe der Gerechtigkeit, denen breiteste Akzeptanz sicher ist, eine richterliche Korrektur von Gesetzen rechtfertigen.

§ 40. Vergleichendes Denken

Literatur: *A. Kaufmann,* Analogie und „Natur der Sache", 1965, ²1982; *W. Hassemer,* Tatbestand und Typus, 1968, S. 54 ff., 118 ff.; *Zippelius* ML, §§ 11 II, 12.

I. Grundsätzliches zur Methode

Literatur: Wie zu § 11 III; *Zippelius* RuG, Kap. 26 II.

1. Der Gleichheitssatz als Schlüsselbegriff

Der Grundsatz, wesentlich Gleiches gleich und wesentlich Ungleiches ungleich zu behandeln, ist ein wichtiger „Schlüsselbegriff",[1] der dazu dient, eine Gerechtigkeitsfrage rational zu erschließen, d. h. den Weg zu ihrer Lösung begrifflich zu strukturieren, ohne sie selbst aber restlos zu beantworten. Bei der Frage der Gleichbehandlung geht es um den Vergleich von Tatbeständen, die in Wahrheit nicht gleich, sondern einander nur mehr oder weniger ähnlich sind, sich also in wichtigen Merkmalen gleichen, in anderen aber unterscheiden. So gibt es etwa bei der Gleichbehandlung von Mann und Frau das Gemeinsame und „la petite différence". Die Überlegung beginnt hier also damit, die gemeinsamen und die unterscheidenden Merkmale der verglichenen Tatbestände herauszuheben.

Dann ist zu prüfen, ob die Unterschiede eine unterschiedliche Behandlung rechtfertigen oder sogar fordern. Diese Frage stellt sich stets unter dem Gesichtspunkt eines bestimmten Gerechtigkeitsproblems. So kann es z. B. berechtigt sein, daß der Gesetzgeber Männer und Frauen unter dem Gesichtspunkt der Wehrpflicht verschieden behandelt, und es kann gleichwohl geboten sein, sie unter dem Gesichtspunkt des Wahlrechts oder des elterlichen Erziehungsrechts gleich zu behandeln. Es kann berechtigt sein, Reiche und Arme unterschiedlich zu besteuern, und es kann dennoch geboten sein, in Wahlen ihre Stimmen gleich zu gewichten. Ob eine Gleich- oder eine Ungleichbehandlung geboten ist, ist also problemspezifisch zu erwägen, das heißt, es bemißt sich nach den spezifischen Gerechtigkeitsprinzipien, die den zu ordnenden Lebensbereich beherrschen. Die Frage nach der Wahlrechtsgleichheit verweist z. B. auf Prinzipien politischer Legitimation: Wenn man das demokratische Prinzip voraussetzt, daß in Wahlen die gleichberechtigte Mitwirkungskompetenz aller Bürger zu verwirklichen sei (§ 11 II 4), dann gebührt jedem Bürger streng und formal gleiches Stimmrecht. Andererseits kann eine unterschiedliche Besteuerung der Bürger je nach den legitimen Steuerzwecken gerechtfertigt sein. Hier stellt sich die Frage, welches legitime Steuerzwecke sind, wie diese zu gewichten und welches geeignete Mittel sind, um die Zwecke zu erreichen. Unter diesen können neben der Deckung des allgemeinen Finanzbedarfs auch die Herbeiführung einer ausgewogenen Vermögensverteilung, ferner etwa familien-, gesundheits-, umwelt- oder siedlungspolitische Ziele eine Rolle spielen und zu einer unterschiedlichen Besteuerung führen.

Kurz, jede Ungleichbehandlung muß einem legitimen Regelungszweck dienen und durch diesen Zweck gerechtfertigt sein. Auch muß sie ein verhältnisgemäßes Mittel sein, um diesen Zweck zu erreichen, und sie darf das hierzu erforderliche Maß nicht überschreiten (§ 20 III 4).

Andererseits dürfen Unterschiede, die unter dem Aspekt des Regelungszweckes billigerweise zu einer Ungleichbehandlung führen sollten, nur dann vernachlässigt werden, wenn das Bedürfnis nach Generalisierung diese Einbuße an Sachgerechtigkeit aufwiegt (§ 24).

Am Ende solcher rational strukturierten Erwägungen stehen in der Regel rational nicht weiter auflösbare Wertungen. Nach ihnen bemißt sich dann, ob und in welchem Maße bestimmte Unterschiede unter einem bestimmten rechtlichen Gesichtspunkt eine unterschiedliche Behandlung rechtfertigen. Über solche Wertungen sollte in einer offenen Gesellschaft ein mehrheitlicher Konsens entscheiden (§ 21 I).

---

[1] R. Zippelius, Wertungsprobleme im System der Grundrechte, 1962, S. 22, 82.

Vergleichendes Denken ist eine experimentierende Methode, nach welcher Problemlösungen entworfen, überprüft und, wenn sie die Probe nicht halten, aufgegeben werden (§ 11 III). Eine Problemlösung aufgeben, heißt aber nur, sie in der bisherigen Gestalt aufzugeben. Das schließt die Möglichkeit ein, sie mit Einschränkungen oder anderen Modifikationen beizubehalten. Ein wichtiges Instrument zu solcher modifizierenden Weiterentwicklung rechtlicher Grundsätze ist der typisierende Fallvergleich:

2. Differenzierungen

Vergleichendes Denken kann insbesondere dazu dienen, ein zu stark verallgemeinerndes Rechtsprinzip zu korrigieren, vor allem zu differenzieren.

So wird man z. B. die Folgerungen aus dem Grundsatz „pacta sunt servanda" für die alltäglichen Verträge zwischen Erwachsenen, die einer normalen Willensbildung und -betätigung fähig sind, allgemein akzeptieren. Es gibt aber auch Fälle, die als „wesentlich ungleich" anders zu behandeln sind. So erschien es als unbillig, den Grundsatz „pacta sunt servanda" auch dann anzuwenden, wenn ein Vertragspartner mit vorgehaltener Pistole zum Vertragsschluß gezwungen oder durch arglistige Täuschung zum Vertrag motiviert wurde; oder auch dann, wenn ein Kind oder ein Minderjähriger Vertragspartner war. Für diese Fälle hielt also der Grundsatz „die Probe nicht"; sie waren daher aus seinem Geltungsbereich herauszunehmen.

Die Korrektur eines allgemeinen Prinzips kann sich ihrerseits wieder als korrekturbedürftig erweisen. So kann z. B. der einschränkende Satz, daß Verträge Minderjähriger schwebend unwirksam sind, für den Fall ungerechtfertigt sein, daß der Minderjährige aus dem Vertrag nur einen Vorteil erlangt, z. B. etwas geschenkt bekommt, oder daß er die Vertragsleistung mit seinem Taschengeld bewirkt. Die zuvor gefundene Ausnahme vom Grundsatz „pacta sunt servanda" erfordert für diese Fälle also wieder eine Einschränkung. Auf diese Weise kann sich durch vergleichende Erwägungen die fortschreitende Differenzierung eines Rechtsgrundsatzes vollziehen.

3. Generalisierungen

Das vergleichende Denken kann aber auch in die umgekehrte Richtung gehen und dazu führen, Gemeinsamkeiten verglichener Falltypen zum Zwecke einer Gleichbehandlung herauszuheben. Hier werden also Merkmalsunterschiede verglichener Falltypen für unerheblich befunden und ausgeklammert. Auf diese Weise findet eine Generalisierung statt. Ein wichtiges Beispiel bietet der Analogieschluß.

So verglich man einst die vom ursprünglichen Text des Bürgerlichen Gesetzbuches nicht erfaßte positive Vertragsverletzung mit den gesetzlich geregelten Fällen der Vertragsverletzung – der vom Schuldner zu vertretenden Unmöglichkeit der Leistung und des Verzugs – und fand, der (damals) gesetzlich nicht geregelte Fall sei den gesetzlich geregelten Fällen unter dem Aspekt des gebotenen Schadensausgleichs gleichzubewerten. Daher sah man von den spezifischen Merkmalen (der Unmöglichkeit und der Verzögerung der Leistung) ab und erhob so die gemeinsamen Merkmale (die Schädigung des Vertragspartners durch eine vom Schuldner zu vertretende Verletzung schuldrechtlicher Pflichten) zur zureichenden Anspruchsgrundlage. Kurz, auch die Generalisierung vollzog sich hier in Anwendung des Gleichheitssatzes, der verlangt, unter dem Gesichtspunkt des zu lösenden Rechtsproblems wesentlich Gleiches gleich zu behandeln (§ 16 II 2).

4. Zusammenfassung

Die Methode des typisierenden Fallvergleichs stellt also einerseits die gemeinsamen, andererseits die unterscheidenden Merkmale von Falltypen heraus und prüft, ob diese auf Grund der Gemeinsamkeiten gleich zu behandeln sind oder ob die Merkmalsunterschiede zu einer unterschiedlichen Behandlung führen müssen. Sie „experimentiert" also gleichsam mit Typusmerkmalen, variiert und vergleicht sie und prüft die Unterschiede auf ihre Erheblichkeit. Ist ein Rechtsgrundsatz zu weit gefaßt, erstreckt sich sein Geltungsbereich also auf Fälle, die er billigerweise nicht miterfassen dürfte, dann sind diese aus seinem Geltungsbereich herauszunehmen. Ist er zu eng gefaßt, gibt es also Fälle, die den vom Grundsatz geregelten Fällen gleich zu behandeln sind, so ist der Geltungsbereich jenes Grundsatzes auf sie auszudehnen. Durch dieses Verfahren werden also bestimmte Merkmalsunterschiede als erheblich, andere als unerheblich festgestellt und so jene Merkmale näher bestimmt, auf die es letztlich für die Anwendbarkeit eines bestimmten Rechtsgrundsatzes ankommt. Auf diese Weise werden Rechtsgrundsätze in ihrem Merkmalsbestand weiterentwickelt und einer fortschreitenden Rechtseinsicht angepaßt.

Die zuordnend-vergleichende Methode verleiht also den Rechtsbegriffen und den aus ihnen gebildeten Rechtsnormen Offenheit und Entwicklungsfähigkeit. Eine solche Offenheit und Verbesserungsfähigkeit von Begriffen wurde auch schon in anderem Zusammenhang festgestellt. Sie erlaubt es, Begriffe der Funktion anzupassen, der sie dienen sollen, sie also zunehmend „sachgemäßer" zu machen (§ 1 II). In ähnlicher Weise, doch ohne Bezug auf eine bestimmte Funktion der Begriffe, stellte schon Husserl fest: Begriffe der empirischen Wissenschaften hätten einen unbestimmten Horizont noch unbekannter typischer Merkmale; ihre Wandlung vollziehe sich „gemäß einer empirischen Idee, der Idee eines offenen und immerfort zu berichtigenden Begriffs".[2]

II. Anwendungsfelder

Literatur: *K. Larenz,* Wegweiser zu richterlicher Rechtsschöpfung, in: F. f. A. Nikisch, 1958, S. 292 ff.; *N. MacCormick,* Legal Reasoning and Legal Theory, 1978.

Das so beschriebene Verfahren, rechtliche Regeln in ihrem Merkmalsbestand zu entwickeln, findet verschiedene Anwendungsfelder:

Vor allem ist die Gesetzgebung dazu berufen, fortwährend zu prüfen, ob die gesetzlichen Normen in ihrer bisherigen Generalisierung den betroffenen Sachverhalten und den mehrheitlich konsensfähigen Gerechtigkeitsvorstellungen gerecht werden.

Auch die Rechtsprechung ist durch vergleichendes Denken an der Findung, Präzisierung und Verbesserung rechtlicher Regeln beteiligt.

Am augenfälligsten vollzieht sich das im „reasoning from case to case" des angelsächsischen Fallrechts (§ 18 II): Hier werden einerseits die gemeinsamen, andererseits die unterscheidenden Merkmale der verglichenen Fälle (die auch hier

---

[2] E. Husserl, Erfahrung und Urteil, 1939, § 83 a.

als Falltypen gesehen werden) herauspräpariert. Dann wird erwogen, ob die Argumente, welche die Entscheidung des ersten Falles rechtfertigen, auch auf die Umstände des zweiten Falles zutreffen oder ob erhebliche Merkmalsunterschiede vorliegen, die zu einer abweichenden Entscheidung führen müssen – die Kernfrage im „distinguishing" (MacCormick 1978, 185 f., 219 ff.). Durch dieses Verfahren werden also Merkmale herausgefunden, die den Anwendungsumfang einer Rechtsregel bestimmen. Und auch hier gelangt man entweder zu allgemeineren Grundsätzen oder man kommt zu Differenzierungen. Für diese gebrauchte Llewellyn das Bild von einem Ast, der sich im Wachstum fortschreitend verzweigt.[3]

Auch dann, wenn die Rechtsprechung kodifiziertes Recht anwendet, spielt der typisierende Fallvergleich eine Rolle: Hier dient das vergleichende Denken schon zur Aufdeckung von Gesetzeslücken: Man stößt auf einen nicht geregelten Fall, für den eine gleichartige Regelung als angemessen erschiene, wie das Gesetz sie für ähnliche Fälle getroffen hat, kurz, man findet wesentlich Gleiches als ungleich behandelt. Auf diese Weise deckt das vergleichende Denken Inkonsequenzen in den Wertentscheidungen der Rechtsordnung auf und dient so der Systemgerechtheit der speziellen Problemlösung und der „Einheit des Rechts" (§ 38 III). Daran schließt sich die Frage, ob die entdeckte Ungleichbehandlung zu einem bloßen Appell an den Gesetzgeber führen darf, den Mangel de lege ferenda aus der Welt zu schaffen, oder ob dieser so schwer wiegt, daß der Richter ihn schon de lege lata durch einen Analogieschluß beheben darf (§ 39 III 2). Ein Gegenstück findet sich in der restriktiven Auslegung, die hinter dem Wortsinn des Gesetzes deshalb zurückbleibt, weil dieses die Generalisierung zu weit getrieben und wesentlich Ungleiches gleich behandelt hat (Zippelius ML, § 11 II b).

Selbst die alltägliche Gesetzesauslegung bedient sich vergleichenden Denkens: Wo der mögliche Wortsinn und die historischen und logischen Auslegungskriterien eine Wahl lassen, läuft die Auslegung oft auf die Frage hinaus, ob der vorliegende, problematische Fall unter dem Gesichtspunkt des Gesetzeszweckes jenen Fällen gleich zu bewerten ist, die zweifelsfrei der Norm unterfallen. So findet sich eine Strukturverwandtschaft auch zwischen Auslegung und fallrechtlicher Methode (Zippelius ML, § 12 I).

Schließlich ist die Methode, sich in einem Felde normativer Unsicherheit durch Leitfälle und typisierenden Fallvergleich zu orientieren, auch auf der Rechtsfolgeseite verwendbar. Hier kann man auf diese Weise z. B. den breiten Spielraum, den Strafgesetze für die richterliche Strafzumessung oder Zivilgesetze für die Bemessung von Schmerzensgeld offenlassen, durch ein sich zunehmend verdichtendes Netz von Falltypen ausfüllen (Zippelius ML, § 12 III).

---

[3] K. N. Llewellyn, Präjudizienrecht und Rechtsprechung in Amerika, 1933, S. 79.

Stichwortverzeichnis

Die Zahlen bezeichnen die Paragraphen und ihre Untergliederungen.

Vom gleichen Verfasser

Das Wesen des Rechts

Eine Einführung in
die Rechtsphilosophie
5., völlig neu bearbeitete Auflage. 1997
133 Seiten. Kartoniert € 8,50
ISBN 978-3-406-42020-7
(Beck'sche Reihe, Band 1220)

Juristische Methodenlehre

10., neu bearbeitete Auflage. 2006
XI, 116 Seiten. Kartoniert € 13,90
ISBN 978-3-406-55210-6
(JuS-Schriftenreihe, Band 93)

Geschichte der Staatsideen

10., neu bearbeitete Auflage. 2003
214 Seiten. Kartoniert € 12,90
ISBN 978-3-406-49494-9
(Beck'sche Reihe, Band 72)

Allgemeine Staatslehre

(Politikwissenschaft)
16., neu bearbeitete Auflage. 2010 XI,
371 Seiten. Kartoniert € 26,90
ISBN 978-3-406-60342-6
(Juristische Kurzlehrbücher)

Kleine Deutsche Verfassungsgeschichte

Vom frühen Mittelalter bis
zur Gegenwart
7., neu bearbeitete Auflage. 2006
201 Seiten. Kartoniert € 9,90
ISBN 978-3-406-47638-9
(Beck'sche Reihe, Band 1041)

Deutsches Staatsrecht

neu bearbeitet von Th. Würtenberger
32. Auflage. 2008
XXXVII, 658 Seiten. Kartoniert € 25,–
ISBN 978-3-406-57055-1
(Juristische Kurzlehrbücher)